# 여러분의 합격을 응원하는
# 해커스공무원의 특별 혜택

KB093642

**FREE** 공무원 국제정치학 **동영상강의**

해커스공무원(gosi.Hackers.com) 접속 후 로그인 ▶ 상단의 [무료강좌] 클릭 ▶
[교재 무료특강] 클릭

 해커스공무원 온라인 단과강의 **20% 할인쿠폰**

## 4D5C277F365F97HV

해커스공무원(gosi.Hackers.com) 접속 후 로그인 ▶ 상단의 [나의 강의실] 클릭 ▶
좌측의 [쿠폰등록] 클릭 ▶ 위 쿠폰번호 입력 후 이용

\* 등록 후 7일간 사용 가능(ID당 1회에 한해 등록 가능)

## 합격예측 모의고사 응시권 + 해설강의 수강권

## 2D57B22E8B648L7H

해커스공무원(gosi.Hackers.com) 접속 후 로그인 ▶ 상단의 [나의 강의실] 클릭 ▶
좌측의 [쿠폰등록] 클릭 ▶ 위 쿠폰번호 입력 후 이용

\* ID당 1회에 한해 등록 가능

쿠폰 이용 관련 문의 **1588-4055**

# 단기 합격을 위한
# 해커스 커리큘럼

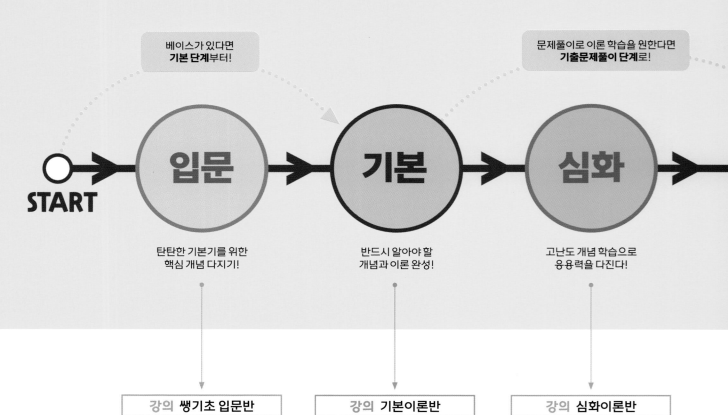

베이스가 있다면
**기본 단계부터!**

문제풀이로 이론 학습을 원한다면
**기출문제풀이 단계로!**

**입문**
START

**기본**

**심화**

탄탄한 기본기를 위한
핵심 개념 다지기!

반드시 알아야 할
개념과 이론 완성!

고난도 개념 학습으로
응용력을 다진다!

**강의 쌩기초 입문반**

이해하기 쉬운 개념 설명과 풍부한
연습문제 풀이로 부담 없이 기초를
다질 수 있는 강의

**강의 기본이론반**

반드시 알아야 할 기본 개념과 문제풀이
전략을 학습하여 핵심 개념 정리를
완성하는 강의

**강의 심화이론반**

심화이론과 중·상 난이도의 문제를
함께 학습하여 고득점을 위한 발판을
마련하는 강의

단계별 **교재 확인** 및
**수강신청은 여기서!**

**gosi.Hackers.com**

* 커리큘럼은 과목별·선생님별로 상이할 수 있으며, 자세한 내용은 해커스공무원 사이트에서 확인하세요.

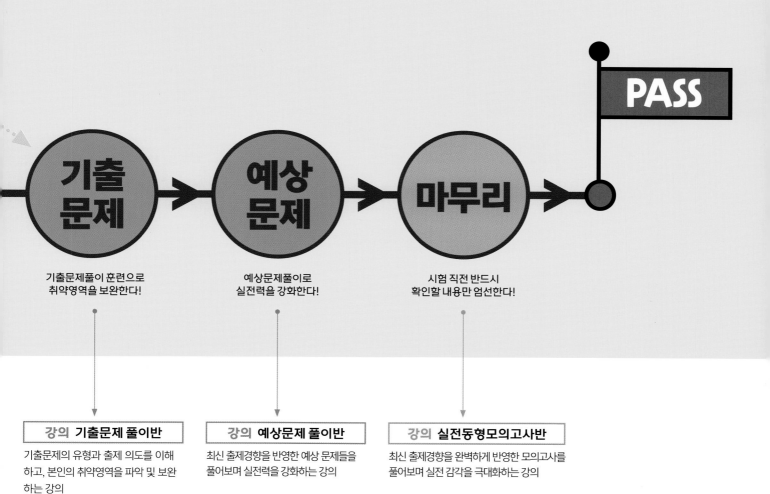

기출문제풀이 훈련으로
취약영역을 보완한다!

예상문제풀이로
실전력을 강화한다!

시험 직전 반드시
확인할 내용만 엄선한다!

**강의 기출문제 풀이반**

기출문제의 유형과 출제 의도를 이해
하고, 본인의 취약영역을 파악 및 보완
하는 강의

**강의 예상문제 풀이반**

최신 출제경향을 반영한 예상 문제들을
풀어보며 실전력을 강화하는 강의

**강의 실전동형모의고사반**

최신 출제경향을 완벽하게 반영한 모의고사를
풀어보며 실전 감각을 극대화하는 강의

**강의 봉투모의고사반**

시험 직전에 실제 시험과 동일한 형태의
모의고사를 풀어보며 실전력을 완성하는 강의

# 해커스공무원

## 패권

## 국제정치학

### 단원별 핵심지문 OX

해커스공무원

# 이상구

## 약력

서울대학교 대학원 졸업
성균관대학교 졸업

현 ｜ 해커스공무원 국제법·국제정치학 강의
현 ｜ 해커스 국립외교원 대비 국제법·국제정치학 강의
현 ｜ 해커스 변호사시험 대비 국제법 강의
전 ｜ 베리타스법학원(5급) 국제법·국제정치학 강의
전 ｜ 합격의 법학원(5급) 국제법·국제정치학 강의

## 저서

해커스공무원 패권 국제정치학 기본서 사상 및 이론
해커스공무원 패권 국제정치학 기본서 외교사
해커스공무원 패권 국제정치학 기본서 이슈
해커스공무원 패권 국제정치학 핵심요약집
해커스공무원 패권 국제정치학 단원별 핵심지문 OX
해커스공무원 패권 국제정치학 기출+적중 1800제
해커스공무원 패권 국제정치학 실전동형모의고사
해커스공무원 패권 국제법 기본서 일반국제법
해커스공무원 패권 국제법 기본서 국제경제법
해커스공무원 패권 국제법 조약집
해커스공무원 패권 국제법 판례집
해커스공무원 패권 국제법 핵심요약집
해커스공무원 패권 국제법 단원별 핵심지문 OX
해커스공무원 패권 국제법 단원별 기출문제집
해커스공무원 패권 국제법 단원별 적중 1000제
해커스공무원 패권 국제법 실전동형모의고사
해커스공무원 패권 국제법개론 실전동형모의고사

# OX로 공무원 국제정치학을 완벽 대비하라!

공무원 시험은 기출문제를 변형하여 출제되는 객관식 문제를 푸는 시험이므로, 주요 기출 논점들을 간단하게 확인하고 단원별 핵심논점을 정리하는 것은 매우 중요합니다. 이때 기출문제집을 통해 문제 전체를 확인하는 것도 중요하지만 핵심논점만을 정리한 『해커스공무원 패권 국제정치학 단원별 핵심지문 OX』로 빠르게 지문만 확인하여 자신의 이해도를 파악하여야 합니다.

기본서와 더불어 학습할 수 있고, 모의고사 풀이 후 마무리 학습도 할 수 있는 『해커스공무원 패권 국제정치학 단원별 핵심지문 OX』는 다음과 같은 특징을 가지고 있습니다.

**첫째, 2023년까지 출제된 모든 국제정치학 기출문제의 지문들을 수록하였습니다.**
2007년부터 2023년까지 전면 공개된 17개년 공무원 7급 국제정치학 기출문제뿐만 아니라 기존의 고등고시에서 출제된 국제정치학 문제의 지문들도 함께 수록하였습니다. 이를 통해 반복 출제되는 논점들을 학습하면서 자연스럽게 단원별 핵심내용을 파악할 수 있습니다.

**둘째, 다양한 관점에서의 예상논점들을 수록하였습니다.**
국제정치학 과목 특성상 학습의 범위를 설정하기 쉽지 않습니다. 따라서 현재 국제정치학에서 중요하게 다루어지고 있는 주제와 최근 시사 주제 등에 대한 핵심논점들도 수록하고자 하였습니다. 이를 통해 최대한 학습의 범위를 넓혀서 공무원 국제정치학을 학습할 수 있습니다.

**셋째, 수록한 지문 전체에 대해 상세한 해설을 수록하였습니다.**
지문을 단원별·논점별로 정리할 수 있도록 구성하였으며, 학습에 있어서 주의하여야 할 내용과 특히 알아두면 좋을 내용들을 함께 서술하였습니다. 이를 통해 핵심논점들을 보다 더 간단하고 명확하게 정리할 수 있습니다.

더불어, 공무원 시험 전문 사이트 해커스공무원(gosi.Hackers.com)에서 교재 학습 중 궁금한 점을 나누고 다양한 무료 학습 자료를 함께 이용하여 학습 효과를 극대화할 수 있습니다.

국제정치학의 출제범위가 광범위하여 수험생 여러분들이 학습에 어려움을 겪는 것 같습니다. 그럼에도 불구하고 기출지문의 논점들과 예상논점까지 범위를 확대하여 학습하고, 신문이나 각종 보고서 및 학계 논문을 통해 출제 범위나 방향을 가능하는 노력을 지속하며, 학습한 내용들을 꾸준히 복습하고 단권화한다면 합격할 만한 실력을 충분히 갖출 수 있다고 봅니다. 범위에 대한 공포보다는 기출·예상논점에 대해 반복학습함과 동시에 단권화라는 방향을 명확히 설정한 상태에서 가능한 한 범위를 넓혀 학습하고, 필요한 경우 암기까지 충실하게 하려는 노력이 중요합니다. 『해커스공무원 패권 국제정치학 단원별 핵심지문 OX』가 막막한 국제정치학 시험 대비에 큰 유익이 되어 최종 합격의 기쁨을 누리길 바랍니다.

이상구

## 목차

# 이 책의 구성 및 학습 플랜

## 📝 이 책의 구성

『해커스공무원 패권 국제정치학 단원별 핵심지문 OX』는 수험생 여러분들이 국제정치학을 효율적으로 정확하게 학습할 수 있도록 다양한 지문과 상세한 해설을 수록·구성하였습니다. 아래 내용을 참고하여 본인의 학습 과정에 맞게 체계적으로 학습 전략을 세워 학습하시기 바랍니다.

### ① 기출지문으로 이론 완성+문제해결 능력 키우기

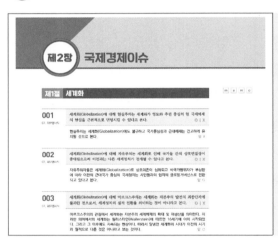

#### 단원별 최신 기출지문 수록

2007년부터 2023년 7급 국가직까지 17개년 공무원 국제정치학 기출지문을 학습 흐름에 따라 단원별로 수록하였습니다. 이러한 기출지문은 이론 복습 및 요약·문제풀이 능력 향상 등의 다양한 용도로 활용할 수 있습니다. 또한, 학습한 이론이 그동안 어떻게 출제되었는지 확인하며 방대한 국제정치학 과목 중 핵심 내용만을 효과적으로 학습할 수 있습니다.

### ② 예상지문으로 문제응용 능력 키우기

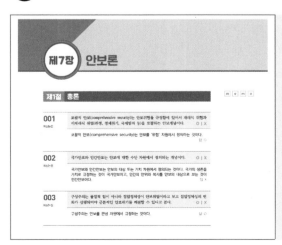

#### 한 단계 실력 향상을 위한 예상지문 수록

공무원 국제정치학의 다양한 논점들 중 출제가능성이 높은 핵심 내용들을 기출지문과 유사한 형태와 난이도로 응용·변형하여 '예상논점'으로 수록하였습니다. 최신 출제경향을 반영한 예상지문을 통하여 학습한 이론을 다양한 유형과 주제로 응용할 수 있는 능력을 기를 수 있고, 심도 있는 학습을 바탕으로 실전에 완벽히 대비할 수 있습니다.

# 📝 학습 플랜

* 1, 2회독 때에는 40일 학습 플랜을, 3회독 때에는 20일 학습 플랜을 활용하시면 좋습니다.

| 40일 플랜 | 20일 플랜 | 학습 플랜 | | 1회독 | 2회독 | 3회독 |
|---|---|---|---|---|---|---|
| DAY 1 | DAY 1 | 제1편 국제정치학 총론 및 사상 | 제1장 | DAY 1 | DAY 1 | DAY 1 |
| DAY 2 | | | 제2장 | DAY 2 | DAY 2 | |
| DAY 3 | DAY 2 | 제2편 국제정치이론 | 제1장 ~ 제2장 제3절 | DAY 3 | DAY 3 | DAY 2 |
| DAY 4 | | | 제2장 제4절 ~ 제7절 | DAY 4 | DAY 4 | |
| DAY 5 | DAY 3 | | 제2장 제8절 ~ 제14절 | DAY 5 | DAY 5 | DAY 3 |
| DAY 6 | | | 제2장 제15절 ~ 제3장 제3절 | DAY 6 | DAY 6 | |
| DAY 7 | DAY 4 | | 제3장 제4절 ~ 제12절 | DAY 7 | DAY 7 | DAY 4 |
| DAY 8 | | | 제4장 ~ 제5장 | DAY 8 | DAY 8 | |
| DAY 9 | DAY 5 | | 제6장 | DAY 9 | DAY 9 | DAY 5 |
| DAY 10 | | | 제7장 ~ 제8장 | DAY 10 | DAY 10 | |
| DAY 11 | DAY 6 | 제1편 복습 | | DAY 11 | DAY 11 | DAY 6 |
| DAY 12 | | 제2편 복습 | | DAY 12 | DAY 12 | |
| DAY 13 | DAY 7 | 제3편 강대국 대외정책 | 제1장 | DAY 13 | DAY 13 | DAY 7 |
| DAY 14 | | | 제2장 | DAY 14 | DAY 14 | |
| DAY 15 | DAY 8 | | 제3장 | DAY 15 | DAY 15 | DAY 8 |
| DAY 16 | | 제4편 국제기구 | 제1장 ~ 제2장 | DAY 16 | DAY 16 | |
| DAY 17 | DAY 9 | | 제3장 | DAY 17 | DAY 17 | DAY 9 |
| DAY 18 | | | 제4장 | DAY 18 | DAY 18 | |
| DAY 19 | DAY 10 | 제3편 복습 | | DAY 19 | DAY 19 | DAY 10 |
| DAY 20 | | 제4편 복습 | | DAY 20 | DAY 20 | |
| DAY 21 | DAY 11 | 제5편 국제이슈 | 제1장 ~ 제2장 제3절 | DAY 21 | DAY 21 | DAY 11 |
| DAY 22 | | | 제2장 제4절 ~ 제8절 | DAY 22 | DAY 22 | |
| DAY 23 | DAY 12 | 제6편 지역 및 한반도 이슈 | 제1장 | DAY 23 | DAY 23 | DAY 12 |
| DAY 24 | | | 제2장 | DAY 24 | DAY 24 | |
| DAY 25 | DAY 13 | | 제3장 | DAY 25 | DAY 25 | DAY 13 |
| DAY 26 | | | 제4장 | DAY 26 | DAY 26 | |
| DAY 27 | DAY 14 | 제7편 외교사 | 제1장 | DAY 27 | DAY 27 | DAY 14 |
| DAY 28 | | | 제2장 ~ 제3장 | DAY 28 | DAY 28 | |
| DAY 29 | DAY 15 | | 제4장 | DAY 29 | DAY 29 | DAY 15 |
| DAY 30 | | | 제5장 ~ 제6장 | DAY 30 | DAY 30 | |
| DAY 31 | DAY 16 | | 제7장 | DAY 31 | DAY 31 | DAY 16 |
| DAY 32 | | | 제8장 | DAY 32 | DAY 32 | |
| DAY 33 | DAY 17 | | 제9장 ~ 제10장 | DAY 33 | DAY 33 | DAY 17 |
| DAY 34 | | 제5편 복습 | | DAY 34 | DAY 34 | |
| DAY 35 | DAY 18 | 제6편 복습 | | DAY 35 | DAY 35 | DAY 18 |
| DAY 36 | | 제7편 복습 | | DAY 36 | DAY 36 | |
| DAY 37 | DAY 19 | 제1편 ~ 제4편 복습 | | DAY 37 | DAY 37 | DAY 19 |
| DAY 38 | | 제5편 ~ 제7편 복습 | | DAY 38 | DAY 38 | |
| DAY 39 | DAY 20 | 전 범위 복습 | | DAY 39 | DAY 39 | DAY 20 |
| DAY 40 | | 전 범위 복습 | | DAY 40 | DAY 40 | |

# 제1편

# 국제정치학 총론 및 사상

**제1장** 국제정치학 총론

**제2장** 국제정치사상

# 제1장 국제정치학 총론

## 제1절 국제정치관

**001**

13. 외무영사직

불(Hedley Bull)이 제시한 국제체제의 역사에 대한 3개의 사상적 전통 중 그로티우스(Hugo Grotius)적 시각은 주권국가들로 구성된 국제체제는 궁극적으로 해체되어 세계연방을 지향한다고 보는 것이다.　　　　　　　　　　　　　　　　　O | X

그로티우스(Hugo Grotius)적 시각은 주권국가를 전제로 국가들 간 협력 가능성을 인정하는 시각이다. 현실주의(realism)와 보편주의(universalism)의 중간적 위치에 해당하는 입장으로서 국가들 상호간의 관계가 공통의 규칙 또는 제도에 의해 제한된다. 국가들의 행위가 자기이익과 도덕성 모두에 의해 고려되는 단계이다.　　　　　　　답 X

**002**

예상논점

헤들리 불(Hedley Bull)은 국제정치관에 대해 홉스적 관점, 칸트적 관점, 그로티우스적 관점으로 대별하고 자신의 입장은 그로티우스적 관점에 해당한다고 하였다.　O | X

헤들리 불(Hedley Bull)은 국제사회론자이다. 그로티우스적 관점과 마찬가지로 국제정치를 주도해 나가는 주요 세력은 국가이지만, 국제제도에 의해 질서가 유지되고 있다고 본다.　　　　　　　　　　　　　　　　　　　　　　　　　　　답 O

**003**

예상논점

칸트적 관점은 행위자를 '개인'으로 본다는 점에서 자유주의 입장과 유사하나, 국제체제의 안정화 가능성을 부인한다는 점에서 현실주의 입장과 차이가 있다.　　O | X

칸트적 관점은 국제체제의 안정화 가능성을 긍정한다. 국내 정치체제의 변화, 국제연맹의 형성, 국제법의 지배 등을 통해 가능하다고 보았다.　　　　　　　　　　답 X

**004**

예상논점

그로티우스적 관점은 국가들로 구성되는 국제체제가 분권적이나 국제법이나 국제제도를 통해 사회적 성격이 구현될 수 있다고 하였다.　　　　　　　　　　　　O | X

그로티우스(Grotius)는 국제법학자로 국제법의 지배를 강조한다.　　　　　　답 O

**005**

15. 외무영사직

다국적기업의 해외직접투자를 설명하는 존 더닝(John Dunning)의 OLI 이론에 따르면 투자대상국이 경제적 자유주의를 채택하고 있어야 해외직접투자가 발생한다.　O | X

OLI 이론은 다국적기업의 해외직접투자가 발생하기 위해서는 다음 세 가지 조건이 모두 충족해야 한다는 이론이다. 첫째, Ownership - specific - advantage는 당해 기업이 현지 기업에 비해 비교우위적 요소를 가져야 한다는 것이다. 둘째, Location - specific - advantage는 타 지역에 비해 특정 지역이 투자에 있어서 이익이 있어야 한다는 것이다. 셋째, Internalization - specific - advantage는 현지에서 직접 투자하여 생산하는 것이 수출이나 대리점 설립보다 우위에 있어야 한다는 것이다.　답 X

**006**

예상논점

국제정치행위자에 대해 현실주의자들은 국가가 주요하고, 통합되어 있으며, 합리적 행위자라고 가정하며, 이 경우 합리성은 도구적 합리성과 정치적 합리성을 포함하는 개념이다.　O | X

현실주의에서 합리성은 도구적 합리성이다. 즉, 이 때 합리적 행위자는 비용과 편익에 따라 전략을 선택하는 행위자라는 의미이다.　답 X

**007**

예상논점

현실주의에서는 세계화, 정보화, 민주화 등 국제정치환경의 변화에도 불구하고 국제정치에서 주요한 행위자는 여전히 근대국가라고 보나, 자유주의에서는 근대국가의 영향력은 지속적으로 약화되고, 비국가행위자의 영향력이 계속해서 강화되고 있다고 본다.　O | X

국가의 영향력 쇠퇴에 대해 현실주의와 자유주의의 논란이 있다. 자유주의는 세계화, 정보화, 민주화가 모두 국가의 영향력을 약화시키는 방향으로 작용하고 있다고 보고 근대국제체제의 성격에도 변화가 오고 있다고 본다.　답 ○

**008**

예상논점

클리브 아처(Clive Archer)에 의하면 국제기구란 회원국들의 공동이익을 추구할 목적으로 2개 혹은 그 이상의 주권국가들 사이에 정부간이든 비정부간이든 그들 사이 이루어진 합의에 의해 만들어진 하나의 공식적이고 지속적인 구조를 말한다.　O | X

클리브 아처(Clive Archer)의 정의에서는 비정부간국제기구도 국제기구의 범위에 포함된다는 점을 유의해야 한다.　답 ○

**009**

예상논점

IGO가 국제조약에 의해 창설되고, 국가 또는 국제기구를 회원으로 하는 반면, INGO는 특정 국가의 국내법에 따라 설립되는 것이 일반적이며 국제법인격은 부인된다.　O | X

IGO와 INGO는 그 설립근거에 결정적인 차이가 있다. 또한 IGO는 조약을 체결할 수 있으나, INGO는 원칙적으로 조약체결권을 갖지 않는다.　답 ○

**010**
예상논점

레이먼드 버논의 상품주기설에 의하면 다국적 기업의 해외투자가 경쟁자의 시장침투를 사전에 봉쇄하고 기업 이윤을 극대화하기 위한 것으로서 이러한 다국적기업의 해외투자는 투자유치국(host country)의 경제에 부정적 영향을 미친다. O | X

상품주기설은 자유주의 계열의 이론이다. 이윤 극대화를 위한 선택이란 점은 옳다. 그러나, 투자유치국(host country)의 경제에 부정적 영향을 미친다는 점은 옳지 않다.
답 X

**011**
예상논점

상호의존론에 의하면 다국적 기업의 해외투자를 통한 상호의존의 심화는 국제안보에 대해 부정적 외부재효과를 끼친다. O | X

상호의존의 심화는 국제안보에 대해 긍정적 외부재효과를 끼칠 것을 주장한다. 상호의존을 통해 전쟁 가능성이 떨어진다고 보는 것이다.
답 X

**012**
예상논점

마르크스주의자들에 따르면 다국적기업은 강대국이 타 약소국의 자원을 선점하기 위한 공격적 전략으로서 구사되는 것이며, 국가들 상호간 종속관계 또는 착취관계를 형성하는 매개체로 작용한다. O | X

마르크스주의에서는 중심부와 주변부 간 경제관계에 다국적기업이 끼치는 영향에 관심이 있다. 착취관계를 형성하는 것으로 보아 부정적 파급효과를 줄 것으로 본다.
답 ○

**013**
예상논점

OECD는 다국적기업들이 자발적으로 지켜야할 행동규범을 만들고 있으며, 이러한 규범에는 다국적기업들의 정보공개, 투자당사국 정부의 법률과 정책에 대한 협력, 반경쟁적 행동의 자제 등의 내용을 담고 있다. O | X

OECD는 다국적기업들의 반경쟁적 행동을 통제하는 데 관심을 가지고 있다.
답 ○

**014**
예상논점

정치와 경제의 관계에 있어서 국가의 역할을 강조하는 현실주의 패러다임에 따르면 다국적기업은 국가의 전략적 선택에 기초하여 활성화되거나 수용된다. O | X

국가와 시장관계에 있어서 국가의 역할을 강조하는 중상주의(현실주의) 패러다임은 다국적기업에 대해서도 적용된다. 즉, 다국적기업에 대한 독립변수를 국가로 설정하는 것이다. 국가에 의해 다국적기업이 통제된다고 본다.
답 ○

**015**

국제연합 지구 약속(UN Global Compact)은 1999년 세계경제포럼에서 당시 UN사무총장이었던 코피 아난에 의해 제안된 것으로서 기업에 대해 인권존중, 인권유린 금지, 집단교섭을 위한 결사의 자유 존중, 강제 노역 금지, 환경보존 활동, 부정부패 근절 등을 요구하고 있으나, 법적 구속력을 갖는 것은 아니다. O | X

국제연합 지구 약속(UN Global Compact)은 글로벌 경제 거버넌스의 사례에 해당된다. UN의 성과에 대해서는 출제가능성이 높다.
답 ○

**016**
22. 외무영사직

앤더슨(Benedict Anderson)이 규정한 민족과 민족주의는 전승된 공동체(inherited community)이다.                OㅣX

앤더슨(Benedict Anderson)은 민족과 민족주의는 상상된 공동체(imagined community)라고 하였다. 구체적인 실체가 존재한다기보다는 영토국가의 통일성 유지 등의 특정 목적을 가지고 만들어진 실체라는 것이다. 기존의 인종주의적 접근 또는 본원적 접근과는 구분되는 입장이다.                답 X

**017**
23. 외무영사직

현실주의 국제정치이론에 따르면 국가는 합리적 행위자로 국익을 극대화할 수 있는 방향으로 행동한다.                OㅣX

현실주의는 국가가 주요하고 통합적이며 합리적 행위자라고 본다.                답 ○

**018**
예상논점

로버트 콕스(Robert Cox)와 같은 마르크스주의자들은 INGO가 선진국들의 이해관계를 대변하고 관철시키려 함으로써 선진국들의 지배체제를 강화하고 영속화하는 초국가적 역사블록이라고 보고 INGO에 대해 부정적 견해를 피력하였다.                OㅣX

마르크스주의자들은 선진국들의 지배체제에 저항하는 초국가적 역사적 대항블록을 형성한다는 점에서 INGO를 긍정적으로 본다.                답 X

## 제3절 국제체제의 역사적 전개

**019**
15. 외무영사직

베스트팔렌조약으로 시작된 근대 국제사회의 역사적 전개과정은 비엔나 체제 → 비스마르크 체제 → 베르사유 체제 → 얄타 체제 → 몰타 체제이다.                OㅣX

국제체제는 웨스트팔리아 체제(1648) → 비엔나 체제(1815) → 비스마르크 체제(1871) → 베르사유 체제(1919) → 얄타 체제(1945) → 몰타 체제(1989)로 전개되어 왔다. 비엔나 체제는 강대국 간 협조체제, 비스마르크 체제는 동맹체제, 베르사유 체제는 집단안보체제, 얄타 체제는 국제연합의 집단안보체제를, 몰타 체제는 탈냉전체제를 의미한다.                답 ○

**020**
예상논점

중화질서는 사대자소, 조공, 사대교린 등의 규범에 기초한 분권적 질서로서 유럽중심의 근대질서가 주권국가를 중심으로 하는 무정부적 국제체제인 것과는 대비된다.                OㅣX

중화질서는 '집권적 질서'이다. 중국 중심의 위계체제에 해당된다.                답 X

**021**

예상논점

30년 전쟁 이후 체결된 베스트팔렌조약(1648)은 교황중심의 중세질서를 해체하고 주권평등, 영토존중, 내정불간섭을 주요 원리로 하는 근대국가 중심의 체제로 전환하는 계기가 되었다. O | X

베스트팔렌조약(1648)에는 신교선택의 자유가 명시되었다. 답 O

**022**

예상논점

웨스트팔리아 체제는 주권절대의 원칙, 내정불간섭의 원칙, 세력균형의 원칙에 기초한 체제였으며, 이러한 체제는 탈냉전과 함께 붕괴되고 미국 중심의 패권체제로 전환되었다. O | X

탈냉전기에도 근대국가 중심의 분권적 체제로서의 웨스트팔리아 체제는 유지되고 있다. 힘의 서열 차원에서 볼 때 미국 중심 패권체제로 볼 수 있으며, 이는 냉전기 양극체제가 전환된 것이다. 답 X

**023**

예상논점

케난(George Kennan), 모겐소(Hans Morgenthau)와 같은 현실주의자들은 공산주의 이념이 소련의 팽창주의의 근본적 원인이라고 보고 냉전의 형성에 있어서 소련의 책임을 주장하였다. O | X

모겐소(Hans Morgenthau)의 현실주의는 공산주의 이념을 팽창의 원천으로 간주하지 않는다. 케난(George Kennan)은 전통주의자에 해당한다. 답 X

**024**

예상논점

미어샤이머와 개디스는 냉전기 미국과 소련이 보유한 핵무기가 양극체제와 함께 냉전체제를 안정시킨 결정적 요인이라고 평가하였다. O | X

미어샤이머와 개디스 두 학자 모두 양극체제 안정론자이다. 월츠도 양극체제 안정론자에 해당한다. 답 O

**025**

예상논점

마이클 마스딴두노는 탈냉전체제를 단극체제로 규정하고 미국의 군사력, 경제력, 동맹관계 등을 고려할 때 압도적 우위를 점하고 있어 단극체제가 상당기간 유지될 것으로 전망하였다. O | X

마이클 마스딴두노는 단극체제의 지속성 여부는 미국의 전략이 위협적인지에 따라 다를 것으로 전망하였다. 답 X

**026**

예상논점

미어샤이머는 탈냉전체제가 전 세계적 차원에서 형성된 다극체제로 규정하고, 양극체제에 비해 상대적으로 불안정한 상황을 안정화시키기 위해서는 핵무기를 관리할 수 있는 독일과 같은 강대국이 핵을 보유하는 것이 중요한 요소라고 조언하였다. O | X

유럽지역이 다극체제라고 규정하였다. 미어샤이머는 국가는 자국이 속한 지역에서의 패권을 추구하는 세력이라고 하였다. 답 X

**027**

예상논점

탈냉전체제의 안정성에 대해 월츠는 탈냉전체제가 미국과 중국 중심 양극체제로 귀결될 것으로 보고 냉전시대와 유사한 안정성이 유지될 것으로 본다. O | X

월츠는 다극체제를 전망하였다. 답 X

**028**

예상논점

탈냉전체제의 안정성에 대해 상호의존론에 의하면 세계화 현상의 지속으로 국가의 통제력이 지속적으로 약화되어 국제안보에 부정적 영향을 끼칠 것으로 본다. O | X

상호의존론이 국가 주권 쇠퇴를 주장하는 점은 옳으나, 안보차원에서는 상호의존으로 전쟁 비용이 증가함으로써 안보에 긍정적 외부효과를 초래할 것으로 본다. 답 X

**029**

예상논점

탈냉전체제의 안정성에 대해 패권안정론자들은 미국이 동맹국들과 결속력을 강화하여 중국을 견제하고 힘의 격차를 크게 유지함으로써 탈냉전체제의 안정성을 높일 수 있다고 본다. O | X

힘의 격차가 크게 유지될 때 탈냉전체제의 안정성이 높아진다고 본다. 답 O

**030**

예상논점

탈냉전체제의 안정성에 대해 구성주의자들은 탈냉전체제를 패권체제로 규정하고 패권체제에서 비롯되는 구조적 불안 요인이 강대국 상호관계에서 전쟁가능성을 높일 것으로 본다. O | X

구성주의에서 국제안보를 결정하는 요인은 집합정체성이며, 이는 주체들 상호 간 간주관성에서 비롯되는 것이므로 상호작용의 패턴과 이에 따른 집합정체성의 향방에 따라 안정성이 달라질 것으로 본다. 패권체제와 같은 구조적 요인보다는 상호관계에서 형성되는 집합정체성이 안보에서 결정적 요소라고 본다. 답 X

## 제4절 외교론

**031**

17. 외무영사직

20세기 들어 공개외교(open diplomacy)가 국제연맹에 의해 채택되었다. O | X

공개외교(open diplomacy)는 윌슨이 14개 조항에서 비밀외교 폐지를 주장하면서 확대되었다. 답 O

**032**

17. 외무영사직

20세기 들어 외교에 대한 공적 심사가 강화되었다. O | X

특히, 외교에 대한 입법부의 통제가 강화되었다. 답 O

**033**

17. 외무영사직

20세기 신외교제도하에서 정례적·상설적 다자외교가 쇠퇴하였다. O | X

다자외교는 1815년 11월의 4국동맹조약 제6조에 그 효시로서 규정되었다. 20세기 들어서는 전시외교를 비롯하여 다자외교가 정례화 및 상설화되었다고 보는 것이 타당하다.

답 X

**034**

16. 외무영사직

공공외교는 강대국들이 주로 사용하는 전략이기 때문에 중견국가나 약소국에게는 적합하지 않다. O | X

강대국들이 공공외교를 보다 중요하게 고려하여 시행하고 있는 것은 사실이나 우리나라와 같은 중견국가들도 연성권력을 확보한다는 차원에서 공공외교를 중요하게 고려하고 있다. 연성권력의 중요성이 이전에 비해 강화된 현재의 국제관계 현실에서는 중견국가나 약소국도 공공외교가 중요하고 적합한 외교 전략이라고 볼 수 있다.

답 X

**035**

19. 외무영사직

트루먼 행정부는 공공외교를 위하여 미국해외공보처(USIA)를 설립하였다. O | X

미국해외공보처(USIA)는 아이젠하워 행정부에서 설립하였다. 답 X

**036**

19. 외무영사직

클린턴 행정부는 USIA를 국무부 산하로 편입하여 공공외교를 추진하였다. O | X

미국 공공외교의 핵심기관으로 1953년부터 거의 반세기 동안 지속되어 온 USIA는 클린턴 행정부이던 1998년, 의회에 제출된 외무개혁·구조조정법(Foreign Affairs Reform and Restructuring Act of 1998)에 의해 국무부로의 통합이 결정되고 마침내 1999년 10월 1일을 기점으로 역사의 뒤안길로 사라지게 된다. 평균 9억 달러의 예산과 12,000명의 인력으로 운영되던 USIA를 국무부로 통합시키면서 내세운 외양적인 명분은 공공외교를 미국 외교정책의 중심에 둔다는 것이었다. 그러나 실질적인 이유는 1990년대 냉전의 종결과 함께 행정부와 의회에서 공공외교에 대한 관심이 줄어들었고 공공외교의 필요성에 대해 의문을 제기하는 목소리가 커졌기 때문이었다.

답 ○

**037**

19. 외무영사직

부시(George W. Bush) 행정부의 공공외교는 세계적으로 반미 여론을 크게 완화시켰다. O | X

부시(George W. Bush) 행정부는 9.11 테러 이후 공공외교에도 적극성을 띠었으나 일방주의적이고 공세적인 대외정책으로 인해서 반미여론을 완화시키기에는 역부족이었다는 평가가 지배적이다.

답 X

m e m o

**038**
19. 외무영사직

오바마 행정부에서 스미스 – 문트법(Smith – Mundt Act)이 제정됨에 따라 미국 거주 외국인에 대한 공공외교 활동이 금지되었다.                                                    O | X

스미스 – 문트법(Smith – Mundt Act)은 1948년에 제정된 법이다. 정식 명칭은 미국 공보·교육교류를 위한 법(U.S. Information and Educational Exchange Act of 1948)이다. 타 국가의 국민들로 하여금 미국에 대한 이해를 높이고 협력적 국제관계를 강화하는데 목적을 두었다. 또한 이 법은 미국의 대외적 공보와 문화활동이 모두 국무부 소관임을 공표하였고, 최초로 공공외교를 법으로 명문화시켰다는 점에서 의의가 있다. 무엇보다 스미스 – 문트법은 USIA를 탄생시킨 법적 기반이 되었다. 이 법은 미국에 거주하는 외국인에 대한 공공외교 활동을 금지하였다.                                                    답 X

**039**
13. 외무영사직

트랙 Ⅱ(Track Ⅱ) 외교에는 미국이 외국 정부 및 국내 이익집단과 동시에 협상하는 것, 이스라엘과 팔레스타인해방기구 사이의 관계 개선을 위한 노르웨이 사회학자의 노력, 미국 윌슨(Woodrow Wilson) 대통령의 14개 평화원칙과 베르사이유 강화조약, 북한 비핵화를 위한 6자회담 등이 포함될 수 있다.                                                    O | X

트랙 Ⅱ(Track Ⅱ) 외교란 민간이 주체가 되어 이뤄지는 외교를 의미한다. 이스라엘과 팔레스타인해방기구 사이의 관계 개선을 위한 노르웨이 사회학자의 노력은 트랙 Ⅱ(Track Ⅱ) 외교에 해당되나, 나머지는 트랙 I(Track I) 외교에 해당된다. 국가 간 외교를 트랙 I(Track I)외교라 한다.                                                    답 X

**040**
예상논점

니콜슨(Harold Nicolson)에 의하면 "외교란 협상에 의한 국제관계의 경영이며 그 관계가 대사나 사절에 의해 조정되고 운영되는 것"이다.                                                    O | X

니콜슨(Harold Nicolson)은 근대외교를 위와 같이 규정한 것이다. 현대적 외교에는 비국가행위자에 의한 활동도 포함시킨다.                                                    답 O

**041**
예상논점

니콜슨(Harold Nicolson)은 넓은 의미의 외교를 외교정책결정기능과 협상기능으로 대별하고 전자는 공개적이어야 하나 후자는 어느 정도 비밀이 필요하다고 보았다.                                                    O | X

협상은 국가이익을 실현하는 수단이기 때문에 어느 정도 비밀이 필요하다고 본 것이다.                                                    답 O

**042**
예상논점

공공외교란 외교 상대 국가의 정부가 아니라 일반국민을 상대로 하여 자국의 이미지 제고와 공감대 형성을 통한 신뢰 구축, 나아가 관계 발전을 추구하는 외교행위를 말한다.                                                    O | X

공공외교는 외교의 대상이 국가가 아니라 시민이므로 탈근대외교의 일종으로 규정된다.                                                    답 O

**043**
예상논점

크리스토퍼 로스(Christopher Ross)에 의하면 전통적 외교와 공공외교가 잘 조율되고 병행적으로 이루어질 때 효과가 극대화된다. O | X

공공외교는 특히 근대외교를 보완하는 기능을 갖는다고 볼 수 있다. 타국 시민들의 지지를 받는 정책이 타국가과의 교섭에서도 성공할 가능성이 높기 때문이다. 답 ○

**044**
예상논점

니콜슨(Harold Nicolson)은 외교의 기능을 커뮤니케이션 촉진, 협상, 정보수집, 국가 간 마찰의 최소화로 구분하였다. O | X

헤들리 불(Hedley Bull)에 의한 외교의 기능에 대한 분류이다. 답 X

**045**
예상논점

경제제재는 그 위협이 신빙성 조건을 갖춰야 하고, 대상국가가 고립경제를 유지하는 경우 효과가 제한적일 수 있다. O | X

북한과 같은 고립경제는 경제제재의 효과가 제한적일 수 있다. 답 ○

**046**
예상논점

연성권력을 강화하기 위해서는 지배적인 국제정치 담론이나 국제레짐에 적응하는 소극적 방법과 자국이 대표하는 가치가 가지는 매력을 늘리는 동시에 그것이 지배적인 국제레짐에 반영하도록 하는 적극적 방법이 있다. O | X

연성권력은 문화, 가치, 전략에 기초하여 갖게 된다. 특히 대외전략차원에서는 보편적 가치를 지향하는 레짐에 참여하거나 주도함으로써 연성권력을 확보할 수 있다. 답 ○

**047**
21. 외무영사직

우리나라 「공공외교법」에 의하면 공공외교는 인류의 보편적 가치와 대한민국 고유의 특성을 조화롭게 반영하여 추진되어야 한다. O | X

공공외교법 제3조 제1항. 공공외교는 인류의 보편적 가치와 대한민국 고유의 특성을 조화롭게 반영하여 추진되어야 한다. 답 ○

**048**
21. 외무영사직

우리나라 「공공외교법」에 의하면 공공외교 정책은 국제사회와의 지속가능한 우호협력 증진에 중점을 두어야 한다. O | X

공공외교법 제3조 제2항에 규정되어 있다. 답 ○

**049**
21. 외무영사직

우리나라 「공공외교법」의 목적은 국제사회에서 대한민국의 국가 이미지 및 위상 제고에 이바지하는 것이다. O | X

공공외교법 제1조. 이 법은 공공외교 활동에 필요한 사항을 규정하여 공공외교 강화 및 효율성 제고의 기반을 조성함으로써 국제사회에서 대한민국의 국가이미지 및 위상 제고에 이바지하는 것을 목적으로 한다. 답 ○

**050**

21. 외무영사직

우리나라 「공공외교법」에 의하면 공공외교 활동은 국가이익에 부합하는 지역과 국가를 대상으로 한다.　O | X

공공외교법 제3조 제3항. 공공외교 활동은 특정 지역이나 국가에 편중되지 아니하여야 한다.　답 X

**051**

23. 외무영사직

2016년 「공공외교법」이 제정되었다.　O | X

박근혜 정부에서 제정되었다.　답 O

**052**

23. 외무영사직

「공공외교법」의 제정으로 평화유지군 파병, 보훈 외교 등의 활동이 추진되었다.　O | X

평화유지군 최초 파병이 1993년이므로 공공외교법 제정으로 평화유지군 파병이 추진되었다고 보기 어렵다.　답 X

**053**

23. 외무영사직

공공외교의 중요성 대두로 외교부에서 업무가 이관된 '한국공공외교재단'이 설립되었다.　O | X

공공외교를 위해 설립된 재단은 '한국국제교류재단'이며 외교부 산하 기관이다.　답 X

**054**

23. 외무영사직

한국의 공공외교는 케이팝(K-pop) 등 민간 부문이 주도적인 역할을 하고 있으며 하드파워를 중심축으로 해서 추진되고 있다.　O | X

공공외교는 하드 파워 중심이 아니라 소프트 파워 중심이다. 소프트 파워를 추구하는 정책이다.　답 X

# 제2장 국제정치사상

## 제1절 현실주의 전통

**001**
예상논점

마키아벨리는 피치자에게 있어서 애정보다는 공포가 더 효과적으로 작동되며, 폭력과 기만이 합법성보다 통제에 더 효과적이라고 주장하였다. O | X

마키아벨리는 도덕에 기초한 통치를 비효과적으로 규정함으로써 이전의 학자들과 거리를 두었다. 답 ○

**002**
예상논점

마키아벨리는 정치영역에서 윤리적인 덕이 자동적으로 공적인 덕으로 전환되지 않으며, 사적 영역에서의 비윤리적인 행위가 공적 영역에서는 덕이 될 수 있다는 점을 강조하였다. O | X

정치에서의 윤리와 보편윤리가 다를 수 있다는 점을 인정한 것이다. 답 ○

**003**
예상논점

헤겔은 국가는 자신을 유지하는 것 이상의 의무는 없다고 주장하고 국가가 자신의 이해나 타국의 관계에 있어 이기적으로 이해를 추구하는 것에 윤리적 정당성을 부여함으로써 마키아벨리의 사상에 정면으로 도전하였다. O | X

헤겔은 기본적으로 마키아벨리의 사상을 계승하고 있다. 헤겔은 국가를 선(善)의 결정체로 보았으며, 이러한 맥락에서 제국주의 전략도 적극적으로 옹호하였다. 답 X

**004**
예상논점

홉스는 인간을 강력한 욕망을 가진 주체라고 주장하고 부, 지식, 명예욕을 죽을 때까지 추구하는 존재라고 규정하였다. 홉스는 더 많은 권력을 보유하지 않고서는 현재 가진 것을 지킬 수 없다는 두려움보다는 인간은 근본적으로 더 많은 욕망을 추구하는 본성을 가진 존재라는 점에서 인간의 권력극대화 추구현상을 설명하였다. O | X

홉스는 인간은 현재의 권력을 유지하기 위해 더 많은 권력을 추구한다고 하였다. 답 X

**005**
예상논점

홉스는 인간은 육체와 정신에 있어서 천부적 차이가 존재하기 때문에 인간들 사이에 불신과 충돌이 발생한다고 하였다. O | X

홉스는 육체와 정신에 있어서 천부적 차이가 존재하지 않는다고 하였다. 그렇지만 자원의 희소성 때문에 인간 상호간 충돌과 갈등이 불가피하게 발생한다고 하였다. 답 X

**006**
예상논점

홉스에 의하면 자연상태, 즉 욕망을 규제할 수 있는 제도가 없는 상태에서 인간은 경쟁, 명예욕, 상호불신으로 인해서 투쟁하게 된다. 이로써 자연상태는 필연적으로 '전쟁상태(a state of war)'이며 나아가 '만인의 만인에 대한 투쟁(all against all)'으로 귀결된다.  O | X

자연상태에 대한 이러한 홉스의 규정은 공격적 현실주의자인 미어샤이머에 의해 적극적으로 수용되었다.  답 ○

**007**
예상논점

홉스에 따르면 인간은 이성에 의해 포착되는 자연법의 도움을 받아, 자연상태하에서 생명의 보호를 위해 모든 수단의 동원이 인정되는 자연권을 포기하고, 죽음의 공포로부터 벗어나기 위해 사회계약을 체결한다.  O | X

홉스는 사회계약의 결과로서 리바이어던이 성립된다고 보았다.  답 ○

**008**
예상논점

홉스는 사회계약을 통해 주권체, 즉 리바이어던(Leviathan)을 설립함으로써 전쟁상태로부터 벗어날 수 있다고 보았다. 리바이어던(Leviathan)의 정당성은 정부가 권력을 장악하게 된 방법에 기인하는 것이 아니라 자신의 권리를 양도한 개인들을 얼마나 효과적으로 보호해주는지에 기초한다고 하였다.  O | X

따라서 홉스는 국가가 어느 정도 강한 권력을 갖고 개인들을 통제하는 것이 허용되고 또한 필요하다고 보았다. 이러한 점에서 로크의 작은 국가론과는 대비된다.  답 ○

**009**
예상논점

홉스에 의하면 자연상태에서 국가가 성립되고 개인들의 권력추구적인 성향은 국가의 행동의 원칙이 되며, 따라서 국가는 타 국가를 지배하려는 성향을 나타내게 된다.  O | X

국가의 권력지향성이 타국에 대해서도 발현된다고 보는 것이다.  답 ○

**010**
예상논점

홉스는 국가적 차원의 자연상태는 다수 개인들에 기초한 국가 상호간 경쟁 양상을 띠기 때문에 대내적 자연상태보다 더욱 폭력적이라고 보았으나, 국내정치와 달리 리바이어던이 형성되기 어렵기 때문에 대외적 자연상태가 해결되기는 어렵다고 보았다.  O | X

홉스는 대외적 자연상태가 대내적 자연상태보다 덜 폭력적이므로 리바이어던이 형성되기 어렵다고 보았다.  답 X

**011**
예상논점

홉스의 사상은 고전적 현실주의에 의해 계승되었으며, 고전적 현실주의자들은 인간과 마찬가지로 국가가 권력의 극대화를 추구하는 성향이 있기 때문에 국제정치가 권력정치 양상을 띤다고 보았다.  O | X

모겐소는 홉스의 견해를 계승하여 인간이 이기적이고 권력지향적이며 권력의 극대화를 추구한다고 본다. 인간과 마찬가지로 국가 역시 권력지향적이며 권력의 극대화를 추구한다고 하였다.  답 ○

memo

**012**

예상논점

루소에 의하면 국내사회와는 달리 국제사회에서는 일반의지가 형성될 수 없다.

O | X

일반의지를 실현하는 것이 국가인데 루소는 국제사회에서는 일반의지가 형성되지 않는다고 보아 세계정부가 실현될 가능성도 없다고 보았다.

답 O

**013**

예상논점

루소에 의하면 인간을 움직이는 자연법의 두 원칙은 자기보존의 본성과 타인이 고통받는 것을 참지 못하는 동정심이다. 자연인의 생존본능은 동정심에 의해 완화되지만, 국가는 동정심을 갖지 않기 때문에 국가 간 생존 경쟁은 치열해지고 자기 편애가 생존의 유일한 원칙이 된다.

O | X

루소는 동정심의 부재 역시 세계정부가 설립되지 않는 하나의 요인이 된다고 보았다.

답 O

## 제2절 자유주의 전통

**014**

13. 외무영사직

칸트(Immanuel Kant)의 영구평화론(perpetual peace)에서 평화를 위한 결정적인 조항(definitive articles)은 "국가들의 헌정질서는 공화정이어야 한다", "국가들의 권리는 자유국가들의 연방에 의존하여야 한다", "국가들 사이의 정치 및 경제적 장벽이 제거되어 초국가적 행위자의 통제하에 국제질서가 유지되어야 한다" 등 총 3개 조항으로 구성되어 있다.

O | X

"국가들 사이의 정치 및 경제적 장벽이 제거되어 초국가적 행위자의 통제하에 국제질서가 유지되어야 한다는 것이다"는 관련이 없는 문장이다. "세계주의적 권리는 '보편적인 호의'의 조건에 제한되어야 한다"가 제3결정 조항이다.

답 X

**015**

예상논점

로크는 자연상태를 평등한 상태 또는 완전한 자유의 상태로 규정하여 홉스의 자연상태와는 대비된다.

O | X

로크의 자연상태는 이상주의자들에 의해 계승되었다.

답 O

**016**

예상논점

로크에 따르면 자연 상태의 개인들이 공동체를 결성하고 스스로를 정부의 지배하에 두려는 가장 크고 주된 목적은 자신의 재산을 보존하기 위한 것이다.

O | X

로크가 말하는 재산이란 희소성에 기초하여 가치가 있는 것들을 총칭한다.

답 O

**017**

예상논점

홉스와 달리 로크는 국가의 역할을 개인의 권리를 안전하게 보장하고 강화하는 것으로 제한적으로 규정하였다.                                                    O | X

홉스가 큰 국가를 가정한다면, 로크는 작은 국가를 상정한다.                      답 ○

**018**

예상논점

로크의 사상은 1970년대 등장한 신자유주의이론의 사상적 근간을 형성하고 있다. 신자유주의자들은 국가권력의 시장개입을 완전히 부정하지는 않지만 국가권력의 시장개입은 경제의 효율성과 형평성을 오히려 악화시킨다고 주장한다. 따라서 준칙에 의한 소극적 통화정책과 국제금융의 자유화를 통해 안정된 경제성장에 도달하는 것을 목표로 한다.                                                                              O | X

준칙에 의한 소극적 통화정책이란 국가가 사전에 통화정책의 목표를 제시하고 이를 준수하는 것을 의미한다. 신자유주의자들은 시장상황에 따른 적극적 개입이 오히려 시장의 불확실성을 키우기 때문에 바람직하지 못하다고 본다.                    답 ○

**019**

예상논점

칸트는 각 개인이 자연상태에서 생존을 두고 서로 전쟁상태에 놓인 것과 마찬가지로 국가들 역시 서로 전쟁상태에 있는 것으로 보았다.                            O | X

칸트는 현재의 자연상태가 전쟁상태라고 본다. 그러나, 이러한 자연상태는 평화적 상태로 개선될 수 있다고 본다.                                                   답 ○

**020**

예상논점

칸트는 개인들이 궁극적으로 자신의 선의지를 발현할 수 있는 자유로운 상태에 도달해야 할 의무가 있는 것처럼, 국가 역시 자연상태에서 벗어나 국가들 간의 연합체(union)에 가입해야 할 의무가 있다고 하였다.                           O | X

국가들 간의 연합체(union)는 현재의 국제연합과 같은 형태를 의미한다. 이러한 연합의 형성을 도덕적 의무로 본 것이다. 국가는 개인의 자율성을 보장하기 위해 존재한다는 칸트의 국가관을 반영한 명제로 볼 수 있다.                              답 ○

**021**

예상논점

칸트는 개인의 자유를 보장하는 국제제도의 방식으로서 보편국가, 세계공화국, 국제연맹을 제시하고, 현실적으로 국제연맹이 올바르게 작동할 것으로 전망하였다.  O | X

보편국가는 세계제국을, 세계공화국은 세계연방을, 국제연맹은 국가들의 연합을 의미한다. 보편국가는 바람직하지 못하다고 보았다. 세계연방은 바람직하나 실현가능성이 없다고 보아 '이데아(Idea)'로 규정하였다. 따라서 현실적으로는 국제연맹이 최선의 방식이라고 본 것이다.                                                         답 ○

**022**

예상논점

칸트는 영구평화를 위한 예비적 조항으로서 기만행위 금지, 국가소유불가원칙, 상비군 폐지, 국채발행 금지, 내정간섭 금지, 특정될 적대행위 금지를 제시하였다.  O | X

예비적 조항에 대해 출제될 가능성이 높다. 기만행위 금지란 평화조약 체결에 있어서 진정성 있는 태도를 유지할 것을 의미한다. 특정 적대행위 금지는 국가 간 신뢰를 파괴할 수 있는 적대행위를 금지하자는 제안이다.                             답 ○

**023**
예상논점

칸트는 영구평화를 위한 예비적 조항으로서 상비군 폐지를 주장하였다. 칸트는 상비군 폐지와 함께 시민들이 자발적으로 국가를 수호하는 민병대에 대해서도 폭력을 수반한다는 의미에서 부정적으로 평가하였다. O | X

칸트는 민병대가 자발적으로 형성된 군대이므로 허용될 수 있다고 하였다. 답 X

**024**
예상논점

칸트는 영구평화를 위한 제1확정조항으로서 각 국가의 국내정치체제가 공화적이어야 한다고 주장하였다. 칸트는 공화제하에서는 국민들의 동의가 있어야만 전쟁이 가능하기 때문에 평화를 지킬 가능성이 높다고 하였다. O | X

이러한 칸트의 주장은 민주평화론에 의해 계승되었다. 민주평화론에서는 민주정 상호 간 전쟁의 부재를 주장한다. 답 O

**025**
예상논점

칸트의 영구평화를 위한 제2명제는 국제법은 자유스러운 여러 국가의 연맹조직을 토대로 해야 한다는 것이다. 국제연맹은 개별 국가주권의 존재를 전제로 한다. O | X

칸트가 언급한 국제연맹은 국가들의 연합이다. 주권의 소멸을 전제로 하는 것이 아니다. 답 O

**026**
예상논점

칸트의 영구평화를 위한 제3명제는 모든 인류는 지구의 표면에 대한 권리를 가지므로 상호 간에 자유롭게 통행할 수 있는 권리를 가지며, 평화로운 관계를 유지할 수 있는 세계시민법이 있어야 한다는 것이다. O | X

제3명제는 상거래와 여행의 자유를 의미하며, 이민의 자유를 의미하는 것은 아니다. 자유주의계열의 상호의존론의 입장과 유사하다. 답 O

**027**
23. 외무영사직

칸트(I. Kant)의 영구평화론에 따르면 국제법의 이념은 상호 독립적인 수많은 국가의 분리를 전제로 한다.

칸트는 제2결정조항에서 국제법에 기반한 국제협력을 주장하였다. 국제법은 기본적으로 다수 국가의 존재를 전제로 한다. 답 O

**028**
23. 외무영사직

칸트(I. Kant)의 영구평화론에 따르면 장차 분쟁의 소지를 감춘 비밀조약은 임시적인 휴전조약에 불과하다. O | X

예비조항 중 하나이다. 기만적 평화조약 체결을 금지한다. 답 O

**029**

23. 외무영사직

칸트(I. Kant)의 영구평화론에 따르면 모든 시민은 타국에 대해 방문의 권리뿐만 아니라 체류를 요구할 권리를 가진다.                                                     O | X

제3결정조항에 대한 것인데, 칸트는 국경을 넘은 여행이나 상거래는 허용되어야 한다고 보았으나 그것을 넘어서는 '체류(이민)'를 요구할 권리를 가지는 것은 아니라고 하였다.

답 X

**030**

23. 외무영사직

칸트(I. Kant)의 영구평화론에 따르면 보편적 우호를 바탕으로 한 자유로운 국가들의 평화연맹을 통해 영원한 평화가 실현될 수 있다.                                                     O | X

제2결정조항에 해당된다. 국제연맹을 창설하여 상호 협력함으로써 항구적 평화를 구현할 수 있다고 하였다.

답 O

# 제2편

# 국제정치이론

memo

**001**
예상논점

국제정치학의 제1차 대논쟁은 이상주의와 고전적 현실주의의 논쟁이다. O | X

국제정치의 본질에 대한 논쟁으로, 인간관에 대한 입장에서 출발한다. 이상주의는 성선설에, 고전적 현실주의는 성악설에 기초하고 있다. 답 O

**002**
예상논점

이상주의자들은 현실주의자들과 마찬가지로 국제체제의 영구적 평화가 가능하다고 보고, 세력균형을 보완하기 위한 수단으로서 집단안전보장제도를 제시하였다. O | X

현실주의자들은 영구적 평화가 불가능하다고 본다. 집단안전보장제도는 세력균형을 '대체'하기 위한 제도로 제시되었다. 답 X

**003**
예상논점

이상주의는 무정부상태를 홉스적 자연상태로 가정하여 국가들 상호간 조화와 협력이 가능하다고 본다. O | X

이상주의는 무정부상태를 로크적 자연상태로 규정한다. 홉스적 자연상태는 만인의 만인에 대한 투쟁상태를 말한다. 답 X

**004**
예상논점

현실주의자들은 권력의 대체성, 이슈의 계서의 존재를 주장하나, 상호의존론자들은 권력의 특정성을 강조하고, 이슈 간 계서의 존재를 부정한다. O | X

권력의 대체성이란 권력이 강한 국가가 국제정치의 모든 결과를 지배함을 의미한다. 이슈의 계서란 국가가 추진하는 이슈나 가치에 있어서 우선순위가 있다는 의미이다. 현실주의는 이슈의 계서를 긍정하여 안보이슈가 가장 중요하다고 본다. 상호의존론은 이슈의 계서가 없다고 본다. 각 행위자들이 제시하는 모든 이슈들이 중요한 이슈라고 가정한다. 답 O

**005**
예상논점

실증주의에서는 사회과학과 자연과학의 일체성, 사회법칙의 존재, 가치와 사실의 분리 불가능성에 기초하고 있다. O | X

실증주의는 가치와 사실의 분리가 가능하여 객관적인 연구가 가능하다고 본다. 답 X

**006**

예상논점

탈근대론은 탈실증주의에 기반하고 있으며, 객관적 법칙의 존재를 부정하고, 사회현상은 상대적·주관적·물질적이며 구성되기보다는 주어진 산물이라고 본다.    O | X

탈근대론에서 사회현상은 물질적인 것이 아니라 관념적인 것이며, 또한 주어진 산물이 아니라 주체들 간 간주관성으로 통해 구성되는 것이라고 본다.    답 X

**007**

예상논점

역사사회학자들은 국가를 주어진 산물이고 보편타당한 실체라는 점을 비판하고, 역사적으로 국가는 다양하게 존재하였으며, 현재의 민족국가는 역사의 특정한 시점에서 만들어진 산물이라고 본다.    O | X

역사사회학에서는 현실주의 국가관을 비판하여 국가형태가 역사적 과정을 거쳐서 현재와 같은 민족국가, 근대국가, 영토국가로 형성되어 왔다고 본다. 전쟁에 적합한 형태로 진화되었다고 본다.    답 O

**008**

예상논점

신현실주의와 신자유제도주의는 실증주의에 기반하고 있으나, 탈근대론은 탈실증주의에 기반하고 있다.    O | X

실증주의에서는 법칙의 존재를 긍정하나, 탈실증주의는 보편타당한 법칙의 존재를 부정한다.    답 O

**009**

예상논점

신현실주의는 관념론이나 구성주의는 유물론이다.    O | X

신현실주의가 유물론이고 구성주의가 관념론이다. 국가의 행동을 지배하는 요소가 무엇인지에 대한 논쟁이다. 신현실주의는 군사력과 같은 물질적 요소를 강조하는 반면, 구성주의는 정체성과 같은 관념적 요소를 강조한다.    답 X

**010**

예상논점

국제정치의 제2차 대논쟁은 이상주의와 행태주의적 현실주의의 논쟁이다.    O | X

제2차 대논쟁은 고전적 현실주의와 행태주의적 현실주의와의 논쟁이다. 국제정치학 방법론에 대한 논쟁이다.    답 X

## 제1절 현실주의 총론

**001**

15. 외무영사직

현실주의 국제정치이론은 인간이 잘못 만들어 낸 제도가 인간 갈등의 원인이라고 본다.

O | X

현실주의, 특히 구조적 현실주의는 인간 및 국가 간 갈등의 원인을 무정부상태에서 찾는다. 고전적 현실주의의 경우 권력의 극대화를 추구하는 인간의 기본적 속성 때문에 국제관계나 인간관계가 갈등적이라고 본다. 자유주의자들은 인간이 잘못 만들어 낸 제도가 인간 갈등의 원인이라고 본다. 특히 독재정과 같은 잘못된 제도가 갈등의 원인이라고 본다.

답 X

**002**

21. 외무영사직

현실주의 이론에 의하면 국가는 다양한 이해관계를 가진 조직과 개인 혹은 집단의 합이다.

O | X

국가는 통합적 행위자라는 것이 현실주의의 입장이다.

답 X

**003**

예상논점

현실주의자들은 국제체제를 무정부상태로 규정한다. 무정부상태의 속성에 대해서 월츠(K. Waltz)는 중앙정부의 부재상태로, 미어샤이머(J. Mearsheimer)는 홉스적 자연상태로 규정한다.

O | X

월츠(K. Waltz)는 홉스적 자연상태로 규정하지 않았다. 미어샤이머(J. Mearsheimer)는 홉스적 자연상태로 가정해야 국가의 권력추구 현상을 논리적으로 설명할 수 있다고 주장했다.

답 ○

**004**

21. 외무영사직

현실주의 이론에 의하면 국가는 국제사회의 무정부상태라는 특성으로 인해 권력과 안보를 추구하게 된다.

O | X

무정부상태가 국가의 행동에 중요한 영향요소라고 본다.

답 ○

**005**

예상논점

신현실주의는 국가의 행동을 설명하는 독립변수로서 국가의 속성과 함께 국제체제의 무정부적 성격을 강조한다.

O | X

신고전현실주의에 대한 설명이다.

답 X

**006**
예상논점

오간스키의 세력전이이론은 국제체제의 성격을 강조한다는 점에서 신현실주의로 분류할 수 있다.
O | X

신현실주의는 대체로 1970년대 제시된 것으로 본다. 오간스키의 이론은 1950년대에 제시되었으므로 엄밀히 말하면 신현실주의로 분류할 수 없다. 그러나, 오간스키 역시 국제체제의 안정성을 지배국의 존재 여부라고 하는 구조적 접근을 한다는 점에서 신현실주의로 분류할 수 있다.
답 ○

**007**
예상논점

길핀의 패권전쟁론은 국가의 행동을 설명함에 있어서 국가의 권력지향성을 강조한다.
O | X

패권전쟁론은 국가의 권력지향성을 독립변수로 보는 것이 아니라 국제체제의 구조적 성격에 집중하는 이론이다. 즉, 개체론이 아니라 전체론이다.
답 X

**008**
예상논점

미어샤이머의 방어적 현실주의는 국가가 권력의 극대화를 추구한다고 가정하여 안보의 극대화 추구를 가정하는 월츠의 공격적 현실주의와 대비된다.
O | X

미어샤이머의 공격적 현실주의는 국가의 권력 극대화를 추구하였고, 월츠의 방어적 현실주의는 국가의 안보 극대화를 추구하였다.
답 X

**009**
예상논점

길핀, 오간스키, 모델스키 등 국제체제변동론자들은 국제체제가 위계적이며, 국제체제는 필연적인 전쟁을 통한 변동을 특징으로 한다고 설명하는 점에서 같은 입장을 갖는다.
O | X

오간스키나 모델스키는 패권 전쟁 회피가능성을 주장한다. 오간스키는 평화적 세력전이를 통해, 모델스키는 긍정적 피드백 효과를 통해 가능하다고 본다.
답 X

**010**
예상논점

고전적 현실주의와 신고전현실주의는 국가 행동을 설명함에 있어서 국제체제의 성격을 강조한다는 점에서 같다.
O | X

고전적 현실주의는 국제체제의 성격을 강조하지 않는다. 국가가 인간과 마찬가지로 이기적이고 권력지향적이라는 점을 국가 행동 설명에 있어서 강조한다. 즉, 개체론이다.
답 X

**011**
예상논점

신현실주의는 국제체제의 성격을 국가행동에 대한 독립변수로 설정한 고전적 현실주의를 비판하고, 국가의 행동을 설명함에 있어서는 장기변수로서의 국제체제와 단기변수로서의 국가의 성격을 동시에 고려한다고 본다.
O | X

신고전현실주의에 대한 설명이다. 신고전주의는 국가행동에 대한 지배적인 변수는 구조변수이나, 일시적으로는 국가변수도 영향을 미칠 수 있다고 본다. 힘의 분포에 대한 지도자의 인식, 국가의 성향, 국가와 시민의 관계 등이 단기변수로서 매개변수 역할을 한다고 본다.
답 X

**012**

23. 외무영사직

현실주의 국제정치이론에 따르면 국가의 개입은 질서와 평화를 유지할 필요가 있을 경우에는 정당화될 수도 있다.　　　　　　　　　　　　　　　　　　　　O | X

현실주의는 자국의 안보를 위해 필요한 경우 무력 간섭도 정당화될 수 있다고 본다.
　　　　　　　　　　　　　　　　　　　　　　　　　　　　　　　　답 ○

## 제2절　고전적 현실주의

**013**

14. 외무영사직

현실주의자들은 권력에 의해 정의되는 이익은 보편적으로 타당한 객관적인 범주로 가정하며, 그 개념은 고정불변의 것으로 간주한다.　　　　　　　　　　　　O | X

모겐소에 의하면 국가는 권력으로 정의되는 이익을 추구하며, 이는 인간성과 같이 변화하지 않는 요소이다. 그러나, 권력이 무엇인지, 국가들이 추구하는 권력의 내용은 시대와 맥락에 따라 달라질 수 있다고 본다.　　　　　　　　　　　　　　　　　답 X

**014**

14. 외무영사직

현실주의자들에 의하면 자조(self-help)와 권력정치는 행위자의 축적된 행위로 형성된 관행이다.　　　　　　　　　　　　　　　　　　　　　　　　　O | X

구성주의에 대한 설명이다. 신고전현실주의는 궁극적으로 국제체제의 영향으로 자조(self-help)와 권력정치 현상이 발생하는 것으로 본다.　　　　　　　　답 X

**015**

14. 외무영사직

현실주의 국제정치이론가 카(Carr)는 현실주의가 이상주의를 대체한다고 생각하지 않고, 양자가 적절히 공존해야 한다고 주장한다.　　　　　　　　　　　O | X

카(E. H. Carr)는 현실주의자로 분류되나, 현실주의에 대해서도 비판적 입장을 취함으로써 현실주의와 이상주의에 대한 절충론자로 평가되기도 한다.　　　　답 ○

**016**

예상논점

고전적 현실주의에 의하면 국가들 사이에 이익의 자연적 조화는 존재하지 않으며 국제관계는 본질적으로 갈등적이고 폭력적이다.　　　　　　　　　　　O | X

이익의 자연적 조화가 존재한다는 것은 이상주의의 입장이며, 현실주의는 이를 부인한다.
　　　　　　　　　　　　　　　　　　　　　　　　　　　　　　　　답 ○

**017**

예상논점

고전적 현실주의는 국가행동을 설명함에 있어서 지리적 위치나 인간성과 같은 변화하지 않는 요인을 중시한다.　　　　　　　　　　　　　　　　　　　O | X

고전적 현실주의가 강조하는 것은 특히 인간성이다. 고전적 현실주의는 인간이 악하고 이기적이며 권력지향적이라고 규정한다.　　　　　　　　　　　　　　답 ○

**018**
예상논점

카(E. H. Carr)는 이상주의와 현실주의를 절충한 학자로서 이상주의에 대해서는 역사를 너무 비관적으로 보며 고정된 인과율을 과장하여 결정주의에 빠져 역사 과정을 변혁하는 힘을 갖지 못하게 되었다고 비판한다. O | X

카(E. H. Carr)의 현실주의에 대한 비판이다. 이상주의에 대해서는 지나치게 규범적이고 현실과 괴리된 점을 비판하였다. 답 X

**019**
예상논점

카(E. H. Carr)는 국제관계에 있어서 권력의 요소를 무시하는 것은 이상주의적이며 도덕을 무시하는 것은 비현실적이라고 본다. O | X

모겐소와 달리 카(E. H. Carr)는 국제정치에서도 보편적 윤리가 중요하게 고려되어야 한다고 주장했다. 답 O

**020**
예상논점

모겐소는 인간이 이기적이고 권력지향적인 것처럼 국제정치에서 국가 역시 권력지향성을 띠기 때문에 국제정치는 기본적으로 권력정치라고 본다. O | X

모겐소는 인간관에서 출발하여 국가관 및 국제정치관을 제시하였다. 답 O

**021**
예상논점

모겐소는 국가가 권력으로 정의된 국가이익을 추구하며 국가이익의 내용은 역사적 상황이나 문화적 맥락과 무관하게 국가의 생존과 복지로 고정되어 있다고 본다. O | X

모겐소는 국가이익의 내용은 가변적이라고 보았다. 국가이익을 추구한다는 점은 고정적이다. 답 X

**022**
예상논점

모겐소에 따르면 국가가 외교정책을 추구함에 있어서 자국이 추구하는 가치를 보편적인 도덕법칙으로 정당화해서는 안 된다. O | X

모겐소는 자국이 추구하는 가치를 보편적 가치로 설정하고 추구해서는 안 된다고 보았다. 국제관계에 부정적 영향을 줄 수 있다고 보았기 때문이다. 답 O

**023**
예상논점

모겐소는 국가들이 권력의 극대화를 추구하는 이유는 권력이 대체성을 갖기 때문이라고 본다. 권력의 대체성이란 권력이 국제정치의 모든 영역에서 결과를 지배하는 유일한 요소라는 의미이다. O | X

자유주의자들은 권력은 특정적이라고 본다. 즉, 결과를 지배하는 권력의 내용이 이슈영역에 따라 다르다고 보는 것이다. 답 O

**024**
예상논점

모겐소는 국가들이 직접대립이나 경쟁을 통해 세력균형을 유지한다고 본다. O | X

직접대립형은 냉전기 미국과 소련의 대립이나 삼국동맹과 삼국협상의 대립과 같이 적대적인 두 세력으로 세력균형이 형성되는 것을 의미한다. 경쟁형은 조선을 사이에 두고 청과 일, 러와 일이 대립한 것과 같은 형태를 의미한다. 답 O

**025**
예상논점

모겐소는 세력균형은 불확실성, 비현실성, 부적합성을 갖기 때문에 세력균형을 통한 안보는 불안전하다고 본다. O | X

모겐소는 세력균형의 필요성을 강조하면서도 이와 같은 한계를 언급한 것이다. 모겐소는 이를 보완하기 위해서 통치권자의 신중함(prudence)과 외교를 중시하였다. 답 O

**026**
예상논점

모겐소는 국가의 권력추구 양상을 현상유지정책, 제국주의 정책, 위신정책, 연계정책으로 구분하였다. O | X

모겐소의 국가의 권력추구 양상 구분에 연계정책은 해당되지 않는다. 답 X

**027**
23. 외무영사직

모겐소(H. Morgenthau)는 전쟁 수행과 외교정책 수행의 최종 목표가 동일하다고 주장한다. O | X

모겐소는 전쟁도 권력추구가 목표이고, 외교정책 역시 권력을 극대화하는 것이 최종목표라고 본다. 국가의 이기심 때문에 그러한 목표가 추구된다고 본다. 답 O

**028**
예상논점

라인홀드 니버는 국제정치에서 도덕이 필요하고 도덕을 추구해야 한다고 보는 점에서 모겐소와 대비된다. O | X

보편윤리에 의한 국제정치 통제 필요성 강조 차원에서는 라인홀드 니버와 카의 입장이 유사하다. 답 O

## 제3절 게임이론

**029**
08. 외무영사직

북한에 대한 일방적 포용정책 대신 '티포태'(tit-for-tat) 전략을 구사하는 경우 북한 정부가 비협조적인 행동을 반복할 경우 한국 정부 역시 비협조적으로 대응할 것이라는 확신을 북한 정부에게 심어주어야 한다. O | X

티포태(tit-for-tat) 전략은 상대방의 협력에는 협력을, 배반에는 배반을 시행하는 전략이다. 배반시 보복을 할 것이라는 위협을 가하여 상대방이 협력을 유지하도록 하는 것이다. 답 O

**030**
08. 외무영사직

북한에 대한 일방적 포용정책 대신 '티포태'(tit-for-tat) 전략을 구사하는 경우 쌍방이 협조할 경우 상호 이익을 얻을 수 있다는 점을 북한 정부에게 인식시켜야 한다. O | X

티포태(tit-for-tat) 전략은 절대적 이득이 존재할 때 이를 구체적으로 실현시키기 위한 전략이다. 협력을 통해 모두가 이익을 얻을 수 있다는 것을 확신해야 협력을 유지할 수 있다. 답 O

**031**

08. 외무영사직

북한에 대한 일방적 포용정책 대신 '티포태'(tit - for - tat) 전략을 구사하는 경우 한국 정부가 먼저 비협조적 행동을 취해서는 안 된다.　　　　　　　　　　　　O | X

티포태(tit - for - tat) 전략은 협력을 추구하는 국가가 먼저 시행하며, 상대방의 배반에 대해서는 적절한 보복을 취하되, 먼저 배반하는 전략을 구사해서는 안 된다.　　　답 O

**032**

08. 외무영사직

북한에 대한 일방적 포용정책 대신 '티포태'(tit - for - tat) 전략을 구사하는 경우 협상이 단일한 단계로 구성되어 있음을 상기시킴으로써 협상실패가 곧 파국이라는 점을 북한 정부에게 인식시켜야 한다.　　　　　　　　　　　　　　　　　O | X

'촉발전략'(grim strategy)에 대한 설명이다. 티포태(tit - for - tat) 전략은 협상 및 상호 작용이 여러 단계로 구성되어 있음을 전제하고, 상대방의 행동에 상응하는 조치를 각 단계별로 취하는 전략이다.　　　　　　　　　　　　　　　　　　　　답 X

**033**

17. 외무영사직

TFT 전략은 최초 게임에서 먼저 내가 비협력을 선택하고 이후부터는 바로 직전 게임에서의 상대 선택을 그대로 따르는 전략이다.　　　　　　　　　　　O | X

최초 게임에서는 협력을 유도하고자 하는 국가가 먼저 협조전략을 구사하고, 이후 상대국의 전략을 답습하게 된다.　　　　　　　　　　　　　　　　　　답 X

**034**

17. 외무영사직

죄수의 딜레마 게임이 무한정 지속될 때 TFT 전략은 상호 협력의 가능성을 높인다.　　　　　　　　　　　　　　　　　　　　　　　　　　　　O | X

TFT 전략은 무한반복게임 상황을 전제로 협력을 유인하는 전략이다.　　　답 O

**035**

17. 외무영사직

죄수의 딜레마 게임에서 쌍방 모두 TFT 전략을 채택하고 있을 때 일방이 의도와 달리 한 번 비협력을 선택하면, 상호 협력의 가능성은 낮아진다.　　　　　　O | X

TFT 전략에서 상대방이 '배반'을 선택하면 나도 '배반'을 선택하게 되므로, 상대방의 전략에 변화가 없는 한 비협조 상황은 지속하게 된다.　　　　　　　　　　답 O

**036**

예상논점

참가자 간에 서로 어떤 전략을 택할 것인가에 대해 사전에 협의할 수 있는 경우를 제로섬 게임이라고 하고, 사전협의가 불가능한 경우를 비제로섬 게임이라고 한다.　　　　　　　　　　　　　　　　　　　　　　　　　　　　O | X

전략에 대한 사전협의가 가능한 게임은 협조 게임, 불가능한 게임은 비협조 게임이다.　　　　　　　　　　　　　　　　　　　　　　　　　　　　　　　답 X

**037**

예상논점

게임에 있어서 내쉬균형이란 내쉬전략하에서의 균형을 의미한다. 내쉬전략이란 상대방의 선택과 무관하게 자신의 보수를 극대화할 수 있는 전략을 의미한다.　　O | X

상대방의 선택과 무관하게 자신의 보수를 극대화할 수 있는 전략은 우월전략이다. 답 X

**038**
예상논점

우월전략균형이란 우월전략하에서의 균형을 말한다. 우월전략이란 상대방의 전략이 주어진 상태에서 자신의 보수를 극대화시키는 전략을 말한다. O | X

상대방의 전략이 주어진 상태에서 자신의 보수를 극대화시키는 전략은 내쉬전략이다.
답 X

**039**
예상논점

죄수의 딜레마 게임에서는 우월전략균형은 존재하나 내쉬균형은 존재하지 않는다. O | X

둘 모두 자백하는 것이 우월전략균형이자 내쉬균형이다.
답 X

**040**
예상논점

비겁자 게임에서는 내쉬균형은 존재하나 우월전략균형은 존재하지 않는다. O | X

한쪽이 돌진하고 한쪽이 회피하는 것이 내쉬균형이다.
답 O

**041**
예상논점

죄수의 딜레마 게임에서는 행위자가 모두 배반(자백)하는 것이 우월전략이다. O | X

따라서 모두 배반(자백)하는 것이 우월전략균형에 해당된다. 사회적 관점에서는 최적 선택은 아니다.
답 O

**042**
예상논점

죄수의 딜레마 게임에서 행위자들이 모두 배반을 선택하는 것은 상대방의 배반가능성에 대한 두려움이며, 이는 행위자가 사전에 전략을 모의할 수 있는 기회를 가지는 경우 해결할 수 있다. O | X

배반가능성은 원래의 비협조 게임을 협조 게임으로 변경하더라도 해결되지 않는다. 협의한 다음 다시 배반할 수 있기 때문이다.
답 X

**043**
예상논점

신현실주의자들은 국제관계에서 적대국 상호 간 협력은 배반가능성에 대한 두려움으로 불가능하다고 본다. 이는 국가의 속성이 불신을 내재하기 때문이다. O | X

국가의 속성이 아니라 국제체제의 무정부적 성격때문에 적대국 상호 간 협력은 배반가능성에 대한 두려움으로 불가능하다고 본다.
답 X

**044**
예상논점

신자유제도주의자들은 신현실주의자들이 게임을 1회게임으로 상정한 점을 비판하고, 유한반복게임으로 게임의 형태를 바꾼다면 국가들 간 협력이 가능할 수 있다고 주장한다. O | X

무한반복게임으로 바꿔야 국가들 간 협력이 가능하다. 유한반복게임은 1회게임과 같은 결과에 이르게 된다.
답 X

**045**

예상논점

신현실주의자들은 국제관계에서 국가는 상대적 이득을 추구한다고 가정하나, 신자유주의자들은 절대적 이득을 추구한다고 본다. 상대적 이득이란 자신이 얻은 이전의 이득보다는 더 큰 이득을 의미하며, 절대적 이득이란 상대방과 비교했을 때의 압도적 이득을 의미한다. O | X

상대적 이득은 국가 간 이득의 배분을 의미한다. 절대적 이득은 협력에 드는 비용보다 이득이 더 큰 상태를 의미한다. 답 X

**046**

예상논점

치킨 게임은 비제로섬, 2인, 협력, 순차 게임에 해당한다. O | X

치킨 게임은 동시게임이다. 답 X

**047**

예상논점

치킨 게임에서 내쉬균형은 두 행위자 모두 돌진하는 것이다. O | X

내쉬균형은 한 쪽은 돌진하고 한 쪽은 회피하는 것이다. 그래서 균형은 두 개 존재한다. 답 X

**048**

예상논점

치킨 게임에서 자신에게 유리한 균형을 형성하기 위해서는 신빙성이 있는 위협전략을 구사해야 한다. 신빙성은 핸들을 고정하는 것과 같은 행동이나 평판의 구축을 통해 만들 수 있다. O | X

치킨 게임에서는 자신이 돌진하고 상대방은 회피하도록 만드는 것이 중요하다. 답 O

**049**

19. 외무영사직

치킨 게임에서 양보전략을 C, 대치전략을 D라고 할 때, 행위자의 선호도 순서는 DC > CC > CD > DD이다. O | X

치킨 게임은 비겁자 게임이라고도 하며, 편도 차로에서 두 사람이 마주보고 서로를 향해 질주할 것인지 내기하는 것이다. 두 사람의 전략은 돌진과 회피이다. 선호도 순서를 정해보면 자신이 돌진하고 상대방이 회피하는 것(DC)이 가장 좋고, 양자 모두 회피(CC), 상대방이 돌진하고 자신이 회피(DC)하는 순으로 선호도가 낮아지며, 둘 모두 돌진(DD)하는 것이 최악의 상황이다. 치킨 게임에서는 내쉬균형이 두 개로서 한 사람이 돌진하고 한 사람이 회피하는 것이므로, 각각은 자기에게 유리한 상황을 만들기 위해 위협을 가하나, 신빙성을 충족해야 한다. 신빙성을 위해서는 위협적인 행동을 보이거나(핸들 고정 등), 자신이 한 말은 반드시 지킨다는 평판을 쌓아두는 방법이 있다. 답 O

**050**

예상논점

사슴사냥 게임은 루소가 '인간불평등 기원론'에서 인간이 장기적 안목이 아니라 근시안적 단기 이득을 추구하는 점을 설명하기 위해 제시한 사슴사냥 우화를 월츠가 게임이론으로 구성한 것이다. O | X

인간이나 국가의 근시안적 선택의 이유는 정부가 존재하지 않기 때문이다. 국내정치에서는 정부의 성립으로 이러한 근시안적 선택을 막을 수 있으나, 국제정치에서는 무정부상태로 인해서 이를 막을 수 없다. 답 O

**051**

예상논점

신자유주의자들은 국제관계는 무한반복게임 상황이며, 촉발 전략이나 티포태 전략을 구사하는 경우 국가들 간 협력이 가능할 수 있다고 본다.　　　　　O | X

촉발 전략이나 티포태 전략은 상대방의 배반가능성을 차단하는 효과를 가지는 전략이다.

답 ○

## 제4절　억지이론

**052**

14. 외무영사직

확장억지는 핵무기 비보유국이 핵보유국의 동맹국을 공격하더라도 재래식 무기로만 대응한다는 것이다.　　　　　O | X

확장억지란 동맹국에 대한 적대국의 공격을 억지하는 것을 의미한다. 한국에 대한 북한의 공격을 미국이 억지하는 것을 예로 들 수 있다.　　　　　답 X

**053**

14. 외무영사직

냉전시대 미, 소는 핵전쟁 억지를 위해 대륙간 탄도미사일과 잠수함 탄도미사일을 2차 보복능력의 핵심 전력으로 개발했다.　　　　　O | X

핵억지가 달성되기 위해서는 적대국이 모두 제2차 공격능력을 보유하는 것이 핵심이다. 즉, 제1차 공격에서 파괴되지 않는 무기가 있어야 제2차 공격을 가할 수 있다.　　답 ○

**054**

14. 외무영사직

유연반응전략은 핵능력이 있는 적대국이 재래식 무기로 공격하더라도 상황에 따라 적대국에 핵무기로 대응할 수 있다는 전략이다.　　　　　O | X

유연반응전략은 공격국의 공격수단이나 공격 수준에 따라 유연하게 대응하는 전략이다. 대체로 재래식 공격에 대해서는 재래식 무기를 통해 억지하나, 제한적 핵공격을 통해 억지할 수도 있다.　　　　　답 ○

**055**

13. 외무영사직

억지를 달성함에 있어서 행위자들의 합리성을 가정하지는 않기 때문에 억지의 효과를 높이기 위한 방안으로 적극적 보복능력을 강조한다.　　　　　O | X

행위자들의 합리성을 가정한다. 합리성 이외에 신뢰성, 의사전달, 능력, 의지 등이 억지를 달성하기 위한 조건에 해당한다.　　　　　답 X

**056**

12. 외무영사직

핵억지 전략은 선제공격을 위협함으로써 상대방의 도발을 억지하는 전략으로서 공포의 균형상태를 형성하고자 한다. O | X

핵억지 전략은 제2차 보복공격을 위협함으로써 적대국의 제1차 공격을 저지하는 전략이다. 핵억지와 선제공격은 대체로 대비되는 개념으로 이해된다. 9.11 테러 이후 미국의 핵전략은 억지에서 선제공격으로 변경되었다. 이는 억지전략은 행위자의 합리성을 전제로 하나, 테러세력의 경우 합리적 행위자로 보기 어렵고, 따라서 억지가 가능하지 않기 때문이다. 핵억지 전략은 보장된 공멸(Mutually Assured Destruction)체제 또는 확증파괴체제를 형성함으로써 적대국 상호 간 제1차 공격능력을 저지하는 것을 의미한다. 보장된 공멸체제란 적대국이 모두 제2차 보복공격능력을 확립한 상태로서 적의 제1차 공격으로부터 파괴되지 않는 잔존핵무기를 보유하는 것을 의미한다. 보장된 공멸(Mutually Assured Destruction)상태에서는 자국의 제1차 공격이 상대방으로부터 제2차 공격(보복공격)을 받을지도 모른다는 공포 때문에 제1차 공격을 할 수 없게 된다. 이러한 상태를 공포의 균형(Balance of Terror)상태라고 한다. 답 X

**057**

09. 외무영사직

상호확증파괴(Mutual Assured Destruction: MAD)체제에서는 핵무기 방어체제가 전략적 안정에 핵심적인 요소로 부각되었다. O | X

방어체제가 아닌 제2차 공격능력이 중시된다. 미국과 소련은 상호확증파괴(MAD)체제를 강화하기 위해 ABM제한조약을 체결하기도 하였다. ABM은 핵무기 방어체제로서 이를 약화시키는 것이 오히려 상호확증파괴(MAD)체제를 강화하는 것으로 평가된다. 답 X

**058**

09. 외무영사직

상호확증파괴(Mutual Assured Destruction: MAD)에서는 핵보복능력을 확보함으로써 상대방의 핵공격 의도를 억지할 수 있다. O | X

상호확증파괴(MAD)체제에서는 핵보복능력이 강조된다. 이를 제2차 공격능력이라고 한다. 제1차 공격에서 파괴되지 않은 무기의 존재가 필수적이며, 제2차 공격을 위협함으로써 제1차 공격을 막을 수 있다고 보는 것이다. 답 O

**059**

08. 외무영사직

미국 아이젠하워 행정부의 '대량보복'(mass retaliation) 전략은 유럽에서의 소련에 대한 재래식 전력의 열세를 핵우위로 상쇄하고자 하였다. O | X

대량보복(mass retaliation)전략은 미국이 소련에 비해 상대적 핵우위에 있던 1950년대 전개된 전략이다. 소련이 어떤 방식으로 공격을 가하든 미국은 소련의 군사시설이나 민간인 거주지에 대해 대량 보복을 가하겠다는 전략이다. 제2차 공격을 위협함으로써 소련의 유럽에 대한 제1차 공격을 억지하고자 한 것이다. 답 O

**060**

08. 외무영사직

미국 아이젠하워 행정부의 '대량보복'(mass retaliation) 전략을 추진함에 있어서 국방장관 맥나마라(Robert Mcnamara)는 확증파괴(assured destruction)와 손실제한(damage limitation)을 추구하였다. O | X

확증파괴(assured destruction) 또는 상호확증파괴전략은 1960년대 추진된 전략이며, 맥나마라(Robert Mcnamara) 국방장관은 1960년대 케네디 행정부에 해당된다. 답 X

**061**

08. 외무영사직

미국 아이젠하워 행정부의 '대량보복'(mass retaliation) 전략에 있어서 국무장관 덜레스(John Dulles)는 자유세계에 대한 공격이 있을 경우 미국이 선택한 방법과 장소에서 즉각적이고 대량으로 보복하겠다는 것을 천명하였다.　　　　　　　　　　O | X

대량보복(mass retaliation) 전략의 내용에 대한 설명으로 옳다.　　　　답 O

---

**062**

예상논점

상호확증파괴체제(MAD)는 긴급직접억지에 해당한다.　　　　　　　　O | X

상호확증파괴체제(MAD)는 평시관계이므로 일반억지이다. 즉, 일반직접억지에 해당한다.
　　　　　　　　　　　　　　　　　　　　　　　　　　　　　　답 X

---

**063**

예상논점

미국이 한국에 대해 핵우산을 제공하는 것은 확대긴급억지이다.　　　　O | X

평시에 확장억지를 공급하는 것이므로 확대일반억지이다.　　　　　　답 X

---

**064**

예상논점

억지이론은 행위자의 합리성을 가정하나, 도전국과 방어국이 모두 합리적이어야 하는 것은 아니다.　　　　　　　　　　　　　　　　　　　　　　　　　O | X

도전국과 방어국 모두 합리적이어야 한다. 도구적 합리성을 의미한다.　　답 X

---

**065**

예상논점

억지의 성공을 위해서는 행위자의 합리성, 능력, 의지, 의사전달, 신빙성의 조건을 갖춰야 한다.　　　　　　　　　　　　　　　　　　　　　　　　　　O | X

능력에는 거부능력과 응징능력이 있다. 거부능력은 제1차 공격을 무력화하는 능력을 의미하고, 응징능력은 제2차 보복 공격능력을 의미한다.　　　　　　　　답 O

---

**066**

예상논점

MAD와 MD전략은 모두 도전국의 합리성을 가정한다는 점에서 같다.　　O | X

MD(미사일방어)전략은 도전자의 비합리성으로 억지가 어렵다는 전제에서 추진되는 전략이다.　　　　　　　　　　　　　　　　　　　　　　　　　　답 X

---

**067**

예상논점

미국의 대량보복전략은 1950년대 아이젠하워 행정부에서 제시된 전략으로, 다양한 형태의 침략을 전면적 핵 보복 전쟁 위협으로 억지하는 것이다.　　　　　O | X

대량보복전략은 당시 덜레스 미 국무장관에 의해 천명된 전략이다. 미국이 소련에 비해 상대적 핵우위에 있던 시기를 배경으로 한다.　　　　　　　　　답 O

**068**

예상논점

케네디 행정부는 유연반응전략을 제시하였다. 이는 분쟁이 발발하는 초기 공격의 수준과 같은 수준으로 대응한다는 전략으로서 미국이 소련에 대해 상대적으로 핵우위에 있다는 이점을 최대한 활용하기 위한 것이었다. O | X

케네디 행정부가 유연반응전략을 제시한 것은 옳다. 다만, 1960년대는 대체로 미국과 소련의 핵균형에 도달한 시대이다. 상대적 핵우위는 1950년대를 의미한다. 답 X

**069**

예상논점

상호확증파괴상태(MAD)는 상대방의 선제공격에서 남아있는 핵무기로 상대방에게 감당하기 어려운 피해를 정확히 줄 수 있는 능력을 쌍방 모두가 갖춘 상태로서 양국이 모두 제2차 공격능력을 보유한 상태를 의미한다. O | X

제2차 보복공격능력을 응징능력이라고 한다. 답 O

**070**

예상논점

상호확증파괴를 위해서는 핵무기의 은닉과 함께 상대방의 핵공격을 방어할 수 있는 능력의 배제가 필요하며 미국과 소련은 이를 위해 1980년대 전략무기감축협정(START)을 체결하고자 하였다. O | X

1972년 SALT I이 MAD체제 강화를 위한 협상이었다. AMB제한조약을 체결함으로써 핵공격을 방어할 수 있는 능력을 배제하였다. 답 X

**071**

예상논점

9.11 테러 이후 미국 부시 행정부는 불특정대상으로부터 불특정 수단에 의한 '비대칭위협'이 증가한 국제질서에서 소극적인 방어시스템으로는 '억지'가 어렵다고 보고 사전에 위협을 제거하는 방향으로 전략을 수정하였다. O | X

부시 행정부는 위협을 제거하는 방법으로 선제공격을 통한 정권교체 전략을 구사하였다. 답 O

**072**

예상논점

부시 행정부는 유사시 핵보유국인 러시아와 중국을 포함하여 악의 축으로 규정된 북한, 이라크, 리비아, 이란, 시리아에 대해 핵무기를 사용할 것임을 천명하였다. O | X

러시아와 중국은 악의 축은 아니나 선제 핵공격 대상에 포함시켰다. 답 O

**073**

예상논점

1972년 ABM협정은 탄도탄요격미사일의 보유대수를 제한하는 한편, 파편폭탄, 인화성 무기, 부비트랩, 지뢰 등의 무기 사용을 전면 금지하여 상호확증파괴체제(MAD)의 신뢰성을 높이고자 하였다. O | X

ABM협정은 탄도탄요격미사일 제한체제이다. 파편폭탄, 인화성 무기, 부비트랩, 지뢰 등의 무기 사용을 전면 금지하는 조약은 '특정재래식무기금지조약'이다. 답 X

**074**
17. 외무영사직

억지(deterrence)를 위해서는 상대방의 공격력을 선제적으로 무력화하는 군사력을 보유해야 한다. O | X

억지(deterrence)는 제1차 공격을 받는 경우 제2차 공격으로 보복을 할 것임을 위협하여 제1차 공격을 제어하는 것이다. 따라서 선제적으로 무력화하는 군사력보다는 제2차 공격능력 보유 여부가 중요하다. 답 X

---

## 제5절 국제체제론

---

**075**
예상논점

카플란은 국제체제의 유형으로 세력균형체제, 완만한 양극체제, 경직된 양극체제, 보편적 국제체제, 위계적 국제체제, 단위거부체제, 무정부체제를 제시하였다. O | X

무정부체제는 카플란의 국제체제의 유형에 포함되지 않는다. 답 X

---

**076**
예상논점

카플란의 체제유형에서 보편적 체제는 세계연방의 형태를 의미하나, 위계적 국제체제는 모든 인류가 하나의 세계정부를 구성한 경우로서 중앙기구가 국가를 통하지 않고 직접 개인을 지배하는 체제를 의미한다. O | X

위계적 국제체제는 세계제국을 포함하는 개념이다. 답 O

---

**077**
예상논점

길핀은 세력균형체제보다는 세력불균형체제라 할 수 있는 패권적 단극체제가 더 안정적이라고 주장한다. O | X

패권안정론의 입장이다. 힘의 격차가 클수록 안정적이라고 본다. 답 O

---

**078**
예상논점

월츠와 미어샤이머는 양극체제가 다극체제에 비해 안정적이라고 본다. 월츠는 양극체제에서 발생하는 '연쇄적 패거리 짓기'나 '책임전가' 현상을 방지하고자 하는 국가의 의지가 다극에 비해 상대적으로 강하기 때문에 양극체제가 상대적으로 안정적이라고 보는 것이다. O | X

월츠는 양극체제에서는 다극체제에서 발생하는 연쇄적 패거리 짓기나 책임전가 현상이 발생하지 않는다고 본다. 다극체제 불안 요인으로 월츠가 제시한 논리이다. 답 X

---

**079**
예상논점

모겐소, 도이치와 싱어, 키신저 등은 다극체제가 양극이나 단극에 비해 상대적으로 안정적이라고 본다. 모겐소는 다극체제의 유연성이나 확실성이 안정성의 주요인이라고 본다. O | X

모겐소는 불확실성이 안정성의 요인이라고 본다. 즉, 상대방 동맹관계의 불확실성으로 신중하게 행동하도록 만든다고 보는 것이다. 답 X

**080**

15. 외무영사직

신현실주의자들에 의하면 국가들은 이득이 있을지라도 상대국이 더 많은 이득을 얻어서 장기적으로 자국에 위협이 될 것을 우려하여 협력에 나서지 않는다.　O | X

이를 상대적 이득의 문제라고 한다. 상대적 이득을 우려하는 것은 근본적으로 국제체제가 무정부적인 것에서 기인하는 것이다.　답 O

**081**

14. 외무영사직

월츠(Waltz)의 주장에 따르면, 국제사회에서 개별 국가의 행동을 궁극적으로 결정짓는 요인은 국제구조이다.　O | X

월츠(Waltz)의 경우 분석수준을 개인, 국가, 국제체제 차원으로 구분하고, 국제체제 차원의 분석을 가장 중요시하였다. 즉, 중앙정부의 부재, 힘의 서열, 극성(polarity)을 국가 행동에 있어서 결정적인 요소로 파악하였다.　답 O

**082**

14. 외무영사직

외교정책 결정요인을 식별하기 위해 사용하는 분석수준과 관련하여 싱어(Singer)는 일반 사회과학 연구에 있어서 개인수준에 대한 연구가 가장 유용하다고 주장하였다.　O | X

싱어(Singer)는 분석수준을 구조적 수준과 행위자 수준으로 구분하였다. 그리고 구조적 수준과 행위자 수준에 유용성의 차이가 있는 것은 아니고, 연구자의 입장에 따라 선택할 문제라고 보았다. 또한, 양 수준의 통합연구는 불가능하다고 주장하였다.　답 O

**083**

13. 외무영사직

케네스 월츠(Kenneth Waltz)의 신현실주의에 따르면 무정부적 국제체제하에서 자조(self-help)를 기본행동원칙으로 하는 국가들은 국가 간 협력의 상대적 이득(relative gains)보다는 절대적 이득(absolute gains) 자체를 우선적으로 고려한다.　O | X

절대적 이득(relative gains)보다 상대적 이득(absolute gains)을 우선적으로 고려한다고 본다. 이는 국제체제가 무정부 체제이므로 생존을 중요시하기 때문인 것이다.　답 X

**084**

11. 외무영사직

국제정치학의 신현실주의(Neorealism)에 따르면 국제정치의 본질은 국제체제의 무정부성(anarchy)에 있고 이에 따른 불확실성을 효과적으로 관리하기 위하여 제도 창출은 불가피하다.　O | X

신현실주의(Neorealism)자들은 불확실성 관리를 위한 제도 형성은 어렵다고 본다. 그리고 제도가 형성된다고 해도 불확실성은 관리될 수 있다고 보지 않는다. 즉, 제도의 효과성을 부인하는 것이다.　답 X

**085**
11. 외무영사직

국제정치학의 신현실주의(Neorealism)에 따르면 국가를 원자적 행위자(atomic actor)보다는 위상적 행위자(positional actor)로 전제한다. O | X

원자적 행위자(atomic actor)는 국가 자체의 판단에 의해 자신의 행동을 선택한다는 의미이고, 위상적 행위자(positional actor)라는 것은 외부 환경, 예컨대 국제구조 등의 영향을 강하게 받는 행위자라는 의미이다. 신현실주의에서는 국가는 위상적 행위자(positional actor)로서 구조의 압력을 강하게 받는다고 본다. 답 O

**086**
10. 외무영사직

방어적 신현실주의가 국가를 힘의 극대화를 추구하는 존재로 보는 것과는 달리, 공격적 신현실주의는 국가를 안보의 극대화를 추구하는 존재로 간주한다. O | X

방어적 신현실주의는 국가가 안보의 극대화를 추구하는 존재로 본다. 공격적 현실주의는 국가가 힘의 극대화를 추구한다고 본다. 답 X

**087**
09. 외무영사직

신현실주의자들은 상대적인 힘, 안전보장, 경쟁적 국제체제에서 생존문제에 더 많은 관심을 갖는 반면, 신자유주의자들은 경제적 복지나 국제정치경제, 국제환경문제 등 비군사적 의제에 더 많은 관심을 갖는다. O | X

신현실주의와 신자유주의가 관심을 가지는 이슈가 다른 근본적인 이유는 무정부성에 대한 평가가 다르기 때문이다. 신현실주의는 무정부체제가 홉스적 자연상태(미어샤이머)로 보기 때문에 생존과 안보 또는 권력에 집중하는 것이다. 반면, 신자유주의는 무정부상태를 로크적 자연상태로 규정하기 때문에 생존이 일차적이거나 지배적인 문제로 상정되지는 않는 것이다. 답 O

**088**
예상논점

월츠는 국가의 행동을 설명함에 있어서 개인변수나 국가변수로 설명하는 것을 환원주의로 비판하고, 국제체제에 기초하여 국가행동을 설명해야 한다고 강조하였다. O | X

월츠는 국제체제와 같이 상당히 지속성을 가진 변수에 의해 국제정치를 설명해야 국제정치학의 과학화가 가능하다고 보았다. 답 O

**089**
예상논점

월츠에 의하면 국제구조의 출현은 유사한 단위들의 동시행위를 통해 이루어지며, 구조가 일단 형성되면 그 자체로서 힘을 발휘하게 되고, 그 힘은 체제를 구성하고 있는 개별 단위나 몇몇 단위들의 작용으로 통제할 수 없다. O | X

유사한 단위들의 동시행위는 1648년 베스트팔렌조약 체결을 의미한다. 이후 형성된 근대 국제체제는 행위자들에게 지속적인 영향력을 발휘하게 되었다. 답 O

**090**
예상논점

월츠에 의하면 구조는 단위들의 근본성질을 바꿀 수 없으나 단위들의 행동에 강력한 제약을 가한다. O | X

단위들의 속성과 무관하게 구조는 행위자들의 행동을 제약한다. 답 O

**091**
예상논점

월츠는 무정부체제에서 국가들의 일차적 관심사는 권력의 극대화가 아니라 국제체제에서 자국의 생존을 확보하는 것, 즉 안보의 극대화라고 본다. O | X

무정부체제에서는 국가들이 안보의 극대화를 추구하는 반면, 공격적 현실주의에서는 국가들이 권력의 극대화를 추구한다고 본다. 답 O

**092**
예상논점

월츠는 다극체제에서는 '연쇄적 패거리 짓기'나 '책임전가' 현상이 발생하나, 양극체제에서는 이러한 현상이 발생하지 않기 때문에 상대적으로 안정적이라고 본다. O | X

양극체제에서는 초강대국이 자신의 안보를 강대국에 의존하지 않기 때문에 연쇄적 패거리 짓기는 발생하지 않는다. 또한 진영 내 안보문제를 타 강대국에게 전가할 수 없으므로 책임전가 현상도 발생하지 않는다고 본다. 답 O

**093**
예상논점

월츠는 무정부체제에서 상대적 이득이나 의존관계 형성에 대한 우려 때문에 국가들 간 협력이 발생하기 어렵다고 본다. O | X

월츠는 국가들의 의사와 무관하게 무정부적 구조의 압력으로 결국 국제협력을 달성하지 못한다고 본다. 답 O

**094**
예상논점

월츠는 상호의존의 안보에 대한 긍정적 외부재효과를 강조한다. O | X

외부재효과는 의도하지 않게 타국에 미치는 효과를 의미한다. 월츠는 상호의존이 안보에 부정적 영향을 줄 가능성이 높다고 본다. 또한 상호의존 자체가 안보와 무관하다고 보기도 한다. 답 X

**095**
예상논점

월츠는 무정부상태를 '보호의 부재'로 규정하나, 신자유제도주의에서는 '중앙정부의 부재'로 본다. O | X

월츠와 신자유제도주의 모두 무정부상태를 중앙정부의 부재(lack of authority)로 본다. 답 X

**096**
예상논점

월츠와 미어샤이머는 무정부상태를 '보호의 부재'로 규정한다는 점에서 동일하다. O | X

월츠는 무정부상태를 중앙정부의 부재로 본다. 답 X

**097**
예상논점

월츠(K. Waltz)와 웬트(A. Wendt)의 구성주의는 국제체제의 국가행동에 대한 영향력을 강조한다는 점에서 전체론적 성격을 띠나, 웬트(A. Wendt)는 주체의 구조에 대한 영향도 강조한다는 점에서 대비된다. O | X

월츠(K. Waltz)에 있어서 주체는 구조에 영향을 미칠 수 없다. 그러나, 웬트(A. Wendt)의 경우 주체가 구조를 만들거나 변경시키는 영향력을 행사할 수 있다고 본다. 답 O

**098**
예상논점

월츠는 무정부상태는 거의 상수로 고정되어 있기 때문에, 홉스적 자연상태로서의 무정부상태는 변화하지 않는다고 본다. O | X

월츠는 무정부체제를 홉스적 자연상태로 규정하지 않는다. 중앙정부의 부재 차원에서 정의한다. 답 X

**099**
예상논점

월츠는 조직원리에 있어서의 변화를 체제 자체의 변화로, 극성에 있어서의 변화를 체제 내 변화로 구분하고, 체제 자체의 변화 및 체제 내 변화가 발생하기는 어렵다고 본다. O | X

월츠는 체제 자체의 변화는 발생하지 않으나, 체제 내 변화는 발생할 수 있다고 본다. 답 X

**100**
예상논점

월츠(K. Waltz), 허즈(John Herz), 에버라(Van Evera)의 안보딜레마에 대한 설명은 모두 같다. O | X

월츠(K. Waltz)와 허즈(John Herz)는 무정부적 체제가 안보딜레마의 근본적 원인이라고 보는 신현실주의자들이다. 그러나, 에버라(Van Evera)의 경우 무정부체제 자체가 안보딜레마의 원인이 아니라 군사기술의 특성이 중요하다고 본다. 즉, 무정부체제에서 공격우위 상황일 때 안보딜레마가 발생하고, 방어우위 상황에서는 안보딜레마가 발생하지 않는다고 본다. 답 X

**101**
17. 외무영사직

신현실주의는 국제체제의 구조가 개별 국가의 행동을 비슷하게 만든다고 주장한다. O | X

국제체제의 구조의 압력이 강하다고 보는 것이다. 답 ○

**102**
17. 외무영사직

신현실주의는 국가 간 상호 작용이 국제체제를 변화시키기 어렵다고 가정한다. O | X

국가 간 상호 작용인 '과정'이 체제에 영향을 줄 수 없다고 보는 것이다. 답 ○

**103**
17. 외무영사직

신현실주의는 국제체제 차원에서 능력 분포(distribution of capabilities)를 중시한다. O | X

능력 분포(distribution of capabilities)를 의미하는 극성에 따라 안정성이 달라진다고 본다. 답 ○

**104**
22. 외무영사직

제2이미지 역전(Second Image Reversed)이론은 국가 내의 속성을 통해 대외정책을 설명한다. O | X

제2이미지 역전이론은 대외정책 설명에 있어서 국제환경변수를 강조하는 이론이다. 답 X

**105**
22. 외무영사직

제2이미지 역전(Second Image Reversed)이론은 국내 구조와 정치과정을 주어진 것으로 보지 않는다. O | X

국내 구조와 정치과정은 국제정치 환경에 영향을 받아 변화하는 것이라고 본다. 답 O

**106**
22. 외무영사직

제2이미지 역전(Second Image Reversed)이론은 국제적 요인이 어떻게 국내정치 구조와 과정에 영향을 주는가를 설명한다. O | X

국제적 요인, 예를 들어 전쟁이나 타국의 산업화 등이 자국의 국내정치 구조나 과정에 영향을 준다고 본다. 답 O

**107**
22. 외무영사직

신현실주의에 따르면 국가들은 국제체제의 무정부적 구조 때문에 협력을 달성하기 어렵다. O | X

국제체제의 무정부성이 안보불안의 근본원인이므로 국가들은 안보에 대한 우려로 협력에 소극적일 것이라 본다. 답 O

**108**
22. 외무영사직

신현실주의에 따르면 국가들은 절대적 이득보다 상대적 이득을 더 중시하기 때문에 국제협력의 가능성이 낮다. O | X

상대적 이득은 이득의 배분을 말한다. 신현실주의자들은 이익 배분의 불확실성 때문에 국제협력에 소극적일 것이라고 본다. 답 O

**109**
22. 외무영사직

신현실주의에 따르면 패권국이 국제규칙 및 규범을 설정함으로써 공공재를 제공하는 경우 국제협력이 촉진되고 지속될 수 있다. O | X

신현실주의이론에 해당하는 패권안정론의 입장이다. 답 O

**110**
22. 외무영사직

신현실주의에 따르면 국가의 이익과 정체성이 변하면 국가 간 협력이 가능하고 유지될 수 있다. O | X

신현실주의는 무정부성이 국제관계에 지배적인 영향을 주는데, 무정부적 체제는 월츠에 의하면 변화될 가능성이 없다. 따라서 국제협력도 가능하지 않다고 본다. 패권안정론의 입장이다. 이론적으로 패권안정론도 신현실주의로 분류된다. 답 X

**111**

19. 외무영사직

다음은 사마천의 『사기』(소진열전)의 한 대목이다. "무릇 (  ㉠  )론자들은 제후들이 땅을 떼어 진나라에 바치라고 합니다. … 이에 신이 대왕을 위해 계책을 올린다면 한, 위, 조, 초, 연, 제 등의 여섯 나라가 (  ㉡  )하여 진나라에 대항해야 한다는 것입니다. 열국의 재상과 장군에게 명을 내려 서로 인질을 교환하고 다음과 같이 맹세하도록 하십시오. '진나라가 초나라를 공격한다면 제와 위 두 나라가 초나라를 돕고, 만일 진나라가 한과 위 두 나라를 공격한다면 제나라는 한과 위 두 나라를 돕고, …' 여섯 나라가 (  ㉡  )을 행하여 공동으로 진나라에 대항한다면 진나라는 산동의 나라들에게 해를 끼칠 수 없습니다." 여기에서 ㉠은 '연횡', 즉 '편승'을 말하고, ㉡은 '합종', 즉 '견제'를 말한다.   O | X

중국 전국 시대 소진은 진나라에 대항하기 위해 한, 위, 조, 연, 제, 초 6개국의 동맹 형성을 제안하였는데 이를 합종설이라고 한다. 반면, 진나라의 장의는 진나라가 6개국과 각각 동맹을 맺어 6개국을 평정해야 한다고 주장하였는데 이를 연횡설이라고 한다. 당시 진나라가 패권이었으므로 연횡설은 패권국가와의 편승동맹 형성을 종용한 것이라고 볼 수 있다.   답 O

**112**

08. 외무영사직

모겐소(Hans Morgenthau)의 이론에 따른 세력균형 방법으로는 분할 통치, 비동맹, 중립화 등을 들 수 있다.   O | X

모겐소(Hans Morgenthau)는 세력균형을 직접대립형과 경쟁형으로 구분하였다. 직접대립형은 냉전기 미국과 소련의 대립과 같은 형태를 의미한다. 경쟁형은 한 국가를 사이에 두고 상호 경쟁하는 국가들이 형성하는 세력균형을 의미한다.   답 X

**113**

08. 외무영사직

세력균형이론에 따르면 동맹관계는 고정적이지 않고 변동 가능하다.   O | X

세력균형이론에서는 국력 분포의 변동에 따라 힘의 균형을 유지하기 위해 동맹관계를 재형성해야 하기 때문에 동맹관계의 변동성이 높다고 본다. 모겐소는 이러한 동맹관계의 신축성이 다극적 세력균형체제의 안정 요인이라고 보았다.   답 O

**114**

예상논점

모겐소는 세력균형의 유형을 직접대립형, 상호경쟁형, 균형자형으로 구분하였다.   O | X

균형자형은 하르트만의 분류에 해당한다.   답 X

**115**

예상논점

세력균형 형성 방법에 있어서 분할과 지배(divide and rule)는 대상을 분열만 시킬 뿐 병합하거나 자기 세력권하에 두지는 않는데 반하여, 보상은 적이나 경쟁자를 분할하여 각기 자기의 영토에 병합시키거나 자기 세력 밑에 둔다.   O | X

제2차 세계대전 이후 독일이 분할과 지배(divide and rule)의 사례이다. 보상은 1815년 빈체제에서 폴란드를 예로 들 수 있다.   답 O

**116**

예상논점

월츠는 냉전종식으로 양극체제가 무너지고 단극체제가 형성되었으나 결국은 양극적 세력균형체제로 갈 것을 전망하였다. O | X

월츠는 다극체제로 전망하였다. 답 X

---

**117**

예상논점

월트는 국가들은 일반적으로 편승을 추구하나, 특정한 조건에서는 균형을 추구하기도 한다고 본다. O | X

월트는 일반적으로 균형을, 특정한 조건하에서만 편승을 추구한다고 보았다. 편승은 약소 국이거나 동맹이 없을 때, 그리고 전시에 승리가 임박한 경우 등에 시도한다고 본다. 답 X

---

**118**

예상논점

위협균형론에 의하면, 국가들은 동맹을 형성함에 있어서 세력이 아니라 위협을 기준으로 한다. 월트에 의하면 위협을 평가하는 요소는 총체적 힘, 지리적 인접성, 공격적인 군사능력, 인지된 공격적 의도이다. O | X

위협균형론은 세력균형론과 달리 세력이 강한 국가라고 해도 위협적이지 않을 수가 있고, 이 경우 대항동맹은 형성되지 않을 수 있다고 본다. 위협균형론은 총체적 힘, 지리적 인접성, 공격적인 군사능력, 인지된 공격적 의도 네 가지 요소를 종합적으로 평가하여 위협의 존재 여부를 결정하고 그에 따라 균형동맹 형성 여부를 결정한다고 본다. 답 ○

---

**119**

예상논점

북대서양조약기구(NATO)의 창설과 탈냉전기 확대는 위협균형론의 적실성을 보여준다. O | X

북대서양조약기구(NATO)의 창설은 위협균형론의 설명이 타당하나, 탈냉전기 북대서양조약기구(NATO)의 확대는 적절한 사례라고 보기 어렵다. 소련(러시아)의 위협이 탈냉전으로 약화되었음에도 불구하고 북대서양조약기구(NATO)는 오히려 확대 및 강화되었기 때문이다. 답 X

---

**120**

예상논점

탈냉전 초기 러시아와 중국은 강력한 대미 균형전략을 구사함으로써 세력균형론의 타당성을 보여주었다. O | X

당시 러시아와 중국의 정책은 편승에 가까웠다. 따라서 오히려 위협균형론으로 보는 것이 타당하다. 미국의 정책이 위협적이지 않았으므로 적극적인 균형정책을 추진하지 않았다고 해석하는 것이다. 답 X

---

**121**

23. 외무영사직

현실주의 국제정치이론에 따르면 붕괴된 세력균형을 복원할 수 있는 방법은 존재하지 않는다. O | X

붕괴된 세력균형을 복원하기 위해서는 스스로 군비증강을 하거나 동맹을 형성하므로, 세력균형 복원 방법이 있다. 답 X

국제정치이론

## 제8절  동맹이론

**122**

16. 외무영사직

제1차 세계대전은 과다동맹, 제2차 세계대전은 과소동맹의 대표적인 예이다.  O | X

제1차 세계대전은 '연쇄적 패거리 짓기', 제2차 세계대전은 '책임전가'로 달리 부르기도 한다.

답 ○

**123**

14. 외무영사직

슈웰러(Schweller)는 이익균형론(balance of interests)을 제시하였다.  O | X

이익균형론(balance of interests)은 국가가 세력균형이나 편승 등 어느 한 방향으로 정책이 고정된 것이 아니라 이익을 추구한다고 보는 이론이다. 즉, 국가가 대외관계에서 권력의 극대화보다는 이익의 극대화를 추구한다고 보는 것이다.

답 ○

**124**

14. 외무영사직

동맹형성에 있어서 라이터(Reiter)의 학습론(learning theory)은 강대국들이 자국의 과거 동맹패턴을 고려하여 성공적인 정책을 모방한다고 보는 이론이다.  O | X

학습론(learning theory)은 강대국이 아니라 약소국의 동맹패턴에 대한 이론이다. 약소국들은 과거 성공적이었던 동맹전략을 다시 구현하고자 한다고 본다.

답 X

**125**

14. 외무영사직

동맹이론가 올슨(Olson)은 동맹과 관련하여 공공재론(public goods theory)을 제시하였다.  O | X

공공재론(public goods theory)은 동맹들이 생산해 내는 안보가 '공공재'의 성격을 띠고 있어서 동맹관계 내부적으로 갈등을 야기할 수 있다고 본다. 공공재는 비배제성과 비경합성을 띠는 재화로서 동맹국들이 상대방에게 무임승차하고자 하는 유인이 있다. 동맹 상대방이 더 많은 분담금을 지불하도록 하는 분담금 갈등은 이러한 무임승차 유인 때문에 나타나는 현상으로 본다.

답 ○

**126**

11. 외무영사직

스나이더(Glenn Snyder)의 동맹의 안보딜레마 이론에 따르면 동맹국이 연루의 우려를 갖는 경우에 동맹파트너가 적대국에 대해 비타협적으로 나오는 것을 방지하기 위해 동맹공약을 보다 강화하려 할 것이다.  O | X

동맹공약을 강화할수록 동맹상대국에 대한 연루위협은 높아진다. 따라서 연루를 우려한다면 동맹공약을 약화해야 할 것이다. 동맹의 안보딜레마란 동맹관계를 형성하고 있는 국가에 나타나는 '연루와 위협 상충관계'를 의미한다.

답 X

**127**

11. 외무영사직

스나이더(Glenn Snyder)의 동맹의 안보딜레마 이론에 따르면 동맹공약이 불명확할수록 방기의 위험이 커지나 연루의 위험은 줄어들 것이다.  O | X

동맹공약이 불명확할수록 동맹의 힘이 필요할 때 지원을 받지 못할 가능성은 높아지나, 자국의 이익과 상관성이 낮은 분쟁에 휘말릴 가능성은 낮아지는 것이다.

답 ○

**128**
20. 외무영사직

글렌 스나이더(Glenn Snyder)가 주장하는 동맹안보딜레마에 의하면 동맹국 간 관계의 정도에 따라 발생하는 연루(entrapment)와 방기(abandonment)의 위협은 반비례한다.

O | X

연루(entrapment)의 위협이 증가하면 방기(abandonment)의 위협은 감소한다. 그 반대도 성립한다. 그래서 연루(entrapment)와 방기(abandonment)는 반비례관계라고 볼 수 있다.
답 ○

**129**
20. 외무영사직

글렌 스나이더(Glenn Snyder)가 주장하는 동맹안보딜레마에 의하면 동맹체결국은 공동의 적과 행하는 '적대적 게임'뿐만 아니라 동맹 상대 국가와의 '동맹게임'에도 직면하게 된다.

O | X

동맹안보딜레마란 방기와 연루의 상충관계를 의미한다.
답 ○

**130**
20. 외무영사직

글렌 스나이더(Glenn Snyder)가 주장하는 동맹안보딜레마에 의하면 동맹국 A, B 중 A국이 공동의 적에 대해 유화적인 태도를 보이면, 동맹게임에서 A국은 동맹상대 B국이 초래하는 전쟁에 연루될 위협이 증가한다.

O | X

이 경우 방기의 위협이 증가하고, 연루의 위협은 감소한다. 반대로 공동의 적과 관계가 악화되면 동맹 내부적으로는 동맹관계가 강화될 것이므로 연루의 위협이 높아지는 반면 방기의 위협은 줄어든다. 동맹국 간 협상에서의 협상력은 약화된다.
답 X

**131**
20. 외무영사직

글렌 스나이더(Glenn Snyder)가 주장하는 동맹안보딜레마에 의하면 다극체제에서는 양극체제보다 방치의 위험이 커지기 때문에 동맹안보딜레마가 더욱 심해진다.

O | X

다극체제에서 동맹안보딜레마가 확대될 수 있다.
답 ○

**132**
예상논점

조약에 서명한 국가들 중 어느 한 국가 적대국에게 침략을 당했을 경우 다른 모든 서명국들이 공동방어를 위해 전쟁에 참전하기를 약속하는 동맹관계를 공수동맹이라고 한다.

O | X

방어동맹에 대한 설명이다. 공수동맹은 제3국을 공격하기 위해 맺는 동맹이다.
답 X

**133**
예상논점

동맹관계를 형성하는 경우 연루와 방기의 동맹딜레마가 발생하며, 양자는 상충관계에 있다.

O | X

연루란 불필요한 전쟁에 말려드는 것을 의미하고, 방기는 원조가 필요한 상황에서 이를 받지 못 하게 되는 것을 의미한다.
답 ○

**134**
예상논점

글렌 스나이더(Glenn Snyder)에 의하면 동맹상대국에 대한 강한 지원을 하는 경우나 적대국에 대해 강경한 입장을 취하는 경우 연루의 위험은 약화되나 방기의 위험이 높아진다. O | X

연루의 위험은 높아지고 방기의 위험은 낮아진다. 답 X

**135**
예상논점

글렌 스나이더(Glenn Snyder)에 의하면 적대국에 대해 유화적 입장을 취하는 경우 연루의 위험은 약화되나, 동맹국으로부터 방기될 위험은 높아진다. O | X

적대국과 관계가 개선되면 동맹국과의 관계는 악화될 가능성이 있다. 따라서 연루의 위험은 낮아지나 방기의 위험은 높아지는 것이다. 답 O

**136**
21. 외무영사직

연루란 중립국이 중립을 유지하는 데 실패하고 전쟁에 휘말리는 상황을 의미한다. O | X

연루란 동맹관계에서 자국에게 불필요한 사안에 끌려 들어가는 것을 말한다. 동맹의 역기능의 하나라고 볼 수 있다. 답 X

**137**
21. 외무영사직

연루의 위험과 방기의 위험은 비례하는 경향이 있다. O | X

연루의 위험과 방기의 위험은 반비례한다. 연루를 줄이고자 하면 방기의 위험이 높아지고, 반대로 방기의 위험을 낮추고자 하면 연루의 위험이 높아지는 것이다. 답 X

**138**
21. 외무영사직

동맹의 중요성을 강하게 느끼지 않는 국가일수록 연루의 위험에 빠지기 쉽다. O | X

동맹의 중요성을 강하게 느끼지 않을수록 방기의 위험이 높아질 수 있다. 답 X

**139**
21. 외무영사직

동맹 상대국에 대해 강한 지원 의도를 가진 국가일수록 자국이 방기될 가능성을 줄일 수 있다. O | X

동맹 상대국에 대해 강한 지원 의도를 가진다면 방기의 위험은 낮아지나 반대로 연루의 위험이 높아진다. 답 O

**140**
23. 외무영사직

미일안전보장조약은 1951년 9월 8일에 체결되었다. O | X

내란조항 등 독소조항을 포함하고 있어 1960년 개정되었다. 답 O

**141**
23. 외무영사직

한미상호방위조약은 1953년 10월 1일 체결되었다.　　　　O | X

1954년 11월 18일 발효되었다.　　　　답 O

**142**
23. 외무영사직

조소우호협력 및 상호원조조약(조소동맹)은 1960년 7월 6일 체결되었다.　　O | X

1961년 7월 6일 체결되었다.　　　　답 X

**143**
23. 외무영사직

조중우호협력 및 상호원조조약(조중동맹)은 1962년 7월 11일 체결되었다.　　O | X

1961년 7월 11일 체결되었다.　　　　답 X

## 제9절 세력전이론

**144**
15. 외무영사직

오간스키(Organski)의 세력전이(power transition)이론에 따르면, 성장하는 도전국이 기존 국제질서에 대해 만족도가 높은 경우, 쇠퇴하는 지배국이 타 강대국과 전쟁 중이어서 성장하는 도전국의 지원이 필요할 경우, 쇠퇴하는 지배국이 기존 국제체제의 위계구조 변화에 대해 높은 수용태세를 보이는 경우, 도전국과 지배국이 우호관계이거나, 문화적으로 유사하거나 공동의 적에 대항하여 함께 전쟁을 치렀을 경우, 도전국과 지배국의 국력격차가 빠르게 축소되는 경우 평화적 패권교체 가능성이 높다고 본다.　O | X

도전국과 지배국의 국력격차가 빠르게 축소된다면 세력전이 전쟁이 발생할 가능성이 높아진다.　　　　답 X

**145**
11. 외무영사직

세력전이이론은 강대국들 사이의 상대적 국력변화가 세계체제 속의 국가 행위와 전쟁 가능성의 핵심요인이라고 설명한다.　　　　O | X

세력전이이론은 강대국 간 국력의 격차와 그들 간의 불만족도가 전쟁의 근본적인 요인이라고 본다. 즉, 강대국 간 국력의 격차가 좁혀질수록 전쟁가능성이 높아진다고 본다.　　　　답 O

**146**
11. 외무영사직

세력전이이론에 따르면 성장하는 국가와 쇠퇴하는 국가 사이의 상대적 국력 변화가 급속하게 진행될 때 성장하는 도전세력과 쇠퇴하는 강대국 사이에 전쟁이 발생할 가능성이 높다.　　　　O | X

국력격차가 급격하게 좁혀지는 경우 기존 강대국의 대응이 어려워지므로 전쟁이 발생할 가능성이 높아진다.　　　　답 O

**147**
11. 외무영사직

세력전이론에 의하면 세력전이가 진행되는 과정에서 도전국가의 지도자가 위험회피 성향을 가졌을 때 도전국가는 주도국가가 자신을 압박하기 전에 먼저 군사적 갈등을 유발할 가능성이 높다. O | X

세력전이론에서 전쟁을 결정하는 요인은 크게 힘의 격차와 불만족도로 나눌 수 있다. 힘의 격차가 좁혀진 상태에서 도전국의 지배국에 대한 불만족도가 높을 때 세력전이 전쟁이 발발할 가능성이 높다. '지도자의 성향'은 세력전이론에서 전쟁과 평화를 결정하는 변수는 아니다. 지도자의 성향은 메스키타에 의해 제시된 기대효용이론에서 변수로 고려하고 있다. 지도자가 위험선호적일 때 전쟁을 유발할 가능성이 높다. 답 X

**148**
11. 외무영사직

세력전이론에 의하면 경쟁적 국가집단 사이의 정치적, 경제적, 군사적 능력의 균등한 배분은 전쟁의 가능성을 높이므로 평화는 힘의 균형이 이루어지는 시기보다는 힘의 불균형이 존재할 때 유지된다. O | X

세력균형론에서는 국가 간 힘이 균등하게 배분될 때 평화가 유지된다고 보는 반면, 세력전이론은 국력격차가 클수록 전쟁가능성은 낮아진다고 본다. 답 O

**149**
09. 외무영사직

국제정치현상을 지정학적 요소로 설명하고 있는 대표적 주장이 오간스키(A. Organski)의 세력전이이론이다. O | X

세력전이이론은 패권국과 도전국 간 국력격차가 좁혀짐에 따라 전쟁가능성이 높다고 보는 견해로서, 지정학과 무관하다. 지정학은 국가의 지리적 위치가 국가의 성장이나 안보에 있어서 결정적인 요인이라고 보는 이론을 의미한다. 답 X

**150**
예상논점

오간스키는 국력의 3대 요소로 부와 산업능력, 인구, 정부조직의 효율성을 제시하고 산업능력의 증강이 주도적 역할을 한다고 본다. O | X

오간스키는 농업사회와 달리 산업사회에서는 산업능력이 국력 변동에서 결정적 역할을 한다고 보았다. 답 O

**151**
예상논점

모든 국가의 힘은 산업화에 따라 잠재적 힘의 단계, 힘의 전환적 성장단계, 힘의 성숙단계로 변화해 간다. O | X

잠재적 힘의 단계는 산업화 이전의 시기를, 힘의 전환적 성장단계는 산업화 시기를, 힘의 성숙단계는 산업화 이후의 시기를 의미한다. 답 O

**152**
예상논점

오간스키에 의하면 국제정치구조는 힘의 강약에 따라 위계적으로 구성되어 있고, 최정점에 있는 지배국은 국제정치질서를 지배하며, 그 질서는 지배국에게 최대의 이익을 주도록 통제된다. O | X

따라서 지배국의 만족도가 가장 큰 질서이다. 지배국의 질서에 불만족하는 강대국은 힘의 증강을 통해 자국에 유리한 질서를 만들고자 한다. 답 O

**153**
예상논점

오간스키에 의하면 지배국이 제시하는 질서에 대해 강대국들은 대체로 만족하나 만족하지 못한 국가도 존재한다. O | X

만족-불만족 여부는 무엇보다 지배국이 만든 질서에 대한 것이다. 불만족하는 강대국이 세력전이 전쟁을 야기할 가능성이 높다. 답 ○

**154**
예상논점

오간스키에 의하면 불만을 가진 도전국과 그의 동맹국들의 힘이 현상유지를 지지하는 국가들의 힘과 거의 균등해질 때 전쟁의 가능성이 가장 높아진다. O | X

이 점에서 세력균형론과 대비된다. 세력전이론에서는 힘이 균형에 가까워질 때 전쟁가능성이 가장 높다고 본다. 답 ○

**155**
예상논점

도전국의 국력신장속도가 빠른 경우 지배국이 대응책을 모색하기가 어렵기 때문에 전쟁 가능성이 높아진다. O | X

국력신장속도가 빠른 경우 전쟁 발발 가능성이 높아진다. 답 ○

**156**
예상논점

제2차 세계대전 이후 영국은 미국에게 세계정상의 자리를 평화적으로 물려줌으로써 평화적 정권 교체를 수용하였다. O | X

제1차 세계대전 이후 평화적 정권(패권) 교체가 있었다. 답 X

**157**
예상논점

오간스키의 세력전이론에서 평화적 패권 교체가 가능하며, 이러한 입장은 길핀이나 모델스키와 유사하다. O | X

모델스키는 평화적 패권 교체 가능성을 인정하나 길핀은 부정한다. 답 X

**158**
예상논점

오간스키는 동맹을 통한 국력강화에 대해 주목하지 않았으나, 동맹전이모델에서는 동맹을 포함하여 측정한 국가군 상호 간 국력격차가 축소되는 경우 전쟁가능성이 높다고 본다. O | X

세력전이론은 국가 상호 간 국력격차에 집중하는 반면, 동맹전이모델은 동맹을 고려한 힘의 격차를 평가해야 한다고 본다. 답 ○

**159**
예상논점

세력전이론에서는 동맹이 주로 편승동맹 형태로 형성되고 수명이 길다고 보나, 세력균형론에서는 국력집합을 위해 균형동맹 형태를 띠고 있으며 수명은 상대적으로 짧다고 본다. O | X

편승동맹은 대체로 수명이 길고 균형동맹은 상대적으로 동맹이 짧게 유지된다고 본다. 국력 변동에 따라 신축적으로 동맹을 형성해야 하기 때문이다. 답 ○

## 제10절 패권안정론

**160**

15. 외무영사직

1930년대 세계공황을 설명한 킨들버거(Kindleberger)의 패권안정론에 의하면 세계공황은 패권국가가 부재했기 때문이다. 당시 미국은 공공재를 제공할 능력은 있었으나 의지가 없었고 영국은 공공재를 제공할 의지는 있었으나 실질적인 능력이 부족했다.

O | X

킨들버거(Kindleberger)는 경제공황에 대해 기존의 경제학적 설명이 아니라 지도국의 부재라는 정치적 변수로 설명하였다. 공공재를 공급한 능력과 의사를 모두 갖춘 국가가 있어야 국제질서가 유지될 수 있다고 보았다.

답 O

**161**

15. 외무영사직

킨들버거의 패권안정론에 의하면 패권적 국제질서 속에서 약소국은 무임승차하려는 의도를 보이지 않는다.

O | X

약소국은 일반적으로 무임승차(free - riding)경향을 보이기 때문에 공공재가 원활하게 공급되지 않는다고 본다. 따라서 이러한 상황에서 공공재가 공급되기 위해서는 패권국의 지도력과 능력이 요구된다고 본 것이다.

답 X

## 162

1971년 미국은 변동환율제에서 금 1온스에 35달러의 태환성에 기초한 고정환율제로 국제통화체제의 규칙을 변화시켰다. O | X

변동환율제는 1976년 킹스턴체제에서 도입되었다. 제2차 세계대전 이후 금융질서가 금 1온스에 35달러의 태환성에 기초한 고정환율제였다. 18세기부터 영국이 국제무역과 금융의 중심지로 자리 잡으면서 파운드화가 국제통화로 활용되었다. 특히 1816년 금본위제도를 채택한 후 파운드는 유일한 국제통화로서 국제무역 결제수단으로 활용되었다. 그러나 제1차 세계대전 이후 영국이 대규모 재정적자에 시달리면서 파운드화의 화폐 신뢰도가 추락하기 시작하였다. 특히 제2차 세계대전 이후에는 파운드 가치가 급격히 떨어졌으며, 1944년 브레턴우즈체제를 계기로 미국 달러화가 제도적으로 기축통화 지위를 확보하게 되었다. 브레턴우즈체제란 1944년 미국 뉴햄프셔주의 브레턴우즈에서 열린 국제적인 통화제도협정을 뜻한다. 순금 1온스를 미국 35달러에 고정시켰으며 그 이외의 국가통화는 달러에 연동하게 했다. 다만 원칙적으로 상하 1% 범위 내에서 조정할 수 있는 고정환율제를 적용했다. 이를 계기로 국제통화기금(IMF)과 국제부흥개발은행(IBRD)이 설립되었다. 그러나 1950년대 들어서면서 미국이 재정지출을 확대함에 따라 공급할 수 있는 금 물량마저 한계에 도달했다. 이에 따라 국제통화기금(IMF)에 외환준비금 용도로 특별인출권(SDR)을 도입했지만 이마저도 베트남 전쟁을 계기로 통화량이 증발하고 미국 경상수지 적자가 불어나자 소용이 없었다. 급기야 1971년 리처드 닉슨 미국 대통령은 '더 이상 달러와 금을 바꿔줄 수 없다'는 금태환 정지선언을 하게 되고, 이러한 와중에 1971년 워싱턴의 스미소니언 박물관에서는 선진 10개국의 재무장관 및 중앙은행 총재회의가 개최된다. 이 회의에서 스미소니언협정이 채택됨에 따라 브레튼우즈체제의 수정이라 할 수 있는 스미소니언체제(Smithonian system)가 성립되었다. 즉, 금에 대한 미국 달러의 평가를 순금 1온스당 35달러에서 38달러로 평가절하하고, 환율체제는 고정환율제를 유지하되 종래의 금에 의한 평가 또는 금 태환이 보장된 미국 달러에 의한 평가 대신 보다 신축성있게 금 태환성을 상실한 미국 달러화를 기준으로 하는 기준율제도를 도입하였다. 또한 각국 통화의 변동환율 폭을 기존 1%에서 2.25%로 확대하였다. 그러나 스미소니언체제가 출범한지 6개월만인 1972년 6월 영국은 투기에 의한 파운드화 파동을 견디지 못하고 변동환율제를 채택하였으며 프랑스, 벨기에, 이탈리아 등도 이중환율제를 택하였다. 그리고 투기자본이 마르크화와 엔화에 집중되어 달러화의 시세는 계속 하락하게 되었다. 결국 1973년 2월 금 1온스당 38달러에서 42.22달러로 10% 평가절하를 단행하였다. 그리고 1973년 3월 EC 6개국과 스웨덴, 노르웨이가 공동 변동환율제로 이행하였다. 이에 따라 각국이 자기 나라의 경제사정에 적절한 환율제도를 자유로이 채택하게 되었으며, 이로써 고정환율제로 출발하였던 스미소니언체제도 출범한지 1년 반이 못되어 무너지고 말았다.

답 X

## 163

1944년 확립된 브레튼우즈체제는 미국 달러화에 기반을 두고 금에 연동되는 국제통화 레짐을 구축했으며, 1970년대 초까지 유지되었다. O | X

브레튼우즈체제는 안정적인 금융질서를 형성하여 자유무역이 확대될 수 있는 토대를 형성하고자 하였다. 이를 위해 달러화의 가치를 금 1온스당 35달러로 고정하는 한편, 고정환율제도를 도입하였다.

답 ○

## 164

브레튼우즈체제의 붕괴 원인 중 하나는 달러의 과잉평가와 신인도 하락이다. O | X

브레튼우즈체제는 1971년 닉슨이 '신경제정책'을 선언하면서 붕괴되었다. 이는 달러화의 금태환정지를 골자로 한다. 미국은 신뢰성과 유동성의 상충관계를 의미하는 '트리핀의 딜레마'가 현실화되면서 달러화의 금태환 정지를 선언한 것이다.

답 ○

**165**
07. 외무영사직

패권안정론이 월츠(Kenneth N. Waltz)류의 신현실주의와 다른 점은 분석의 시각을 국제정치경제 영역까지 확장시켰다는 점이다. O | X

패권안정론은 기본적으로 정치경제론에 해당되어 국제경제를 분석대상으로 설정한다. 그러나, 월츠(Kenneth N. Waltz)의 신현실주의가 국제정치경제현상 분석을 전혀 하지 않는 것은 아니나, 국제체제 분석에 집중한다. 따라서 국제경제영역을 분석하는지의 문제가 패권안정론과 월츠(Kenneth N. Waltz)의 이론의 차이라고 볼 수 있다. 답 ○

**166**
07. 외무영사직

길핀(R. Gilpin)의 패권안정론은 월츠의 신현실주의와 마찬가지로 국제체제 변화를 제대로 설명하지 못하는 한계를 지닌다. O | X

월츠의 이론은 '정태적 이론'으로서 체제변화를 적절하게 설명하지 못하는 비판을 받는다. 그러나, 길핀(R. Gilpin)은 패권전쟁론을 제시하여 패권의 교체를 주장하고 있기 때문에 체제변화를 설명하지 못한다는 서술은 적절하지 않다. 답 X

**167**
07. 외무영사직

1930년대의 세계공황을 전통적인 경제변수를 가지고 설명하지 않고 패권국의 부재라는 변수를 가지고 설명한 킨들버거(Charles Kindleberger)는 패권안정론자이다. O | X

킨들버거(Charles Kindleberger)는 1930년대 대공황을 설명함에 있어서 영국은 패권에 대한 의지가 있으나 능력이 없었고, 미국은 능력은 있으나 의사가 없었기 때문에 대공황이 발생하고 확대되었다고 본다. 답 ○

**168**
예상논점

패권안정론은 1970년대 국제경제질서와 미국 패권쇠퇴가 상관관계를 가진다고 주장하면서 제시된 이론이다. O | X

패권안정론은 국제경제질서의 불안정이 미국 패권쇠퇴와 인과관계를 가진다고 보는 이론이다. 답 ○

**169**
예상논점

킨들버거는 1930년대 대공황의 원인을 지도국의 부재에서 찾았다. 영국은 의지가 있으나 능력이 쇠퇴하였고, 미국은 능력이 있으나, 고립정책을 구사하면서 의지가 없었다고 본다. O | X

킨들버거는 의지와 능력을 모두 갖춘 지배국이 없어서 공황이 심화되었다고 보았다. 답 ○

**170**
예상논점

킨들버거는 국제경제체제 안정을 위해 공공재를 공급할 지도국이 반드시 필요하다고 본다. 지도국은 타국 잉여 상품에 대한 자국 시장 개방, 역주기적인 장기 자본 대출, 금융위기 상황에서 최종 대부자 역할을 해야 한다고 보았다. O | X

지배국의 역할은 무임승차를 용인하면서 국제경제질서의 안정과 성장을 주도해야 하는 것이다. 답 ○

**171**
예상논점

올슨에 의하면 지배적 수혜자가 존재하는 경우 집단행동의 논리가 극복되고 공공재가 제공될 수 있다. O | X

올슨은 공공재적 패권안정론자이다. 집단행동의 논리란 무임승차 유인을 의미한다. 지배적 수혜자는 자국이 지배적 이득을 얻기 때문에 무임승차를 허용하면서도 질서를 공급할 의지를 가진다. 답 O

**172**
예상논점

길핀에 의하면 국제체제에서 패권국이 존재하는 경우 자유무역질서가 형성된다고 본다. 패권국은 정치적·군사적 힘을 통해 자유무역원칙을 다른 국가들에게 강요하고 순응을 강제함으로써 자유무역질서를 유지한다. O | X

길핀의 입장은 신현실주의 패권안정론이다. 패권국이 이기적이고 강압적이라고 규정한다. 답 O

**173**
예상논점

길핀에 의하면 기술발전으로 상징되는 패권적 위치로 인해서 다국적기업의 해외투자를 활성화시킬 수 있으나, 패권국에 의한 과도한 해외투자는 국제체제에서 패권국의 우월한 경제적 지위를 약화시키는 메커니즘이 되기도 한다. O | X

길핀에 의하면 패권은 다양한 요인에 의해 쇠퇴한다. 다국적기업은 그러한 쇠퇴 요인 중 하나에 해당한다. 답 O

**174**
예상논점

공공재적 패권이론에서 패권의 힘은 경제력이나, 길핀의 패권론에서의 힘은 정치적·군사적 힘을 의미한다. O | X

길핀은 패권국이 군사력을 통해 타국에게 패권국이 추진하는 질서를 강요한다고 본다. 따라서 패권이 쇠퇴하면 질서가 붕괴될 수 밖에 없다고 보는 것이다. 답 O

**175**
예상논점

크래스너에 의하면 패권국은 타국들로 하여금 개방적 무역구조를 받아들이도록 유인하거나 강제할 수 있는 상징적·경제적·군사적 능력을 갖고 있다. O | X

상징적 능력은 타국들이 자국을 모방하도록 유인하는 힘을 의미한다. 조셉 나이가 언급한 연성권력과 유사하다. 답 O

**176**
예상논점

코헤인은 패권의 존재가 자유무역레짐 창출과 유지에 긍정적 역할을 한다는 점에 대해서는 동의하면서도 패권이 쇠퇴한다고 해서 반드시 자유무역레짐이 쇠퇴하는 것은 아니고 레짐 유지의 상대적 이득이 있다면 레짐은 유지될 수 있다고 본다. O | X

'절대적 이득'이 있어야 레짐이 유지될 수 있다. 답 X

**177**

예상논점

레이크(David Lake)에 의하면 패권과 자유무역레짐은 상관관계가 없다. 무역정책 결정요인은 국가의 상대적 생산성과 국가가 세계무역에서 차지하는 몫이다.  O | X

레이크(David Lake)는 자유주의계열의 이론가이다. 패권이 존재하는가의 구조적 측면이 무역질서 형성에서 중요한 요소가 아니라고 본다. 국내정치적·경제적 요소가 주된 요인이라고 본다. 비교우위에 있는 국가는 자유무역을 지지할 가능성이 높다.  답 ○

**178**

21. 외무영사직

패권안정론(hegemonic stability theory)은 신자유주의와 구조주의 시각에서만 국제경제질서를 설명하는 이론이다.  O | X

패권안정론은 국제경제질서의 형성과 쇠퇴에 있어서 패권국의 역할을 강조한다. 신자유주의는 '절대적 이익' 차원에서, 구조주의(마르크스주의)는 중심부와 주변부의 착취 차원에서 국제경제질서를 설명한다.  답 X

**179**

21. 외무영사직

패권안정론(hegemonic stability theory)에 따르면 제2차 세계대전 후 패권의 부재는 20세기 중반 폐쇄적 경제질서의 대두로 이어졌다.  O | X

제2차 세계대전 이후에는 미국 패권이 존재하여 1960년대까지 안정적이고 개방적인 국제경제질서가 유지되었다고 본다. 1970년대 이후 미국 패권이 쇠퇴하면서 폐쇄적 경제질서가 전개되었다는 입장이다.  답 X

## 제11절 국제체제변화론

**180**

예상논점

길핀에 의하면 패권전쟁의 근본적 원인은 불균등성장법칙이다. 이는 각 국가의 힘을 구성하고 있는 군사력, 경제력, 기술력이 다른 속도로 성장하는 것을 의미한다.  O | X

불균등성장법칙은 결국 앞선 패권국과 후발 강대국 간 힘의 격차가 축소되는 근본적 요인이다.  답 ○

**181**

예상논점

길핀에 의하면 패권전쟁은 내재적 발전논리에 따라 불가피하게 일어나기 때문에 회피할 수 없다.  O | X

길핀은 패권전쟁의 불가피성을 주장함으로써 오간스키나 모델스키의 입장과 구분된다.  답 ○

**182**

예상논점

모델스키는 세계체제가 약 1500년경에 발생하여 지금까지 지속되고 있으며, 세계체제는 전 세계를 하나의 정치적 단위로 묶어 놓고 있다. O | X

세계체제는 전 세계 모든 국가가 하나의 단위를 구성하면서 상호의존적 관계를 맺는 체제를 의미한다. 이와 달리 국제체제는 모든 국가가 하나의 체제에 들어와 있으나 의존관계를 형성하지는 않고 있는 상태를 의미한다. 답 ○

**183**

예상논점

모델스키에 의하면 세계대국은 지리적으로 해양으로의 진출이 용이한 위치에 있으며 군사적인 면에서 해군력을 바탕으로 한 전 세계적 범위의 군사조직을 갖추고 있다. O | X

세계대국은 세계전쟁을 거쳐 탄생하며, 기본적으로 공공재를 공급하는 시혜적 주체로 상정된다. 답 ○

**184**

예상논점

모델스키는 세계체제가 약 100년을 주기로 하여 상승과 하강을 거듭하며 세계대국, 탈집중화, 비정통화, 세계전쟁의 단계를 순차적으로 거친다고 본다. O | X

세계체제의 변동은 세계대국 – 비정통화 – 탈집중화(분산화) – 세계전쟁 순으로 일어난다. 답 X

**185**

예상논점

모델스키에 의하면 세계전쟁은 해양세력과 대륙세력 간 발발하며, 결국 해양세력의 승리로 끝나고, 여기에서 새로운 대국이 등장한다. O | X

세계대국은 해양세력 내에서 승계된다. 답 ○

**186**

예상논점

모델스키는 세계대국이 16세기 네덜란드, 17세기 포르투갈, 18, 19세기 영국, 20세기 미국으로 변동되어 왔다고 본다. O | X

16세기 세계대국은 포르투갈이고 17세기 세계대국은 네덜란드이다. 답 X

## 제12절 권력론

**187**

15. 외무영사직

스마트 파워는 강압보다는 유혹과 매력을 사용하여 다른 행위자의 선호도를 변화시키는 능력을 의미한다. O | X

연성권력에 대한 정의이다. 스마트 파워는 하드 파워와 소프트 파워의 상호적 강화를 통해 미국의 목표를 달성하는 권력을 의미한다. 미국 오바마 정부가 표방하였던 스마트 파워는 힘, 제재, 보상 등의 방식을 활용하는 동시에 가치, 규범 등을 통해 다른 행위자들의 선호를 변화시켜 미국과 세계의 이익이 일치하도록 만드는 전략이었다. 답 X

**188**

07. 외무영사직

나이(J. Nye)는 내가 원하는 것을 상대방이 하도록 하는 힘을 강성권력(hard power)으로 보았고, 내가 원하는 것을 상대방이 원하도록 하는 것을 연성권력(soft power)으로 보았다. O | X

나이(J. Nye)는 군사력과 경제력이 강성권력(hard power)에, 문화나 가치 등이 연성권력(soft power)에 해당된다고 보았다. 답 ○

**189**

예상논점

모겐소는 국력이 무형요소와 유형요소로 구분되며, 국력(권력)은 가변성, 상대성, 대체성을 갖는다고 본다. O | X

무형요소는 국민성, 사기, 외교의 질 등을 의미한다. 대체성(fungibility)이란 권력이 강한 국가가 국제정치 결과를 지배함을 의미한다. 답 ○

**190**

예상논점

결과에 영향을 미치려는 의도 없이 국제체계에서 차지하는 불평등한 구조적 위치와 역할로 인해 결과에 영향을 미치는 현상을 메타권력이라고 한다. O | X

구조적 권력에 대한 설명이다. 메타권력은 구조적 권력의 일종으로서 의제를 주도하는 은밀한 힘을 의미한다. 답 X

**191**

예상논점

연성권력 획득에 있어서 대외전략이 중요한 역할을 하나, 대내정책은 관련이 없다. O | X

대내정책도 관련이 있다. 인종차별정책, 총기소유, 발전전략 등도 연성권력에 영향을 준다. 답 X

**192**

21. 외무영사직

나이(Nye)는 소프트 파워를 군사적 강압이나 경제적 유인책을 사용하는 대신 다른 국가들이 자발적으로 자신의 의도와 의지를 따르도록 만드는 능력이라고 정의한다. O | X

소프트 파워는 '매력'을 의미한다. 이는 군사력이나 경제력과 달리 자발적으로 상대방이 원하는 것을 하게 하는 것이다. 답 ○

**193**

21. 외무영사직

소프트 파워 개념은 국제정치에서 한 행위자가 다른 행위자에게 문화적이고 규범적인 영향력을 행사함으로써 그들의 행위를 변화시킬 수 있다고 본다. O | X

소프트 파워는 문화적이거나 규범적인 영향력을 발휘하게 하는 것이다. 답 ○

**194**
16. 외무영사직

정의의 전쟁(Just War)에서 '전쟁 개시의 정의(jus ad bellum)'에는 정당한 대의, 전투원과 비전투원의 구분, 성공에 대한 합리적 전망, 최후의 수단 등이 포함된다.

O | X

전투원과 비전투원의 구분은 '전쟁 속에서의 정의(jus in bello)'에 해당된다. '전쟁 개시의 정의(jus ad bellum)'란 전쟁의 원칙적 금지를 전제로 어떠한 경우에 전쟁이 정당화되는지를 논의하는 것이다.

답 X

**195**
13. 외무영사직

전쟁발생원인을 설명함에 있어서 스키너(B. F. Skinner)는 공격본능이론을 제시하였다.

O | X

공격본능이론은 로렌쯔가 제시한 이론이다. 인간이 유전적으로 공격본능을 갖고 있으며, 이의 발현이 전쟁이라는 이론이다.

답 X

**196**
예상논점

허즈(John Herz)는 전쟁의 원인을 국제정치체제의 무정부적 속성에서 찾고 있다.

O | X

허즈(John Herz)는 무정부적 구조에서 발생하는 안보딜레마가 전쟁의 근본적 원인이라고 본다.

답 O

**197**
19. 외무영사직

투키디데스는 아테네 국력 성장이 스파르타에 두려움을 야기하여 펠로폰네소스 전쟁이 발생하였다고 주장하였다.

O | X

힘의 분포 변화와 같은 구조적 요인이 전쟁의 원인이라고 보았다.

답 O

**198**
19. 외무영사직

펠로폰네소스 전쟁은 육상 세력인 스파르타와 해양 세력인 아테네 간의 전쟁이었다.

O | X

당시 패권국인 스파르타가 아테네를 공격하였으므로 예방전쟁이라고 볼 수 있다.

답 O

**199**
19. 외무영사직

펠로폰네소스 전쟁에서 승리한 스파르타는 페르시아를 정복하여 그리스 도시국가의 번영에 기여하였다.

O | X

펠로폰네소스 전쟁에서 스파르타가 승리함으로써 그리스 도시국가들의 황금시대는 막을 내리게 되었다.

답 X

국제정치이론

제2편

해커스공무원 패권 국제정치학 단원별 핵심지문 OX

**200**

19. 외무영사직

펠로폰네소스 전쟁은 오늘날 중국의 부상이 미국과 중국 간의 전쟁으로 이어질 수 있다는 주장의 근거가 되기도 한다. O | X

이를 투키디데스 함정이라고도 한다. 중국의 부상에 대한 미국의 두려움이 미국의 중국에 대한 전쟁을 야기할 수도 있고, 중국은 지도력을 교체하기 위해 전쟁을 도발할 수도 있다.
답 ○

## 제14절 지정학설

**201**

예상논점

하우스호퍼(Karl Haushofer)는 생존공간론을 제시하여 히틀러(Hitler)의 대외정책에 영향을 주었다. O | X

히틀러(Hitler)의 대외정책은 독일의 패권을 위한 현상타파 전략이었다. 히틀러(Hitler)는 역사 이래 가장 우수한 민족인 아리안의 생존과 번영을 위해 적절한 공간을 차지해야 한다는 명분을 제시하였다. 답 ○

**202**

예상논점

맥킨더는 심장지역이론을, 스파이크만은 주변지역이론을 제시하였다. O | X

스파이크만의 주변지역이론(rimland)은 미국의 대소련 봉쇄정책의 이론적 기초로 활용되었다. 답 ○

**203**

예상논점

마한(Alfred T. Mahan)은 해로가 육로보다 기동력이 강하기 때문에 바다를 지배하는 자가 세계를 지배한다는 해양력설을 주장했다. O | X

모델스키의 장주기이론에 영향을 주었다. 모델스키는 세계대국은 해양으로의 진출이 용이한 해양세력 중에서 출현한다고 보았다. 답 ○

**204**

18. 외무영사직

맥킨더(Halford Mackinder)는 유라시아를 지배하는 자가 세계를 지배한다고 주장하였다. O | X

맥킨더(Halford Mackinder)의 '심장지역이론'에 대한 설명이다. 답 ○

# 제15절 공격적 현실주의

**205**

15. 외무영사직

공격적 현실주의 이론에 따르면 모든 국가는 안보를 위한 최상의 수단으로 자국 힘의 상대적 지위를 극대화하려는 현상 타파 국가들이다. O | X

미어샤이머를 주축으로 하는 공격적 현실주의에 의하면 국가들은 '지역패권'을 추구한다. 즉, 자국이 속한 지역에서 권력의 극대화를 추구한다고 본다. 이는 무정부상태를 홉스적 자연상태, 즉 전쟁상태로 규정하는 것의 논리적 결론이다. 답 O

**206**

13. 외무영사직

탈냉전의 시대를 설명함에 있어서 존 미어샤이머(John Mearsheimer)는 세계화의 낙관적 미래를 전망하였다. O | X

미어샤이머(John Mearsheimer)는 '공격적 현실주의자'로서 홉스적 자연상태로 규정되는 무정부체제에서 국가들은 생존을 위해 권력의 극대화를 추구하고, 이를 위해 상호 경쟁한다고 본다. 이러한 사정은 탈냉전기에도 변화되지 않았다. 따라서 미어샤이머(John Mearsheimer)는 탈냉전체제에 대한 비관적 견해를 갖고 있다고 볼 수 있다. 특히, 미어샤이머(John Mearsheimer)는 유럽지역체제가 다극화됨으로써 상당한 불안정성을 노정하고 있다고 분석하고, 그 안정화를 위해 독일 등 핵을 통제할 수 있는 강대국에게 핵을 허용하는 것이 필요하다고 하였다. 답 X

**207**

예상논점

미어샤이머는 월츠와 달리 무정부상태를 홉스적 자연상태로 규정하고, 모든 국가들은 상대적 힘을 극대화하고 안보를 위한 수단으로서 패권을 추구한다고 본다. O | X

미어샤이머는 홉스적 자연상태인 무정부적 국제체제에서 강대국들은 패권이 되어야만 안보를 확신할 수 있으므로 패권을 추구한다고 본다. 답 O

**208**

예상논점

미어샤이머에 의하면 모든 국가는 자신이 처한 상황에 만족하지 않고 계속 팽창하는 현상타파국가들이다. O | X

현상타파전략은 국가의 성향에서 비롯되는 것이 아니라 국제체제의 구조적 산물이다. 답 O

**209**

예상논점

미어샤이머는 냉전 이후의 다극체제와 강대국 전쟁이라는 비관적 전망을 제시하면서, 이를 교정하는 방법으로 제한적인 핵확산을 제안하였다. O | X

냉전 해체 이후 유럽 지역이 다극체제로 전환되었다고 보는 미어샤이머는 다극체제 불안요인을 관리할 방안으로 핵무기를 관리할 능력이 있는 국가가 핵무기를 갖는 것이 필요하다고 보았다. 답 O

**210**

22. 외무영사직

공격적 현실주의는 국가들이 생존을 위해 권력의 극대화를 추구한다고 주장한다. O | X

공격적 현실주의는 미어세이머의 주장이다. 국가의 권력의 극대화 추구는 국제체제의 무정부적 성격에서 비롯된다고 본다. 답 O

# 제16절 신고전적 현실주의

**211**
14. 외무영사직

1990년대 등장한 신고전현실주의(Neoclassical Realism)에서는 국가의 상대적 힘의 배분과 함께 그 힘에 대한 지도자의 인식이 중요하다고 본다. O | X

상대적 힘의 배분은 국제체제변수이며, 힘에 대한 지도자의 인식은 국가변수로서, 신고전현실주의(Neoclassical Realism)는 체제변수와 행위자변수가 결합하여 특정 국가행동이 발생한다고 본다. 답 O

**212**
14. 외무영사직

신고전현실주의(Neoclassical Realism)의 인과 논리는 국내 정치를 권력배분과 외교정책 행태 사이에 매개변수로 놓는다. O | X

신고전현실주의(Neoclassical Realism)는 장기적으로 국가의 대외정책은 권력배분, 즉 구조적 요인에 의해 결정될 것이나, 단기적으로 국내정치변수의 영향을 받기도 한다고 본다. 답 O

**213**
예상논점

신고전현실주의는 무정부성이나 극성과 같은 국제체제의 구조적 특징을 독립변수로 하고, 일국의 대외정책을 종속변수로 하면서 이 두 변수 사이에 매개변수로서 국내요인을 추가하고 있다. O | X

국내요인을 고려한다는 점에서 구조적 요인에 집중하는 신현실주의와 대비된다. 답 O

**214**
예상논점

신고전현실주의는 국가의 행동에 대한 단기적 요인으로 국제체제를, 장기적 요인으로 국내변수를 제시하였다. O | X

단기적 요인으로 국내변수(국가변수)를, 장기적 요인으로 국제체제 변수를 제시하였다. 답 X

**215**
예상논점

신고전현실주의자 자카리아(Fareed Zakaria)는 국가가 권력이나 안보가 아닌 '영향력의 극대화'를 추구하는 존재로 본다. O | X

영향력은 권력이나 안보와 구분된다. 답 O

**216**
예상논점

신고전현실주의는 국가의 통합성 가정을 부정한다. O | X

국내정치적 요인이나 개인변수도 고려하기 때문에 국가의 통합성 가정을 부정한다. 답 O

**217**
예상논점

신고전현실주의에서 국가의 행동에 영향을 주는 단기적 요인으로는 국내 정치체제, 힘의 분포상태에 대한 지도자의 인식, 지배정당, 여론 등이 있다. O | X

이러한 요인이 국제체제의 압력에서 벗어난 일시적 행동을 설명할 수 있게 해 준다고 본다.
답 ○

**218**
18. 외무영사직

신고전적 현실주의는 국제체제에서 이익의 배분에 초점을 둔 이익균형론(balance of interests)을 주장하였다. O | X

스웰러(R. Schweller)의 견해이다. 국가들은 이익의 극대화를 추구한다고 본다. 답 ○

**219**
18. 외무영사직

신고전적 현실주의는 국내적 요인의 중요성을 강조하였다. O | X

신고전적 현실주의의 특징은 국가변수를 국가행동에 대한 매개변수로 설정한다는 것이다. 국내적 요인은 지도자의 인식, 국가의 선호나 성향, 여론 등이 포함된다. 답 ○

**220**
18. 외무영사직

신고전적 현실주의는 국가를 현상유지국가와 현상타파국가로 구분하였다. O | X

현상유지국가나 현상타파국가는 국가의 선호나 성향에 대한 것이다. 국제체제의 무정부성에도 불구하고 국가들의 선호에 따라 다른 선택이 발생할 수도 있다고 본다. 이는 월츠의 견해와 다르다. 월츠는 국가의 선호가 어떠하든지 무정부체제에서는 모두가 동일한 행동과 전략을 선택한다고 본다. 답 ○

**221**
18. 외무영사직

동맹은 세력균형(balance of power)전략에 따라 형성된다고 주장하였다. O | X

신현실주의의 입장이다. 신고전현실주의에서는 동맹이 반드시 세력균형(balance of power)전략의 산물이라고 보지 않는다. 동맹은 균형동맹일 수도 있고, 편승동맹일 수도 있다고 본다. 이것은 국가의 선호나 성향에 따라 달라진다고 본다. 답 X

## 제17절 연성균형론

**222**
예상논점

페이프(Robert A. Pape)는 냉전 종식 후 군사동맹을 통한 전통적 균형이 실질적으로 도래하지 않고 있는 것에 대한 현실주의의 학문적 대응으로서 연성균형론을 제시하였다. O | X

탈냉전기에 힘의 균형이 급속하게 붕괴되었으나 중국이나 러시아 등 반미 국가들이 적극적으로 경성균형을 형성하려는 의지가 없는 이유를 설명함에 있어서 연성균형론이 제기되었다. 답 ○

**223**
예상논점

연성균형방식으로는 영토의 거부, 지역블록 형성, 거부권 행사, 동맹 형성 등이 있다.

O | X

동맹 형성은 경성균형방식이다.

답 X

**224**
예상논점

마셜플랜과 6자회담은 연성균형의 사례로 볼 수 있다.

O | X

마셜플랜(1947.6.)은 유럽을 경제적으로 부흥시켜 소련에 저항하도록 만든다는 점에서 연성균형전략이다. 6자회담은 회담 틀 내에서 패권국인 미국의 일방적 군사력 사용을 통제한다는 점에서 연성균형전략의 사례로 볼 수 있다.

답 ○

**225**
예상논점

연성균형론자들은 국제체제가 패권체제인 경우 경성균형이 달성되기 어렵기 때문에 국가들은 패권국에 대해 연성균형을 추구한다고 본다.

O | X

비패권체제에서는 경성균형을 추구하고, 패권체제에서는 연성균형을 추구한다.

답 ○

**226**
예상논점

연성균형수단으로서 협력외교란 다른 국가들이 초강대국의 강력한 경제력에 대항하여 상대적인 경제력을 강화하는 방식을 말한다.

O | X

경제의 강화에 대한 설명이다. 협력외교란 초강대국을 대상으로 하여 다른 국가들이 국제기구와 같은 국제제도를 이용하거나 일시적인 외교적 조치 등을 통해 초강대국의 군사적 행동의 목적을 지연, 붕괴 또는 제거하는 것을 의미한다.

답 X

## 제18절 공격-방어 균형이론

**227**
13. 외무영사직

전쟁발생 원인에 있어서 허즈(John Herz)는 공수이론을 제시하였다.

O | X

공수이론은 반 에버라(Van Evera)가 제시한 이론이다. 무정부체제에서 국가들이 공격우위 상황에 처한 경우 안보딜레마가 발생할 가능성이 높고 이것이 전쟁으로 이어질 가능성이 높다고 본다.

답 X

**228**
20. 외무영사직

구성주의의 관점에서 안보딜레마는 국제체제의 무정부성이 구조의 구성단위인 국가의 의사와 관계없이 유발하는 결과이다.

O | X

신현실주의의 관점이다. 월츠(K. Waltz), 허즈(J. Herz) 등의 입장이다.

답 X

**229**
20. 외무영사직

안보딜레마(Security Dilemma)는 자신의 안보를 확보하기 위한 조치가 결과적으로 자신의 안보를 저해하게 되는 상황이다.

O | X

안보딜레마(Security Dilemma)는 자신의 안보를 위한 조치가 상대방을 위협하고, 상대방도 이에 대한 대응을 하는 과정에서 자국의 안보상황이 이전보다 악화되는 현상을 의미한다.

답 O

**230**
20. 외무영사직

공격과 방어의 구분이 가능한 군사기술이 발전할수록 안보딜레마는 높아진다.

O | X

공격와 방어 구분이 가능할수록 안보딜레마가 발생할 가능성이 떨어진다. R. Jervis의 견해이다.

답 X

**231**
20. 외무영사직

국가들은 다른 국가가 행하는 군사적 조치의 의도를 잘 알 수 있기 때문에 안보딜레마는 더욱 증가한다.

O | X

공격 – 방어 구분가능성 차원에서 보면 타국의 군사적 조치의 의도를 잘 알 수 있는 상황, 즉, 공격 – 방어 구분이 가능한 상황이면 안보딜레마는 약화된다.

답 X

**232**
예상논점

반 에버라에 의하면 안보딜레마는 공격방어구분가능성과 공수우위에 따라 결정된다.

O | X

공격방어구분가능성과 공수우위 변수를 사용한 사람은 로버트 저비스이다. 반 에버라는 무정부적 국제체제 변수와 군사기술변수를 사용하여 설명하였다.

답 X

**233**
예상논점

반 에버라는 무정부적 국제체제에서 필연적으로 안보딜레마가 발생한다고 하였다.

O | X

반 에버라는 무정부적 국제체제 자체가 필연적인 요인은 아니라고 보았다. 무정부적 국제체제에서 공격우위 상황일 때 안보딜레마가 발생한다고 보았다.

답 X

**234**
예상논점

반 에버라는 다극체제가 양극체제보다 안정적이며 방어우위의 다극체제가 가장 안정적이라고 보았다.

O | X

반 에버라는 양극체제, 그리고 방어우위의 양극체제가 가장 안정적이라고 보았다. 답 X

**235**
23. 외무영사직

현실주의 국제정치이론에 따르면 국가는 상대국의 정확한 의도를 파악하기 어려워 안보 딜레마 상황에 직면할 수 있다.

O | X

안보딜레마의 원인은 이론에 따라 다양하나 기본적으로 상대방의 의도의 불확실성을 안보딜레마의 주요 요인으로 본다.

답 O

## 제1절 총론

**001**
07. 외무영사직

국제정치이론 중 자유주의 이론에 의하면 국제사회의 평화와 질서는 일반적으로 수용된 가치, 행위의 규범과 규칙, 국가사회 간의 높은 상호의존 인식 및 제도 등을 통해 유지된다. O | X

가치, 행위의 규범과 규칙은 구성주의 이론에서 강조하는 개념이다. 상호의존 인식 및 제도 등은 자유주의에서 강조하는 수단들이다. 답 X

**002**
예상논점

자유주의와 신자유제도주의는 국가가 비합리적 행위자란 점에서 공통적이라고 본다. O | X

자유주의는 국가를 비합리적이라고 보나, 신자유제도주의는 합리적이라고 본다. 답 X

**003**
예상논점

자유주의 패러다임은 기본적으로 홉스적 인간관을 공유하고 있다. O | X

자유주의 패러다임은 로크적 인간관을 전제한다. 인간은 선한 존재이고, 이타적이라고 본다. 답 X

**004**
예상논점

상호의존론과 신자유제도주의 및 신기능주의는 모두 국제레짐을 강조한다는 점에서 공통적이다. O | X

상호의존론은 국제레짐 분석을 본연의 과제로 삼지는 않는다. 답 X

**005**
예상논점

자유주의 패러다임은 국가가 대내적으로 분절적임에도 불구하고 대외적으로는 통합적이어야 한다고 본다. O | X

자유주의 패러다임은 대내적으로도, 대외적으로도 분절적인 것이 바람직하다고 본다. 분절적이란 다양한 이해관계가 대립되고 있다는 의미이다. 답 X

**006**
예상논점

월츠의 분석수준에 의하면 자유주의 패러다임은 인간이나 국가 차원을 강조한다. O | X

월츠의 분석수준은 인간, 국가, 국제체제이다. 월츠의 신현실주의는 국제체제를 강조한다. 답 O

## 제2절 이상주의

**007**
예상논점

이상주의는 제1차 세계대전의 원인이 주요국들 상호 간 세력균형이 적절하게 유지되지 못했기 때문이라고 본다.　　　　　O | X

이상주의는 세력균형이 전쟁의 주요 원인 중 하나라고 보았다. 세력균형을 형성하기 위한 강대국 간 경쟁이 전쟁으로 이어진다고 보았다.　　　　　답 X

**008**
예상논점

이상주의는 국제사회에서 이익의 자연조화가 존재하지 않기 때문에 국가들이 무역에 대한 인위적 장벽을 제거하여 이러한 조화를 의식적으로 만들어 내야 한다고 보았다.　　　　　O | X

이상주의는 이익의 자연조화가설을 지지한다. 따라서 이를 실현하기 위해서는 인위적 장벽을 제거해야 한다고 본다.　　　　　답 X

**009**
예상논점

윌슨의 14개 조항에 의하면 개별적인 이익을 위한 비밀외교는 폐지되어야 하고 공개외교가 수립되어야 한다.　　　　　O | X

이를 위해 국제연맹회원국들의 조약을 국제연맹사무국에 등록하게 하고, 미등록 시 조약이 발효되지 않도록 하였다.　　　　　답 O

**010**
예상논점

윌슨의 14개 조항에 의하면 전시에는 예외로 하되 평시에는 국제조약에 의하지 아니하는 한 공해상의 자유는 보장되어야 한다.　　　　　O | X

전시와 평시를 막론하고 공해상의 자유가 보장되어야 한다.　　　　　답 X

**011**
예상논점

윌슨의 14개 조항에 의하면 국내질서의 유지에 필요한 최저선에 이르기까지 군비를 축소해야 한다.　　　　　O | X

국제연맹에서 실질적인 군비축소는 이루어지지 않았다.　　　　　답 O

**012**
예상논점

윌슨의 14개 조항에 의하면 알사스와 로렌을 프랑스에 반환하고 1871년 전쟁에서 프러시아가 차지한 전 프랑스 영토를 회복시킨다.　　　　　O | X

영토를 회복하는 것은 프랑스의 전쟁 목적 중 하나였다.　　　　　답 O

**013**

예상논점

윌슨의 14개 조항에 의하면 발칸 국가들의 부흥에 협조한다. 루마니아, 세르비아, 몬테네그로에서 군대를 철수한다. 세르비아에게 해양에의 자유로운 진출구를 제공한다. 발칸 국가들의 영토 보전을 국제적으로 보장한다.  O | X

윌슨의 14개 조항은 발칸반도에서의 열강들의 대립을 종식시키기 위한 조항이다.  답 O

**014**

예상논점

윌슨의 14개 조항에 의하면 터키 내의 제 민족에게 자치권을 부여하고, 다다넬스 해협은 러시아의 보장하에 영구히 자유로운 항행을 허용한다.  O | X

다다넬스 해협에 대해 국제적으로 보장하기로 하였다. 러시아의 보장이 아니다.  답 X

**015**

예상논점

윌슨의 14개 조항에 의하면 폴란드인에 의한 폴란드의 독립을 부여하되 일정기간 국제연맹의 위임통치를 받도록 한다.  O | X

국제연맹의 위임통치 규정은 없다. 독립과 영토 보전을 국제협약에 의거하도록 하였다.  답 X

**016**

예상논점

윌슨의 14개 조항에 의하면 국가의 상호 정치적 독립과 영토적 보전을 보장하기 위해 특별조약으로 일반적 국제조직을 창설한다.  O | X

국제연맹 창설에 대한 내용이다.  답 O

## 제3절 외교정책론

**017**

15. 외무영사직

재니스(Janis)의 집단사고(Group Think)에 따르면 집단사고의 문제는 집단 내 강력한 지도자가 부재한 상황에서 발생한다.  O | X

집단사고(Group Think)와 강력한 지도자의 부재와는 관련성이 크지 않다. 재니스(Janis)에 의하면 집단 내 강력한 지도자가 존재하여 참여하는 구성원들의 의견을 압도하는 경우 타 구성원들과의 심도 있는 토론이 어려워 비합리적 결정에 이를 수 있다. 다시 말해 집단 내 강력한 지도자가 부재할 때 오히려 집단사고(Group Think) 문제가 최소화된다.  답 X

**018**

15. 외무영사직

집단사고에서 참여자들은 상충되는 정보는 배척하고, 다른 대안 검토보다는 만장일치를 추구하며, 난공불락의 환상(illusion of invulnerability)을 가진다.  O | X

소집단 의사결정에서는 자기정당화 경향이 강하고(난공불락의 환상, illusion of invulnerability), 상충되는 정보를 충분히 검토하기보다 집단이 지향하는 바와 다르면 배척하는 경향이 있으며(상충되는 정보 배척), 만장일치를 추구하여 돌출자(odd man)를 배제하려는 성향이 강하다.  답 O

**019**

13. 외무영사직

윌다브스키(Aaron Wildavsky)의 두 개의 대통령직(two presidencies)은 1961년 미국의 쿠바 피그만(The Bay of Pigs) 침공 실패를 설명하는 가장 적합한 이론이다.

O | X

피그만 침공 실패는 보통 재니스(Irving Janis)의 집단사고(group think)로 설명한다. 재니스(Irving Janis)는 피그만 침공작전이 소수가 참여하는 소집단에서 의사결정이 이뤄짐에 따라 비합리적 결정이 야기되었다고 보았다. 윌다브스키(Aaron Wildavsky)의 두 개의 대통령직(two presidencies)은 미국의 대통령은 대내정책보다 대외정책에서 보다 많은 성과를 낸다고 설명하는 이론이다.

답 X

**020**

13. 외무영사직

대외정책 결정에 있어서 포괄적 합리성은 행위자가 가질 수 있는 모든 대안들을 검토하고, 이를 바탕으로 가장 큰 효용을 주는 대안을 선택한다는 개념인 반면, 제한된 합리성은 정책 결정자들이 최선의 방안을 선택할 수 있는 능력이 인간적이고 조직적인 여러 장애물들에 의해 제한을 받는다는 개념이다.

O | X

포괄적 합리성 모형이 현실주의 입장이다. 사이먼은 포괄적 합리성 모형의 가정이 비현실적이라고 보고 '제한적 합리성 모형'을 제시하였다. 정책 결정에 있어서 가용한 정책을 순차적으로 검토하여 만족할 만한 정책을 선택한다고 보는 이론이다.

답 ○

**021**

12. 외무영사직

로즈노(J. Rosenau)와 케글리(C. Kegley)는 외교정책결정요인들을 개인, 정책결정집단, 사회, 국가, 국제체제의 5가지 분석수준으로 분류한다. 정부유형, 관료정치, 집단사고는 모두 같은 차원의 외교정책결정요인이다.

O | X

정부유형은 국가, 관료정치와 집단사고는 정책결정집단에 해당한다. 개인차원에는 정책결정자 개인 특성, 신념체계, 성장경험 등이 포함된다. 정책결정집단에는 조직행태, 관료정치, 집단사고가 포함된다. 정부차원에는 정부유형, 국회의 여소야대 여부, 행정부와 입법부의 관계, 등이 포함된다. 사회차원에는 국민성, 사회적 가치, 이익집단의 영향과 역할, 사회적 요구 등이 포함된다. 국제체제차원에는 세력균형, 종속, 상호의존 등이 포함된다.

답 X

**022**

10. 외무영사직

외교정책 결정과정에 있어 합리적 행위자 모델은 정책결정에 참여하는 행위자의 수를 고려해야 한다.

O | X

정책결정에 참여하는 행위자의 수를 고려하는 것은 '위기 시 정책결정이론'이다. 찰스 허만(Charles Hermann)은 위기의 특징으로서 예상하지 않은 기습적인 사태, 짧은 대응시간 그리고 중대가치에 대한 위협을 든다. 이러한 특징은 정책결정에 참여하는 사람의 수, 적과 사태에 대한 인식 그리고 입수된 정보의 처리방식에 영향을 미친다고 보았다. 구체적으로 위기 시에는 극히 제한된 수의 사람만이 정책결정에 참여하고, 위기가 심각할수록 적이 더욱 적대적으로 된다고 인식하며, 위기 시에 자신의 정책대안의 수는 적고 적의 선택범위는 넓다고 인식한다고 보았다. 합리적 행위자 모델은 외교정책 결정과정을 다음과 같이 개별적 의사결정자에 의한 명백히 정의된 지적 과정(intellectual process)으로 본다. 첫째, 하나 혹은 복수의 목표를 설정한다. 둘째, 이러한 목표를 달성할 수 있는 모든 정책대안을 나열한다. 셋째, 대안이 가져올 모든 결과를 예측한다. 넷째, 각각의 정책결과가 일어날 확률을 계산한다. 다섯째, 각각의 정책결과가 미리 선정된 정책목표에 어느 정도의 효용(utility)을 갖는지를 득실 면에서, 즉 비용과 이득에 기초하여 계산한다. 여섯째, 확률에 효용을 곱한 기대효용(expected utility)이 제일 큰 것을 고른다.

답 X

**023**

10. 외무영사직

외교정책 분석에 있어 '행동경로(action channels)'는 개인이 가지고 있는 주관적 원칙을 의미하는 것으로, 이것은 특정상황에 직면하여 행동을 지시하는 것으로 정의된다. 특히 국가 지도자가 목표를 추구하는 데 있어 활용할 수 있는 수단과 스타일, 국제정치에서 갈등의 불가피성에 대한 지도자의 정치적 믿음, 그리고 상황을 변화시키는 본인의 능력에 대한 지도자의 주관적 평가를 의미한다. O | X

운영코드 또는 조작적 코드(operational code)에 대한 설명이다. 조작적 코드(operational code)는 정책결정자 개인이 가진 철학적 신념이나 도구적 신념에 대한 것이다. 상황을 왜곡적으로 해석하여 현실적합성이 떨어지는 정책이 결정될 수도 있다. 즉, 비합리적 정책결정을 야기할 수도 있다. 답 X

**024**

09. 외무영사직

정책결정자의 오인(misperception)이 외교정책결정에서 비합리성의 중요한 요인으로 작용한다고 밝힌 사람은 저비스(R. Jervis)였다. O | X

저비스(R. Jervis)는 정책결정자의 오인(misperception)이나 오판이 정책 결정에서 중요한 요인으로 작용한다고 보았다. 제1차 세계대전에서 영국의 전쟁 참여 여부에 대한 독일의 오판, 제2차 세계대전에서 미국의 참전에 대한 독일의 오판 등을 예로 들었다. 답 ○

**025**

09. 외무영사직

외교정책이론에 있어서 집단 내에서 집단사고(group think)의 폐해를 지적했던 사람으로 재니스(I. Janis)를 들 수 있다. O | X

재니스(I. Janis)는 소집단에서 의사결정이 이루어지는 경우 돌출자 배제 성향, 난공불락의 환상, 만장일치에 이르러야 한다는 강박감 등의 심리적 요인으로 비합리적 의사결정이 일어날 수 있다고 하였다. 답 ○

**026**

09. 외무영사직

월츠(K. Waltz)는 앨리슨(G. Allison)의 모델 Ⅱ와 모델 Ⅲ의 결합을 시도하였다. O | X

월츠(K. Waltz)는 신현실주의 또는 구조적 현실주의를 주창한 학자로서 현실주의 계열에 해당한다. 앨리슨(G. Allison)의 모델 Ⅱ는 조직과정모델을, 모델 Ⅲ는 관료정치모델을 의미한다. 답 X

**027**

08. 외무영사직

외교정책결정모델 중 린드블롬(Charles Lindblom)의 단편적 점진주의(disjointed incrementalism) 모델은 합리적 선택이론(national choice theory)의 한 유형이다. O | X

합리적 선택이론(national choice theory)은 현실주의 계열의 이론을 의미하며, 국가의 합리적 행위자성을 가정한다. 합리적 행위자가 비용과 편익을 면밀히 계산하여 의도적으로 특정 정책을 선택한다고 보는 것이다. 부에노 디 메스키타(Bruce Bueno de Mesquita)의 기대효용(expected utility)모델은 합리적 선택이론(national choice theory)에 해당된다. 기대효용(expected utility)이론은 행위자의 합리성을 전제하고, 각 행위자들은 기대효용(expected utility) 극대화를 목표로 행동한다고 본다. 답 X

m e m o

**028**
08. 외무영사직

로즈노우(James Rosenau)의 연계정치론(linkage politics theory)은 국제체제의 변화를 설명하는 이론이다.　　O | X

연계정치론(linkage politics theory)은 국내정치와 국제정치가 상호 연계되어 있음을 전제로 국가의 대외정책을 설명하는 이론모형이다. 국제체제의 변화를 설명하는 모형으로는 길핀의 패권전쟁론, 오간스키의 세력전이론, 모델스키의 장주기론 등이 있다.　　답 X

**029**
23. 외무영사직

로즈노(J. Rosenau)는 개인, 역할, 정부, 사회, 체제를 외교 정책결정에 영향을 미치는 변수로 유형화한다.　　O | X

로즈노는 비교외교정책론의 선구자로 평가된다. 다섯 가지 영향요소 중 체제란 국제체제를 의미한다.　　답 O

**030**
예상논점

현실주의에 의하면 외교정책은 결정자의 합리적 결정에 의한 의도된 선택의 산물이다.　　O | X

관료정치모델은 이와 달리 관료들 간 밀고 당기기의 산물로서 의도하지 않은 산물이라고 본다.　　답 O

**031**
예상논점

사이먼에 의하면 제한된 정보, 제한된 의사 결정 능력 등의 제약조건을 고려하여 결정자가 추구하는 것은 적정화가 아니라 최적화이다.　　O | X

사이먼에 의하면 결정자는 최적화가 아니라 적정화를 추구한다. 모든 대안을 다 검토하는 것이 아니다.　　답 X

**032**
예상논점

월다브스키는 두 개의 대통령직 이론을 제시하고 미국 대통령은 대외정책보다 대내정책에서 상대적으로 큰 영향력을 가진다고 하였다.　　O | X

월다브스키에 의하면 미국 대통령은 대외정책에서 보다 큰 영향력을 갖는다. 정보가 집중되고, 제도적 제약도 국내정책보다 더 약하기 때문이다.　　답 X

**033**
예상논점

알렉산더 조지의 조작적 코드이론은 조직차원에서 대외정책을 설명하는 모델이다.　　O | X

조직적 코드이론은 개인차원 모델이다. 개인의 신념이나 철학이 대외정책에 영향을 준다고 본다.　　답 X

**034**
예상논점

재니스에 의하면 뮌헨회담, 진주만 공습, 피그만 공습 등이 집단사고로 인해 실패한 정책결정 사례이다.　　O | X

집단사고의 결과 비합리적 정책에 이르렀다고 보는 사례들이다. 뮌헨회담은 히틀러의 의도에 대해 정확히 파악하지 못하였다. 진주만 공습의 경우 미국의 주력부대가 진주만에 소재하는 않는 상황을 제대로 파악하지 못하였다. 피그만 공습의 경우 상륙지점은 피그만의 지정학적 위치와 조건에 대한 면밀한 검토가 생략되었다.　　답 O

**035**
22. 외무영사직

재니스(Irving Janis)의 집단사고(groupthink)이론에 따르면 집단사고는 관료집단 내 강력한 지도자가 없을 때 진작되고 유지된다. O | X

집단사고는 집단 내에 강력한 발언권을 가지고 적극적 발언을 하는 지도자가 있을 때 발생하기 쉽다. 답 X

**036**
22. 외무영사직

피그만 침공사건은 집단사고에 의해 실패한 정책결정과정의 사례로 자주 인용된다. O | X

1961년 발생한 피그만 침공작전은 미국이 카스트로에 반대하는 쿠바인들을 동원해서 카스트로 축출을 기도했으나 실패한 사건이다. 정책결정과정에서 상륙 지점 등의 문제점 등이 적절히 지적되지 못하고 배척되었다고 평가되는데 이것이 집단사고의 오류라고 해석되었다. 답 O

**037**
22. 외무영사직

재니스(Irving Janis)의 집단사고(groupthink)이론에 따르면 집단사고는 정책 목표 및 정책안들의 과도한 생략, 미흡하고 선택적인 정보처리 등으로 발생한다. O | X

집단사고의 상황에서 급진적 만장일치의 의사결정 심리가 형성되면서 발생하는 문제점들이다. 답 O

**038**
22. 외무영사직

재니스(Irving Janis)의 집단사고(groupthink)이론에 따르면 집단사고의 징후는 특정 정책안에 대한 의견일치의 추구 및 압박의 존재, 정책안에 대한 집단적 합리화, 반대자에 대한 부정적 압박의 존재 등을 포함한다. O | X

그 밖에도 난공불락의 환상 등이 그 징후로 나타난다. 답 O

**039**
예상논점

찰스 허만은 위기 시에 결정자들이 자신의 대안 수는 적고 적의 선택범위는 넓다고 인식하며, 위기 초기에는 많은 정보를 구하나 위기가 지속되면 현재의 정보가 충분하다고 인식한다고 주장하였다. O | X

찰스 허만은 위기라는 상황적 요인이 비합리적 결정에 이르게 한다고 본다. 답 O

**040**
예상논점

조직과정모형은 합리모형의 하나로서 조직은 합리적 행위자로서 조직의 이익을 극대화하기 위해 정책을 결정한다고 본다. O | X

조직과정모형은 비합리모형이다. 조직 스스로는 합리적이라고 볼 수 있으나, 국가 전체적으로 비합리적 결정에 이르게 한다. 답 X

**041**
예상논점

조직과정모형이 조직의 타성에서 비합리적 결정원인을 찾는 대신 관료정치모형은 관료 조직 간 또는 관료 개인 간의 밀고 당기기에서 찾는다. O | X

조직과정모형과 관료정치모형을 합리모형과 함께 앨리슨모형이라고 한다. 답 O

**042**
18. 외무영사직

외교정책결정과정에서 조직행위자모델에 따르면 국가의 외교정책결정은 조직과정의 결과물이다.　　　O | X

외교정책은 외교정책을 담당하는 조직을 통해 결정되는데 조직은 자기 이익을 추구하는 존재라고 본다.　　　답 ○

**043**
18. 외무영사직

외교정책결정과정에서 조직행위자 모델에 따르면 조직은 편협성과 타성이 있기 때문에 변화에 대응하기 어렵다.　　　O | X

편협성은 조직의 이익을 추구함을 의미한다. 타성은 관료조직이 보수적이고 변화를 싫어함을 의미한다. 이것도 정책의 비합리성의 원인이 된다.　　　답 ○

**044**
18. 외무영사직

외교정책결정과정에서 조직행위자모델에 따르면 조직은 표준실행절차(SOPs)를 외교정책 결정과정에 적용하므로 대안이 제한될 수 있다.　　　O | X

표준실행절차(SOPs)에 따른 대응은 합법성을 확보하나, 합리성을 확보한다고 보기는 어렵다.　　　답 ○

**045**
23. 외무영사직

쿠바 미사일 위기 시에 미 해군이 표준화된 수행절차(SOP)에 따라 봉쇄 절차를 제시한 것은 조직과정모델(Organizational Process Model)에 해당한다.　　　O | X

조직과정모델은 조직이기주의에 기초하여 행동하거나 표준행동절차(SOP)에 따라 보수적으로 행동하기 때문에 대외정책이 비합리적일 수 있다고 본다.　　　답 ○

**046**
18. 외무영사직

외교정책결정과정에서 조직행위자모델에 따르면 조직은 국가이익의 극대화를 위하여 합리성을 추구한다.　　　O | X

조직은 '조직이익의 극대화'를 추구하는 존재라고 가정한다. 이러한 조직의 특성으로 인해서 국가 전체적으로 비합리적 결정을 야기하게 된다고 본다.　　　답 X

**047**
예상논점

마일즈의 법칙이란 '어디에 서는지는 어디에 앉아 있는지에 달렸다'는 것을 말한다.　　　O | X

정책결정자가 처한 상황에 따라 입장을 결정한다는 의미로, 관료정치모형의 명제와 유사하다.　　　답 ○

**048**
23. 외무영사직

관료정치모델(Bureaucratic Politics Model)에서는 대통령을 외교정책결정과정에 참여하는 가장 중요한 행위자로 간주한다.　　　O | X

관료정치모델에서는 대통령도 여러 정책 결정권자 중의 하나로서 사익을 추구한다고 가정된다.　　　답 X

**049**

예상논점

알몬드 – 리프만 컨센서스는 여론의 대외정책에 대한 부정적 영향을 강조한다.

O | X

현실주의 계열의 입장이다. 여론은 비일관적이고 즉흥적이며, 실제 대외정책결정에서 의미있는 역할을 하지 않는다고 본다.

답 O

**050**

19. 외무영사직

알몬드 – 리프만(Almond – Lippmann) 컨센서스에 의하면 여론 변화와 국제상황 변화는 논리적으로 연결된다.

O | X

여론 변화와 국제상황 변화 간 논리적으로 관계가 없다고 본다.

답 X

**051**

19. 외무영사직

알몬드 – 리프만(Almond – Lippmann) 컨센서스에 의하면 일반인은 대외관계 정보에 자유롭게 접근할 수 있다.

O | X

일반인은 대외관계 정보에 자유롭게 접근할 수 없어 합리적 의사 형성이 어렵다고 본다.

답 X

**052**

19. 외무영사직

알몬드 – 리프만(Almond – Lippmann) 컨센서스에 의하면 외교 문제에 관한 대중의 태도는 일관성이 결여되어 있다.

O | X

알몬드 – 리프만 컨센서스는 대중의 대외정책에 대한 비일관적인 태도가 합리적 대외정책을 저해할 수 있다고 본다.

답 O

**053**

19. 외무영사직

알몬드 – 리프만(Almond – Lippmann) 컨센서스에 의하면 외교정책 이슈는 유권자의 투표 선택에 큰 영향을 준다.

O | X

외교정책 이슈가 유권자의 투표 선택에 별다른 영향을 주지 않는다고 본다.

답 X

**054**

20. 외무영사직

찰스 틸리(Charles Tilly)는 공동연구를 통해, 국제적인 위기 상황에서 대통령에 대한 지지율이 급등하는 현상을 분석하면서 결집효과(Rally round the flag effect) 개념을 제시했다.

O | X

결집효과(Rally round the flag effect)는 존 뮐러(John Mueller)가 제시한 개념이다. 역사사회학자인 찰스 틸리(Charles Tilly)는 근대국가의 개념이나 형태가 보편적 형태로서 주어진 것이라기보다는 국가들 간 전쟁의 역사를 통해 만들어진 것이라고 본다.

답 X

**055**

20. 외무영사직

제임스 피어론(James Fearon)은 청중비용이론(Audience Costs Theory)을 통해, 민주주의 국가가 권위주의 국가보다 국제분쟁에서 물러날 가능성이 적다고 주장한다.

O | X

청중비용(Audience Costs)은 지도자가 공약을 불이행할 때 받는 타격을 의미한다. 민주국이 국제분쟁에서 물러날 경우 다음 선거에서 패하는 등의 큰 비용을 지불해야 하므로 물러날 가능성이 더 적은 것이다.

답 O

**056**

20. 외무영사직

부르스 부에노 데 메스키타(Bruce Bueno de Mesquita)는 선출인단이론(Selectorate Theory)을 제시하면서, 정치체제에 따라 다양한 승리연합이 나타날 수 있다고 분석했다.　　　　　　　　　　　　　　　　　　　　　　　　　　　　O | X

선출인단(Selectorate)은 지도자를 선출하는 그룹을 의미하며, 정치체제에 따라 그 크기가 다를 수 있다. 이와 함께 선출된 지도자를 지지하는 세력을 승전연합이라고 한다. 선출인단과 승전연합의 크기의 차이가 정치체제에 따라 다르고, 이에 따라 대외정책에서 차이점을 가져온다는 것이 선출인단이론(Selectorate Theory)의 골자이다.　　　　답 ○

**057**

20. 외무영사직

로버트 퍼트남(Robert Putnam)의 양면게임이론은 국가 간 협상 결과와 이를 국내에서 비준받는 과정이 서로 관련이 있음을 주장하는 이론이다.　　　　　　　　O | X

양면게임이론은 국가 간 협상이라는 제1면 게임뿐 아니라, 협상결과가 국내적으로 인정을 받고자 하는 제2면 게임이 존재한다고 본다.　　　　　　　　　　　　　답 ○

## 제4절　통합이론

**058**

14. 외무영사직

통합이론 중 하스(Hass)의 신기능주의는 더 큰 정치연합으로 귀결되기 위해 기술적 요소에 정치적 요소를 더해야 한다고 주장하였다.　　　　　　　　　　　　O | X

신기능주의는 통합의 파급에 있어서, 특히 정치적 요소를 중시하였다. 정치적 요소는 이익집단이나 초국가관료들이 자신들의 이익을 실현하기 위한 활동 등을 의미한다.　답 ○

**059**

14. 외무영사직

미트라니(Mitrany)의 기능주의는 지역적 규모로 조직된 국제기구와 회원국의 지역성을 강조한다.　　　　　　　　　　　　　　　　　　　　　　　　　　　　　O | X

미트라니(Mitrany)의 기능주의는 전 세계적 차원의 통합을 강조하며, 지역적 차원의 통합이론가인 하스(Hass)의 입장과는 구분된다.　　　　　　　　　　　　　답 X

**060**

13. 외무영사직

신기능주의이론은 정치를 다원주의적 관점에서 파악하며, 다원주의적 정치동학이 국가수준뿐만 아니라 초국가적 수준에서도 발현될 수 있다고 본다.　　　　　O | X

신기능주의이론은 하스(E. Haas)에 의해 제시된 통합이론이다. 통합과정에서 이익집단이나 초국가관료와 같은 정치변수가 중요한 역할을 한다고 본다. 이는 정치를 다원주의 관점에서 파악하고 있는 것이다.　　　　　　　　　　　　　　　　　　　　답 ○

**061**

예상논점

하스는 통합을 과정으로 보나, 도이치는 결과로 본다. O | X

하스는 통합을 국민들의 충성심이 이전되는 과정으로, 도이치는 안보공동체가 형성된 결과로 규정한다. 답 O

**062**

예상논점

하스는 통합을 국제제도를 형성하는 관점에서 보나, 도이치는 안보공동체 형성으로 본다. O | X

하스는 비정치적 영역에서 국제제도를 형성하는 것을 중요하게 본다. 도이치는 제도보다는 심리적 차원에서 동질성을 형성하는 것이 중요하다고 본다. 답 O

**063**

21. 외무영사직

지역통합에 대한 신기능주의적 설명에 따르면 다원주의적 시각에서 초국가적 집단의 역할을 중요하게 여긴다. O | X

다원주의란 정치적 의사결정이 다수 집단 간 경쟁을 통해 이루어진다는 것이다. 신기능주의는 다원주의 정치체제를 전제로 한다. 따라서 초가적 집단이나 이익집단이 정치적 파급효과를 가져오는 주요 세력이라고 본다. 답 O

**064**

예상논점

신기능주의에 의하면 통합의 진전은 자동적으로 이루어지는 것이 아니라 자기 이익을 추구하는 행위자의 적극적인 개입을 필요로 한다. O | X

신기능주의는 정치변수의 개입을 강조한다. 정치변수를 통해 파급효과가 발생한다. 정치변수는 이익집단이나 초국가관료들을 의미한다. 답 O

**065**

22. 외무영사직

신기능주의는 정치적 통합이 경제통합으로 이어질 수 있다고 주장한다. O | X

신기능주의는 경제통합을 먼저하고, 이후 정치적 통합으로 파급된다고 본다. 즉, 비정치 영역의 통합이 정치적 힘에 의해 정치적 영역의 통합으로 확대된다고 주장하는 것이다. 답 X

**066**

21. 외무영사직

지역통합에 대한 신기능주의적 설명에 따르면 정치적 기구의 설립이 경제통합보다 우선해야 한다. O | X

신기능주의는 경제통합 등 비정치적 분야에서 통합이 궁극적으로 정치적 통합을 가져온다고 본다. 따라서 경제통합이 정치적 기구 설립보다 우선한다고 본다. 답 X

**067**

예상논점

정부간협상론에 의하면 유럽통합의 근본적 동인은 회원국 정부 간 이해관계의 수렴현상이다. O | X

정부간협상론은 정부 간 협상의 산물이 통합이라고 본다. 행정부의 역할을 강조한다. 신기능주의가 의회의 역할을 강조하는 것과 대비된다. 답 O

**068**

예상논점

모라프칙의 정부간협상론은 국내적 선호 형성과정을 고찰한다는 점에서 호프만의 정부간협상론과 대비된다. O | X

국가의 선호가 형성되는 국내정치과정을 분석하는 모라프칙의 정부간협상론을 자유주의적 정부간주의라고 한다. 국가의 분절성을 인정하기 때문에 자유주의적 정부간주의라고 한다.

답 ○

**069**

예상논점

도이치는 국가들 사이에 서로를 상대로 해서 전쟁을 일으킬 가능성이 없는 관계를 획득하고 전쟁 대신 평화적 수단에 의해 변화가 가능하다는 기대를 상호 확신할 수 있을 만큼 강력한 공동체 의식을 달성하는 것을 통합이라고 본다. O | X

이러한 통합이 달성된 상태를 '안보공동체'라고 한다. 답 ○

**070**

예상논점

도이치는 안보공동체를 다원적 안보공동체와 융합된 안보공동체로 구분하고, 다원적 안보공동체는 국가들이 하나의 단일국가나 연방국가로 통합되는 것을 의미하였다. O | X

정치적 통합을 이룬 상태를 '융합된 안보공동체'라고 한다. 정치적으로 분열되어 있으면서 안보공동체를 형성한 상태를 '다원적 안보공동체'라고 한다. 답 X

**071**

21. 외무영사직

지역통합에 대한 신기능주의적 설명에 따르면 경제적 유대가 긴밀해지면 정치적 조정의 필요성이 없어진다. O | X

신기능주의는 경제적 유대가 긴밀해지면 이를 관리하기 위한 정치적 조정이 반드시 필요하다고 본다. 답 X

**072**

21. 외무영사직

지역통합에 대한 신기능주의적 설명에 따르면 한 분야에서의 통합이 다른 분야로 파급, 확산될 것을 기대한다. O | X

신기능주의는 파급효과를 통해 점진적으로 더 큰 통합으로 나아간다고 본다. 답 ○

## 제5절 상호의존론

**073**

12. 외무영사직

상호의존의 비용에는 단기적 취약성(vulnerability) 또는 장기적 민감성(sensitivity)이 포함될 수 있다. 민감성(sensitivity)은 의존효과의 양과 속도를 가리키는 개념이다. 취약성(vulnerability)은 상호의존 체제의 구조를 변화시킬 때 드는 상대적 비용을 가리킨다. O | X

상호의존의 비용에는 단기적 민감성(sensitivity), 장기적 취약성(vulnerability)이 있다. 상호의존을 설명하는 개념으로서 민감성(sensitivity)과 취약성(vulnerability)이 있다. 코헤인과 나이는 복합적 상호의존의 시대에는 군사력이 강대국의 기준이 아니라 민감성(sensitivity)과 취약성(vulnerability)이 기준이라고 주장하였다. 민감성(sensitivity)이란 의존관계를 맺고 있는 국가 상호관계에 있어서 외부적 파급효과에 대한 민감도를 의미한다. 특히, 일국이 정책적 대응을 하기 전에 받는 파급효과를 지칭한다. 반면, 취약성(vulnerability)은 정책적 대응조치를 취한 이후에도 지속되는 파급효과를 의미하는 것으로서 구조적 성격을 띤다. 코헤인과 나이는 민감성(sensitivity)과 취약성(vulnerability)이 낮은 국가일수록 강대국이라고 하였다. 답 X

**074**

07. 외무영사직

코헤인(R. Keohane)과 나이(J. Nye)의 복합상호의존론(Complex Interdependence)에 따르면 국제기구는 의제를 설정하고 연합형성을 가능하게 하며 정치행동의 장으로 활용될 수 있기 때문에 이러한 국제기구의 역할과 활용을 강조한다. O | X

복합상호의존론(Complex Interdependence)은 국가 이외의 다양한 비국가행위자의 영향력과 역할을 강조하는 것이 특징 중 하나이다. 답 ○

**075**

07. 외무영사직

코헤인(R. Keohane)과 나이(J. Nye)의 복합상호의존론(Complex Interdependence)에 의하면 이들은 복합적 상호의존의 특징으로 사회의 다층채널로 연결, 문제영역 간 서열의 부재, 군사력의 부차적 역할 등을 강조한다. O | X

코헤인(R. Keohane)과 나이(J. Nye)는 이슈의 계서가 없다고 본다. 즉, 현실주의와 달리 안보이슈가 유일하게 중요한 의제는 아니라고 보는 것이다. 또한 군사력은 대체성이 있다기보다는 특정적이라고 본다. 답 ○

**076**

07. 외무영사직

코헤인(R. Keohane)과 나이(J. Nye)의 복합상호의존론(Complex Interdependence)에 인간의 물질적 이익은 평화로운 무역에 있기 때문에 민주국가 형태의 구조가 평화를 가져오며 따라서 모든 국가들이 민주주의를 지향하는 것이 세계평화에 바람직하다. O | X

민주평화론의 주장이다. 복합상호의존론(Complex Interdependence)은 상호의존이 심화될수록 전쟁 발발 시의 비용이 증가하므로 전쟁 가능성은 떨어진다고 설명한다. 답 X

**077**
07. 외무영사직

코헤인(R. Keohane)과 나이(J. Nye)의 복합상호의존론(Complex Interdependence)에 국가 간에 복잡하게 의존된 상황이 초국가적 정책망의 연계로 나타나 결국은 정책과정의 복잡성과 국가이익의 모호성으로 인해 국가 정치지도자들에게 많은 문제를 제기한다.

O | X

코헤인(R. Keohane)과 나이(J. Nye)는 상호의존이 심화될수록 국가의 문제해결능력이 떨어진다고 본다. 즉, 국가의 주권이 쇠퇴한다고 보는 것이다. 답 ○

**078**
예상논점

민감성 상호의존은 어떤 외부적 변화에 직면하여 보다 적절히 대응하기 위해 기존 정책의 대안으로 새로운 정책이 준비된 이후에도 치러야만 하는 대가의 정도를 의미한다. 반면, 취약성 상호의존은 어떤 외부적 변화에 대응함에 있어서 기존의 정책을 바꿀 시간적 여유가 없거나 시간적인 여유가 있다고 해도 대안이 부재하여 새로운 정책이 마련되기 이전에 외부의 변화에 의해 치러야 하는 대가의 정도를 의미한다.

O | X

새로운 대안을 모색하기 전에 치러야하는 대가를 '민감성', 대안 모색 이후 지속되는 대가를 '취약성'이라고 한다. 답 X

**079**
예상논점

비대칭상호의존은 권력의 원천이 된다. 취약성이 상대적으로 높은 국가는 취약성이 상대적으로 낮은 국가에 비해 높은 권력을 갖는다.

O | X

취약성이나 민감성이 낮은 국가가 권력이 강한 국가이다. 답 X

**080**
예상논점

상호의존론에 의하면 무역은 국제안보에 긍정적 외부재효과를 가진다. O | X

무역에서 발생하는 이익은 전쟁시 상실될 수 있으므로 그만큼 전쟁 비용이 증가하는 것이다. 따라서 국가 간 전쟁 가능성은 낮아진다고 본다. 답 ○

## 제6절 양면게임이론

**081**
15. 외무영사직

퍼트남(Putnam)이 주장한 양면게임(Two-Level Games) 이론에서 Win-Set 크기에 영향을 미치는 요인에는 국제협상이 진행될 당시의 국제정세, 국가 간 협상단계에서 협상가들의 전략, 국가자율성 등 비준에 영향을 미치는 국내정치제도, 국내 행위자들 간 이슈별 선호와 이해관계의 상충 정도가 있다.

O | X

국제협상이 진행될 당시의 국제정세는 양면게임(Two-Level Games)에서 Win-Set의 크기와 상관이 없다. Win-Set이 축소될수록 국제협상에서 승리할 가능성이 높아지지만, Win-Set이 지나치게 축소되면 협상 자체가 결렬될 수도 있다. 답 X

**082**

08. 외무영사직

국제협상을 설명하기 위한 퍼트남(Robert Putnam)의 양면게임(two - level game)이론에서 자국의 상대적 협상력을 제고하기 위한 전략에는 이면보상을 하거나 사안의 성격을 새롭게 정의하는 전략 등이 있다.  O | X

협상력을 높이기 위해서는 자국의 윈셋을 축소하거나, 상대국의 윈셋을 확대해야 한다. 이면보상은 자국의 윈셋 확대를 위한 전략으로서 협상을 타결하기 위한 전략이다. 답 X

**083**

예상논점

윈셋이 클수록 합의가능성은 높아지나, 협상력은 약화된다.  O | X

윈셋이란 비준을 받을 수 있는 집합을 의미한다. 윈셋이 클수록 합의가능영역은 넓어지기 때문에 협상이 타결될 가능성이 높다. 그러나, 그만큼 자국의 양보가능성은 커지는 것이므로 협상력은 약화되고 협상이득이 적어질 가능성이 높다. 답 O

**084**

예상논점

사안의 성격이 이질적인 경우 윈셋이 상대적으로 확대된다.  O | X

사안의 성격이 이질적이란 것은 국내집단에 미치는 협상의 효과가 다르다는 것이다. 따라서 협상을 통해 얻는 이익이 커야 비준을 받을 수 있으므로 그만큼 윈셋은 축소된다. 답 X

**085**

예상논점

경성국가는 연성국가에 비해 윈셋이 축소되므로 협상력이 강화된다.  O | X

경성국가는 시민사회의 압력이 작은 국가를, 연성국가는 시민사회의 압력이 큰 국가를 의미한다. 시민사회의 압력이 적은 경성국가일수록 윈셋은 확대되고 협상력은 약화된다. 답 X

**086**

예상논점

협상력 강화 전략으로 발목잡히기, 고삐늦추기, 이질적 사안으로의 사안의 성격 재정의, 표적 사안 연계 등이 있다.  O | X

고삐늦추기(cutting slack)는 이면보상 등을 통해 자국의 윈셋을 확대하는 전략이다. 협상을 타결짓기 위한 전략이다. 답 X

**087**

예상논점

정부 간 담합은 정치적 자산을 상호 교환함으로써 각자의 윈셋을 확대하여 합의를 용이하게 하는 전략이다.  O | X

정부 간 담합은 협상국들이 서로 윈셋을 확대하는 전략이다. 답 O

**088**

18. 외무영사직

양면게임이론(Two - Level Game)에서 윈셋의 크기는 국내 여러 집단의 이해와 국내 제도에 영향을 받는다.  O | X

집단의 이해는 사안의 성격과 정치쟁점화된 정도를 통해 윈셋에 영향을 준다. 국내제도는 '국가강성도'를 말한다. 국가강성도가 높은 경성국가의 윈셋은 확대되고, 국가강성도가 낮은 연성국가의 윈셋은 축소되어 협상력이 강화된다. 답 O

**089**

18. 외무영사직

양면게임이론(Two - Level Game)에서 정책결정자가 국내집단으로부터 자유로울수록 윈셋이 커져서 국제적 협상력은 높아진다.　　　　　　　　　　　　　O | X

윈셋이 확대되는 것은 옳다. 그러나, 윈셋이 확대되면 국제 협상력이 낮아진다. 협상력은 윈셋이 축소되어 양보할 수 있는 여지가 적다는 것을 어필할 수 있을 때 강화된다.

답 X

**090**

18. 외무영사직

양면게임이론(Two - Level Game)에서 윈셋이 클수록 국제협상에서 합의가능성이 높아진다.　　　　　　　　　　　　　　　　　　　　　　　　　　　O | X

윈셋이 클수록 국가 간 합의가능영역이 넓어져서 합의가능성은 높아진다.　　답 ○

**091**

18. 외무영사직

양면게임이론(Two - Level Game)에서 합의가 이루어지기 위해서는 협상당사국들의 윈셋이 겹치는 부분이 있어야 한다.　　　　　　　　　　　　　　　O | X

윈셋이 겹치지 않으면 합의가능영역이 없어 타협이 이뤄질 수 없다.　　답 ○

## 제7절　신자유제도주의

**092**

16. 외무영사직

신자유제도주의에 따르면 상호 이익이라는 전제를 안보의 영역에도 적용할 수 있다.　　　　　　　　　　　　　　　　　　　　　　　　　　　　O | X

신현실주의와 달리 신자유제도주의는 안보영역에서도 상호 이익, 즉 절대적 이익이 있으면 상호 협력이 가능하다고 본다.　　답 ○

**093**

15. 외무영사직

합리적 선택이론에 따르면 국가의 선택은 합리성에 기초하여 이익과 손실을 고려한 결과이다. 이익이 손실보다 클 때 특정 정책이 선택된다.　　　　　　O | X

합리적 선택이론은 행위자의 도구적 합리성을 가정한다. 신현실주의나 신자유제도주의가 합리적 선택이론에 해당한다.　　답 ○

**094**

13. 외무영사직

합리적 제도주의는 기능주의적 통합이론과 신자유주의를 단초로 하며 구성원들의 행위에 대한 규제적 측면에 초점을 둔다.　　　　　　　　　　　　　O | X

합리적 제도주의는 제도에 대한 접근에 있어서 행위자의 합리성과 절대적 이득을 강조하는 이론이다. 신자유제도주의가 이에 해당한다.　　답 ○

**095**

11. 외무영사직

UN해양법협약(United Nations Convention of the Law of Sea)은 국제협력을 통한 해양자원의 보호를 위한 것이다. 이 협약은 해양자원을 공공재로 파악하고 있다.

O | X

공공재(public goods)가 아니라 공유재(commons)로 본다. 공유재(commons)란 모든 국가에게 개방되어 있으나 고갈될 수 있는 재화를 의미한다. UN해양법협약(United Nations Convention of the Law of Sea)은 '지속가능한 생산'을 위해 연안국에게 부분적 소유권을 부여하였다. 이러한 관점은 특히 '배타적 경제수역'에 반영되어 있다. 공공재(public goods)는 '비경합성'과 '비배제성'을 가진 재화를 의미한다. 즉, 한 단위 추가 생산을 위한 추가비용이 발생하지 않으며, 재화 소비를 위해 비용을 지불하지 않은 자를 소비에서 배제할 수 없는 재화를 의미한다. 해양자원은 경합성을 가지므로 공공재(public goods)로 볼 수 없다. 답 X

**096**

10. 외무영사직

신현실주의는 국제협력에 있어 국가가 상대적 이익에 초점을 둔다는 입장인 반면, 신자유주의는 절대적 이익을 추구한다는 입장이다.

O | X

신현실주의는 국가들이 무정부성의 압력으로 상대적 이익을 추구한다고 보는 반면, 신자유주의는 국가들이 절대적 이익을 추구한다고 본다. 상대적 이득이란 이익의 분배에 대한 것이며, 절대적 이득은 비용을 능가하는 편익에 대한 것이다. 답 O

**097**

10. 외무영사직

신현실주의는 국제제도가 패권국의 리더십에 의해 지속된다는 입장을 취하는 반면, 신자유주의는 국제제도가 일단 만들어지면 패권국의 리더십이 없이도 지속될 수 있다는 입장이다.

O | X

패권 쇠퇴 이후 레짐이 쇠퇴하는가에 대해 패권안정론은 레짐은 패권국이 주도적으로 형성하였으므로 패권쇠퇴와 레짐은 운명을 같이 한다고 본다. 그러나 신자유제도주의는 패권쇠퇴 이후에도 레짐이 유지될 수 있다고 본다. 답 O

**098**

10. 외무영사직

신현실주의는 무정부상태가 국가행동을 제약하는 주요 구조적 요인이고 국가는 이기적이고 합리적인 행위자라고 가정하는 반면, 신자유주의는 무정부상태가 구조적 요인이라는 데 동의하지만 국가가 비합리적 또는 이타적으로 행동할 수 있다고 가정한다.

O | X

신자유주의 역시 신현실주의와 마찬가지로 국가가 합리적이며 이기적이라고 가정한다.

답 X

**099**

10. 외무영사직

신자유주의는 지구화로 인한 경제성장과 국제협력 등 긍정적인 측면을 강조하지만 신현실주의는 지구화가 초래하는 국가능력과 안보에 대한 도전 등의 문제에 관심을 둔다.

O | X

각 이론의 관심사가 다르다. 신현실주의는 주로 안보문제에 집중하는 반면, 신자유주의는 안보문제 외에도 경제, 환경, 인권 등 다양한 이슈에 관심을 가진다. 답 O

**100**
09. 외무영사직

신현실주의는 국가이익은 외생적으로 이미 주어진 것이고 보는 유물론적 입장을 취하지만, 신자유주의와 구성주의는 국가이익은 국가 간 상호작용을 통해 내생되는 것이라고 주장하면서 관념론적 입장을 취한다.　　　　　　　　　　　　O | X

신자유주의 역시 행위자의 합리성을 전제하므로 국가이익의 외생성을 인정한다. 국가이익은 비용과 편익관점에서 규정되는 절대적 이익이며, 합리적 이기주의자인 국가는 언제 어디서나 이를 추구한다고 본다. 구성주의는 이익이나 선호나 국가 간 상호작용을 통해서 내생되는 것이라고 보는 관념론이다.　　　　　　　　　　　　　　답 X

**101**
09. 외무영사직

신자유제도주의자들에 따르면 국제체제의 구조는 행위자의 행동을 결정짓는 요인이 된다.　　　　　　　　　　　　　　　　　　　　　　　　　O | X

신자유제도주의자 역시 제도나 구조의 중요성을 인정하나, 기본적으로 합리적인 행위자의 합리적 선택을 강조한다. 즉, 구조가 행동에 결정적인 요인이 되는 것은 아니다.　답 X

**102**
07. 외무영사직

신현실주의의 주장에 의하면 국제체제의 무정부상태가 개별 국가의 외교정책을 제약하며, 신자유주의는 국가 생존 문제를 개별 국가의 목표로 축소시킨다.　　O | X

신현실주의는 국제체제의 무정부성이 국가의 행동에 대한 근본적 영향요인이라고 본다. 신자유주의는 생존이 국가의 유일한 목표가 아니라 국가가 추구하는 여러 목표 중의 하나라고 본다.　　　　　　　　　　　　　　　　　　　　　　　　답 O

**103**
07. 외무영사직

신자유주의는 국가의 의도나 국가의 이익보다는 국가의 능력 혹은 권력을 강조하며, 신현실주의는 다른 국가의 의도에 대한 불안감때문에 국가가 능력 문제를 강조한다고 생각한다.　　　　　　　　　　　　　　　　　　　　　　　　　O | X

신자유주의는 국가의 의도나 이익을 강조한다. 신현실주의는 무정부체제에서 상대방의 의도를 신뢰할 수 없기 때문에 타국의 능력을 고려해서 전략을 펴야 한다고 본다.　답 X

**104**
07. 외무영사직

신자유주의는 제도와 레짐을 국제관계의 중요한 요인으로 다루며, 신현실주의는 신자유주의가 레짐이나 제도가 국가행위에 미치는 영향을 지나치게 과장한다고 비판한다.　　　　　　　　　　　　　　　　　　　　　　　　　　O | X

제도의 효과성에 대한 논쟁이다. 신자유주의는 제도가 국가들의 행동을 통제할 수 있다고 보는 반면, 신현실주의는 이를 부인한다.　　　　　　　　　　　　답 O

**105**
예상논점

신자유제도주의와 신현실주의의 국가에 대한 가정은 같다.　　　　　O | X

두 이론 모두 국가를 주요하고, 통합적이며 합리적 행위자로 가정한다. 행위자의 합리성을 가정하므로 합리주의 모형이라고도 한다.　　　　　　　　　　　답 O

**106**

예상논점

신자유제도주의와 월츠(K. Waltz)의 무정부성에 대한 가정은 같다. O | X

두 이론 모두 무정부성을 중앙정부의 부재로 가정한다. 답 O

**107**

예상논점

코헤인은 국제레짐을 '국제관계의 특정 쟁역에서 행위자의 기대하는 바가 수렴되는 명시적 혹은 묵시적 원칙, 규범, 규칙, 의사결정절차'를 의미한다. O | X

크래스너(S. Krasner)의 국제정치에 대한 정의이다. 답 X

**108**

예상논점

신자유제도주의는 국제레짐의 지속성, 자율성과 독립성을 강조한다는 점에서 신현실주의와 대비된다. O | X

자율성과 독립성이란 국가로부터의 독립성을 의미한다. 신자유주의는 제도가 국가로부터의 독립성을 가지고 국가들의 행동을 적절하게 통제할 수 있다고 본다. 답 O

**109**

예상논점

신자유제도주의는 상대적 이득의 문제나 배반의 문제는 제도 형성을 통해 해결할 수 있다고 본다. O | X

상대적 이득의 문제와 배반의 문제는 신현실주의 진영에서 협력에 대한 비관론의 논리적 기초로서 제시한 것이다. 신자유주의는 제도형성을 통해 이 문제를 해결할 수 있다고 본다. 답 O

**110**

예상논점

현실주의자들은 국제체제의 무정부성이 국가 간 절대적 이득의 존재에도 불구하고 협력을 제약하는 근본적인 요인이라고 본다. O | X

국제협력문제는 절대적 이득의 존재를 전제하는 것이다. 이를 실현할 수 있는지에 대해 견해차가 존재한다. 신현실주의는 국제체제의 무정부성이 안보에 대한 국가들의 민감도를 높이고 이로 인해서 상대적 이득의 문제나 배반의 문제가 발생하여 국제협력을 가로막을 것이라고 본다. 답 O

**111**

예상논점

패권안정론자들과 달리 신자유주의에서는 패권 쇠퇴 이후에도 국제협력이나 국제레짐이 유지될 수 있다고 보는데, 이는 국제협력의 기초가 패권의 존부가 아닌 절대적 이득의 존부라고 보기 때문이다. O | X

신자유주의에서는 주요 강대국들이 절대적 이득을 실현하기 위해 제도를 형성한다고 본다. 따라서 이득이 존속하는 한 제도 역시 존속할 수 있다고 본다. 그러나 패권안정론자들은 패권국에 의해 제도가 형성되었으므로 패권 쇠퇴 이후에는 제도가 존속되기 어렵다고 본다. 답 O

**112**

22. 외무영사직

핀모어(Martha Finnemore)와 시킨크(Kathryn Sikkink)의 규범의 생활주기(life cycle of norms)에 따르면 규범은 적절한 국가 행동을 구성하는 것이 무엇인지를 말해 준다.

O | X

국가들이 규범에 따라 행동함을 의미한다.

답 O

---

**113**

22. 외무영사직

핀모어(Martha Finnemore)와 시킨크(Kathryn Sikkink)의 규범의 생활주기(life cycle of norms)에 따르면 규범의 생활주기는 규범 출현과 규범 폭포, 규범 내면화의 3단계로 구성된다.

O | X

두번째 단계인 규범 폭포는 1단계에서 출현한 규범이 빠르게 확산되는 단계를 말한다.

답 O

---

**114**

22. 외무영사직

핀모어(Martha Finnemore)와 시킨크(Kathryn Sikkink)의 규범의 생활주기(life cycle of norms)에 따르면 규범 내면화가 이루어지면 규범 위반에 따르는 제재의 두려움 때문에 규범을 준수하게 된다.

O | X

규범 내면화 단계에서는 제재의 두려움보다는 행위자들이 자발적으로 규범을 수용하여 준수하게 된다. 규범의 내면화 단계는 규범주창자를 중심으로 규범행위자들 간 규범이 확산되고 수용되어 규범 동조 현상이 일어나는 규범의 안정화 단계를 의미한다. 규범의 생애주기 이론의 마지막 단계로서 내재화 단계는 국가 수준에서 규범을 적용할 수 있는 국내적 법과 제도의 기반 마련을 요구한다.

답 X

---

**115**

22. 외무영사직

핀모어(Martha Finnemore)와 시킨크(Kathryn Sikkink)의 규범의 생활주기(life cycle of norms)에 따르면 규범 출현 단계에서 규범 주창자들이 새로운 규범을 성공적으로 출현시키기 위해서 주로 활용하는 방법은 설득이다.

O | X

규범 출현 단계에서는 규범 주창자의 역할이 가장 중요하다.

답 O

---

## 제8절 글로벌거버넌스

**116**

09. 외무영사직

'상호의존(Interdependence)'은 정부 간 혹은 국가 간의 협조뿐만 아니라 비정부기구, 다국적기업, 세계자본시장 등의 다양한 세력들이 자발적 상호협조체제를 만들어 당면한 문제를 해결하고자 하는 의사결정과정을 말한다.

O | X

글로벌거버넌스에 대한 개념이다. 글로벌거버넌스는 세계화시대에 새롭게 대두되고 있는 문제들을 해결하기 위한 방식 또는 문제해결과정을 의미한다. 상호의존이란 상호성이 있는 의존관계를 의미하며, 21세기는 상호의존의 심화로 특징지어지기도 한다.

답 X

**117**

08. 외무영사직

글로벌거버넌스에서 행위자들은 정부의 공식 제도를 활용하지 않게 되었다. O | X

글로벌거버넌스는 문제해결에 가용한 모든 주체와 자원을 총동원하는 것을 본질적 특징으로 한다. 따라서 정부의 공식제도 역시 문제해결에 도움이 되는 한 활용한다. 답 X

**118**

예상논점

글로벌거버넌스는 통치와 달리 행위자들 상호 간 수직적 협력을 전제한다. O | X

글로벌거버넌스는 행위자들 상호 간 수평적 협력을 전제로 한다. 통치는 수직적 명령관계이다. 답 X

**119**

22. 외무영사직

글로벌거버넌스는 수직적인 국정운영의 필요성이 증대됨에 따라 생겨난 개념이다.
O | X

글로벌거버넌스는 수평적 국정운용의 필요성에 따라 생겨난 개념이다. 국가행위자와 다양한 비국가행위자들이 지구공공재를 공급하기 위해 수평적 협력관계를 구축한다. 답 X

**120**

22. 외무영사직

글로벌거버넌스는 세계화로 인해 국제적 협력을 필요로 하는 이슈가 확산됨에 따라 등장하였다. O | X

세계화로 빈곤문제, 환경문제, 국제범죄, 인권문제 등 다양한 문제들이 제기되면서 이를 해결하기 위한 협력체제로서 글로벌거버넌스가 제시된 것이다. 답 ○

**121**

22. 외무영사직

비정부기구, 다국적기업, 국제기구 등은 글로벌거버넌스의 중요한 주체가 되고 있다.
O | X

글로벌거버넌스는 탈냉전기에 부상하고 있는 비국가행위자들을 국제문제 해결에 활용하는 것이다. 답 ○

**122**

22. 외무영사직

글로벌거버넌스는 국제사회의 다양한 행위자들이 자발적으로 상호협조체제를 만들어 당면한 문제를 해결하고자 한다. O | X

글로벌거버넌스는 행위자들 상호 간 자발적 협력을 기본 성격으로 한다. 답 ○

**123**
16. 외무영사직

민주평화론에 의하면 민주주의는 견제와 균형, 권력의 분산, 야당의 존재 등으로 일방적인 의사결정이 어렵기 때문에 전쟁이 발발하지 않는다.  O | X

민주평화론 중에서 구조모델에 해당하는 설명이다.  답 ○

**124**
16. 외무영사직

민주평화론에 의하면 전쟁을 발생시키는 요인은 정치체제와 무관하게 동일하다.  O | X

민주평화론은 국내정치체제와 전쟁의 상관성을 인정하는 이론이다. 따라서 전쟁 발생 요인은 정치체계와 무관하지 않다.  답 X

**125**
11. 외무영사직

민주평화론은 전쟁과 평화와 같은 국제정치적 현상이 국내적 요인에 의해 좌우될 수 있음을 주장하고 있다는 점에서 신현실주의 이론에 대한 반론을 제기한다.  O | X

민주평화론은 전쟁에 있어서 정치체제가 중요하다고 본다. 즉, 민주정끼리는 전쟁을 하지 않는다고 본다. 그러나, 신현실주의는 국제체제의 무정부성이 전쟁의 근본적 요인이며, 또한 세력균형이 형성되지 못한 것 역시 전쟁의 기본적 요인이라고 본다.  답 ○

**126**
11. 외무영사직

러셋(Bruce Russett) 등의 학자들은 민주주의 국가들이 서로 전쟁을 하지 않는 원인은 세력균형과 같은 전략적 고려 때문이라고 주장한다.  O | X

러셋(Bruce Russett)은 민주평화론자에 해당한다. 현실주의자들은 세력균형과 같은 구조적 요인을 평화 또는 안정의 근본적 요인이라고 주장한다.  답 X

**127**
예상논점

브리머와 쉬웰러는 민주주의 국가는 모든 유형의 국가에 대해서 본질적으로 평화적이라고 보아 국가자체 속성론을 제시하였다.  O | X

국가자체속성론은 타국의 정치체제와 무관하게 민주정은 상대국과의 관계에서 평화를 추구할 것이라고 본다.  답 ○

**128**
예상논점

메스키타, 랄만, 러셋은 민주주의 국가와 비민주국가 간에는 비민주국 상호 간만큼 전쟁을 하며, 이 경우 민주주의 국가는 전쟁의 개전국이 되기보다는 대상국이 되는 경우가 많다고 보는 국가쌍속성론을 제시하였다.  O | X

민주국이 개전자가 될 것이라고 예측하였다.  답 X

**129**
예상논점

국가쌍속성론에서 민주정은 비민주정에 대해 선제공격을 가하는 경우가 많다고 본다. 비민주정은 권력이 통제를 받지 않고 분쟁의 평화적 해결규범도 갖지 않기 때문에 안보를 위해서는 부득불 선제공격을 해서 제압해야 한다고 본다. O | X

민주국도 생존이 중요한 과제이므로 비민주정의 특성을 고려하여 선제적 안보조치를 취할 수 밖에 없다고 본다. 답 ○

**130**
예상논점

규범적 모델은 분쟁의 평화적 해결규범에서, 제도적 모델은 민주국 상호간 국제제도 형성에서 민주국가 상호 간 전쟁의 부재를 설명한다. O | X

제도적 모델은 민주주의 국가 내부 정치체제의 성격 때문에 전쟁이 발발하기 어렵다고 본다. 이 때, 제도는 국제제도가 아니라 국내제도나 국내정치체제를 의미한다. 답 X

**131**
예상논점

크리스토퍼 래인은 민주국가들이 전쟁을 피했던 것은 민주적 규범을 공유했기 때문이 아니라 현실주의자들이 주장하는 것처럼 국가 이익의 계산과 군사적 힘의 배분에 관한 고려 때문이었다. O | X

크리스토퍼 래인과 같은 신현실주의자들은 국제체제 변수를 강조하여 세력균형이 전쟁을 방지한 근본적 요인이라고 본다. 즉, 전쟁과 평화에 대한 독립변수가 정치체제가 아니라 세력균형이 형성되어 있는지 여부라고 보는 것이다. 답 ○

**132**
17. 외무영사직

민주평화론을 구성하는 경험적 연구결과에 의하면 민주국가는 다른 민주국가와의 분쟁을 평화적으로 해결하려는 경향을 보인다. O | X

민주국가 상호 간에는 전쟁이 발발하는 빈도가 낮다는 것이다. 답 ○

**133**
17. 외무영사직

민주평화론을 구성하는 경험적 연구결과에 의하면 민주국가와 비민주국가 간 전쟁의 빈도는 민주국가 간 전쟁의 빈도보다 더 크다. O | X

민주국가와 비민주국가는 전쟁을 하며, 민주국가가 개전국이 된다고 본다. 답 ○

**134**
17. 외무영사직

민주평화론을 구성하는 경험적 연구결과에 의하면 독재국가가 민주국가에 전쟁을 시작하는 빈도는 민주국가가 독재국가에 전쟁을 시작하는 빈도보다 더 크다. O | X

민주평화론에서는 전쟁이 불가피한 상황이 되는 경우 민주정이 오히려 호전적으로 독재국가에 대해 개전자가 된다고 본다. 독재국가의 분쟁해결규범이나 권력구조를 고려할 수 밖에 없다고 보기 때문이다. 답 X

**135**
17. 외무영사직

민주평화론을 구성하는 경험적 연구결과에 의하면 민주국가가 전쟁에서 승리하는 확률은 독재국가가 승리하는 확률보다 더 크다. O | X

민주국의 지도자가 전쟁 승리에 대한 열망이 더욱 높다고 본다. 차기 선거에서 승리해야 하기 때문이다. 답 ○

**136**

18. 외무영사직

스나이더(Jack Snyder)에 의하면 국가의 대외팽창은 국내정치의 변화 때문에 발생한다.

O | X

스나이더(Jack Snyder)는 국내정치체제가 과두정인 경우 전쟁 가능성이 높다고 본다.

답 ○

**137**

18. 외무영사직

스나이더(Jack Snyder)에 의하면 강대국은 국내체제가 과두체제인 경우에 대외팽창을 추구할 수 있다.

O | X

과두정의 정치체제가 불안정하고, 과두정 지도자들의 세력기반 강화를 위해 전쟁을 선호한다.

답 ○

**138**

18. 외무영사직

스나이더(Jack Snyder)에 의하면 국제적 무정부상태가 안보를 항상 위협하는 것은 아니다.

O | X

스나이더(Jack Snyder)는 무정부상태 자체보다는 국내 정치체제가 보다 전쟁 결정에 있어서 지배적인 변수라고 보는 것이다.

답 ○

**139**

18. 외무영사직

스나이더(Jack Snyder)에 의하면 민주주의로 이행 중이거나 공고화된 국가들 사이에는 전쟁이 발생하지 않는다.

O | X

스나이더(Jack Snyder) 견해의 핵심은 민주주의로의 이행 중인 국가는 민주주의가 공고화된 국가와 전쟁을 할 가능성이 높다는 것이다. 이는 민주주의로의 전환과정에서 권력을 박탈당할 가능성이 높은 정치 지도자가 자신의 권력을 유지하기 위해 전쟁을 도발하려는 유인이 높아지기 때문이다.

답 X

**140**

22. 외무영사직

러셋(Bruce Russett)의 민주평화론에 의하면 민주주의 국가들은 상대방의 존재와 권리를 존중하면서 비폭력적으로 접근한다.

O | X

러셋은 민주평화론자로서 민주국 상호 간 전쟁 부재를 주장한다.

답 ○

**141**

22. 외무영사직

러셋(Bruce Russett)의 민주평화론에 의하면 민주주의 국가들은 비민주주의 국가와 전쟁을 하지 않는다.

O | X

러셋은 '국가쌍속성론'을 주장했다. 따라서 민주국과 비민주국은 필요시 전쟁을 할 수 있다고 본다.

답 X

**142**

22. 외무영사직

러셋(Bruce Russett)의 민주평화론에 의하면 민주주의 국가들은 경제적 상호의존이 강화되면 전쟁의 기회비용이 증가하므로 대화와 타협으로 갈등을 조정한다. O | X

민주국 상호 간 전쟁 부재를 설명하는 명제이다.

답 ○

**143**

10. 외무영사직

해러리(F. Harary)의 구조균형론(Structural Balance Theory)은 루소의 '사슴사냥우화'가 보여주는 바와 같이 상위권위가 부재한 무정부상태에서 행해지는 개별 차원의 합리적 선택을 이론화한 것이다. O | X

허즈(J. Herz)의 안보딜레마(Security Dilemma)이론이나 월츠(K. Waltz)의 국제체제이론 등이 국제체제의 무정부성에서 국가들의 행동을 분석하는 모형이다. 해러리(F. Harary)의 구조균형론(Structural Balance Theory)은 관련이 없다. 구조균형론(Structural Balance Theory)은 사회심리학모형을 국제정치 분석에 도입한 이론으로서 삼자관계(Triad)에서 행위자는 안정을 추구하거나 대칭적 관계를 추구하는 등의 행동을 보인다는 명제를 제시하였다. 답 X

**144**

예상논점

세계사회론은 1970년대 존 버튼을 중심으로 제시된 이론으로서 상호의존론을 비판하면서 제시되었다. O | X

세계사회론은 상호의존론의 행위자에 대한 명제를 수용하면서 제시되었다. 답 X

**145**

예상논점

세계사회론은 국제연합과 같은 범세계적 시각에 기초한 문제 해결수단은 1970년대 상호의존의 세계를 적절하게 다룰 수 없다고 보고 시민사회의 자발적 활동의 중요성을 강조하였다. O | X

세계사회론은 범세계적 문제를 해결하기 위한 수단으로서 국제연합(UN)의 역할을 강조하였다. 답 X

**146**

예상논점

버튼은 우리의 인식이 실재를 만들어 내기 때문에 국가와 세계에 대해 어떠한 이미지를 가지는지가 중요하다고 하였다. O | X

구성주의의 입장과 유사하다. 답 O

**147**

예상논점

미첼(Christopher R. Mitchell)은 정당성을 지닌 관계는 동의에 기초한 관계이고, 강제나 위협 등의 제재가 기초가 되는 관계는 정당성을 가지 못한 관계라고 하였다. O | X

미첼(Christopher R. Mitchell)은 같은 맥락에서 현실주의의 국가 중심 접근법은 강제성을 가지는 관계를 정상적 관계로 본다고 비판하였다. 답 O

**148**
예상논점

맨스바흐(Richard W. Mansbach)와 바스케스(John A. Vasquez)는 정치적 인간이나 국가가 항상 권력만을 추구하는 것은 아니며, 이슈별로 국제정치 현상을 분석해야 한다고 하였다. O | X

추구하는 가치에 다원성과 다양성이 있다고 본 것이다. 답 O

**149**
예상논점

맨스바흐와 바스케스는 국제정치에서 국가가 유일한 행위자가 아니라고 보며 국제정치의 행위자는 이슈에 따라 변하며 정치적 이해관계를 달리하는 모든 개인이나 집단이 행위자가 될 수 있다고 하였다. O | X

자유주의 패러다임의 입장이다. 국가는 여러 행위자 중의 하나라고 본다. 답 O

## 제1절 총론

### 001
11. 외무영사직

평화학의 창시자 갈퉁(Johan Galtung)은 평화학의 연구주제를 전통적인 주제인 전쟁보다는 더욱 광범위한 폭력으로 대체했다. 갈퉁(Johan Galtung)은 기아, 빈곤, 문맹, 인종차별, 의료시설 부족, 성차별, 환경오염, 국제난민, 종교 갈등, 인종 분규 등의 문제를 적극적 폭력이라고 지칭하고 이러한 것들이 부재한 상황인 소극적 평화의 중요성을 강조했다. O | X

기아, 빈곤 등의 문제를 '구조적 폭력'이라고 하였으며, 이러한 것들이 부재한 상황을 '적극적 평화'라고 명명하였다. 평화학의 창시자로 알려진 갈퉁(Johan Galtung)은 현실주의 등 이전의 이론들이 제시한 평화를 '소극적 평화'에 대한 것이라고 비판하고 적극적 평화개념을 제시하였다. 소극적 평화는 국가 간 전쟁이 발발하지 않는 상태를 의미하나, 적극적 평화는 이른바 '인간안보'에 대한 위협이 관리되는 상태를 의미한다. 갈퉁(Johan Galtung)은 적극적 평화를 위협하는 문제들을 '구조적 폭력'이라고 규정하고, 이들을 제거함으로써 궁극적 평화인 적극적 평화를 달성할 수 있다고 하였다. 답 X

### 002
07. 외무영사직

국제정치이론 가운데 구조주의(마르크스주의)에 의하면 국제정치란 초국가적 자본주의 논리에 의해 결정되며, 국제정치과정을 계급갈등의 표현으로 간주한다. O | X

구조주의(마르크스주의)에서는 국제정치가 국제경제관계에 의해 결정된다고 본다. 또한 국제관계의 본질은 중심부와 주변부 간 착취관계로 규정한다. 답 O

### 003
예상논점

남북문제란 주로 북반구의 선진공업국과 남반구의 개발도상국 사이의 국제적 빈부 격차로 인한 여러 가지 정치, 경제적 문제들을 의미하며, 1960년대 신생독립국가들의 대두를 배경으로 문제시되기 시작하였다. O | X

마르크스주의는 남북문제 해결에 대한 자유주의 이론을 반박하면서 제시되었다. 답 O

### 004
예상논점

마르크스주의는 베버의 관념론과 달리 물질적 요소가 역사발전의 원동력이라고 본다. O | X

마르크스주의는 유물론의 입장을 취하고 있다. 답 O

m e m o

**005**
예상논점

콕스(R. Cox)는 국제관계이론을 문제해결이론과 비판이론으로 구분하고 주류 국제관계이론을 기존이 지배적 질서를 옹호하는 것으로 간주하고 특정 문제의 해결에 집중하는 문제해결이론으로 평가한다.　O | X

신현실주의나 신자유제도주의 등이 문제해결이론에 포함된다. 강대국 간 체제의 안정화에 기여하나, 강대국과 약소국 간 문제에는 주목하지 않는 점을 비판한다.　답 ○

**006**
21. 외무영사직

국제정치이론가 콕스(Cox)에 따르면 지식과 이론은 가치중립적이며 객관적이고 시간 초월적이다.　O | X

콕스는 비판이론가로서 지식과 이론은 가치중립적이거나 객관적이지 않고 특정 정치세력이 자신의 지배와 기득권을 유지하기 위한 수단으로 삼는다고 본다.　답 X

**007**
21. 외무영사직

국제정치이론가 콕스(Cox)에 따르면 자본주의의 내재적 모순으로 인해 불가피하게 발생하는 경제위기는 대항 헤게모니(counter - hegemony) 운동을 야기한다.　O | X

자본주의는 수탈적 성격을 가지고 있어서 대항 헤게모니와 이를 관철하기 위한 대항적 역사블럭의 형성을 가져올 것이라고 본다.　답 ○

**008**
21. 외무영사직

국제정치이론가 콕스(Cox)에 따르면 패권국이 패권을 유지할 수 있는 것은 단순히 강제력의 결과가 아니라, 기존 질서에 의해 불이익을 받는 사람들에게서 그러한 질서에 대한 동의를 이끌어낼 수 있기 때문이다.　O | X

패권국은 강압적 힘을 통해서만 지배하는 것이 아니라 헤게모니, 즉 피치자의 동의에 기초한 지배체제를 추구한다고 본다.　답 ○

**009**
21. 외무영사직

국제정치이론가 콕스(Cox)에 따르면 신현실주의는 현존 질서의 특징을 잘 반영하고 정당화하는 문제해결이론이다.　O | X

콕스는 신현실주의나 신자유제도주의가 기존 강대국의 지배체제를 옹호하고 유지하는 이데올로기라고 보았다. 그런 점에서 문제해결이론이라고 규정하였다. 비판이론은 강대국의 약소국 지배의 메커니즘을 폭로하고 약소국의 해방을 추구하는 이론을 말한다.　답 ○

**010**
예상논점

프랑크푸르트학파는 기존 마르크스주의자들과 달리 상부 구조보다는 토대 분석에 집중한다.　O | X

토대(하부 구조)보다는 상부 구조 분석에 집중한다. 마르크스가 예언한 프롤레타리아 혁명이 발생하지 않은 원인이 상부 구조에 있다고 보기 때문이다.　답 X

**011**
예상논점

하이머(Stephen Hymer)는 기업이 독자적인 상품, 경영지식, 기술 등 그들이 지니고 있는 독점력을 이용하기 위해 해외로 나간다고 보며, 다국적 기업은 유치국에 부정적 영향을 준다고 본다. O | X

하이머(Stephen Hymer)는 마르크스주의의 입장에서 다국적 기업에 대해 부정적으로 평가하였다. 답 ○

**012**
예상논점

냉전의 원인에 대해 마르크스주의는 수정주의를 개진하였다. 수정주의는 전통주의와 달리 냉전 발생에 있어서 자본주의 국가였던 미국의 책임이 더 크다고 보나, 자본주의 체제의 팽창적 성격 때문에 냉전을 회피하기는 어려웠다고 본다. O | X

수정주의가 미국 책임론의 입장이나, 냉전이 불가피했다고 보지는 않는다. 답 X

**013**
09. 외무영사직

콕스(R. Cox)는 신현실주의가 국제질서의 현상유지를 인정함으로써 현 세계질서를 정당화한다고 비판한다. O | X

콕스(R. Cox)는 이론을 문제해결이론과 비판이론으로 구분한다. 문제해결이론은 보수적 이론으로서 강대국 간 관계의 유지에 집중한다. 신현실주의나 신자유주의가 여기에 속한다. 반면, 비판이론은 강대국과 약소국 간 관계에서 착취구조를 밝혀내고 착취를 해결하는 방안에 집중하는 이론이다. 답 ○

**014**
예상논점

콕스(R. Cox)는 이론을 문제해결이론과 비판이론으로 분류하였다. 비판이론은 강대국 상호관계에서 나타나는 모순점들을 비판하여 강대국 간 관계의 안정을 추구하는 이론을 의미한다. O | X

문제해결이론은 강대국 간 관계 안정화에 기여하는 신현실주의나 신자유주의를 의미한다. 비판이론은 강대국과 간 약소국 관계를 분석하여 착취를 해결해 주는 이론을 의미한다. 답 X

**015**
예상논점

콕스(R. Cox)는 패권안정이론을 미국의 패권적 질서를 유지하는 헤게모니라고 보고 대항헤게모니의 형성이 필요하다고 보았다. O | X

신자유주의를 헤게모니라고 보았다. 헤게모니란 피지배국들의 동의를 유도하는 이데올로기를 의미한다. 답 X

**016**
예상논점

막스 호르크하이머나 위르겐 하버마스와 같은 프랑크푸르트학파는 혁명의 동력 상실 원인을 하부 구조 수준에서 대중문화가 등장하여 노동자계급이 자본주의 체제에 흡수되었기 때문이라고 보았다. O | X

대중문화는 상부 구조에 존재한다. 프랑크푸르트학파는 혁명의 동력 상실 이유를 분석하기 위해 상부 구조 분석에 집중하였다. 답 X

**017**

예상논점

링클레이터(Andrew Linklater)는 기든스의 구조화이론에 기초하여 유럽통합을 새로운 정체성을 형성하여 자본가계급의 이익을 영속화시키기 위한 수단으로 보았다.

O | X

하버마스의 이론을 도입하였다. 링클레이터(Andrew Linklater)는 국민들 상호 간 의사소통적 합리성을 강화하는 것이 국제관계 영역에서 해방을 실천하는 것이라고 보았다. 유럽통합은 이러한 국민들 상호 간 의사소통적 합리성을 확대하여 국제관계에서 해방을 촉진할 것이라고 긍정적으로 평가하였다.

답 X

**018**

예상논점

빌 워런(Bill Warren)과 저스틴 로젠버그(Justin Rosenberg)는 정통마르크스주의가 지나치게 급진적이라고 비판하면서 계급론에 기초하여 국제관계를 분석하고자 하였다.

O | X

빌 워런(Bill Warren)과 저스틴 로젠버그(Justin Rosenberg)의 입장을 신마르크스주의라고 한다. 이들은 정통마르크스주의에 기초하여 국제관계를 조망하고자 하였다. 신마르크스주의가 비판하는 것은 정통마르크스주의가 아니라 네오마르크스주의이다.

답 X

**019**

21. 외무영사직

문화제국주의이론은 권력 자원으로서의 문화가 서구 사회의 비서구 사회에 대한 지배와 헤게모니의 도구로 활용될 수 있다고 비판한다.

O | X

문화제국주의이론은 문화적 맥락에서 서구가 비서구를 지배한다고 보는 이론이다. 문화는 서구가 비서구를 지배하는 도구가 되었다는 것이다.

답 O

**020**

22. 외무영사직

마르크스주의는 주권국가보다는 계급을 주요 행위자로 전제한다.

O | X

마르크스주의는 국가는 상부구조에 존재하는 행위자로서 하부구조에 존재하는 계급의 지배를 받는다고 본다. 따라서 국가보다는 계급이 주요한 행위자라고 주장한다.

답 O

## 제2절 종속이론

**021**

예상논점

종속이론가 카르도소는 자본주의가 항상 주변부의 저발전을 촉진한다는 주장에 이의를 제기하고 종속적 상황하에서도 자본주의적 발전이 가능하다고 보았다.

O | X

종속이론은 대체로 종속관계에서 발전은 어렵다고 본다. 그러나 카르도소는 종속적 발전론을 주장하여 주류 종속이론과는 다소 거리가 있다.

답 O

**022**
예상논점

종속이론은 근대화론을 비판하고 제3세계의 저발전 문제를 해결하기 위해서는 보다 전격적으로 세계시장에 이들을 통합시켜야 한다고 보았다. O | X

종속이론은 근대화론이 제시한 세계시장과의 통합 전략이 오히려 저발전을 심화시킨다고 비판하였다. 답 X

**023**
예상논점

푸르타도(Celso Furtado)는 칠레의 경제학자로서 저발전과 발전은 자본주의체제의 역사적 진행과정에서 양립성을 보이는 동시적 과정이라고 하였다. O | X

선켈(Osvaldo Sunkel)의 입장이다. 답 X

**024**
예상논점

카르도소(Ferdinando H. Cardoso)는 발전이란 사회주의 혁명과 선진세계와의 단절을 통해 지배와 종속의 세계적 구조에서 벗어날 때만 가능하다고 하였다. O | X

프랑크(Andre G. Frank)의 입장이다. 답 X

**025**
예상논점

라울 프레비시(Raul Prebisch)는 고전파 경제학의 비교우위론에 대해 선진 공업국과 후발국이 각각 제조업과 천연자원의 생산에 특화할 경우 천연자원의 교역조건이 장기적으로 악화됨에 따라 후발국의 발전이 저해될 수 있다고 주장하고 이러한 세계경제 상태를 중심·주변 구조라고 불렀다. O | X

라울 프레비시(Raul Prebisch)는 UN남미경제위원회 위원장으로서 수입대체산업화전략을 제시하였다. 답 O

**026**
예상논점

안드레 프랑크(Andre G. Frank)는 오늘날의 개발도상국은 16세기 유럽 열강에 의한 식민지화 이래 세계 자본주의 체제 안에 종속지역으로서 편입되어 중심국에 잉여부분을 착취당해왔기 때문에 '저발전이 누적'되었으며 사회주의 혁명을 통해 세계 자본주의체제로부터 이탈하지 않고서는 저개발 상태에서 벗어날 수 없다고 하였다. O | X

안드레 프랑크(Andre G. Frank)는 급진적 종속이론가에 해당한다. 사회주의 혁명을 주장하엿다. 답 O

**027**
예상논점

카르도소(F. H. Cardoso)는 1970년대 신흥 공업국의 등장을 배경으로 다국적 기업에 의존한 상태에서도 국가의 힘으로 안정적인 사회관계 수립에 성공한 나라는 경제성장이 가능하다는 '종속적 발전'론을 제시하였다. O | X

주류 종속이론은 종속적 상황에서는 발전이 어렵다고 보나, 카르도소(F. H. Cardoso)는 이와 달리 발전이 가능하다고 본다. 답 O

**028**

예상논점

선켈(Osvaldo Sunkel)은 과거의 수입대체산업화 노선을 '내부 지향적 발전'이라며 반성하고 국내에서 조달할 수 있는 물적·인적 자원을 기초로 국내와 해외 시장 양쪽을 대상으로 공업제품을 생산하는 '내부로부터의 발전'을 주장하였다.　O | X

선켈(Osvaldo Sunkel)은 수입대체산업화 전략에 대해 비판적 입장을 견지하였다.

답 ○

## 제3절　세계체제론

**029**

12. 외무영사직

월러스타인(Immanuel Wallerstein)의 세계체제론에 따르면 자본주의 체제는 정치·군사적 '세계제국'을 갖고 있는 세계체제이다.　O | X

자본주의 세계체제는 하부 구조의 경제적 측면은 전 세계적으로 통일성과 단일성을 가지나, 상부 구조인 정치적·군사적 차원은 '국가간체제'(interstate system)를 형성하고 있다. 즉, 여러 개의 주권국가들로 분열된 체제이다.　답 X

**030**

12. 외무영사직

월러스타인(Immanuel Wallerstein)의 세계체제론에 따르면 자본주의 세계경제의 공간적 차원은 중심, 반주변, 주변으로 구성된다.　O | X

월러스타인(Immanuel Wallerstein)은 중심부, 반주변부, 주변부 상호간 관계는 부등가 교환관계에 의한 착취구조를 형성하고 있다고 본다.　답 ○

**031**

12. 외무영사직

월러스타인(Immanuel Wallerstein)의 세계체제론에 따르면 16세기에 등장한 근대 세계체제는 자본주의 '세계경제'이다.　O | X

자본주의 세계경제는 하부 구조인 세계경제는 중심, 주변, 반주변의 분업구조를 형성하고 있으며, 상부 구조는 국가 간 체제와 지문화로 구성되어 있다. 이러한 구조에서 하부 구조가 상부 구조를 결정하며, 상부 구조는 하부 구조를 안정화시키는 역할을 한다.　답 ○

**032**

12. 외무영사직

월러스타인(Immanule Wallerstein)의 세계체제론에 따르면 자본주의 세계경제의 시간적 차원은 주기적 리듬, 장기적 추세, 모순, 위기 등이다.　O | X

주기적 리듬은 콘트라티에프 파동과 같은 경기변동을 의미한다. 장기적 추세는 자본주의 세계경제가 발전되어 가면서 상품화나 프롤레타리아화 등이 진행되는 것을 의미한다. 모순은 기업의 장기적 전략과 단기적 전략이 상충되는 현상을 의미하며, 모순이 더 이상 해결될 수 없는 상황을 위기라고 한다. 월러스타인(Immanule Wallerstein)은 1970년대가 축적 위기, 정치적 위기, 지문화의 위기 등 3대 위기에 국면에 접어들었다고 분석하였으며, 궁극적으로는 다른 체제로의 이행을 통해 위기가 해결된다고 보았다.　답 ○

**033**

예상논점

월러스타인은 세계체제를 세계제국과 세계경제로 구분하였다. 세계제국은 정치, 경제적으로 통합되어 있으나, 세계경제는 정치적 통합과 경제적 분열의 형태를 띤다.

O | X

세계경제는 경제적으로는 통합되어 있으나 정치적으로는 분열된 체제를 의미한다. 답 X

**034**

예상논점

근대세계체제는 자본주의 세계경제의 하부 구조와 열국체제 및 지분화로 구성된 상부 구조로 이루어져 있다.

O | X

이러한 세계체제에서 하부 구조가 상부 구조를 결정하고 지배한다. 상부 구조는 하부 구조에서 발생하는 착취구조를 은폐, 억압 또는 정당화하는 역할을 한다. 답 O

**035**

예상논점

하부 구조의 공간적 차원은 중심부, 반주변부, 주변부로 구성되어 있으며, 이들 상호간 관계는 착취관계를 특징으로 한다. 세 분업체제 상호간 상하이동은 불가능하다.

O | X

세 분업체제 상호간 상하이동은 대체로 어렵다. 그러나 불가능한 것은 아니다. 월러스타인(Wallerstein)은 하부 구조에서 상부 구조로의 이동을 발전이라고 칭하였다. 답 X

**036**

예상논점

근대세계체제의 상부 구조는 힘의 분포상태 차원에서 패권체제로 구성되어 있으며, 패권국은 약 100년에서 120년을 주기로 하여 변동한다. O | X

상부 구조는 세계정부가 존재하지 않는 분권적 체제이지만 힘의 분포 차원에서는 패권체제이다. 답 O

**037**

예상논점

월러스타인은 패권의 주기적 순환은 중심부와 주변부에 있어서의 경제적인 팽창과 정체라는 콘트라티에프 파동과 관련이 있다고 본다. O | X

콘트라티에프 파동은 50년 주기의 최장기 경기변동에 해당한다. 패권주기는 약 100년이므로 하부 구조에서의 콘트라티에프 파동이 2번 발생할 때 패권주기는 한 번 돌아간다. 답 O

**038**

예상논점

근대세계체제에 있어서 지문화는 자유주의와 민주주의이다. 지문화는 자본주의 세계체제를 안정화시키는 역할을 한다. O | X

지문화(geoculture)는 일종의 이데올로기로서 세계체제를 안정화하는 역할을 수행한다. 월러스타인(Wallerstein)에 의하면 과학주의와 자유주의가 지문화(geoculture)에 해당한다. 답 X

## 제5장 탈냉전국제관계론

### 제1절 구성주의

**001**
20. 외무영사직

국제정치학 이론 중 하나인 구성주의는 국제체제의 구조를 물질적 구조가 배제된 관념적 구조만으로 본다. O | X

구성주의는 물질적 구조를 '배제'하는 것이 아니라 물질적 구조가 관념적 구조에 따라 다양하게 규정될 수 있다는 점을 강조한다. 미국 입장에서 영국이 가진 핵무기와 북한이 가진 핵무기의 위협이 다르게 느껴지는 이유는 이는 미국 – 영국, 미국 – 북한의 집합정체성 또는 관념구조가 다르기 때문이다. 답 X

**002**
13. 외무영사직

구성주의에 따르면 국제적 규범구조가 국가정체성과 이익을 형성하며, 그것들의 상호작용을 통해 국가들은 그 구조를 재창조한다. O | X

구성주의의 중심명제 중 하나인 주체와 구조의 상호구성성에 대한 것이다. 국가들은 규범구조에 기초해서 자신의 이익과 정체성을 형성한다. 또한 행위자들은 간주관적 상호작용을 통해 그들을 지배하는 구조를 재창조하기도 한다. 답 ○

**003**
13. 외무영사직

구성주의이론에 의하면 국가 간 전략적 상호작용은 여러 번 반복할 경우 최적의 상태를 산출하기 위해 경쟁보다는 협동을 선택한다. O | X

신자유제도주의의 입장이다. 무한반복게임상황에서 국가들이 상호작용하는 과정에서 상호이득을 실현하기 위해 국제협력을 발생시키기도 한다는 입장이다. 답 X

**004**
12. 외무영사직

웬트(Wendt) 등 구성주의(constructivism) 학파는 국가가 단일한 행위자이므로 국가 내부의 다양한 개인과 집단의 존재는 주목할 필요가 없다고 본다. O | X

구성주의(constructivism)는 국가가 단일한 행위자는 아니며 국가 내부의 다양한 개인과 집단의 존재에 주목해야 한다고 본다. 또한 국가는 관념적 실체로서 국가가 가진 정체성이 국가의 이익이나 선호 결정에서 매우 중요하다고 본다. 답 X

**005**
12. 외무영사직

구성주의는 국제관계에서 한 국가의 선택은 구조나 체제 속에서 예측 가능한 형태로 합리적으로 이루어진다고 본다.　O | X

구성주의는 합리주의에 대비되는 이론이다. 신현실주의나 신자유제도주의이론 등을 합리주의라고 한다. 이들은 국가의 합리성을 강조하고 국제정치현상을 합리적 국가의 합리적 선택의 결과로 해석한다. 구조적 현실주의에 있어서 구조는 무정부성 또는 극성을 의미한다. 구성주의 역시 구조의 역할을 강조하나, 구조는 주어진 것이 아니라 행위자들 상호간의 간주관적 상호작용에 의해 구성된 산물(a social construct)임을 강조한다. 합리주의가 행위자 선호의 고정성을 강조한다면, 구성주의는 그러한 선호는 정체성에 따라 변동가능한 것임을 강조한다.　답 X

**006**
12. 외무영사직

구성주의에 따르면 일국의 국익과 선호는 구조와 행위자의 상호작용에 의해 구성되기 때문에 고정된 것으로 간주하는 것은 옳지 않다.　O | X

합리주의와 달리 구성주의는 국가 선호의 유동성을 강조한다. 즉, 상대방과 구성하고 있는 정체성에 따라 타국에 대한 국가의 선호나 태도 그리고 이를 반영한 정책이 달라질 수 있는 것이다.　답 ○

**007**
예상논점

신현실주의와 신자유주의가 국가의 합리성을 가정하는 합리주의라는 점에서 행위자인 국가를 관념적 실체로 가정하는 구성주의와는 대비된다.　O | X

합리주의에서는 국가의 선호가 고정적이라고 본다. 그러나, 구성주의에서는 상대방과의 집합정체성에 따라 선호가 달라지므로 국가의 선호는 유동적이다.　답 ○

**008**
예상논점

웬트의 구성주의는 기든스의 '구조화이론'을 수용하여 주권이나 무정부를 규범의 차원에서 정의하고 행위자와 구조의 간주관적 상호작용을 통해 구조변화가능성을 주장한다.　O | X

구조화이론(structuration theory)은 근대체제가 주어진 것이 아니라 주체들 간 간주관성을 통해 구성된 것이라고 규정한다. 따라서 근대체제는 변동가능성도 있다고 본다.　답 ○

**009**
예상논점

신자유주의나 신현실주의 등의 합리주의가 유물론에 기초하는 것과 달리 구성주의는 관념론에 근거하고 있다. 관념론은 인간의 의식이나 인식 또는 규범을 인간의 행동에 가장 중요한 독립변수로 보는 견해이다.　O | X

구성주의는 자국의 군사력(순위)이 행동의 근본적 요인은 아니라고 본다. 군사력은 타국과 구성하고 있는 집합정체성의 양상에 따라 달리 평가된다. 예컨대 미국에게 있어서 영국의 핵무기는 위협이 아닌 반면, 북한의 핵무기는 위협이 되는 것이다.　답 ○

**010**
예상논점

구성주의는 구조의 행위자에 대한 영향력을 강조함으로써 전체론적 방법론을 취하고 있다.　O | X

전체론은 방법론적 신비주의라고 한다. 행위자에 외재 또는 내재하는 구조가 행위자의 행동에 결정적인 요소라고 보는 입장이다.　답 ○

**011**

예상논점

합리주의자들은 규칙을 규제적 관점에서 파악하는 반면, 구성주의자들은 규칙의 구성적 속성을 주장함으로써 제도나 레짐 이해의 새로운 국면을 열어 주었다.　O | X

구성주의에서 레짐은 규제적 성격과 함께 구성적 성격도 같이 갖는다고 본다. 규제적 성격이 행위자를 통제하는 측면을 의미한다면, 구성적 성격은 행위자의 속성이나 정체성에 주는 영향을 의미한다.　답 ○

**012**

예상논점

웬트는 구조와 주체의 존재론적 동등성, 구조와 주체의 상호구성성, 구조로서의 집합정체성, 구조의 고정성 등을 주장한다.　O | X

구조는 고정성보다는 유동성을 갖는다. 구성주의에서 구조는 집합정체성을 의미한다. 집합정체성은 역사적 사건, 신규범의 내면화, 정체성의 정치 등을 통해 변화될 수 있다.　답 X

**013**

예상논점

웬트의 구성주의는 실증주의에 기초하고 있으므로 포스트모더니즘과는 대비된다.
　O | X

웬트의 구성주의는 보편타당한 사회법칙의 존재를 긍정한다는 측면에서 실증주의와 같다. 포스트모더니즘은 이러한 법칙의 존재를 부인하기 때문에 구성주의와는 대비된다.　답 ○

**014**

15. 외무영사직

웬트의 구성주의 이론은 무정부 상태의 세 가지 문화를 설정한다. 모두가 적으로 만나는 홉스적 문화, 모두가 경쟁자로 만나는 로크적 문화, 모두가 친구로 만나는 칸트적 문화가 그것이다.　O | X

구성주의는 중앙정부가 없는 무정부 상태가 그 속성에 있어서는 간주관적 상호작용의 방향에 따라 달라질 수 있다고 본다. 즉, 무정부 상태는 주체들이 만들어 낸 결과인 것이다. 따라서 주체들이 만들어 낸 결과이므로 변화가능성도 있다고 본다.　답 ○

**015**

20. 외무영사직

국제정치학 이론 중 하나인 구성주의에 따르면, 정체성과 문화와 같은 비물질적인 요소도 특정한 국제정치현상을 설명하는 요소가 될 수 있다.　O | X

구성주의를 관념론이라고 한다.　답 ○

**016**

20. 외무영사직

국제정치학 이론 중 하나인 구성주의는 객관적 실체가 존재한다는 합리주의 가정을 거부하고 행위자가 실체를 규정짓는다고 가정한다.　O | X

구성주의는 합리주의가 아니다. 구성주의는 행위자들이 현실을 만들어간다고 본다.
　답 ○

**017**

20. 외무영사직

국제정치학 이론 중 하나인 구성주의에 의하면 국제정치의 무정부성은 행위자들의 상호작용의 결과에 따라 다양하게 해석될 수 있다.　O | X

구성주의에 의하면 무정부성이 홉스적, 로크적, 칸트적으로 다양하게 해석될 수 있다.
　답 ○

**018**
22. 외무영사직

구성주의는 현존하는 무정부적 국제환경을 행위자들과 환경의 상호작용 결과로 전제한다. O | X

구성주의는 무정부체제에서 국제관계는 주체들 간 상호작용을 통해 구성된다고 본다. 따라서 갈등적일 수도 있고, 협력적일 수도 있다고 본다. 답 ○

**019**
23. 외무영사직

웬트(A. Wendt)의 구성주의 이론에 따르면 국가의 정체성이 변화하여도 국가의 외교·안보 정책은 달라지지 않는다. O | X

국가의 정체성이 변화되는 경우 국가의 대외정책도 변화한다고 본다. 한국이 개도국인지 중견국인지 그 정체성 변화에 따라 대외정책의 목표나 방향이 달라지게 된다. 답 X

**020**
23. 외무영사직

웬트(A. Wendt)의 구성주의 이론에 따르면 미국은 영국의 핵무기와 북한의 핵무기를 자국 안보에 대한 위협 요인으로 동일시한다. O | X

미국은 집합정체성에 따라 영국의 핵무기보다 북한의 핵무기에 더 민감하게 반응한다. 답 X

**021**
23. 외무영사직

웬트(A. Wendt)의 구성주의 이론에 따르면 로크적 문화에서는 경쟁국의 주권을 인정하지만, 분쟁 중에도 강제력의 행사는 완전히 배제된다. O | X

로크적 문화에서는 경쟁적 정체성을 가지고 있으므로 분쟁시에는 강제력을 행사할 수도 있다. 답 X

**022**
23. 외무영사직

웬트(A. Wendt)의 구성주의 이론에 따르면 국제체제는 물질적 자원(material resources), 공유된 지식, 실제적인 행위로 구성된 복합적인 구조이다. O | X

물질적 자원, 공유된 지식, 실제적 행위로 구성된 복합체제로서의 국제체제에서 공유된 지식, 즉 집합정체성을 중요시하는 이론이 구성주의이다. 답 ○

## 제2절 문명충돌론

**023**

08. 외무영사직

헌팅턴(Samuel Huntington)은 유럽통합의 진전과 서방의 영향력 확대, 아시아 경제의 성장과 중국의 부상, 이슬람 세계의 인구폭발과 이슬람의 부활, 초국가적 흐름의 확대와 세계화의 충격 등이 '문명의 정치'(civilizational politics) 등장에 영향을 미친 네 가지 장기과정에 해당한다고 하였다. O | X

헌팅턴(Samuel Huntington)은 이슬람 및 중화문명의 부상과 서구문명의 상대적 쇠퇴를 예견하고 있다. 즉, 서방의 영향력의 쇠퇴가 오히려 문명의 정치(civilizational politics) 등장에 영향을 주었다고 보았다. 답 X

**024**

예상논점

헌팅턴은 문명권을 중화, 일본, 힌두, 이슬람, 정교, 서구, 라틴아메리카, 아프리카, 불교 9개 문명권으로 구분하였다. O | X

일본이 단독 문명으로 설정된 점을 주의해야 한다. 답 O

**025**

예상논점

일본 문명은 하나로 존재하는 일본 핵심국과 일치하며 동시에 고립국이다. O | X

핵심국은 문명 내에서의 지배국을 의미한다. 고립국은 같은 문명을 가진 나라가 없는 국가를 의미한다. 답 O

**026**

예상논점

헌팅턴은 중화문명과 이슬람문명이 연대하여 서구문명에 대항할 것이라고 예측한다. O | X

원유와 무기거래가 중화문명과 이슬람문명을 결속시키는 요인이라고 보았다. 답 O

**027**

예상논점

핵심국 분쟁은 상이한 문명에 속한 인접국들 사이에 또는 한 국가 안에 상이한 문명에 속한 집단들 간에 발생한다. O | X

단층선 분쟁에 대한 설명이다. 핵심국 분쟁은 문명 핵심국 간 분쟁으로서 문명 간 세력균형이 파괴되거나, 단층선 분쟁에 핵심국들이 개입함에 따라 발생할 수 있다. 답 X

**028**

예상논점

헌팅턴은 대규모 문명전쟁을 방지하기 위해서는 현재 지배적인 위치를 가지고 있는 서구문명이 타 문명의 서구문명에 대한 적대감을 완화시키기 위한 적극적 포용정책을 구사해야 한다고 주장하였다. O | X

헌팅턴은 불개입을 지지하였다. 문명 간 차이는 포용정책을 통해 근본적으로 해결되는 것은 어렵다고 보았다. 답 X

**029**

예상논점

헌팅턴은 세계화가 지속되고 문명 간 접촉이 증가하는 경우 장기적으로 문명 간 이질성과 적대감은 완화되고 공통문명 또는 보편문명이 형성될 수 있다고 본다. O | X

헌팅턴은 세계화가 보편문명을 형성시킬 수 없다고 보았다. 세계화는 문명 간 접촉을 증가시켜 갈등을 증폭시킬 것으로 보았다. 답 X

**030**

예상논점

헌팅턴은 후쿠야마의 역사의 종언론과 마찬가지로 21세기 세계질서의 비관론을 대변하고 있다. O | X

역사의 종언론은 낙관론이다. 사회주의와 민주주의의 인정투쟁의 역사에서 민주주의가 승리를 거둠으로써 역사의 종언을 가져왔다. 민주주의의 시대에 세계평화는 증진될 것으로 본다. 답 X

**031**

22. 외무영사직

헌팅턴(Samuel Huntington)은 '문명충돌론'에서 문화의 차이가 문명의 충돌을 가져올 것이며 분쟁의 주요 원인이 될 것이라고 주장하였다. O | X

헌팅턴은 냉전기가 이념에 기초한 충돌이었다면, 탈냉전기는 종교나 문명에 기반한 충돌이 지배적 현상이 될 것이라고 하였다. 답 O

**032**

22. 외무영사직

헌팅턴은 '문명충돌론'에서 국가 간 갈등의 원인은 문명 내부에서의 충돌 때문이라고 하였다. O | X

헌팅턴은 문명내부 충돌이 아니라 문명 간 충돌을 주장하였다. 헌팅턴은 문명정체성과 배제의 정체성이 강화되면 결국 문명 간 충돌로 치닫게 된다고 본다. 특히 중화문명과 이슬람문명이 연대하여 서구문명에 대항할 것이라고 예측하였다. 답 X

**033**

22. 외무영사직

헌팅턴은 '문명충돌론'에서 세계 문명을 서유럽, 유교, 일본, 이슬람, 힌두, 슬라브정교, 라틴아메리카 문명 등으로 구분하였다. O | X

헌팅턴은 탈냉전시대에 서로 동질화될 수 없는 9개의 서로 다른 문명이 존재하고 있고, 세계정치의 협력과 갈등은 문명권을 중심으로 새롭게 재편되고 있다고 본다. 그러한 문명권은 중화, 일본, 힌두, 이슬람, 정교, 서구, 라틴아메리카, 아프리카불교이다. 답 O

**034**

22. 외무영사직

헌팅턴은 '문명충돌론'에서 유교 문명과 이슬람 문명이 연합해 서유럽 문명과 대결할 가능성을 지적하였다. O | X

유교 문명(중화문명)과 이슬람 문명은 원유와 무기 판매를 매개로 하여 연대를 형성할 것이라고 예측하였다. 답 O

## 제3절 탈근대론

**035**
12. 외무영사직

근대 국제사회 형성의 시발이 된 웨스트팔리아(Westphalia)체제의 사상적 기반은 루소의 국민주권론이다. O | X

보댕의 국가주권론에 기초하여 형성되었다. 30년 전쟁의 강화조약인 웨스트팔리아(Westphalia)조약은 중세체제를 해체하고 주권국가들로 구성된 근대국제체제를 탄생시킨 매개체 역할을 하였다. 1648년 당시 주권개념은 보댕에 의해 체계화된 '국가주권'을 의미하는 것이었다. 이후 주권개념은 루소 등의 국민주권론으로 확대되어 오늘날의 주권개념의 사상적 기초를 형성하였다. 답 X

**036**
09. 외무영사직

인도주의적 개입은 베스트팔렌체제의 주권 개념과 충돌하는 부분이 있다. O | X

인도주의적 개입은 자국민에 대해 인권을 유린하는 국가에 대해 타국이 개입하는 것을 의미한다. 타국의 의사와 무관하게 타국에 개입하는 것이므로 베스트팔렌체제의 주권 개념과 충돌할 여지가 있다. 답 ○

**037**
예상논점

세르니(Cerny)는 세계화는 국가들 간 경쟁이 첨예화됨을 의미하므로 국가들은 국제경쟁력 제고를 위해 시장에 대한 개입을 강화하고 있으므로 근대국제체제는 장기적으로 약화될 것으로 본다. O | X

세르니(Cerny)는 현실주의 계열의 학자로서 국가의 영향력 강화와 이로 인한 근대국제체제 성격의 강화를 주장한다. 답 X

**038**
예상논점

볼프(Wolf)는 세계화시대 국제기구의 역할이 강화되어 국가의 힘은 지속적으로 쇠퇴하고 있다고 본다. O | X

볼프(Wolf)는 국제기구 자체가 영향력을 가진 것이 아니라 국가가 국가이익을 위해 자발적으로 국제기구의 역할을 용인하고 있는 것이라고 본다. 답 X

**039**
예상논점

로즈노(James Rosenau)는 두 세계론에서 국가중심세계와 다중심세계가 현재 경합하고 있다고 진단하고, 장차 글로벌거버넌스가 작동하는 다원주의질서(pluralistic order)로 귀결될 것이라고 본다. O | X

로즈노(James Rosenau)는 전지구적 사회(글로벌거버넌스), 회복된 국가체제, 다원주의질서(pluralistic order), 지속적 이원질서를 시나리오로 제시하였으며, 특정 질서를 전망하지는 않았다. 그리고 글로벌거버넌스의 세계는 개념적으로 전지구적 사회이다. 다원주의질서(pluralistic order)는 비국가행위자가 중심이 되는 질서를 의미한다. 답 X

**040**

예상논점

조앤 고와(Joanne Gowa)는 20세기 후반 세계시스템이 상호의존 밀도가 상승하여 국가중심의 근대적 담론만으로는 한계가 있다고 보고 '신중세적 세계'라고 명명하였다.

O | X

다나까 아키히코의 주장이다.

답 X

---

## 제4절 포스트모더니즘

**041**

예상논점

포스트모더니즘은 근대체제가 절대적이거나 유일한 것이 아니라 가변적인 것이라고 보고 근대의 재구성이나 해체가 가능하다고 본다.

O | X

포스트모더니즘은 근대질서가 주어진 것이 아니며 역사적 필연도 아니라고 본다.

답 O

**042**

예상논점

푸코(Michel Foucault)는 권력이 지식을 생산하고, 권력과 지식은 서로를 전제로 하는 것이며, 특정한 권력관계를 내포하지 않고 형성되는 지식이란 없다는 것을 깨달아야 한다고 주장하였다.

O | X

푸코(Michel Foucault)는 지식의 보편타당성이나 객관성을 부인하였다. 지식은 어떤 목적을 위해 누군가가 제시하는 것이라고 하였다.

답 O

**043**

예상논점

사이드(Edward Said)는 지식이란 그것이 아무리 '단단한 실증적'인 것이라도 인간의 해석, 변덕, 고집, 편견, 개인의 인간성, 세속성 등에 의해 피할 수 없이 오염된 것이며, 비판의식을 갖고 있는 지식인들의 역할이란 지식을 가능하게 하는 근본적인 조건들에 대하여 탐구하는 것이라고 본다.

O | X

사이드(Edward Said)는 현상의 인식이 인간의 해석작용에 기초한 것이므로 객관적 법칙의 발견이 어렵다고 본다.

답 O

**044**

21. 외무영사직

사이드(Said)는 오리엔탈리즘이 동양에 대한 서양의 편견과 선입견을 해소하는 역할을 한 것으로 평가하였다.

O | X

오리엔탈리즘은 동양을 바라보는 서구의 편견과 선입견을 의미한다. 이를 통해 서양의 동양에 대한 제국주의를 정당화시켰다는 것이 사이드의 입장이다.

답 X

**045**

예상논점

포스트모더니즘에 의하면 현실주의의 핵심인 '자연의 상태'라는 개념은 '현실 그 자체'가 아닌 특정한 정치적인 목적을 염두에 둔 사상가들의 상상의 산물로서 '역사적으로 상대적인 문제를 가지고 마치 불변의 문제인 양 오도함으로써 기존의 폭력을 정당화시키려는 담론들'에 속한다.

O | X

포스트모더니즘에 의하면 현실주의도 하나의 담론에 불과한 것이지 객관적인 법칙을 말하는 것이 아니다.

답 O

## 제5절 전망이론

**046**

16. 외무영사직

전망이론에서 정책결정자는 새로운 이익을 위해 모험하기보다는 현상유지에 만족한다.

O | X

전망이론에 따르면 정책결정자는 현상유지에 만족하는 경향을 보이지만 주의할 점은 정책결정자의 선호가 한 방향으로 고정되어 있지는 않다는 것이다. 문제의 성격에 따라 위험에 대한 정책결정자의 태도가 달라진다. 이를 영역효과(frame effect)라고 한다. 새로운 이익의 영역에서는 위험기피적 태도를 보인다.

답 O

**047**

16. 외무영사직

전망이론에서 정책결정자는 손실과 관련된 결정에 있어서는 위험회피의 성향을 보인다.

O | X

영역효과 입장에서 볼 때 정책결정자는 손실의 영역에서는 위험선호적 성향을 보인다. 즉, 자신이 가진 것을 잃을 수도 있다고 생각되는 경우에는 기존 이익을 유지하기 위해 위험한 행동도 마다하지 않는다는 것이다.

답 X

**048**

16. 외무영사직

전망이론은 정책결정의 비합리적, 탈균형적, 비일관적 측면을 이해하는 데 도움을 준다.

O | X

전망이론은 '합리모형'과 달리 국가의 선호가 합리주의모형이 가정하는 것과 같이 고정적이지 않고 문제영역에 따라 유동적이라고 본다.

답 O

**049**

15. 외무영사직

전망이론에 의하면 국가의 선택은 심리적 영향을 받는다. 일반적으로 손실영역 중에서 선택할 때는 모험 회피적인 안전한 선택을 선호하고, 이익영역 중에서 선택할 때는 모험 추구적인 도박을 선호한다.

O | X

손실영역에서 모험추구적, 이익영역에서는 모험회피적 선택을 한다고 본다. 이를 '영역효과(frame effect)'라고 한다. 이는 사람들이 현재 가진 것을 증가시키는 것보다는 현상유지에 더 민감하다는 심리학적 결론에 기반한 것이다.

답 X

**050**

예상논점

전망이론은 스나이더(Jack Snyder) 등에 의해 국제정치학에 도입된 이론으로서 1980년대 이후 경제학과 심리학에서 발전된 가설을 통해 국제관계를 조망하고자 하였다.

O | X

전망이론은 레비(Jack S. Levy) 등에 의해 도입되었다. 스나이더(Jack Snyder)는 전망이론과 관련이 없다.

답 X

**051**

예상논점

전망이론은 합리적 선택이론과 달리 인간의 선호가 효용극대화에 따라 결정되기 때문에 어떠한 상황에서도 선호도가 불변하다고 본다.

O | X

합리적 선택이론의 입장이다. 전망이론은 문제영역에 따라 선호도가 달라진다는 '영역효과'를 주장한다.

답 X

**052**

예상논점

전망이론은 국가가 대체로 현상유지를 선호한다고 주장하는 점에서 월츠의 방어적 현실주의 입장과 유사하다.

O | X

미어샤이머는 국가가 현상타파적으로 행동한다고 가정하기 때문에 전망이론의 가설과 다르다.

답 O

# 제6장 국제정치경제론

## 제1절 총론

**001**
예상논점

중상주의는 마르크스주의와 달리 국제경제관계를 제로섬게임으로 본다. O | X

중상주의와 마르크스주의는 모두 국제경제관계를 제로섬게임(zero-sum game)으로 본다.

답 X

**002**
21. 외무영사직

국제정치경제학의 주요 시각인 중상주의는 부의 추구와 권력의 추구라는 국가전략의 유기적인 연계성을 잘 설명한다. O | X

국가는 부의 축적을 통해 권력을 강화하고자 하는 점을 잘 설명한다는 의미이다. 답 ○

**003**
예상논점

중상주의는 세계화 현상의 본질을 민족국가의 국가이익 추구라고 본다. 따라서 세계화의 흐름은 언제든지 역행될 수 있다고 본다. O | X

중상주의는 세계화에 대한 영향요인을 국가로 설정한다. 따라서 국가의 정책 변화로 세계화의 흐름을 바꿀 수 있다고 보는 것이다. 답 ○

**004**
예상논점

제국주의에 대해 자유주의는 국내정책 실패에 기초한 현상이므로 필연적인 것은 아니라고 보나, 마르크스주의는 제국주의가 자본주의 발전단계에 따른 필연적 산물이라고 본다. O | X

홉슨과 같은 자유주의 계열에서는 '과소소비설'을 주장한다. 국내경제 상황에 따라 제국주의가 발생되지 않을 수도 있다고 본다. 그러나, 레닌의 제국주의이론에서는 독점자본주의 단계에서 이윤율 저하에 대응하는 필연적 현상이라고 본다. 답 ○

**005**
예상논점

남북문제에 대해 마르크스주의는 외부적 요인을, 자유주의는 내부적 요인을 강조한다. O | X

남북문제는 선진국과 개발도상국의 경제력 격차를 의미한다. 자유주의는 개발도상국 내부의 문제를 강조하나, 마르크스주의는 선진국과 개발도상국 간 경제관계 형성 자체가 남북문제를 심화시키는 요인이라고 본다. 답 ○

**006**

18. 외무영사직

국제정치경제를 바라보는 중상주의는 국가의 적극적인 역할을 강조한다.　O | X

중상주의는 국가가 안보를 위해 적극적인 시장개입을 해야 한다고 본다.　답 ○

**007**

21. 외무영사직

국제정치경제학의 주요 시각인 중상주의는 부의 축적과 효율보다는 국내외적인 불균등의 문제에 대해 초점을 맞추어 논의한다.　O | X

부의 불균등 문제는 마르크스주의에서의 주요 관심사이다.　답 X

**008**

18. 외무영사직

국제정치경제를 바라보는 중상주의는 절대적 이익을 중시하고 보호무역을 추구한다.　O | X

절대적 이익이란 비용을 능가하는 이익을 의미한다. 중상주의는 상대적 이득, 즉 국가 간 이득의 배분을 중시한다. 보호무역을 추구하는 것은 옳다.　답 X

**009**

18. 외무영사직

국제정치경제를 바라보는 마르크스주의는 부등가교환으로 세계경제의 불평등구조가 심화된다고 주장한다.　O | X

부등가교환이란 중심부와 주변부가 상호불평등한 교역관계를 형성함을 의미하며, 이로써 주변부에서 중심부로의 부의 이전이 일어난다.　답 ○

## 제2절　중상주의

**010**

예상논점

중상주의는 무역에 있어서 보호무역주의를 강조한다. 관세, 수량할당, 수출자율규제, 전략적 무역정책, 경쟁적 평가절하 등이 대표적 보호무역정책수단에 해당한다.　O | X

보호무역주의는 자국의 시장을 보호하는 데 주력하는 정책이다. 수출자율규제는 회색지대 조치의 하나로서 수입국의 압력으로 수출국이 반강제적으로 수출량을 줄이는 것이다. 전략적 무역정책은 장차 독과점 산업으로 발전할 가능성이 있는 산업에 대해 정부가 보조금을 지급하여 키우는 전략을 의미한다. 초기에 대규모 자본금이 소요되는 산업인 항공기 생산 산업이 대표적 대상이다.　답 ○

**011**
예상논점

중상주의는 금은의 축적이 부를 증진한다고 믿었으나, 자유주의자인 데이빗 흄은 가격 - 정화 - 흐름 메커니즘이론을 통해 금은의 축적이 장기적으로 인플레이션을 유발하여 금은은 다시 유출되기 때문에 국부를 증진시키는데 효과가 없다고 하였다.

O | X

자유무역을 지지하는 논리이다. 자국의 금은의 양을 늘리는 것에만 집중하는 정책이 효과가 없으므로 상호 시장을 개방하여 자유무역을 전개하는 것이 낫다는 것을 주장한다.

답 O

**012**
예상논점

1930년대는 근린궁핍화정책이라는 중상주의 정책이 구사되어 대공황의 심화 및 제2차 세계대전의 원인을 제공하기도 하였다. 근린궁핍화정책은 경쟁적 평가절상 및 관세인상 정책을 말한다.

O | X

경쟁적 평가절하를 단행하여 자국 상품의 상대적 가격 경쟁력을 인위적으로 높이는 정책이 근린궁핍화정책(begger - thy - neighbor policy)이다.

답 X

**013**
21. 외무영사직

국제정치경제학의 주요 시각인 중상주의는 국가 간 경제관계를 포지티브 섬(positive sum)의 관계로 가정한다.

O | X

자유주의가 포지티브섬 게임을, 중상주의는 제로섬 게임을 가정한다.

답 X

**014**
예상논점

해밀턴은 미국의 대외정책에 있어서 자유무역을 통해 미국의 국부를 증가시켜야 한다고 주장함으로써 중상주의 전통에 비판을 가했다.

O | X

해밀턴은 미국의 중상주의자로서 보호주의정책을 통해 미국의 국익을 극대화시켜야 한다고 보았다.

답 X

**015**
예상논점

독일의 중상주의자 프리드리히 리스트(Friedrich List)는 유치산업보호론을 제시하고 독일이 국부를 증가시키기 위해서는 무엇보다 경쟁력이 약한 기업을 자연 도태시켜 시장경쟁을 강화해야 한다고 보았다.

O | X

유치산업보호론은 현재 경쟁력이 약하다고 해도 장기적 발전 가능성이 있으면 관세나 보조금을 통해 보호하고 육성해야 한다고 보는 입장이다.

답 X

## 제3절 자유주의

**016**

07. 외무영사직

1980년대 중남미 지역의 국가들은 심각한 경제위기를 겪었다. 그러나 1990년대 이후 멕시코, 아르헨티나, 칠레 등의 국가에서는 과거의 국가 중심적 산업화 모델에서 시장 중심적 구조개혁안을 시행하였다. 시카고 보이스(Chicago Boys)는 바로 이러한 경제 개혁을 담당하는 일단의 개혁그룹을 칭하는데 이들은 수입대체산업화 모델의 장점을 성장과 국제화 프로그램의 동력으로 설정해야 한다고 보았다. O | X

수입대체산업화는 개발도상국의 경제발전을 위해 추진된 것으로, 특히 1950년대 프레비시(Raul Prebisch)가 이끌었던 UN ECLA(남미경제위원회)의 처방이었다. 시카고 보이스(Chicago Boys)가 주장한 것은 불가항력의 물가강등을 억제하기 위하여 강력한 반인플레이션 정책 사용, 외환관리 및 무역영역에서 다양한 자유화 프로그램 실천, 공기업 민영화 등이다. 답 X

**017**

예상논점

칼 폴라니는 고전적 자유주의질서가 계급갈등을 심화시켜 장기적으로 자유주의질서를 훼손할 것이라고 주장하였으며, 이러한 주장은 제2차 세계대전 이후 배태된 자유주의 질서 형성에 반영되었다. O | X

자유시장과 자유주의국가(작은 국가)는 장기적으로 모순이라고 본 것이다. 계급갈등을 완화하기 위한 국가의 시장개입의 중요성을 강조하였다. 답 O

**018**

예상논점

배태된 자유주의 질서에서 자본은 통제에, 무역은 자유화에 초점을 두었다. O | X

제2차 세계대전 이후 국제경제질서를 배태된 자유주의라고 한다. 1970년대 초반까지 유지되었고, 이후 신자유주의 질서로 전환되었다. 무역자유화에 초점을 두었으며, 이를 위해 국가의 시장개입을 통한 안정적인 통화금융질서를 수립하고자 하였다. 답 O

**019**

21. 외무영사직

제2차 세계대전 직후 수립된 자유주의 국제정치경제 질서는 제한되고 관리되는 자유주의에 기초하였다. O | X

이를 배태된 자유주의(embedded liberalism)이라 한다. 무역질서는 자유화하되 금융질서는 통제와 안정을 추구하는 것이다. 답 O

**020**

21. 외무영사직

제2차 세계대전 직후 수립된 자유주의 국제정치경제 질서는 상품과 자본의 국제적 이동을 방해하는 어떤 수단도 정당화될 수 없었고, 국내적 필요에 의한 국가 개입은 배제되었다. O | X

자본이동은 국가가 통제하였으며, 국내적 필요를 위해 국가의 시장개입이 정당화되었다. 이는 기본적으로 칼 폴라니(Karl Polanyi)가 19세기 고전적 자유주의 질서 한계로 지적한 분배갈등을 조정하거나 완화하기 위한 국가의 시장 개입을 옹호하는 것이다. 답 X

m e m o

**021**
예상논점

신자유주의에서는 시장의 활성화, 작은 국가, 민영화, 규제완화, 노동시장의 유연성 강화, 자본통제, 무역자유화 등의 전략을 제시하였다. O | X

배태된 자유주의와 달리 신자유주의는 자본자유화를 정책으로 제시하였다. 자본이동에 대한 인위적 규제를 제거하는 것을 의미한다.
답 X

**022**
예상논점

워싱턴컨센서스는 신자유주의정책을 의미하며 여기에는 민영화, 대외개방, 규제완화, 확대 재정 및 통화정책 등이 포함된다. O | X

'긴축' 재정 및 통화정책을 제시하였다. 워싱턴컨센서스는 경제위기를 극복해가는 과정에서 외환 유입을 통해 외환보유고를 높이는 것이 급선무라고 보았다. 긴축정책은 이자율의 상승을 가져와 자본 유입을 증가시킨다.
답 X

**023**
예상논점

브레턴우즈(Bretton Woods)체제는 내재적 자유주의(embedded liberalism)에 기초하여 국가와 시장이 타협을 이룬 체제이다. O | X

무역은 시장의 자율에 맡기고, 자본과 환율의 안정을 위해 국가의 시장개입을 용인하였다. 이를 국가와 시장의 타협이라고 한다.
답 O

**024**
예상논점

브레턴우즈(Bretton Woods)체제는 국제무역의 다자화와 안정성과 함께 국제금융통화체제의 자유화와 개방성을 확보하기 위해 만든 체제로서 환율제도에 있어서는 조정가능한 고정환율제도를 채택하였다. O | X

브레턴우즈(Bretton Woods)체제에서 국제무역은 다자화와 개방성을, 국제통화체제는 안정과 통제에 중점을 두었다.
답 X

**025**
21. 외무영사직

제2차 세계대전 직후 수립된 자유주의 국제정치경제 질서는 미국 주도하에 수립되었다. O | X

미국은 자유무역주의와 국제금융 질서 안정을 축으로 하는 전후 세계경제 질서 구축을 주도하였다.
답 O

**026**
21. 외무영사직

제2차 세계대전 직후 수립된 자유주의 국제정치경제 질서는 사회주의 진영에 대항하는 자본주의 진영의 경제적 결속을 강화하기 위한 안보적 고려도 작용하였다. O | X

전후 경제질서는 미국과 그 동맹국을 중심으로 형성되었다. 공산진영에 맞서기 위한 군사안보전략적 동기도 있었다.
답 O

**027**

22. 외무영사직

워싱턴컨센서스(Washington Consensus)는 국제경제기구의 구제금융은 수혜 국가에 혜택과 동시에 부담을 주기도 한다. O | X

구제금융 제공시 여러 가지 개혁조치를 요구하기 때문에 수혜국에는 부담이 될 수 있다. 답 O

**028**

22. 외무영사직

워싱턴컨센서스(Washington Consensus)라는 표현은 세계 주요 국제경제기구의 본부가 워싱턴 D.C.에 위치한다는 사실에서 유래한다. O | X

워신턴 D.C.에 위치한 주요 국제경제기구들은 주요 선진국들이 옹호하는 자유주의 질서의 확산을 추구한다. 답 O

**029**

22. 외무영사직

워싱턴컨센서스(Washington Consensus)는 무역자유화를 강조하지만 외국인 직접투자는 제한해야 한다는 입장이다. O | X

워싱턴컨센서스는 자유주의 질서에 관한 것이다. 외국인 직접투자 자유화 역시 강조한다. 답 X

# 제7장 안보론

## 제1절 총론

**001**
예상논점

포괄적 안보(comprehensive security)는 안보위협을 규정함에 있어서 재래식 위협과 비재래식 위협(환경, 경제위기, 국제범죄 등)을 포괄하는 안보개념이다. O | X

포괄적 안보(comprehensive security)는 안보를 '위협' 차원에서 정의하는 것이다.

답 ○

**002**
예상논점

국가안보와 인간안보는 안보에 대한 수단 차원에서 정의되는 개념이다. O | X

국가안보와 인간안보는 안보의 대상 또는 가치 차원에서 정의되는 것이다. 국가의 생존을 가치로 규정하는 것이 국가안보이고, 인간의 안위와 복지를 안보의 대상으로 보는 것이 인간안보이다.

답 X

**003**
예상논점

구성주의는 물질적 힘이 아니라 집합정체성이 안보위협이라고 보고 집합정체성의 변화가 선행되어야 근본적인 안보위기를 해결할 수 있다고 본다. O | X

구성주의는 안보를 관념 차원에서 규정하는 것이다.

답 ○

**004**
예상논점

바이오안보(Biosecurity)는 우발적으로 살포되거나 자연적으로(naturally) 발생하는 병원성 미생물(pathogenic microbes)로부터 국민을 보호하는 것을 말하며 의도적인 행위는 제외된다. O | X

의도적(intentionally)인 행위도 바이오안보(Biosecurity)의 개념에 포함된다. 답 X

**005**
예상논점

바이오안보(Biosecurity)는 국가행위자 또는 비국가행위자, 나아가 위협을 특정할 수 없는 상태에서 폭력적 또는 비폭력적 수단으로 살포된 병원성 미생물로부터 국민을 보호하는 것으로서 국가행위자만을 전제하는 전통적 안보 개념과 구별된다. O | X

전통적 안보는 국가행위자에 의해 안보위협에 대응하는 것을 의미한다. 답 ○

**006**

예상논점

바이오안보는 생물학무기로 대상으로 한다. 제1차 세계대전에서 생물 및 화학무기가 사용된 이후 당사국 간 생물학무기 사용을 금지하는 제네바의정서가 1925년 체결되었으며, 1972년에는 모든 종류의 생물학무기의 개발, 생산, 축적, 획득 및 폐기를 위한 생물학무기협약(BWC: Biological Weapons Convention)이 채택되었다. O | X

생물학무기협약(BWC)은 제네바의정서를 확대한 것이다. 답 ○

**007**

예상논점

미국은 세계보건기구(WHO)를 중심으로 안보 관점에서 감염병 대응을 다루기 위해 2014년 글로벌 보건 안보 구상(Global Health Security Agenda)을 출범시켰다. 이는 국가와 국제기구뿐 아니라 민간(개인, 기업, 단체)을 포함하므로 글로벌 보건 거버넌스 (global health governance)로 규정된다. O | X

글로벌 보건 안보 구상(Global Health Security Agenda)은 세계보건기구(WHO)와는 별도로 감염병 대응을 다루는 체제이다. 답 X

## 제2절 집단안보

**008**

13. 외무영사직

19세기의 비밀외교와 세력균형을 대신하여 제1차 세계대전 이후 국제평화유지의 방법으로 윌슨(Woodrow Wilson)이 제시한 것은 집단방위이다. O | X

윌슨(Woodrow Wilson)은 집단안보를 제시하였다. 집단안보는 조직적 힘에 의해 도전자를 응징함으로써 국제평화를 유지하고자 하는 제도로서 국제연맹에서 처음 도입되고, UN에서 계승한 안보제도이다. 집단방위는 NATO와 같이 방어동맹을 통해 동맹국을 상호 원조하는 체제를 의미한다. 답 X

**009**

08. 외무영사직

평화와 안보 전략에 있어서 집단안보(collective security)는 침략행위에 관한 사후처벌보다 대화의 관습을 중시하는 전제에서 출발한다. O | X

집단안보(collective security)는 침략자에 대한 사후처벌을 본질로 하는 제도이다. 사전예방적 접근은 협력안보 또는 다자안보에서 취하는 방식이다. 답 X

**010**

예상논점

집단안보와 집단방위는 사전에 적과 동지를 구분한다는 점에서 유사하다. O | X

집단안보는 사전에 적과 동지를 구분하지 않는다. 집단방위는 동맹안보를 의미하므로 사전에 적과 동지를 구분한다. 답 X

**011**

예상논점

집단안보는 군사력을 통해 안보를 달성한다는 점에서 동맹안보 및 다자안보와 동일하다. O | X

집단안보와 동맹안보는 군사력을, 다자안보는 안보대화를 강조한다. 답 X

**012**

예상논점

1939년 소련의 핀란드 침략 시 국제연맹은 소련을 제명하였으나, 그 밖의 집단적 강제 조치를 취하지는 못했다. O | X

집단적 강제조치는 경제제재나 군사제재를 의미한다. 소련의 핀란드 침략 시 두 조치 모두 취해지지 않았다. 답 O

**013**

예상논점

1935년 이탈리아의 이디오피아 침략에 대해 국제연맹은 경제제재조치를 취하였으며, 이는 국제연맹에서 성공적인 제재 사례로 평가된다. O | X

실패한 정책이다. 당시 영국은 자국의 경제공황을 극복하기 위해 이탈리아에 대한 금수조치를 취하지 않았다. 또한, 국제공조가 충분히 이뤄지지 못하였다. 답 X

## 제3절 협력안보

**014**

예상논점

협력안보는 1980년대 제시된 공동안보 개념이 탈냉전기 새롭게 재정립된 개념으로서 현재적 또는 잠재적 적과의 협력을 통한 안보달성을 강조한다. O | X

협력안보는 일방적 안보에 대비되는 개념이다. 일방적 안보는 안보딜레마를 초래하므로 좋은 전략은 아니라고 보았다. 협력안보는 상대방과의 안보대화를 통해 의도를 파악함으로써 안보딜레마를 제거하는 전략이다. 답 O

**015**

예상논점

협력안보는 안보달성에 있어서 안보대화를 강조하는 점에서 다자안보 또는 집단안보와 유사하다. O | X

협력안보와 다자안보는 안보대화를, 집단안보는 군사력을 안보수단으로 강조한다. 답 X

## 제4절 다자안보

**016**

14. 외무영사직

아세안지역포럼(ARF)은 아세안의 주도로 창설된 다자 간 안보대화기구이다. O | X

아세안지역포럼(ARF)는 동북아시아 6개국을 포함하고 있는 동아시아 전체의 정부 간 다자안보협의체이다. 역내국들 상호 간 안보대화를 통해 역내 현안을 논의한다. 답 O

**017**

예상논점

유럽의 다자안보는 1975년 유럽안보협력회의 창설로 제도화되었다. O | X

유럽안보협력회의는 헬싱키의정서를 통해 창설되었다. 답 O

**018**

예상논점

다자안보는 협력안보와 달리 안보대화를 통한 안보문제의 사전예방을 추구한다.

O | X

안보대화나 사전예방을 추구하는 점은 다자안보와 협력안보가 동일하다.　　답 X

---

**019**

예상논점

코헤인(R. Keohane)에 의하면 다자주의란 셋 이상의 행위자들이 일반화된 행위원칙에 따라 상호 행위를 조정해 나가는 방식이다.

O | X

러기의 다자주의에 대한 정의이다.　　답 X

---

**020**

예상논점

헬싱키의정서는 소련의 반대로 인권문제는 제외하고 과학기술 및 경제협력문제와 다자안보문제만을 다루고 있다.

O | X

제3바스켓에서 인도주의적으로 인권문제도 다룬다.　　답 X

---

## 제5절　인간안보

---

**021**

15. 외무영사직

보호책임(Responsibility to Protect)은 조약으로 채택되어 2011년 리비아 사태를 해결하는 데 기여하였다.

O | X

보호책임(Responsibility to Protect)은 인권유린이 발생하는 경우 1차적 책임은 개별 국가가 져야 하나 2차적으로 국제공동체가 사람을 보호할 책임이 있다는 개념이다. 보호책임(Responsibility to Protect)은 조약이 아니라 UN총회 결의에 의해 제시된 개념이다.

답 X

---

**022**

15. 외무영사직

보호책임은 대량인권침해와 같은 국내문제에 대해 국제사회가 개입할 '근거' 내지 '권리'를 부여하는 차원에서, '인도적 간섭'에 관한 논의가 발전한 개념이다.

O | X

보호책임은 인도적 간섭을 권리 차원에서 공동체의 책임 차원으로 강화한 것이다. 인도적 간섭의 허용 여부에 대해 국제법적으로 논란이 있다. 그러나, 보호책임에서는 제한적으로 인도적 간섭을 허용하고 있다.

답 O

---

**023**

15. 외무영사직

보호책임의 세 기둥은 자국민 보호에 대한 국가의 책임, 국제공동체가 해당 국가를 도와줄 책임, 국제공동체의 강제적 수단을 통한 책임으로 구성된다.

O | X

보호책임은 자국민 보호에 대한 1차적 책임은 국가에 있으나, 국가가 인권을 유린하는 경우 국제공동체가 보충적으로 개입하도록 하는 원칙이다.

답 O

**024**

07. 외무영사직

인도주의적 개입에 있어서 개입주의자들은 UN헌장에서 국가들이 근본적인 인권을 보호할 것을 규정하고 있고, 관습국제법에서도 그 권리를 찾을 수 있기 때문에 '인도주의 개입'이 적법하다고 주장한다. O | X

개입주의자들은 인도적 간섭이 UN헌장에서 금지되지 않았으므로 적법한 간섭이라고 본다.

답 ○

**025**

07. 외무영사직

인도주의적 개입에 있어서 반개입주의자들은 강제적 '인도주의 개입'이 주권규범과 UN헌장 제2조 제7항의 불개입원칙에 위배되므로 어떤 경우에도 불법이라고 주장한다. O | X

반개입주의자들도 일방적 개입이 아니라 UN안전보장이사회의 승인을 받은 경우에는 불법이 아니라고 본다.

답 X

**026**

07. 외무영사직

인도주의적 개입에 있어서 반개입주의자들은 '인도주의 개입'이 선택적으로 적용되어 정책의 비일관성을 초래하고 남용될 수 있다며 반대하고 있다. O | X

인도적 간섭의 남용에 대해 우려하는 것이다. 그러나 개입주의자들은 남용의 문제에 대해서는 엄격한 요건을 제시하고 준수하도록 함으로써 그러한 문제는 해결될 수 있다고 본다.

답 ○

**027**

예상논점

인간안보는 안보를 군사적 차원에서 한정해서 보는 것이 아니라 경제안보, 에너지 안보, 환경안보 등을 포함한 거시적 차원에서 이해해야 한다는 개념이다. O | X

포괄적 안보에 대한 개념이다. 인간안보는 안보의 대상을 인간의 복지나 안위에 두는 것이다.

답 X

**028**

21. 외무영사직

보호책임(Responsibility to Protect)은 2001년 '개입과 국가주권에 관한 국제위원회'에 의해 마련된 보고서에 명시되었다. O | X

보호책임은 2001년 보고서에서 공식 제시되었고, 2005년 총회에서 결의로서 채택되었다.

답 ○

**029**

21. 외무영사직

보호책임(Responsibility to Protect)은 자국민 보호의 일차적 책임은 그 해당 국가에게 있다는 내용을 포함한다. O | X

자국민보호의 일차적 책임은 당해국에 있으나, 당해국이 인권을 보호하지 않거나 보호하지 못하는 상황이면 국제공동체가 보호해야 한다는 것이다.

답 ○

**030**
21. 외무영사직

보호책임(Responsibility to Protect)은 자연재해로 인한 인도적 위기에 적용한다.

O | X

보호책임은 자연재해로 인한 인도적 위기에는 적용되지 않는다. 2005년 총회 결의에 의하면 제노사이드, 전쟁범죄, 인종청소, 인도에 대한 죄 네 가지 사항에 대해서만 보호책임이 적용된다.

답 X

**031**
21. 외무영사직

보호책임(Responsibility to Protect)은 해당 국가가 자국민을 보호하지 못한 경우, 국제사회가 그 국민들을 보호할 책임이 있다는 내용을 담고 있다.

O | X

국제사회의 보호책임은 2차적·보충적인 것이다. 국제사회는 UN안전보장이사회의 승인하에 무력간섭을 단행할 수도 있음을 보호책임 결의는 명시하고 있다.

답 O

**032**
22. 외무영사직

1994년 국제연합 개발계획의 「인간 개발 보고서(Human Development Report)」에 의하면 개인안보는 질병과 비위생적인 생활습관에서 최소한의 보호나 보장을 의미한다.

O | X

건강안보에 대한 설명이다.

답 O

**033**
22. 외무영사직

1994년 국제연합 개발계획의 「인간 개발 보고서(Human Development Report)」에 의하면 건강안보는 국가나 외국 또는 폭력적인 개인과 사회단체, 국내적 위해, 약탈과 같은 물리적인 폭력으로부터 사람들을 보호하는 것을 말한다.

O | X

개인안보에 대한 설명이다.

답 O

**034**
22. 외무영사직

1994년 국제연합 개발계획의 「인간 개발 보고서(Human Development Report)」에 의하면 정치안보는 사람들이 기본적인 인권이 존중받는 사회에서 살 수 있도록, 정부가 개인이나 집단의 이념과 정보의 자유를 통제하지 못하도록 보호하는 것을 말한다.

O | X

정치안보는 개인이 정치적 자유를 충분히 누리는 것을 말한다.

답 O

**035**
22. 외무영사직

1994년 국제연합 개발계획의 「인간 발전 보고서(Human Development Report)」에 의하면 공동체안보는 전통적인 관계와 가치가 상실되지 않도록 분파적·인종적 폭력에 시달리지 않도록 사람들을 보호하는 것을 말한다.

O | X

1994년 국제연합 개발계획의 「인간 발전 보고서(Human Development Report)」는 건강안보, 개인안보, 정치안보, 공동체안보, 식량안보, 환경안보, 경제안보 총 7개의 안보 개념을 인간안보의 구성개념으로 제시하였다. 동 보고서는 '인간안보' 개념을 최초로 제시한 문서로 평가된다.

답 O

**036**

23. 외무영사직

1994년 유엔개발계획(UNDP)의 '인간 개발 보고서(Human Development Report)'에 제시된 인간 안보의 영역에 식량 안보, 군사안보, 보건안보, 공동체안보 등 7개 영역이 있다.                                                                                      O | X

군사안보는 포함되지 않는다. 경제안보, 환경안보, 개인안보, 정치안보가 포함된다.  답 X

---

**037**

23. 외무영사직

월저(M. Walzer)에 따르면 대량학살의 위협을 받고 있는 국민을 탈출시킬 필요가 있을 때 전쟁이나 군사적 개입의 정당성이 인정된다.                                    O | X

중대한 인도적 위기가 발생해야 한다.                                              답 O

---

**038**

23. 외무영사직

월저(M. Walzer)에 따르면 대표성을 증명한 분리독립 운동가의 분리독립 운동을 지원할 필요가 있을 때 전쟁이나 군사적 개입의 정당성이 인정된다.                       O | X

정당한 분리독립에 대한 지원은 정당한 전쟁이다.                                    답 O

---

**039**

23. 외무영사직

월저(M. Walzer)에 따르면 국가의 영토적 존엄성과 정치적 주권에 대해 급박하고 임박한 위협이 존재할 때 전쟁이나 군사적 개입의 정당성이 인정된다.                     O | X

국가주권 수호를 위한 전쟁은 정당한 전쟁이다.                                      답 O

---

**040**

23. 외무영사직

월저(M. Walzer)에 따르면 정치체제와 경제체제를 변화시키기 위해 개입할 때 전쟁이나 군사적 개입의 정당성이 인정된다.                                          O | X

정치체제와 경제체제 변화를 위한 개입은 정당한 전쟁이 아니다.                        답 X

---

## 제6절 기타 안보개념

**041**

19. 외무영사직

사이버 공격이 발생했을 때 책임 소재가 분명하므로 효과적으로 보복할 수 있다.
                                                                        O | X

사이버 공격의 특징은 공격 주체가 불분명하므로 책임 소재를 명확하게 구별하기 어렵다는 것이다.                                                                답 X

**042**

19. 외무영사직

개인 등 비국가 행위자들은 사이버 공간을 통해서 안보 문제에 영향력을 행사할 수 없게 되었다.                                                                                    O | X

사이버 공격의 주체는 국가보다 해커집단이나 테러리스트 등과 같은 비국가 행위자들이 나서는 경우가 많다.                                                                    답 X

**043**

19. 외무영사직

2013년 북대서양조약기구(NATO)는 사이버 전쟁의 교전 수칙으로 탈린 매뉴얼(Tallinn Manual)을 발간하였다.                                                            O | X

탈린 매뉴얼(Tallinn Manual)은 2008년 에스토니아에 대한 대규모 디도스 공격에 수도인 탈린의 인터넷이 마비된 사건을 계기로 사이버전 가능성에 대한 인식 제고, 사이버 교전시 전쟁권(jus ad bellum) 및 교전규칙(jus in bello) 등 기존 전시국제법을 어떻게 적용할 것인가에 대한 고민을 바탕으로 작성된 것이다. 탈린 매뉴얼(Tallinn Manual)의 취지는 사이버공간상의 합의된 국제규범이 부재한 상황에서 기존 국제법의 적용기준을 확인하는 것으로서 사이버 공격시 대응하는 일부 국가들의 국가관행을 축적하고 반여하여 국제법상 정당성을 확보하려는 것이다. 탈린 매뉴얼(Tallinn Manual)은 국제법적 구속력을 갖는 것은 아니다.                                                              답 ○

**044**

19. 외무영사직

사이버 공간의 안보 및 질서 구축에 있어서 미국은 정부간주의(intergovernmentalism)를, 중국은 다중이해당사자주의(multistakeholderism)를 주장하였다.        O | X

미국이 다중이해당사자주의(multistakeholderism)를, 중국이 정부간주의(intergovernmentalism)를 선호한다. 미국, EU 등 서방국가들은 2011년 런던 사이버스페이스 총회를 계기로 런던 프로세스를 수립하여, 기업 등 민간을 논의에 포함시키는 다중이해당사자주의(multistakeholderism)를 표명하고 있다. 반면, 중국을 포함한 BRICS 및 제3세계 국가들은 정부간 기구인 UN 및 ITU(International Telecommunication Union) 등 UN 산하기구에서의 논의를 통해 우위 확보를 추구하는 한편, 상하이협력기구(SCO) 등 지역협력을 통한 주도권 모색, 정부간 논의를 통한 규제체계 확립에 집중하고 있다.                                                                                         답 X

**045**

21. 외무영사직

식량안보의 핵심은 공급의 안정성과 식품의 안전성이 포함된 획득 가능성, 접근 가능성, 이용 가능성이다.                                                                   O | X

식량안보는 전 세계적 식량부족 문제에 대한 것이다. 공급차원의 문제와 수요 차원의 문제가 복합적으로 결부된 문제이다.                                                     답 ○

**046**

21. 외무영사직

식량위기가 발생하는 원인은 세계적 분배문제가 아니라 식량공급이 수요를 따르지 못하기 때문이다.                                                                          O | X

식량위기는 공급 부족이나 수요 증가의 문제와 함께 세계적 분배문제에서 비롯되었다고 평가된다.                                                                                    답 X

**047**

21. 외무영사직

곡물 수요증가의 배경에는 사료용 곡물 수요증가, 인구증가, 곡물의 바이오 에너지화 등이 있다.

O I X

곡물의 바이오 에너지화는 곡물이 바이오 에너지에 활용되는 것을 의미한다. 곡물 수요량 증가의 요인이다. 바이오 에너지(Bio - Energy)란 바이오 매스를 직접 또는 생화학적·물리적 변환과정을 통해 액체, 가스, 고체연료나 전기, 열에너지 형태로 이용하는 화학, 생물, 연소공학 등의 기술을 말한다. 바이오 매스란 태양에너지를 받은 식물과 미생물의 광합성에 의해 생성되는 식물체, 균체와 이를 먹고 살아가는 동물체를 포함한 생물유기를 뜻한다.

답 ○

**048**

21. 외무영사직

식량 공급의 부족 원인은 유가와 비료비 인상, 농업 투자 감소, 비식용 농작물 생산 확대, 기후변화로 인한 자연재해 등이 있다.

O I X

식량안보는 수요증가와 공급부족이 결합된 문제이다.

답 ○

m e m o

**001**
14. 외무영사직

1972년 ABM협정은 파편폭탄, 인화성 무기, 부비트랩, 지뢰 등의 무기 사용 금지 등을 규정한 조약이다.　　　　　O | X

ABM협정은 상호확증파괴체제(MAD)를 강화하기 위해 미국과 소련이 상호 탄도탄요격 미사일(ABM) 보유를 제한하고자 한 조약이다.　　　　　답 X

**002**
예상논점

공세배치해제, 완충지대 설치, 특정무기개발금지 등은 운용적 군비통제에 해당한다.　　　　　O | X

특정무기개발금지는 구조적 군비통제에 해당한다.　　　　　답 X

**003**
예상논점

한국은 북한과의 관계에서 있어서 선 군비축소, 후 신뢰구축을 추진하고자 한다.　　　　　O | X

한국의 입장은 선 신뢰구축, 후 군축이다. 북한은 선 군비축소, 후 신뢰구축을 주장한다.　　　　　답 X

**004**
예상논점

군비통제란 현재 보유 중인 군사력 전반 또는 특정 무기체계를 감축 또는 폐기하는 것을 말한다.　　　　　O | X

군비축소의 개념이다. 군비통제는 군비경쟁을 완화하는 데 초점을 둔다. 군비제한을 포함한다.　　　　　답 X

**005**
예상논점

워싱턴해군군축회의(1922)에서는 미국, 영국, 일본, 프랑스가 주력함의 보유 비율을 5 : 5 : 3 : 1.75로 하기로 합의하였다.　　　　　O | X

워싱턴해군군축회의(1922)는 이탈리아를 포함한 5개국 간 합의이다. 이탈리아도 프랑스와 마찬가지로 1.75의 비율로 결정되었다. 일부에서는 1.67로 표시되기도 한다.　　　　　답 X

**006**
예상논점

2010년 미국과 러시아는 New - START를 체결하여 전략핵탄두수를 1,550기로 감축하기로 하였다.　　　　　O | X

New - START는 1994년 발효된 START - I이 2009년 종료되면서 START - I을 대체한 조약이다.　　　　　답 ○

**007**
예상논점

운용적 군비통제 사례에는 신뢰구축조치, 유럽재래식무기감축조약(CFE), 대규모 군사 훈련의 사전통보, 중거리핵무기감축조약(INF) 등이 있다. O | X

유럽재래식무기감축조약(CFE), 중거리핵무기감축조약(INF)은 구조적 군비통제 사례에 해당한다. 답 X

**008**
예상논점

베르사유조약(1919)은 패전국인 독일의 군사력을 현저히 감축시켜 병력 보유를 전면금지하는 한편, 탱크나 중화기의 소유를 금지하고, 전함 및 잠수함의 보유 역시 전면금지하였다. O | X

병력은 육군병력을 10만 명으로 제한하였다. 즉, 전면금지는 아니다. 또한 전함은 6척을 허용하였다. 답 X

**009**
예상논점

제1단계 전략무기감축협정(START I)은 1991년 체결되고 1994년 발효되었으며 소련 붕괴 이후 우크라이나, 카자흐스탄, 벨라루스도 가입하였고, 2009년 12월 종료되었다. O | X

전략무기감축협정(START I)은 2010년 New-START에 의해 대체되었다. 답 O

**010**
예상논점

UN안전보장이사회산하에 설치된 UN군축위원회(UNDC)는 UN전회원국이 참가하는 기구로서 수많은 군축 이슈들 중에서 2, 3개의 특정 이슈만을 선정하여 이를 집중 토론함으로써 각국의 입장을 보다 잘 이해하고 추후 협상시 상호 간의 괴리를 좁혀 구체적인 결과를 도출하는 데 기여한다. O | X

UN군축위원회(UNDC)는 UN총회의 산하기구이다. 답 X

**011**
예상논점

제네바군축회의(CD)는 1978년 제2차 군축특별총회의 결정에 따라 1979년 설치된 세계 유일의 다자군축협상기구로서 한국과 북한은 1996년 동시 가입하였으며 생물무기금지협약, 화학무기금지협약 등을 성사시켰다. O | X

북한도 제네바군축회의(CD)에 가입하였다는 점에 주의하여야 한다. 답 O

**012**
예상논점

베르사유조약(1919)은 독일의 군사력에 대한 통제를 가한 조약으로서 1930년대 히틀러의 현상변경정책에 의해 무력화되었으나 영국을 비롯한 유럽 열강은 유화정책의 견지에서 이를 용인하였다. O | X

베르사유조약(1919)상의 군비 제한 규정은 1930년대에 들어서 히틀러에 의해 대부분 폐기되었으나, 영국은 유화정책으로 대응하였다. 영국은 유럽의 세력균형을 위해 독일의 적절한 재군비가 필요하다고 판단하고 있었다. 답 O

**013**

예상논점

SALT I(1972)은 미국과 소련이 상호확증파괴체제를 강화하기 위해 ABM의 발사기지와 수량을 통제하기로 합의하였으며, 부시(G. W. Bush) 행정부는 미사일방어체제(MD)를 구축하기 위해 러시아와 '공격용 전략 무기 감축 협정(SORT)'을 체결하여 ABM조약을 폐기하였다. O | X

부시 행정부의 ABM조약 폐기는 일방적이었다. 즉, 공격용 전략 무기 감축 협정(SORT)을 체결해서 합의하여 폐기한 것이 아니다. 다만, 러시아의 반발을 완화시키는 차원에서 공격용 전략 무기 감축 협정(SORT)을 체결한 점은 옳다. 답 X

**014**

예상논점

제네바군축회의는 다자간군축회의로서 1968년 핵비확산조약(NPT) 체결을 주도하였으며, 동 회의에 한국은 1996년 가입하였으나 북한은 2015년 7월 현재 미가입국이다. O | X

제네바군축회의(CD: Conference on Disarmament)는 국제사회에서 유일한 다자 군축 협상기구로서, 스위스 제네바에 위치하고 있다. 현재의 CD는 1978년 제1차 UN 군축 특별 총회의 결정에 따라서 군축위원회(Committee on Disarmament)라는 명칭으로 1979년 설립되었으며, 이는 1960년 설립된 10개국 군축위원회(TNDC: Ten Nations Disarmament Commission)를 발전적으로 계승한 것이다. 북한도 1996년 가입하였다. 답 X

**015**

예상논점

SALT I에서는 방어용 전략무기 규제협정 및 공격용 전략무기의 수량 제한에 관한 잠정협정이 채택되었다. 공격용 전략무기의 수량 제한에 관한 잠정협정에 의하면 미국과 소련은 탄도탄요격 미사일 발사 기지는 각각 1개소로 축소하고, 수량도 100기로 제한한다. O | X

미국과 소련은 탄도탄요격 미사일 발사 기지는 각각 1개소로 축소하고, 수량도 100기로 제한하는 것은 방어용 전략무기 규제협정에 대한 설명이다. 답 X

**016**

예상논점

SALT Ⅱ는 1979년 6월 오스트리아 빈에서 정식 조인되었으나 발효되지 않았다. 동 조약은 양측이 보유할 수 있는 ICBM, SLBM, 공대지 탄도미사일 및 전략 폭격기의 총수를 조약 발효와 동시에 2,400기 이하로 제한하고, 다시 1981년 말까지 2,250기 이하로 제한하였다. 다만, 새로운 공격용 전략무기 개발 금지에 대해서는 합의되지 않았다. O | X

새로운 공격용 전략무기 개발 금지에 대해서도 합의되었다. 답 X

**017**

예상논점

START I은 1991년 체결된 조약으로서 미국과 소련은 배치 중인 전략핵무기의 30%를 감축해 양국 간 전략핵의 균형을 달성하고자 하였다. O | X

이후 START I은 1994년 발효되었으며 2009년까지 효력이 유지되었다. 답 O

**018**
예상논점

New - START는 미국과 러시아가 2002년 5월 합의한 핵군축조약으로서 양국이 보유한 핵탄두를 2012년까지 1,700 ~ 2,200기로 감축하기로 하였다. O | X

미국과 러시아가 2002년 5월 합의한 핵군축조약으로서 양국이 보유한 핵탄두를 2012년까지 1,700 ~ 2,200기로 감축하기로 한 것은 공격용 전략 무기 감축 협정(SORT)에 대한 설명이다. 답 X

**019**
예상논점

밀스(C. W. Mills)에 의하면 군산복합체(Military - Industrial Complex)는 국방비 증액을 위해서 노력하는 집단으로서 여기에는 정치가, 군부 등이 포함된다. O | X

밀스(C. W. Mills)가 '파워 엘리트'라는 책에서 제시한 개념이다. 군산복합체(Military - Industrial Complex)는 그 자체로 '파워 엘리트(power elite)'를 형성하고 있다. 군산복합체(Military - Industrial Complex)론은 권력이 다원주의 정치과정을 통해 획득되는 것이 아니라, 소수 엘리트에 집중되어 있다고 보는 이론이다. 답 ○

**020**
23. 외무영사직

중거리핵무기폐기협정(INF)은 1987년 미국과 소련 간 체결된 조약이다. O | X

레이건과 고르바초프가 체결한 조약으로 중단거리 핵무기 폐기를 합의한 조약이다. 답 ○

**021**
23. 외무영사직

전략무기감축협정 II(START II)은 START I이 1991년 체결된 이후인 1993년 1월 3일 체결되었으며 1994년 11월 발효되었다. O | X

발효되지 않은 조약이다. 답 X

**022**
23. 외무영사직

전략공격무기감축협정(SORT)은 2002년 5월 체결되었고 2022년에 만료되었다. O | X

SORT는 2012년에 만료되었다. 답 X

**023**
23. 외무영사직

포괄적 핵실험금지조약(CTBT)은 1996년 체결되었으나 현재 미발효상태이다. O | X

현재 미발효상태이다. 답 ○

# 제3편

# 강대국 대외정책

## 제1절  총론

### 001
16. 외무영사직

미국 대통령의 권한에는 대사임명, 전쟁선포, 전쟁 지휘, 조약협상 등이 포함된다.

O | X

전쟁선포는 미국 의회의 권한이다.

답 X

### 002
12. 외무영사직

미국의 역사학자인 미드(Walter R. Mead)는 역대 미국 행정부 외교정책 이념을 '건국 이후 형성된 전통'에서 연원을 찾아 네 가지로 구분하였다. 해밀턴주의는 상공업을 중시하는 전통으로 미국의 경제적 이익을 최우선하는 전통이다. 잭슨주의는 미국의 이해와 명예를 지키는 일에 최우선을 두고 미국을 반대하는 세력들을 신속하고 철저하게 응징하는 일을 기본 외교목표로 두고 있다. 먼로주의는 최소 정부 전통으로 외교무대에서 중립을 지켜 타국의 일에 개입하기를 원치 않는 전통이다. 윌슨주의는 미국의 민주주의 가치를 세계에 전파하고 평화를 위한 세계 각국의 책임과 국제적 협력을 강조하는 전통이다.

O | X

미드(Walter R. Mead)의 네 가지 구분에는 먼로주의가 아니라 제퍼슨주의가 있다. 미국의 고립주의 전통을 제퍼슨주의라고 하며, 먼로주의 역시 고립주의를 의미한다. 미드(Walter R. Mead)는 그의 저서 『미국의 외교정책, 세계를 어떻게 변화시켰나』를 통해 미국 대외정책의 조류를 해밀턴주의, 윌슨주의, 제퍼슨주의, 잭슨주의로 구분하였다. 해밀턴주의는 1790년대 미국의 연방주의자들의 사고를 대변하는 외교이념으로서 상업과 공업적 이익을 추구하는 강력한 중앙정부에 의해 대외정책에 있어서 미국의 경제적 이익을 최우선으로 설정하였다. 해밀턴주의는 미국의 중상주의적 사고로서 국가에 의한 기간산업의 육성, 관세에 의해 강력한 보호정책 등의 필요성을 역설하였다. 제퍼슨주의는 해밀턴주의의 대척점에 선 입장으로서 반연방파의 입장을 대변한 것이다. 제퍼슨주의는 작은 정부를 지지하고 대외관계에 있어서는 중립주의 또는 불간섭주의를 천명하였다. 윌슨주의는 미국의 민주주의 가치를 세계에 전파하고 평화를 위한 세계 각국의 책임과 국제적 협력을 강조하는 전통이다. 잭슨주의는 철저한 대중정치 전통을 받아 미국의 이해와 명예를 지키는 일에 최우선을 두고 미국을 반대하는 세력들을 신속하고 철저하게 응징하는 일을 기본 외교 목표로 두고 있다. 윌슨주의와 잭슨주의 전통은 미국 국제주의의 한 단면으로 이해된다.

답 X

### 003
10. 외무영사직

선제공격의 가능성을 표명한 부시 독트린은 국제여론을 무시한 고립주의의 사례이다.

O | X

부시 독트린은 이른바 불량국가들을 무력공격하여 정권을 교체해야 한다고 보는 입장으로, 국제주의 전략이다.

답 X

## 004
10. 외무영사직

먼로 독트린은 국제주의 노선에 해당된다. O | X

고립주의 노선으로 본다. 미국 제5대 대통령 제임스 먼로(James Monroe)가 1823년 12월 2일 의회 국정연설에서 남북 아메리카에 대한 유럽의 간섭을 거부하는 상호 불간섭 원칙을 선언한 것이다. 먼로 독트린은 흔히 제국주의적 팽창주의나 개입·간섭주의에 대비되는 고립주의의 전형처럼 알려져 있지만 실은 적극적인 팽창·개입주의와 표리일체를 이루고 있는 측면도 있다. 먼로 독트린은 나폴레옹 전쟁 직후인 1814 ~ 15년에 성립된 유럽의 빈 체제에 대한 대항 이데올로기적 성격을 갖고 있었다. 빈 체제는 프랑스 혁명으로 해체위기에 직면한 전통적 군주체제를 복원하고 옛 영토와 지배자, 옛 질서를 되살리려는 보수·복고 체제였다. 먼로 독트린는 스페인 등의 쇠퇴로 촉발된 중남미 식민지들의 유럽 이탈 움직임에 대한 유럽의 간섭 및 알래스카를 지배하고 있던 러시아의 남하정책에 대처하면서 아메리카 대륙에 대한 미국의 독점적 우월권을 선포한 것이었다. 즉, 자신이 열세였던 유럽에 대해서는 고립주의를 내건 간섭 배제를, 상대적으로 우월한 남북 아메리카 등 비유럽권에는 강력한 개입·팽창정책을 추구하였다. 미국이 고립주의에서 벗어나기 시작한 것은 1898년 미국 – 스페인 전쟁이고 결정적인 전환은 1941년 일본의 하와이 진주만 기습 이후로 알려져 있다. 답 X

## 005
예상논점

미국의 제2차 세계대전 이후 대외정책은 현실주의적 국제주의에 기초하여 미국적 가치의 대외 확산을 추구해 왔다. O | X

냉전기 미국의 대소련정책은 봉쇄정책이다. 확산정책은 탈냉전기의 정책이다. 답 X

## 006
예상논점

먼로 독트린은 현실주의적 고립주의전략으로서 불간섭주의, 고립주의, 비식민주의를 내용으로 한다. O | X

먼로 독트린은 자유주의적 고립주의 전략이다. 고립주의전략을 표방하고 이를 실천하는 전략으로 군사적 전략에 의존한 것은 아니고 강대국들과의 협력을 추구하였으므로 자유주의전략이다. 답 X

## 007
예상논점

잭슨주의는 미국의 반대세력에 대한 신속한 응징을 추구하는 외교이념으로서 월츠(K. Waltz)의 방어적 현실주의 관점과 유사하다. O | X

잭슨주의는 미어샤이머의 공격적 현실주의와 유사하다. 한편으로는 공격적 현실주의를 수용하고 있는 신보수주의 입장과도 같다. 힘에 기초한 평화와 패권추구 정책을 지지한다. 답 X

## 008
17. 외무영사직

먼로 독트린은 유럽에 대해서 고립주의를, 미주 대륙에 대해서는 패권적 개입주의를 의미했다. O | X

먼로 독트린은 유럽 국가들의 라틴아메리카 개입을 저지하면서 동 지역을 독점하기 위한 목적으로 제시된 것이다. 답 ○

**009**
17. 외무영사직

고립주의는 부패한 유럽과 달리 미국이 순결한 '미국의 혼'을 가진다는 예외주의와 긴밀히 연관된다.                                                                    O | X

미국 예외주의는 고립주의로 발현될 수도 있고, 개입주의로 발현될 수도 있다. 미국이 상대적 약소국의 시기에는 예외주의는 고립주의 전략으로 발현되어 내치에 주력하게 된다.
답 O

**010**
17. 외무영사직

19세기 동안 미국은 고립주의를 외교정책의 원칙으로 채택해 자유주의적 개입주의 정책을 수립하지 않았다.                                                            O | X

자유주의적 개입주의 정책이란 국제문제에 개입하면서도 그 수단으로 다자제도나 다자회의를 활용하는 것이다. 19세기 후반 미국의 문호개방선언(정책)은 동아시아에 대한 개입정책이며, 군사력을 수단으로 하지 않고 외교적 접근을 지향했다는 점에서 자유주의적 개입주의 정책으로 볼 수 있다.
답 X

**011**
20. 외무영사직

먼로주의는 유럽열강의 미대륙에 대한 개입을 반대하지만, 미국의 유럽에 대한 개입을 정당화하여 제1차 세계대전 참전의 근거가 되었다.                                     O | X

먼로주의는 미국의 유럽문제에 대한 간섭도 자제할 것임을 선언한 것이므로 제1차 세계대전 참전과 관련이 없다. 오히려 참전은 먼로주의에 반하는 것이다.
답 X

**012**
18. 외무영사직

트루먼 행정부에서 북대서양조약기구(NATO) 창설 및 중동지역의 공산주의 확산 방지를 위한 레바논 군사 개입이 있었다.                                              O | X

중동지역 공산주의 확산 방지를 위한 레바논 군사 개입은 '아이젠하워 독트린'에 기반한 것이다.
답 X

**013**
21. 외무영사직

닉슨 독트린은 아시아에서 핵에 의한 위협을 제외하면 아시아 제국 스스로 안보를 책임져야 한다는 내용을 담고 있다.                                                  O | X

1969년 발표된 닉슨 독트린은 미국이 베트남전에서 철수하면서 '아시아 방위의 아시아화'를 추구한 것이다.
답 O

**014**
18. 외무영사직

카터 행정부는 이스라엘 – 이집트 평화조약인 캠프데이비드협정을 중재하고, 중국과 국교를 수립하였다.                                                           O | X

카터 행정부의 주요 업적들이다.
답 O

## 015

20. 외무영사직

카터 행정부가 중국의 부상에 '건설적 관여' 정책(constructive engagement policy)으로 대응한 반면, 오바마 행정부는 소위 '아시아로의 회귀' 전략을 취하면서 아태지역에서의 전략적 역할을 강화하였다. O | X

건설적 관여정책(constructive engagement policy)이란 일반적으로 포용정책을 의미한다. 카터 행정부의 대중정책은 미중수교 등 포용정책 측면도 있었으나, 기본적으로 인권외교 기조하에서 중국에 대한 강경책을 우선시하고 있었다는 평가를 받는다. 답 X

## 016

18. 외무영사직

레이건 행정부에서 니카라과 반군지원을 위한 이란 – 콘트라 사건이 발생했고, 전략방위구상(SDI)을 추진하였다. O | X

이란 – 콘트라 사건은 미국이 비밀리에 이란에 무기를 판매하고, 그 자금으로 니카라과 내의 반군세력인 콘트라를 지원한 것을 말한다. 전략방위구상(SDI)은 현재의 MD체제와 유사한 레이건의 전략을 말한다. 답 O

## 017

21. 외무영사직

레이건 독트린은 군비경쟁을 야기하여 소련 붕괴의 원인이 되었다. O | X

레이건 독트린은 대소련 강경책을 포괄하는 정책기조이다. 소련의 경제난이 심했던 1980년대 초반 의도적으로 군비경쟁을 야기하여 소련의 군비경쟁 포기와 궁극적으로 소련 해체를 야기했다는 평가를 받기도 한다. 답 O

## 018

19. 외무영사직

미합중국 대 커티스사 판결(United States vs. Curtiss – Wright Export Corporation, 1936)은 미국 대법원의 행정부의 대외정책 권한에 대한 것이다. 대법원은 다수 의견에서 미국 대통령은 국제관계에 있어서 유일한 기관으로서 국내문제에 대해 부여된 권한보다 훨씬 더 많은 권한을 부여받았다고 전제하였다. 커티스사 판결은 의회의 허가와 무관하게 대통령은 전권을 부여받았다고 보고 행정부의 권한을 확대시킨 첫 번째 판결이었다. O | X

대통령의 권한을 확대시킨 판결이다. 답 O

## 019

19. 외무영사직

케이스 – 자블로키법(Case – Zablocki Act of 1972)은 베트남 전쟁 과정에서 발언권을 갖기 어려웠던 의회의 권한을 강화할 목적으로 제정되었다. 동법에 따르면 대통령의 행정협정에 대해 60일 이내에 하원 외교관계위원회 및 상원 국제관계위원회에 통보해야 한다. 1978년에는 하원 결의를 통해 구두협정도 통보하도록 함으로써 행정부에 대한 통제 권한을 강화하였다. O | X

케이스 – 자블로키법(Case – Zablocki Act of 1972)은 대통령의 행정협정 체결을 통제하기 위한 법이다. 답 O

**020**

19. 외무영사직

전쟁권한법(War Powers Act of 1973)은 대통령이 의회의 승인 없이 군대를 동원할 수 있는 기한을 60일 이내로 제한하였다. 동 기한 내에 의회의 동의를 받지 못한 경우 군대를 철수해야 한다. 단, 의회의 동의하에 최장 90일로 연장할 수 있다. **O | X**

전쟁권한법(War Power Act of 1973)은 대통령의 전쟁 권한을 축소시킨 법이다.

답 ○

**021**

22. 외무영사직

전쟁권한법은 미국 대통령의 외교안보정책 자율권을 강화하기 위한 의회의 조치였다. **O | X**

전쟁권한법은 전쟁에 관한 대통령의 권한을 제약할 목적으로 만든 법이다. 답 X

**022**

22. 외무영사직

닉슨 대통령은 거부권을 행사하였으나 의회는 이를 무효화하고 「전쟁권한법」을 확정하였다. **O | X**

의회는 베트남 전쟁 패배 여파로 대통령의 군사활동을 통제하고자 하는 강한 열망을 가진 시기였다. 답 ○

**023**

22. 외무영사직

미국의 전쟁권한법(War Powers Act)에 따르면 미국 대통령의 결정에 따라 파견된 미국 군대는 의회의 전쟁선포나 승인 결의안이 없을 경우 60일 이내 철수해야 한다. **O | X**

의회 동의를 받은 경우 30일 연장할 수 있다. 답 ○

**024**

22. 외무영사직

미국의 전쟁권한법에 따르면 미국 대통령은 무력사용 이전 의회와 최대한 협의해야 하며, 병력 파견 시 48시간 이내 의회에 통보해야 한다. **O | X**

사전 합의를 요하는 것은 아님에 주의한다. 답 ○

**025**

19. 외무영사직

정보감시법(Intelligence Oversight Act of 1980)은 행정부의 비밀조치를 상하 양원 관련 위원회에 통보할 것을 규정하여 행정부의 권한을 통제하고 있다. **O | X**

정보감시법(Intelligence Oversight Act of 1980)은 행정부의 비밀조치도 의회가 통제하고자 한 법이다. 답 ○

**026**
20. 외무영사직

베트남전쟁 이후, 대통령의 독주를 견제하기 위해서 의회는 의회예산국을 신설하고 의회조사국을 확대개편하였다. O | X

미국이 베트남전쟁에서 사실상 패한 이후 미국 정치는 대통령의 무력사용권을 다차원적으로 통제하는 데 관심을 두고 있었다. 의회예산국(CBO) 신설이나 의회조사국 확대도 같은 맥락이다. 미국 의회예산국은 1974년 7월, 리처드 닉슨 대통령이 서명한 「의회예산·지출유보통제법」에 의거해 만들어진 입법 보조기관이다. 1975년 2월에 공식 출범했다. 미국의 예산심의절차는 연방 상원과 하원의 예산위원회가 각각 예산안을 작성해 이를 토대로 의회가 예산결의안을 만들고 심의한다. 대통령이 예산안을 의회에 제출하긴 하지만, 의회는 이를 참고할 뿐이다. 한편, 미국 의회조사국(Congressional Research Service)는 100여 년의 역사를 지닌 초당파적 연구기관으로서, 미국 의회의 공식적인 싱크탱크이다. 1970년 미국 의회도서관 내 '입법참조국'을 '의회조사국'(CRS)으로 개칭, 분석·연구 능력을 확대해 행정적 독립성을 부여하면서 탄생했다. 각 분야 전문가 800여 명이 만드는 CRS 보고서는 미국 의회의 정책이나 법안에 직접적인 영향을 미친다. 의회조사국(CRS)은 의회예산처(CBO), 미국 연방회계감사원(GAO), 기술평가원(OTA)과 함께 미국 의회의 4대 입법보조기관 중 하나이다. 답 O

**027**
20. 외무영사직

9.11 사태를 계기로 기존의 애국주의를 대체하는 일방주의와 선제공격을 특징으로 하는 부시 독트린이 생겨났다. O | X

미국의 애국주의(patriotism)는 미국은 선택을 받은 독특한 국가이므로 충성을 다해야 한다는 사조를 의미한다. 미국 예외주의가 반영된 것이기도 하다. 9.11 이후 일방주의와 부시 독트린은 이러한 애국주의(patriotism) 또는 미국 예외주의에 기초하거나 이를 반영한 것이다. 즉, 애국주의(patriotism)를 '대체'한 것은 아니다. 답 X

## 제2절 탈냉전기 역대 행정부 대외정책

**028**
12. 외무영사직

미국 부시 행정부의 대외정책에 영향을 주었던 신보수주의 노선에 의하면 미국의 민주주의를 대외적으로 확산하는 것이 중요한 국가이익이고, 이를 위해 필요한 경우 군사력을 사용해야 한다. O | X

신보수주의 노선은 미국적 가치의 확산을 대외정책에서 중요한 가치로 선정하였다. 답 O

**029**
12. 외무영사직

미국 부시 행정부의 대외정책에 영향을 주었던 신보수주의 노선에 의하면 미국은 군사적 우위를 계속 확보하고 다른 강대국의 미국의 지위에 도전하지 못하도록 지속적으로 군사력을 강화해야 한다. O | X

신보수주의 노선의 핵심 목표는 미국적 국제주의, 즉 미국 중심 패권체제를 유지 및 강화하는 것이었다. 답 O

**030**
12. 외무영사직

미국 부시 행정부의 대외정책에 영향을 주었던 신보수주의 노선에 의하면 미국은 중요한 국가이익을 달성하기 위한 외교정책을 수행하는데 다자주의보다는 일방주의 노선을 취할 의지와 능력을 갖추어야 한다. O | X

다자주의는 제도나 레짐을 형성하여 공동의 문제를 해결해 나가는 전략이다. 신보수주의는 다자주의 대신 일방주의를 선택하였다. 답 O

**031**
12. 외무영사직

미국 부시 행정부의 대외정책에 영향을 주었던 신보수주의 노선에 의하면 미국은 대량살상무기를 개발하거나 확산하려는 '불량국가'에 대해 봉쇄정책을 추진해야 한다. O | X

불량국가에 대한 봉쇄정책이나 억지정책 대신 '선제공격'을 가해 정권을 교체하는 전략을 채택하였다. 정권교체전략은 아프가니스탄과 이라크에 대해 실제로 적용되었다. 답 X

**032**
예상논점

신보수주의 사상은 홉스적 국제정치관을 바탕으로 국제관계를 선과 악의 대립구조로 파악하며 악을 제거하기 위한 전쟁은 정당하다고 본다. O | X

악을 제거하기 위한 전쟁을 정당한 전쟁에 포함시킨다. 그러나 선과 악에 대한 판단을 미국이 한다는 점에서 일방주의적 경향을 띤다. 답 O

**033**
예상논점

신보수주의는 동맹관계보다 미국의 국가이익을 강조한다는 점에서 전통적 보수주의와 구분된다. O | X

양자의 근본적 차이점이 동맹에 대한 인식에서 드러난다. 신보수주의는 동맹이 반대하는 정책도 미국의 일방적 판단하에 전개할 수 있다고 본다. 답 O

**034**
예상논점

탈냉전기 조지 부시 행정부는 클린턴 행정부와 달리 패권안정전략을 구사하였다. O | X

클린턴 행정부도 패권안정전략을 추진하였다. 패권안정전략은 탈냉전기 미국의 일관된 정책 기조로 볼 수 있다. 답 X

**035**
18. 외무영사직

클린턴 행정부 시기 북미자유무역협정(NAFTA)이 발효되었고, 이스라엘 - 팔레스타인 간 오슬로평화협정을 주도하였다. O | X

NAFTA협정은 부시 행정부가 타결지었으나 클린턴 행정부에서 발효되었다. 또한 1993년과 1995년에 오슬로평화협정도 타결하였다. 답 O

**036**
예상논점

민주당 행정부는 전통적으로 'Win - Win 전략'보다는 'Win Plus 전략'을 추진하였다.
O | X

클린턴 행정부는 Win - Win 전략을, 오바마 행정부는 Win Plus 전략을 추진하였다. Win - Win 전략은 중동과 동아시아 2개의 전쟁에서 모두 승리할 수 있을 정도의 군사력을 유지한다는 것이고, Win Plus 전략은 중동에서는 억지를, 동아시아에서는 최종적 승리를 추구하는 것이다.
답 X

**037**
예상논점

클린턴 행정부는 '동아시아 안보전략 구상'보고서를 통해 동아시아 정책으로서 '개입'과 '확산'정책을 제시하였다. 개입정책은 동아시아에 주둔하고 있는 10만의 미군을 지속적으로 주둔시킨다는 전략을, 확산정책은 자유민주주의 가치를 동아시아 국가들에게 지속적으로 전파해 나간다는 전략을 의미한다.
O | X

개입정책을 위해 기존의 한미동맹과 미일동맹의 유지를 결정하였다.
답 ○

**038**
예상논점

클린턴 제2기 행정부는 동아시아 안보전략에 있어서 일본을 핵심파트너로 선정하였으며, 미일 신안보체제하에서 일본의 주도와 미국의 지원이라는 전략 구도를 확정하였다.
O | X

미국이 주도하고 일본이 지원하는 체제를 수립하였다.
답 X

**039**
예상논점

미국은 ARF 창설 당시 동아시아 다자주의에 대해 소극적 태도를 취하여 이에 가입하지 않았으며, 이후 2001년 부시 행정부 들어 ARF에 가입하였다.
O | X

미국은 출범 초기부터 ARF에 가입하였다.
답 X

**040**
예상논점

미국은 APEC 창설 당시에는 소극적 태도를 보였으나, 이후 클린턴 정부 들어 적극적 태도로 변화하여 1994년 보고르선언을 주도하였다.
O | X

APEC 창설을 주도한 나라는 호주와 일본이었다. 미국은 1989년 APEC 창설 당시부터 가입하였으나 동아시아 개입을 표방한 클린턴 행정부 시기부터 본격적으로 참여하고 주도하기 시작하였다.
답 ○

**041**
예상논점

부시 행정부(2001)는 기존의 삼중점체제를 개편하여 ICBM, SLBM, 전략핵폭격기로 구성된 신삼중점체제(New - Triad) 전략을 채택하였다.
O | X

ICBM, SLBM, 전략핵폭격기를 삼중점체제라고 한다.
답 X

**042**
예상논점

부시 행정부는 부시 독트린에 기초하여 해외주둔미군 재배치 전략을 구사하였으며, 이를 위해 해외주둔미군기지를 전력투사근거지, 주요작전기지, 전진작전기지, 안보협력대상지역으로 재편하였다.
O | X

럼스펠트 독트린에 대한 설명이다. 부시 독트린은 선제공격 독트린을 의미한다.
답 X

**043**
예상논점

부시 행정부의 해외주둔미군 재배치 전략에 따르면 일본, 영국, 독일 등은 전력투사근거지, 한국, 폴란드 등은 전진작전기지에 해당한다. O | X

독일과 한국은 주요작전기지, 폴란드와 루마니아는 전진작전기지에 해당한다. 답 X

**044**
예상논점

부시 행정부는 핵태세검토보고서(2002)를 통해 기존의 능력기반접근에서 위협기반접근으로 핵전략의 근본적 기조를 변경하였다. O | X

위협기반접근에서 능력기반접근으로 핵전략의 기조를 변경하였다. 답 X

**045**
예상논점

부시 행정부의 핵태세검토보고서(2002)에 따르면 악의 축에 해당하는 북한, 이라크, 이란, 리비아, 시리아, 중국, 러시아가 선제핵공격 대상이다. O | X

중국과 러시아는 악의 축이 아니다. 그러나 선제공격 대상에는 포함된다. 답 X

**046**
예상논점

부시 행정부의 핵태세검토보고서(2002)는 핵무기를 일부 감축하는 한편, 소형 핵무기 개발을 추진하였다. O | X

선제핵공격을 위해 소형 핵무기 개발을 추진한 것이다. 답 ○

**047**
예상논점

미국은 국가안보전략보고서(2002)를 통해 냉전시대의 억지 및 봉쇄전략과 같은 피동적 방법으로는 새로운 안보위협에 대응할 수 없다고 보고 선제공격의 불가피성을 역설하였다. O | X

새로운 안보위협의 성격은 합리적 행위자가 아니라는 점이다. 그래서 억지가 불가능하다고 보고 선제공격을 천명한 것이다. 답 ○

**048**
예상논점

부시 행정부(2001)는 핵전략의 기조를 비확산전략과 반확산전략으로 구분하였으며, 비확산전략보다는 반확산전략에 중점을 두고 핵전략을 추진하였다. O | X

반확산전략은 능력기반접근의 하나로서 군사적 접근을 강조한다. 선제공격, 미사일방어, 확산방지구상(PSI)이 여기에 해당한다. 답 ○

**049**
예상논점

부시 행정부(2001)는 '넌 – 루거 법안'에 기초한 '협력적 위협 감축 프로그램'을 도입하여 핵확산에 대응하고자 하였다. O | X

넌 – 루거 법안은 1990년대 초에 도입되었다. 재정지원과 핵폐기를 교환하는 것을 골자로 한다. 답 X

**050**

예상논점

부시 행정부(2001)의 대량살상무기 대응전략에는 선제공격 독트린이 포함되었으며, 이는 기존의 억지전략이 합리성을 전제하나, 테러세력에 대해서는 이러한 전제조건이 더 이상 충족되지 못한다는 점을 고려한 것이었다.    O | X

행위자의 합리성은 억지전략의 대전제이다. 테러세력은 보복공격을 당할 것을 알면서도 공격을 하는 주체이므로 억지가 어렵다.    답 O

---

**051**

예상논점

오바마 행정부(2009)는 대외정책 추진에 있어서 민주당이 보여주었던 자유주의적 국제주의 노선을 전형적으로 보여주고 있으며, 미국의 이익보다는 미국적 가치에 집중하고 있다.    O | X

오바마 행정부(2009)는 미국의 이익에 집중하는 실용주의적 태도로 평가되었다.    답 X

---

**052**

예상논점

오바마 행정부는 대외관계에 있어서 경성권력보다는 연성권력을 보다 중시하는 스마트파워외교를 추진하고 있다.    O | X

스마트파워외교는 연성권력과 경성권력을 동시에 추구하는 전략이다. 자국이 가진 힘을 대상, 이슈영역, 시기에 따라 적절하게 배합할 수 있는 지혜를 의미한다.    답 X

---

**053**

예상논점

오바마 행정부는 핵태세검토보고서(2010)를 통해 핵무기 이외의 공격을 억지하기 위한 핵무기의 역할 감소를 천명함으로써 핵무기 선제 불사용 원칙(No First Use)을 채택하였다.    O | X

핵무기 선제 불사용 원칙(No First Use)은 채택되지 않았다. 핵무기 비확산규범을 준수하지 않는 국가에 대해서는 선제핵공격을 가할 수도 있다고 하였다.    답 X

---

**054**

예상논점

오바마 행정부는 '핵없는 세계'를 기치로 현재 미발효 중인 포괄적 핵실험 금지조약(CTBT)의 비준을 실현하였다.    O | X

오바마 행정부에서도 포괄적 핵실험 금지조약(CTBT)의 비준은 실현되지 못하였다.    답 X

---

**055**

예상논점

오바마 행정부는 전 세계적 핵 비확산체제를 강화하기 위해 2010년부터 핵안보정상회의를 개최하였다.    O | X

비확산과 핵안보는 구분된다. 핵안보정상회의는 핵 비확산체제 강화를 목적으로 하는 것이 아니다. 국가에 의한 수평적 확산을 막는 것이 비확산이라면, 핵안보는 비국가행위자에 의해 핵확산을 통제하는 것을 목적으로 한다.    답 X

**056**

21. 외무영사직

트럼프 행정부는 '아시아로의 회귀(Pivot to Asia)' 정책을 도입하여 중국봉쇄정책을 추구하였다.

O | X

'아시아로의 회귀' 정책 기조는 오바마 행정부에서 제시된 것이다. 미국이 중동이나 중앙 아시아에 집중했던 것에서 벗어나 중국의 부상을 견제하기 위해 아시아에 미국의 힘을 집 중시키는 전략이다.

답 X

## 제3절 안보정책

**057**

15. 외무영사직

부시 독트린(2002)은 억지전략의 강화를 통한 테러위협 제거를 주요 골자로 한다.

O | X

부시 독트린은 '선제공격 독트린'을 의미한다. 9.11 테러는 억지전략의 위험성에 대한 반 성을 야기하였고, 부시 행정부는 핵공격에 대해 억지전략 대신 선제공격 독트린을 발표하 였다. 즉, 억지전략은 행위자의 합리성을 전제로 하나, 테러세력으로부터는 이러한 합리성 을 기대할 수 없으므로 이른바 불량국가나 테러세력에 대해서는 선제공격을 통해 핵공격 의 위험을 제거하는 것이 필요하다고 보았다.

답 X

**058**

21. 외무영사직

9 · 11 테러 발생 이후 부시 행정부의 아프가니스탄 개입은 탈레반 정권을 축출하는 결 과를 가져왔다.

O | X

2001년 10월 미국은 NATO와 함께 아프가니스탄을 공격하여 정권교체에 성공했다. 그 러나 이후 내전이 지속되었으며 2021년 8월 탈레반은 아프가니스탄 정권 탈환에 성공하 였고, 미국은 아프가니스탄에서 최종 철수하였다.

답 O

**059**

14. 외무영사직

1973년 미국의회에서 통과된 전쟁권한법(War Powers Act)에 따르면 대통령은 의회가 전쟁선포나 군사행동을 승인하지 않을 경우 60일 이내에 군대를 철수시켜야 하나, 특 별한 경우 대통령은 위 군사행동 기간을 최장 120일까지 연장할 수 있다.

O | X

전쟁권한법(War Powers Act)상 미국 대통령이 의회의 승인 없이 미국 군대를 동원할 수 있는 일수를 60일간으로 한정하며 철수 및 기타에 의해 일수가 필요하다고 의회가 인 정한 경우에 한해 다시 30일의 연기가 가능하다. 전쟁권한법(War Powers Act)은 미 대통령의 전쟁권한에 일정한 제한을 가할 목적으로 제정되었다. 대통령은 군대를 교전 상 태에 투입하기 전에 의회와 협의해야 하며, 군대 투입 이후 48시간 이내에 의회에 보고해 야 한다.

답 X

**060**

예상논점

미국의 미사일방어전략은 1980년대 레이건 행정부가 추진한 'GPALS'에서 기원을 찾 을 수 있다.

O | X

GPALS는 부시(George H. Bush) 행정부 전략에 해당한다. 레이건 행정부의 '전략방어 구상'에서 비롯되었다.

답 X

**061**
예상논점

클린턴 행정부는 미사일방어전략을 미국 본토 방어를 위한 TMD와 동맹국 및 해외주둔 미군 방어를 위한 NMD로 대별하여 추진하였으나, 재정적 한계 및 기술적 한계 등을 이유로 추진을 포기하였다.  O | X

TMD가 동맹국 및 해외주둔 미군 방어를 목적으로 하는 반면, NMD가 본토 방어를 목적으로 한다.  답 X

**062**
예상논점

부시 행정부는 1972년 체결된 ABM제한조약을 폐기하고 미사일방어체제를 실전배치하는데 성공하였다.  O | X

ABM제한조약은 탄도탄요격미사일의 보유대수를 100기, 발사기지를 1개소로 제한한 조약이다.  답 ○

**063**
예상논점

미국이 추진하고 있는 미사일방어계획은 전반적으로 강대국 간 유지되고 있는 상호확증파괴체제(MAD)를 파괴할 가능성이 있어 핵군비경쟁을 유발할 위험이 높다는 비판을 받는다.  O | X

미국의 미사일방어는 중국이나 러시아의 1차 공격 자체를 무력화시키는 '거부능력'이다. 따라서 중국이나 러시아는 미국의 핵공격 위험에 노출되기 때문에 중국이나 러시아는 미국의 미사일 방어망을 무력화하는 한편, 미국의 1차 공격을 막을 수 있는 능력을 기르기 위한 경쟁을 할 수 밖에 없다. 핵군비경쟁이 야기되는 것이다.  답 ○

**064**
예상논점

부시 행정부(2001)는 표준형 봉쇄 전략의 일환으로 확산방지구상(PSI)을 추진하였으며, 이를 통해 강압적으로라도 핵확산을 막고자 하였다.  O | X

확산방지구상(PSI)은 맞춤형 봉쇄 전략에 해당한다. 맞춤형 봉쇄는 봉쇄대상의 성격에 맞춰 적합한 전략을 구사하는 것이다.  답 X

**065**
예상논점

미국이 추진하고 있는 확산방지구상(PSI)은 영해에서의 무해통항권, 공해자유원칙 등 국제법원칙을 위반할 가능성이 제기되고 있으며, 미국은 위법성 시비를 제거하기 위해 안전보장이사회결의를 추진하고 있으나, 현재까지 공해에서의 일방적 임검권을 승인하는 안전보장이사회결의는 성립되지 않았다.  O | X

영해에서 핵무기 운반선박도 무해통항권을 가지기 때문에 확산방지구상(PSI)은 이를 침해할 위험이 있다. 또한 공해상에서 차단작전을 전개한다면 이는 공해자유원칙과 상충될 위험이 있다.  답 ○

**066**
예상논점

미국은 확산방지구상을 추진하고 있는데, 이는 무력을 동원해서 상대방이 바람직한 방향으로 행동하도록 상대방의 인식에 영향을 미친다는 점에서 공세적 억지전략에 해당한다.  O | X

강압외교에 대한 설명이다.  답 X

**067**
예상논점

미국의 확산방지구상은 위협이 가시화되기 전에 위협을 제거함으로써 공격을 단념시키는 전략이라는 점에서 강압외교에 해당한다. O | X

공세적 억지전략에 대한 설명이다. 답 X

**068**
예상논점

확산방지구상은 '서산호 사건'이나 'BBC 차이나호 사건' 등에 있어서 성공적인 차단작전을 수행하였다. O | X

서산호 사건에서는 차단작전을 실시하지 못하였다. 이는 부시 행정부가 2003년 5월 확산방지구상을 구상하게 된 배경이 된 사건이다. 답 X

**069**
예상논점

미국의 전쟁권한법(1973)은 미국 대통령의 재량적 군사개입권을 축소하기 위해 대통령은 반드시 의회의 사전승인에 기초해서만 군대를 동원하도록 하였다. O | X

의회의 승인 없이 군대를 동원할 수 있는 일수를 원칙적으로 60일로 제한하였다. 즉, 반드시 사전승인이 있어야 하는 것은 아니다. 대통령의 재량적인 군대 동원일수는 60일에 30일을 추가할 수도 있다. 답 X

**070**
예상논점

오바마 행정부는 2012년 국방전략보고서에서 기존의 '윈 - 윈 전략'을 수정하여 '윈 플러스 전략'을 채택하고 동아시아에서 중국을 억지하기 위해 동아시아 재개입정책을 추진하고 있다. O | X

동아시아에서는 '결정적 승리'를 추구한다. 답 X

**071**
23. 외무영사직

쿼드(Quad)는 인도·태평양 전략 추진을 위한 안보협의체이다. O | X

미국의 인도·태평양 전략은 중국의 일대일로 정책에 대응하여 미국의 중국 봉쇄를 목표로 추구하는 전략이다. 쿼드는 인태전략의 핵심 수단으로서 미국, 일본, 호주, 인도 4국간 안보협의체이다. 답 O

**072**
23. 외무영사직

미국은 인도·태평양 전략 추진을 위해 태평양사령부의 명칭을 인도·태평양사령부로 변경하였다. O | X

트럼프행정부 들어서 태평양사령부를 인도·태평양사령부로 변경하였다. 답 O

**073**
23. 외무영사직

인도는 미국과의 양자 동맹에 입각하여 자유롭고 개방된 인도·태평양 전략 구상에 참여하고 있다. O | X

현재 미국과 인도는 양자동맹관계는 아니다. 안보협력관계이다. 답 X

**074**

23. 외무영사직

일대일로(一帶一路)를 통해 아시아, 유럽 등에서의 영향력 확대를 시도하는 중국에 대한 견제 정책이다. O | X

인도·태평양 전략은 미국이 주도하는 대중국 봉쇄전략으로서 중국위협론에 기초하고 있다. 답 O

## 제4절 대외경제정책

**075**

14. 외무영사직

환태평양 경제동반자협정(Trans - Pacific Partnership: TPP)은 2005년 뉴질랜드, 싱가포르, 칠레, 태국을 포함한 4개국 체제로 출범하였다. O | X

2005년 환태평양 경제동반자협정(TPP) 출범 당시 뉴질랜드, 싱가포르, 칠레, 브루나이가 참여하였다. 아·태지역의 관세철폐를 포함하는 자유무역협정으로서 상품 거래, 원산지 규정, 위생 검역 등 자유무역협정의 주요 사안이 포함되어 있다. 오바마 정부에서 환태평양 경제동반자협정(TPP) 가입협상을 타결하였으나, 2017년 출범한 트럼프 행정부는 이를 백지화하였다. 답 X

**076**

예상논점

오바마 행정부는 부시 행정부에서 추진된 핵안보정상회의를 승계하는 한편, TPP 가입을 처음으로 천명하고 이를 추진하였다. O | X

핵안보정상회의는 오바마 행정부가 처음 개최하였다. 그러나 환태평양 경제동반자협정(TPP) 가입은 부시 행정부에서 천명하였고, 오바마 행정부에서 실제로 협상 및 타결하였다. 답 X

**077**

예상논점

미국 부시 행정부는 2004년 TPP 창설을 주도하여 싱가포르, 뉴질랜드, 칠레, 브루나이와 함께 TPP를 창설하였으나, 미국 의회의 비준 거부로 2008년 재가입을 추진하였다. O | X

당초 미국은 환태평양 경제동반자협정(TPP) 가입국이 아니었다. 2008년에 처음 가입을 천명한 것이다. 답 X

**078**

예상논점

환태평양 경제동반자협정(TPP)은 기본적으로 역내무역자유화 및 역외국에 대한 공동관세 설정을 목표로 추진하고 있는 공동시장(Common Market) 단계에 해당된다. O | X

TPP는 FTA 단계이다. 지역주의에서 가장 차원이 낮은 것이다. 답 X

**079**
예상논점

오바마 행정부는 동아시아 재개입정책의 일환으로 '클럽전략'에 기반한 TPP전략을 추진하여 2015년 공식 타결을 지었다.　　　　　　　　　　　　　　　　O | X

클럽전략이란 특정 조건을 갖춘 국가에게만 회원국 지위를 부여하는 전략을 말한다. 2015년 10월 오바마 행정부에서 공식 타결되었으나, 2017년 1월 출범한 트럼프 행정부에서 이를 공식 폐기하였다.　　　　　　　　　　　　　　　　　　답 ○

**080**
예상논점

환태평양 경제동반자협정(Trans – Pacific Partnership: TPP)은 2005년 뉴질랜드, 싱가포르, 칠레, 태국을 포함한 4개국 체제로 출범하였다.　　　　　　　　O | X

태국은 포함되지 않는다. 브루나이가 포함된다.　　　　　　　　　　　답 X

**081**
예상논점

환태평양 경제동반자협정(Trans – Pacific Partnership: TPP)에 미국이 참가한 것은 아·태지역 경제 패권을 두고 중국을 견제하려는 목적을 가진 이른바 '도미노 전략'의 일환이다.　　　　　　　　　　　　　　　　　　　　　　　　　　O | X

환태평양 경제동반자협정(TPP)은 클럽전략이 적용된다. 도미노전략은 중국의 FTA전략으로서 양자 FTA를 여러 개 추진하는 전략을 의미한다.　　　　　　답 X

**082**
예상논점

환태평양 경제동반자협정(Trans – Pacific Partnership: TPP)은 상품 거래, 원산지 규정, 위생 검역 등 자유무역협정의 주요 사안을 포괄적으로 규정한다.　　　O | X

환태평양 경제동반자협정(TPP)은 기본적으로 FTA 단계로서 역내국 간 관세나 비관세 장벽을 철폐하되 역외국에 대해서는 독자적 관세 또는 비관세정책을 구사하는 것이다.　　　　　　　　　　　　　　　　　　　　　　　　　　답 ○

## 제5절 국제관계

**083**
15. 외무영사직

1972년 미국이 중국과 관계개선을 하게 된 배경에는 소련의 아프간 침공, 소련에 대한 봉쇄정책, 베트남전쟁에서 원활한 철군의 필요성, 미국의 경제역량 하락으로 인한 데탕트 중심 실용외교, 중국의 NPT 가입 촉구 등이 있다.　　　　　　O | X

소련의 아프간 침공은 1979년 발생한 사건으로 미국과 소련의 관계가 다시 냉각된 계기이다. 미중관계 개선 배경과는 상관이 없다. 미국은 1947년 트루먼 독트린 이후 지속적으로 대소 봉쇄전략을 추구해 왔으며, 1972년 미중 화해 역시 동북아에서 중국을 끌어들여 소련을 봉쇄하고자 한 것이다. 한편, 미국은 닉슨 대통령 집권 이후 베트남에서 철군을 추진하였으며 이를 중국과 협조하에 원활하게 추진하고자 하였다. 또한, 1970년대 초반은 미국의 경제력이 독일이나 일본에 비해 쇠퇴한 패권 쇠퇴의 시기였다. 미국은 군사적 대결보다는 적대적 강대국들과 협조를 통해 국제안보를 달성하고자 하였다.　　　답 X

**084**
예상논점

오바마 행정부는 동아시아 재개입정책의 일환으로 ASEAN우호조약에 서명하는 한편, EAS에 정식 가담하였다. O | X

ASEAN우호조약은 개방조약으로, 동북아시아 6개국이 모두 가입하고 있다. 답 O

**085**
예상논점

중국은 미국이 추진하고 있는 NMD전략이 동북아지역 안정을 저해하고, 일본의 군사 대국화를 야기할 위험이 있다고 보고, 이에 적극적인 반대를 천명하고 있다. O | X

TMD에 대한 반대의 논리이다. NMD전략을 반대하는 논리는 MAD체제 붕괴로 인한 핵 군비경쟁이 야기된다는 점이다. 답 X

**086**
예상논점

미국의 핵태세검토보고서(2010)는 기존의 핵국가인 러시아 및 중국과 전략적 안정을 모색할 것을 주장하는 한편, 특히 러시아의 군사력 현대화와 투명성 부족을 향후 러시아의 전략적 의도에 대한 우려사항으로 제시하였다. O | X

러시아가 아닌 중국의 군사력 현대화 및 투명성 부족을 우려사항으로 제시하였다. 답 X

**087**
예상논점

미국과 중국은 대만문제에 대해 현상유지를 주장하는 점은 같으나, 미국은 현재의 사실상의 독립을 유지해야 한다고 보는 반면 중국은 법적인 독립을 유지해야 한다고 본다. O | X

중국은 법적인 통일상태를 유지해야 한다고 본다. 답 X

**088**
예상논점

구성주의에 따르면 미국과 중국의 21세기 관계를 규정하는 것은 무정부체제이며, 양자관계는 안정화될 가능성이 없다. O | X

집합정체성이 미국과 중국의 21세기 관계를 규정하며, 집합정체성이 조화적으로 변화되는 경우 양자관계가 변화할 가능성이 있다고 본다. 답 X

**089**
예상논점

미국은 하나의 중국원칙을 지지하면서 대만의 독립을 지지하지 않는 한편, 대만에 대한 중국의 무력사용을 반대하고 대만해협의 현상과 안정의 유지를 최우선시하는 입장을 취하고 있다. O | X

미국의 대만정책은 이중적으로 볼 수 있다. 중국과의 관계를 고려하여 독립을 적극적으로 지지하지는 않지만 한편으로는 중국의 대만에 대한 강경책은 저지하고자 한다. 답 O

**090**

예상논점

중국과 대만 관계에 있어서 마잉주 대만 총통은 '일국양구론(一國兩區論)'을 제시한 바, 이는 중국은 하나의 국가이지만, 대만과 대륙에 각기 정치적으로 독립된 실체가 존재하고 있고, 이 두 개의 정치적 실체의 공존을 인정해야 한다는 것이다.　O | X

국민당의 입장으로서 현상유지를 선호한다. 범람진영이라고도 한다. 마잉주의 '일국양구론'은 중국의 '일국양제'론과 유사하나, 일국양제론은 하나의 중국에 사회주의와 자본주의라는 두 개의 제도·체제가 공존한다는 것으로서 두 개의 정치적 실체의 존재의 인정을 요구하는 일국양구론과 구분된다.　답 ○

**091**

예상논점

1954년 미·대만 상호방위조약이 체결되어 미국 단독으로 대만을 방위할 의무를 맡게 되었으나 1970년대 중국과 수교하면서 대만관계법을 제정하여 대만에 대한 안보공약을 철회하였다.　O | X

1979년 1월 1일 카터 정권은 중화인민공화국과의 국교를 수립하고, 대만과 단교하였다. 다만, 그 직후에 국내법으로서 '대만관계법'을 성립시킴으로써 대만문제에 관여할 것을 실질적으로 법제화하였다.　답 X

**092**

예상논점

대만과 중국과의 관계에 대한 중국의 입장은 '하나의 중국' 원칙이나, 대만의 민진당의 경우 '일변일국(一辺一國)'론을 제시하는 등 이견이 존재한다.　O | X

민진당은 강경파에 해당된다. 범녹진영이라고도 한다. 천수이벤의 '일변일국(一辺一國)'은 대만과 대륙에 각기 독립적인 국가가 존재한다는 것으로서 하나의 중국을 거부하고 대만이란 국가를 지향한다.　답 ○

**093**

예상논점

중국은 2005년 3월 '반분열국가법(反分裂国家法)'을 제정하여 하나의 중국 원칙을 재확인하고 대만의 독립을 저지하되 주변국과의 관계를 고려하여 무력사용은 자제하도록 규정하였다.　O | X

반분열국가법(反分裂国家法)은 중화인민공화국의 법으로, 하나의 중국 원칙 재확인과 타이완 공화국 독립 저지를 목적으로 하고 있다. 이 법은 2005년 3월 14일에 열린 제10기 전국인민대표대회 3차 회의에서 찬성 2,896표, 반대 0표, 기권 2표로 통과되어 제정되었다. 이 법은 중국 내에서 발호하고 있는 타이완 공화국의 독립을 지지하는 세력에 비평화적 수단을 취할 수 있도록 규정하고 있다. 예컨대, 제8조는 "중화인민공화국 정부는 타이완의 독립을 지지하는 세력에 무력수단을 취할 수 있다"고 규정하였다.　답 X

# 제2장 중국 외교정책

## 제1절 기조

**001**

16. 외무영사직

중국 시진핑 정부가 제안한 '신형대국관계'는 핵심이익 상호존중, 윈-윈 협력, 불충돌과 불대항, 상호불가침 등을 주요 내용으로 한다. O | X

상호불가침은 '평화공존 5원칙'의 하나로서 중국이 지속적으로 주장하고 있는 것이나, 신형대국관계론에서 특별하게 거론한 것은 아니다. 신형대국관계론은 중국의 핵심이익의 존중을 전제로 미국과 협력적 국제관계 유지를 주창한 것이다. 답 X

**002**

13. 외무영사직

마오쩌둥(毛澤東) 시대 외교정책 결정자들이 국제정치 체제를 바라보는 기본적인 시각은 세계를 자본주의, 사회주의, 제3세계의 3대 진영으로 구분하는 '3개 세계론'이었다. O | X

3개 세계론을 통해 마오쩌둥(毛澤東)은 기본적으로 제3세계 진영과 연대와 협력을 추진하고자 하였다. 답 ○

**003**

13. 외무영사직

중국의 '평화공존 5원칙'의 내용은 영토의 보존과 주권의 상호존중, 상호불가침, 상호내정불간섭, 평등호혜, 평화공존이다. O | X

평화공존 5원칙은 1954년 4월 중국 대표 저우언라이와 인도 대표 J. 네루가 체결한 외교 기본 원칙으로 중국-인도 간의 티베트에 관한 협정 전문에 포함되었다. 동서 간의 냉전과 식민주의전쟁 등을 종식시키고 세계평화를 강화한다는 명분 아래 새로운 국제관계 원칙을 확립한다는 데 목적이 있다. 1954~1955년 미얀마를 비롯해 북베트남, 유고슬라비아, 이집트, 소련 등도 이 원칙을 채택하였다. 답 ○

**004**

13. 외무영사직

덩샤오핑(鄧小平)의 도광양회(韜光養晦)는 실력을 감추고 힘을 길러 때를 기다리라는 뜻으로 그의 전쟁불가피론(戰爭不可避論)에서 비롯된 인식을 담고 있다. O | X

덩샤오핑(鄧小平)의 도광양회(韜光養晦)는 평화공존론을 반영하고 있다. 덩샤오핑(鄧小平)은 평화역량이 지속적으로 증가하고 있으므로 전쟁은 회피할 수 있고, 세계평화가 유지될 것으로 전망하였다. 답 X

**005**

13. 외무영사직

장쩌민(江澤民)의 유소작위(有所作爲)는 필요할 때 적극 행동한다는 뜻으로 그는 이를 통해 국제사회에서 중국의 역할이 강화되어야 함을 강조하였다. O | X

유소작위(有所作爲)는 2002년 11월 제4세대 지도부인 후진타오(胡錦濤) 체제가 들어서면서 중국 정부가 취했던 대외정책 가운데 하나였다. 참고로 중국이 개혁개방을 표방한 이후 유소작위(有所作爲)라는 표현을 처음 쓴 사람은 덩샤오핑(鄧小平)이다. 그는 1992년 1월 '남순강화'를 하면서 '28자 방침'을 제시하였다. 이 28자 방침에 도광양회와 유소작위가 같이 나온다. 28자 방침은 "冷静观察(냉정관찰), 稳住阵脚(온주진각), 沉着应付(침착응부), 韬光养晦(도광양회), 善于藏拙(선우장졸), 决不当头(결부당두), 有所作为(유소작위)"를 의미한다. '냉정한 관찰(冷静观察)'은, 중국이 어떤 입장을 내거나 행동을 취하기 전에 국제정세가 어떻게 형성되었고 또 변화되어 가는지를 냉정하게 관찰해야 한다는 의미이다. 동시에 스스로 내부의 질서와 역량을 공고히 하고(稳住阵脚), 중국의 국력과 이익을 고려해 침착하게 상황에 대처하며(沉着应付), 밖으로 능력을 드러내지 않고 실력을 기르면서(韬光养晦), 능력이 없는 듯 낮은 기조를 유지하는 데 능숙해야 하고(善于藏拙), 절대로 앞에 나서서 우두머리가 되려하지 말되(决不当头), 꼭 해야만 하는 일은 한다(有所作为)는 것이다. 답 X

**006**

12. 외무영사직

마오쩌둥(毛澤東) 시대의 중국은 국제 안보환경을 전쟁과 혁명의 시대로 인식하고 전쟁을 불가피한 것으로 보았으나, 덩샤오핑(鄧小平) 시대로 진입하면서 중국은 평화와 발전이라는 시대적 규정을 통해 전쟁은 피할 수 있는 것이라고 보았다. O | X

자본주의 국가와의 전쟁 회피가능성 여부에 대해 마오쩌둥(毛澤東)과 덩샤오핑(鄧小平)은 상반된 입장을 취했다. 마오쩌둥(毛澤東)은 마르크스 – 레닌주의에 철저해야 한다는 입장이었으나, 덩샤오핑(鄧小平)의 경우 흑묘백묘론이 상징하는 바와 같이 필요하면 자본주의 국가들과도 과감하게 협력을 전개할 필요가 있다고 보았다. 이러한 근본적 입장에서 마오쩌둥(毛澤東)의 전쟁불가피론과 덩샤오핑(鄧小平)의 전쟁가피론의 대립이 있었던 것이다. 답 O

**007**

예상논점

중국은 개혁개방정책의 일환으로 기존의 인민공사체제를 폐지하고 생산책임제를 시행하였다. O | X

인민공사체제는 1950년대 마오쩌둥(毛澤東)이 대약진운동을 추진하면서 만든 체제이다. 답 O

**008**

예상논점

덩샤오핑(鄧小平)은 남순강화(1992)를 통해 사회주의 시장경제를 공식 도입하면서 사회주의의 기초는 공유제와 공산당의 지도라고 역설하였다. O | X

사회주의 시장경제는 현재 중국의 공식적인 체제 유형이다. 답 O

**009**

예상논점

덩샤오핑(鄧小平)은 대외전략기조로 도광양회와 유소작위를 제시하였으며, 전자는 소극적인 편승전략을, 후자는 적극적인 균형전략을 의미한다. O | X

도광양회는 빛을 감추고 실력을 기르며 때를 기다린다는 의미이다. 유소작위는 자신이 추구하는 바를 표방하고 적극적으로 이를 추진한다는 의미이다. 답 O

**010**
예상논점

중국은 도광양회전략의 일환으로 동아시아 다자주의에 대한 적극적 개입을 표방하여 APEC, APT, APO 등을 추진하였다. O | X

유소작위 또는 책임대국의 사례에 해당된다. APO는 ASEAN과 중국의 FTA 등을 추진하는 것을 말한다. 답 X

**011**
예상논점

후진타오는 2006년 화자위선을 제시하여 유소작위나 책임대국 기조 대신 기존의 도광양회의 기조로 전환함으로써 미국의 중국위협론을 약화시키고자 하였다. O | X

화자위선은 도광양회와 달리 적극적인 외교행위를 전제로 한 것이다. 화자위선은 강대국과의 관계에 있어서 조화를 가장 중시한다는 원칙이다. 답 X

**012**
예상논점

2012년 집권한 시진핑은 신형대국관계론을 제창하여 상호존중과 협력보다는 경쟁과 대결을 불사하는 새로운 미중관계를 추진하고자 하였다. O | X

신형대국관계론 상호존중과 협력을 추진하는 기조이다. 답 X

**013**
예상논점

중국의 대외정책에 대한 입장에 있어서 신흥대국외교론은 중국이 자신의 세력권과 완충지대 확보를 위해서는 자국의 이해를 보다 적극적으로 개진해야 한다는 입장을 말한다. O | X

세력권과 완충지대 확보 강조는 전통적 지정학파의 입장이다. 신흥대국외교론은 유소작위 노선을 말한다. 강대국 정체성에 기초하여 중국 스스로의 대외정책 목표를 제시하고 이를 적극적으로 추진한다. 답 X

**014**
예상논점

중국의 국가이념으로서 '三個代表論'은 2002년 2월 후진타오 중앙군사위 주석이 광동성의 까오저우시를 시찰하면서 처음으로 제시한 것으로서 중국 공산당이 선진생산력의 발전요구, 중국의 선진문화의 전진방향, 중국의 광대한 인민의 이익을 대표한다는 것을 의미한다. O | X

삼개대표론(三個代表論)은 장쩌민 주석이 제시한 이념이다. 첫째, 선진생산력을 대표한다는 것은 당의 이론·노선·강령·방침정책과 각종의 사업을 생산관계와 상부구조를 생산력 발전에 조응하도록 조정하는 것을 의미한다. 둘째, 선진문화를 대표한다는 것은 당의 이론·노선·강령·방침정책과 각종의 사업을 사회주의 정신문명 건설의 요구에 조응시키는 것을 의미한다. 셋째, 수많은 인민의 근본이익을 대표한다는 것은 대다수 인민의 이익을 고려하고 여러 가지 이해관계를 합리적으로 처리하며, 대중이 구체적인 경제·정치·문화 이익을 얻게 한다는 것을 의미한다. 답 X

## 제2절 대외 정책

**015**
20. 외무영사직

1969년 전바오다오(珍寶島)에서 발생한 중·소 무력분쟁 이후 중국 지도부는 소련을 '사회 - 제국주의 국가'라고 주장하면서 미국보다 소련에 대한 위협을 더욱 강조하였다.
O | X

중국 - 소련 분쟁은 1960년대에 지속되었으며, 당초 이념분쟁에서 출발하여 국가분쟁, 그리고 설문의 국경분쟁으로까지 확대되었다. 중 - 소 관계는 1980년대 후반 덩샤오핑의 소련 방문으로 복원되었다. 답 ○

**016**
20. 외무영사직

1978년 12월 중국은 미국과 공동선언을 통해 중국은 하나이고 타이완과 홍콩이 중국의 일부라는 상하이 공동성명의 원칙을 재확인했다. O | X

홍콩은 논의대상이 아니었다. 홍콩은 영국 - 중국 합의(1984)를 통해 1997년 중국에 반환하기로 하였다. 답 X

**017**
08. 외무영사직

중국은 개혁개방정책을 시행하기 위해 「중외합자경영기업법」(1979), 「합영법」을 채택(1984)하는 한편, 국가발전 목표로 '소강사회'(小康社會)(1997) 건설을 제시하였다. O | X

합영법은 북한이 외국인 투자 유치를 위해 제정한 법이다. 1984년 9월 8일 북한 최고인민회의 상설회의에서 채택 및 발표하였다. 정식으로 '합작회사운영법'이라고 한다. 1994년 1월 개정했다. 외국과의 합작투자로 북한에 필요한 원료·연료 및 기술·자본을 확보하여 경제 전반에 걸쳐 새로운 전기를 마련하고 인민대중의 수요를 충족시키는 데에 목적이 있다. 처음에는 합영의 기본원칙, 회사의 조직, 경영활동, 결산과 분배, 회사의 해산과 분쟁해결 등 전문 5장 26조로 구성되어 있었다. 합영법은 전반적인 경제 침체가 지속되고 차관 도입이 더 이상 어렵게 된 시점에서 나온 것으로, 북한에서의 합작회사의 경영활동을 허락 및 보호하며 일정 소득세를 제외한 합작기업소득의 본국과실송금을 인정하는 호혜평등의 원칙을 내세우고 있다. 1985년 3월 합영법에 대한 보완책으로 「합작회사운영법 시행세칙」과 「외국인소득세법」을 제정·공포함으로써 합영사업에 필요한 법적·제도적 장치를 마련하였다. 이어 1988년, 정무원 내에 '합영공업부'를 설치함으로써 합영사업에 필요한 법적·제도적 장치를 더욱 갖추었다. 답 X

**018**
예상논점

중국의 기본적인 대미전략은 전 지구적 차원에서 미국의 패권적 지위를 대체하는 현상타파전략이라고 볼 수 있다. O | X

지구적 차원에서의 미국의 패권적 지위는 인정한다. 중국은 지역 패권을 추구한다. 답 X

**019**
예상논점

중국은 일대일로 전략을 통해 미국에 대한 세력균형을 추진하는 한편, 위안화의 국제화를 통해 경성균형을 달성하고자 한다. O | X

위안화의 국제화 전략은 연성균형전략이다. 연성균형전략은 단기적으로는 패권국의 힘의 사용을 통제하는 한편, 장기적으로는 패권의 힘의 약화를 통해 경성균형을 추구하는 것이다. 답 X

**020**
예상논점

중국은 일대일로 전략을 추진하면서 미국과의 관계를 악화시키지 않기 위해 대미전략 기조로서 '친성혜용'을 표방하였다. O | X

친성혜용은 주변국 외교 기조이다. 주변국과 친하게 지내고 성심을 다하며 혜택을 주고 관용한다는 입장이다. 답 X

**021**
19. 외무영사직

중국의 일대일로(一帶一路)정책은 2013년 시진핑 주석이 제안함으로써 본격적으로 추진되기 시작하였다. O | X

중국몽의 일환으로 제시되었다. 답 ○

**022**
19. 외무영사직

중국의 일대일로(一帶一路)정책에서 중국 내 2개 핵심 거점은 상하이와 티베트이고, 2개 국제 거점은 푸젠과 광저우이다. O | X

일대일로(一帶一路)정책에 있어서 중국 내 2개의 핵심 거점은 신장과 푸젠이고, 2개의 국제 거점은 상하이와 광저우이다. 답 X

**023**
19. 외무영사직

중국이 재원을 확충하기 위해 설립한 아시아인프라투자은행(AIIB)에 대해 미국은 부정적 입장을 밝혔다. O | X

미국은 IMF나 IBRD 등 미국 주도 금융기관의 영향력 약화를 우려하여 반대한 것이다. 답 ○

**024**
19. 외무영사직

중국의 일대일로(一帶一路)정책이 아프리카 국가의 채무 부담을 증가시킨다는 서방 국가의 비난에 대해 중국은 중국 – 아프리카 협력·발전의 길이라고 주장하였다. O | X

일대일로(一帶一路)정책은 중국의 21세기 대전략으로서 미국의 봉쇄에 대응하는 차원을 갖는다. 답 ○

**025**
예상논점

시진핑은 신안보관을 발표하여 모든 국가는 군사동맹을 추구하되 타국의 핵심적 안보 이익을 침해하지 않도록 주의해야 하며, 자신의 안보를 위해 다른 나라의 안보를 희생해서는 안된다고 하였다. O | X

시진핑은 군사동맹 형성 자체에 반대한다. 답 X

**026**
예상논점

중국은 경제정책에 있어서 기존의 '공동부유' 기조에서 '선부론' 기조로 변경하였다. O | X

선부론(先富論)에서 공동부유(共同富裕)로 기조를 변경하였다. 선부론(先富論)은 고도 성장전략을, 공동부유(共同富裕)는 안정성장전략을 의미한다. 답 X

**027**

예상논점

중국의 한반도전략은 기본적으로 한반도의 안정과 2개의 한국을 유지하는 것이다.

O | X

전쟁 시 연루의 문제를 회피하고, 한반도가 미국과 중국 사이에 완충지대로 유지되는 것을 최대의 목표로 본다.

답 O

**028**

예상논점

중국의 대북전략은 기존의 이념유대에서 이익에 기초한 관계로 전환되었다.

O | X

실용주의 관점에서 대북정책을 전개한다.

답 O

**029**

예상논점

중국의 '一帶一路'전략은 2013년 제시된 전략으로서 아시아에서 유럽까지 이어지는 대중화경제권을 건설하겠다는 전략이다.

O | X

일대일로(一帶一路)전략은 시진핑 주석에 의해 제시된 전략으로서 '중국몽(中國夢)'의 일환으로 제시되었다.

답 O

**030**

예상논점

일대일로전략의 금융 플랫폼으로서 '아시아인프라투자은행(AIIB)' 설립을 공식 선언하였으나, 2017년 6월 당시 투자 승인된 사업은 존재하지 않는다.

O | X

아시아인프라투자은행(AIIB)은 2016년 6월 26일 제1차 연차 총회에 앞서 24일 방글라데시 전력시설 확장(1억 6,500만 달러), 인도네시아 슬럼가 정비(2억 1,650만 달러), 파키스탄 고속도로 건설(1억 달러), 타지키스탄 국경도로 개선(2,750만 달러) 등 4건의 대출 프로젝트를 승인하였다. 총 투자액은 5억 900만 달러(약 6,900억 원)에 달한다. 방글라데시 인프라 투자를 제외한 나머지 투자 사업 3건은 세계은행(WB), 아시아개발은행(ADB), 유럽부흥개발은행(EBRD)과 공동으로 추진된다.

답 X

**031**

예상논점

AIIB 창설은 신 실크로드 구축에 필요한 막대한 투자재원을 마련하는 한편, 위안화의 국제화를 촉진하기 위한 목적을 가진 것으로서, 중국의 대미국 경성균형(hard balancing)전략으로 볼 수 있다.

O | X

연성균형전략으로 볼 수 있다. 경성균형(hard balancing)은 세력균형을 형성하는 것을 의미한다. 월츠의 분류에 의하면 동맹을 형성하는 외부적 균형화와 스스로 군비를 증강하는 내부적 균형화가 있다. 일대일로 전략이나 AIIB 창설이 적극적으로 미국에 대항하는 군사동맹 형성이나 자국 군비증강정책은 아니므로 경성균형으로 보기는 어렵다.

답 X

**032**

20. 외무영사직

장쩌민 시기 중국 지도부는 군부의 반대를 무릅쓰고 「포괄적핵실험금지조약(CTBT)」에 서명했다.

O | X

1999년 10월 프랑스 방문 중 포괄적핵실험금지조약(CTBT)을 비준하는 입장을 표명하였고, 실제 중국은 포괄적핵실험금지조약(CTBT)을 비준하였다. 그러나, 현재 포괄적핵실험금지조약(CTBT)은 발효되지 않고 있다.

답 O

**033**

20. 외무영사직

시진핑 2기 지도부는 '아시아인프라투자은행(AIIB)' 설립을 통해 중국 중심의 경제권 형성을 추구하고 있다. O | X

아시아인프라투자은행(AIIB)은 시진핑 1기인 2016년에 설립되었다. 시진핑 2기 지도부 는 2017년 말 지도부를 구성하고 2018년 초 공식 출범하였다. 답 X

**034**

20. 외무영사직

후진타오 시기 미·중은 '미·중 전략경제대화(US‐China Strategic and Economic Dialogue)'를 발족했다. O | X

미·중 전략경제대화는 미국 부시 행정부(G. W. Bush) 시기에 시작되었으나, 오바마 행정부(2009 ~ 2016)부터 장관급으로 격상시켜 진행하였다. 양자 간 주요 현안을 논의하는 장으로서 이론적으로는 협력안보로 규정할 수 있다. 답 ○

**035**

22. 외무영사직

시진핑 시기 중국은 국가 전략의 핵심축으로 '중화민족의 위대한 부흥'이라는 '중국의 꿈'을 제시하였다. O | X

2013년 10월 공식적으로 제시하였다. 중국몽의 일환으로 일대일로 전략을 구사하고 있다. 답 ○

**036**

22. 외무영사직

시진핑 시기 중국은 양안 통일을 위해 형식적으로 대만의 주권을 인정하기로 결정하였다. O | X

양안관계에 대한 중국의 공식입장은 '일국양제'이다. 대만을 중국의 일부로 보며 대만은 중국에 의해 자치권을 부여받고 있다는 입장이다. 답 X

**037**

22. 외무영사직

시진핑 시기 중국 공산당은 '시진핑 신시대 중국 특색 사회주의사상'을 헌법에 포함하였다. O | X

시진핑 신시대 중국 특색 사회주의 사상(习近平新时代中国特色社会主义思想)은 시진핑 중국 국가주석 겸 중국공산당 총서기가 제시한 정책이자 정치 이념이다. 2017년에 열린 제19차 중국공산당 전국대표대회에서 공식적으로 처음 언급되어 중국공산당 당헌에 수록되었으며 2018년 3월 11일에 열린 제13차 전국인민대표대회 제1차 회기에서 시진핑 사상을 언급한 《중화인민공화국 헌법》 전문 수정안이 채택되었다. 답 ○

**038**

22. 외무영사직

시진핑 시기 중국은 육상실크로드와 해상실크로드를 복원시키는 '일대일로'를 구상하였다. O | X

일대일로 정책은 시진핑이 제안한 '중국몽'의 실현을 위해 지속적으로 확대되고 있는 전략이다. 답 ○

## 제3절 국제관계

**039**
14. 외무영사직

1970년대 중국은 친소반미(親蘇反美)정책 기조를 유지하였다. O | X

1970년대 중국은 미국과의 관계 개선을 통해 소련을 고립시키는 전략을 구사하였다. 중국은 1972년 공동성명을 통해 관계 개선을 이룬 다음 1979년 미국과 공식 국교를 수립하였다. 답 X

**040**
12. 외무영사직

상하이협력기구(SCO: Shanghai Cooperation Organization)는 군사안보라는 제한된 분야에 초점을 맞춘 순수한 다자안보협력기구이다. O | X

상하이협력기구(SCO)의 창설목적은 회원국 상호간 신뢰와 우호 증진, 정치·경제·무역·과학기술·문화·교육·에너지 등 각 분야의 효율적인 협력 관계 구축, 역내 평화·안보·안정을 위한 공조체제 구축, 민주주의·정의·합리성을 바탕으로 한 새로운 국제정치·경제질서 촉진 등이다. 즉, 군사안보에만 초점을 맞춘 기구가 아니라 회원국 상호간 포괄적 관계 증진을 목표로 다양한 분야에서의 협력을 예정하고 있다. 답 X

**041**
12. 외무영사직

중국은 1950년대 중국은 미국을 최대 안보위협국으로 규정하고, 소련에 의존하는 안보정책을 전개하였다. O | X

당시 미국은 대만과 동맹관계를 형성하여 중국을 견제하고 있었다. 중국은 소련과 1950년 중소우호협력조약을 체결하여 미국에 공동 대응하였다. 답 ○

**042**
12. 외무영사직

1960년대 소련과의 이념 갈등이 심화되고, 양국의 정규군이 접전하는 군사분쟁이 발발하면서, 미국과 소련 모두를 위협국으로 상정하는 반제반수(反帝反修)의 입장을 취하였다. O | X

반제반수(反帝反修)는 제국주의(미국)에도 반대하고 수정주의(소련)에도 반대한다는 입장을 말한다. 중국과 소련은 '평화공존론'에 대한 이념논쟁, 핵기술공유 분쟁, 국경 분쟁 등으로 갈등이 고조되었다. 답 ○

**043**
12. 외무영사직

1970년대 쿠바 미사일 위기와 베트남 전쟁으로 미·소 양국의 경쟁이 격화되었고, 중국은 고립주의정책 대신 등거리정책을 추진하면서 미국과의 관계정상화를 이루었다. O | X

1970년대는 다극화의 시대이면서 동서데탕트의 시대였다. 미국과 소련은 1962년 쿠바 미사일 위기, 베트남 전쟁, 중소분쟁 등을 겪으면서 상호경쟁보다는 협조전략을 전개하였다. 미국과 소련은 1972년 제1단계 전략무기제한협정(SALT I)을 체결하고, 1975년에는 헬싱키의정서를 통해 유럽안보협력회의(CSCE)의 정례화에 합의하기도 하였다. 한편, 중국은 중소분쟁을 겪으면서 친소정책 대신 친미정책을 채택하여 1972년 상하이공동코뮤니케를 발표하는 한편, 1979년 미국과 전격 수교하였다. 즉, 1970년대 중국의 대외전략은 등거리정책이라기 보다는 미국과의 관계를 보다 강화하는 전략으로 평가된다. 답 X

**044**
예상논점

닉슨 대통령은 1972년 중국을 방문하여 상해공동성명을 발표하였으며, 동 성명은 하나의 중국원칙을 지지하되, 미국의 동아시아에서의 패권적 지위를 상호 승인하고, 제3국이 패권을 추구하는 것에 반대함을 명확히 하였다.　　　　　　O | X

미중 양국 및 제3국의 패권 추구에 반대한다. 즉, 미국의 패권에 대해서도 반대하였다.
답 X

**045**
예상논점

중국은 미국과의 화해를 통해 소련과의 관계 개선을 모색하기 위해 상해공동성명(1972)에 합의하였다.　　　　　　O | X

중국이 소련을 견제하는 차원에서 미국과의 화해를 시도한 것이다.　　　　답 X

**046**
예상논점

미국과 중국은 상해공동성명 발표 이후 1972년 12월 공식 수교함으로써 동북아체제를 다극체제로 전환하였다.　　　　　　O | X

미국과 중국은 1979년 1월 1일에 공식 수교하였다.　　　　　　답 X

**047**
예상논점

미국은 중국과 공식 수교한 이후 대만과 체결한 동맹조약을 폐기하고 대만관계법을 제정하여 중국이 대만을 침공하거나 군사적 위협을 가하는 경우 미국 대통령은 상원의 승인하에 즉각 개입하도록 하였다.　　　　　　O | X

자동개입을 규정하고 있다. 즉, 상원의 승인하에 개입하는 것이 아니다. 대중 억지력을 강화시키려는 포석이다.　　　　　　답 X

**048**
예상논점

중국과 일본은 1972년 공식 수교하였으며, 일본은 중국이 요구한 '하나의 중국 원칙'에 동의하고, '광화라오 재판사건'을 통해 하나의 중국 원칙에 대한 승인을 국내적으로 확인시켜 주었다.　　　　　　O | X

동 사건은 일본의 전략적 모호성 정책을 상징한다. 일본 내 대만 관련 부동산 소유권이 중국이 아닌 대만에 있음을 확인한 판례이다.　　　　　　답 X

**049**
예상논점

일본은 탈냉전기 들어 주변사태법, 신가이드라인, 유사법제 등을 통해 하나의 중국 원칙에 기초하여 대만문제에 대한 불간섭 원칙을 고수하고 있다.　　　　　　O | X

대만문제 개입을 시사하는 조치들이다.　　　　　　답 X

**050**
예상논점

중국의 대북전략은 북핵문제로 북미 간 갈등이 고조되어 군사적 대결상황으로 치닫지 않도록 관리하는 한편, 김정은 정권이 붕괴되지 않도록 지원하여 대북 영향력을 유지하는 것이다.　　　　　　O | X

중국의 대북전략은 북한부담론과 완충지대론의 다소 딜레마적인 상황에서 전개되고 있다. 북한부담론은 미국과의 협력기조이나, 완충지대론은 미국과의 경쟁기조이기 때문이다.
답 O

**051**
예상논점

북핵문제에 대해 중국은 김정은 정권의 유지를 위해 북한의 핵개발 및 핵보유가 필요하다는 입장이다. O | X

중국은 한반도 비핵화가 필요하다고 보고 있다. 그러나 김정은 정권 유지 역시 중요한 목표이므로 김정은 정권의 존재를 전제로 하는 비핵화를 추진한다. 답 X

**052**
예상논점

중국은 미국의 본토방어 미사일(NMD)이 일본 및 한국과의 동맹관계를 강화시켜 대중국 봉쇄 정책을 강화시킬 것이라는 점에서 반대한다. O | X

TMD에 대한 반대 논리이다. 중국은 본토방어 미사일(NMD)의 경우 핵균형을 파괴하고 핵군비경쟁을 유발한다는 점에서 반대하고 있다. 답 X

**053**
예상논점

중국은 러시아와 함께 상하이협력기구(SCO)를 창설하였으나 미국과의 관계를 고려하여 러시아와 군사협력 및 군사훈련을 하는데 있어서는 소극적 태도를 유지하고 있다. O | X

MD체제에 대응하기 위해 협력하는 한편, 군사훈련(Peace Mission)도 같이 하고 있다. 답 X

**054**
예상논점

조어도 영유권에 대해 중국은 선점의 논리를 주장하나, 일본은 시효취득을 주장한다. O | X

양국 모두 선점에 의한 영유권을 주장하고 있다. 중국은 자국이 선점하고 지배한 조어도를 1895년 일본이 조약을 통해 약탈했다는 입장이다. 일본은, 조약은 일본이 선점에 의해 지배하고 있던 센카쿠열도에 대한 지배권 자체를 확인한 조약이라고 주장한다. 답 X

**055**
예상논점

대만문제에 있어서 대만의 국민당, 친민당이 주축인 범람진영은 양안관계에 있어서 '일변일국론'을 유지하고 있다. O | X

범람진영은 온건파로서 '일국양부'를 표방한다. 대만은 중국의 일부이나 정치체제상 독자성을 유지한다는 입장이다. 범녹진영은 민진당 중심이며 강경파이다. '일변일국'을 주장한다. 대만해협을 사이에 두고 두 개의 국가가 존재한다는 의미로서 대만이 하나의 독립국가임을 주장하는 것이다. 답 X

**056**
예상논점

1990년대 들어 미국과 중국은 중국 내 티베트 문제를 놓고 갈등을 빚었다. 티베트문제에 대해 미국을 이를 인권문제로 인식하나 중국은 티베트가 중국에서 분리될 수 없는 중국의 영토이며 이 문제에 대한 미국의 반응은 내정간섭이라고 박하였다. O | X

티베트문제는 현재까지도 미국과 중국의 핵심 갈등 사안 중 하나이다. 답 O

## 057
예상논점

대만의 리덩후이(李登輝) 총통은 1995년 6월 대만의 지도자로서는 처음으로 미국을 방문하였으며 이에 대해 중국은 미국이 중국의 주권과 이익을 침해하였다고 강력하게 항의하였다. O | X

미국은 중국의 입장을 고려하여 대만 총통의 자격이 아니라 대학 동문회 참석을 허락하는 형식을 취하였다. 답 O

## 058
예상논점

1992년 덩샤오핑은 남순강화(南巡講話)에서 중국이 사회주의 시장경제(socialist market economy)를 건립하는 것을 목표로 제시하고 중국이 WTO에 가입해야 한다고 주장하였다. O | X

사회주의의 핵심은 공산당의 지도와 공유제라고 하였다. 답 O

## 059
예상논점

1999년 5월 8일 NATO소속 항공기가 루마니아연방공화국 주재 중국 대사관을 폭격하였으며, 중국은 이에 대해 미국의 사과와 배상을 요구하였으나 미국이 거부하자 국교 단절을 선언하였다. O | X

미국은 사건 발생 당일 국무장관 올브라이트를 미국 주재 중국 대사관에 보내 정식으로 사과하였다. 미국은 '비극적인 오폭'이었다고 발표하는 한편, 중국에 대해 2천 800만 달러의 배상금을 지불하였다. 답 X

## 060
예상논점

중국 - 대만 관계에 있어서 삼불(三不)정책은 대만의 정책으로 불통신, 불통항, 불통상을 뜻한다. O | X

삼불(三不) 정책은 불접촉, 불담판, 불타협이다. 1979년 중국은 군사충돌을 지양하며, 통신, 통항, 통상의 삼통(三通)을 촉구한다고 발표하였다. 답 X

## 061
예상논점

중국 - 대만 관계에 있어서 일국양제(一國兩制)는 덩샤오핑이 발표한 구상으로 대만문제는 국내문제이며, 대만은 중국의 지방 특별 행정구로서 기능한다는 것이다. O | X

중국은 대만을 중국에 속하면서 지방자치단체의 하나로 간주한다. 답 O

## 062
예상논점

중국 - 대만 관계에 있어서 일변일국(一邊一國)론은 천수이벤총통이 제시한 것으로 대만 해협을 사이에 두고 한 쪽에 한나라씩 존재한다는 것이다. O | X

일변일국(一邊一國)론은 대중국 강경책에 해당한다. 대만 내에서는 민진당을 비롯한 강경파의 노선이다. 답 O

**063**

20. 외무영사직

그레이엄 앨리슨(Graham Allison)이 언급한 투키디데스의 함정은 패권 확보를 위한 군사적 충돌을 말한다.

O | X

펠로폰네소스 전쟁을 분석하면서 투키디데스는 아테네의 힘의 부상으로부터 스파르타가 갖게 된 두려움이 전쟁의 근본적 원인이라고 하였다. 앨리슨(Graham Allison)은 미중 관계를 바라보면서 투키디데스 함정에 빠질 가능성이 있다고 우려하였다. 투키디데스 함정은 중국의 5대 함정 중의 하나로도 잘 알려져 있다.

답 ○

**064**

22. 외무영사직

중국과 소련의 우수리강 분쟁(1969.3.2.)은 중화인민공화국과 소련의 국경인 아무르강과 지류인 우수리강 유역의 영유권을 놓고 1969년에 벌인 국경 전쟁을 말한다.

O | X

1969년 3월 2일 우수리강의 전바오섬에서 중국과 소련 사이에 군사 충돌이 발생하였다. 군사 충돌은 9월 11일까지 계속됐다. 미국이 소련을 압박하자 1969년 9월 소련의 알렉세이 코시긴은 중국을 방문해 중국의 저우언라이 총리와 회담을 가졌다. 중소 국경 분쟁의 여파로 중국은 미국과의 국교 회복에 나서 1972년 2월 닉슨 대통령이 중국을 방문했고, 1979년 1월 1일에 미국과 수교하였다. 양국은 1987년 2월부터 국경 협상을 시작하여 4년여의 협상 끝에 1991년 5월 16일에 동부국경협정을, 1994년에는 서부국경협정을 체결하였다.

답 ○

# 제3장 일본 및 러시아 외교정책

## 제1절 일본 외교정책

**001**

12. 외무영사직

1990년대 일본의 방위정책에는 테러대책특별조치법, PKO법안, 방위정책대강, 신가이드라인 등이 있다.　　　　　　　　　　　　　　　　　　　　　　　　　O | X

테러대책특별조치법은 2001년 10월 제정되었으므로 1990년대 정책이 아니다. 테러대책특별조치법은 2001년 10월 18일 중의원에서 가결된 뒤, 같은 해 10월 29일 참의원에서 최종 통과됨으로써 성립되었다. 동법은 테러공격에 의한 위협제거에 노력함으로써 UN헌장의 목적달성에 기여하는 미군 등 외국 군대의 활동에 대해 일본이 실시할 조치를 규정하고 있다. 대응조치의 범위에 무력에 의한 위협이나 무력행사를 명시적으로 배제하고 있는 것이 특징이다. 다만, 신체나 생명보호시 불가피한 경우 합리적인 선에서 무기사용이 가능하다고 하여 예외조항을 두고 있다. 탈냉전기 일본의 국가안보전략방향은 '보통국가화'로 명명된다. 보통국가란 군대를 보유한 국가를 의미하며, 일본의 경우 헌법 제9조의 개정문제로 귀결된다. 일본은 탈냉전기(1990년대) 보통국가를 지향하며 PKO법안, 신방위정책대강, 신가이드라인 등을 제정하였다. 1992년 6월에 제정된 'PKO협력법'은 자위대의 UN평화유지활동 참여를 위해 제정된 법으로서 PKO원칙 등을 담고 있다. 신방위정책대강은 탈냉전기의 변화된 안보환경에 기초하여 기존의 방위정책대강을 개정한 것이다. 신가이드라인은 1978년 11월에 제정된 '미일방위협력지침'에 대한 개정이 1997년 9월에 채택되었고 이를 '신가이드라인'이라고 한다. 미국과 일본은 1994년 '미일 신안보공동선언'을 발표하여 미일 양국의 안보협력 범위를 기존의 '필리핀 이북의 극동'에서 '아시아·태평양지역'으로 확대하였다. 이에 따라 '일본자체'방위에 중점을 둔 '미일방위협력지침'을 '주변지역 급변사태'에 대응할 수 있는 새로운 '미일방위협력지침'으로 개정한 것이다. 구지침과 비교할 때 신지침의 가장 큰 특징은 미일방위협력의 중점이 종래의 '일본유사' 및 '극동유사'에서 '일본의 안전에 중대한 영향을 미칠 수 있는 일본주변유사'로 바뀐 점, '주변지역 유사시의 범위'를 지리적 개념이 아닌 '사태의 성질로 파악하는 개념'으로 규정하였다는 점이다. 한편, 신가이드라인과 관련하여 1999년 5월 24일 '주변사태법', '자위대법 개정안', '미일 물품역무 상호제공협정 개정안'을 성립시켰다.　　　　　　답 X

**002**

11. 외무영사직

일본의 요시다 독트린은 보통국가를 실현하려는 의지를 천명한 것이다.　　O | X

요시다 독트린은 냉전기 일본의 대외전략 기조를 밝힌 것으로, 미·일동맹에 기초하여 안보문제를 해결하고 일본은 경제부흥에 집중한다는 내용을 담고 있다.　　답 X

**003**
11. 외무영사직

평화헌법 개정과 자위대 해외파병 추진은 '보통국가'를 실현하려는 일본의 대외정책 기조를 반영한 것이다.　　　　　　　　　　　　　　　　　　　　　　　　　　O | X

보통국가란 자국의 방위를 위한 군대를 보유한 국가를 의미한다. 일본헌법 제9조는 군대의 보유를 금지하고 있다. 전문은 다음과 같다. "일본국민은 정의와 질서를 기조로 하는 국제 평화를 성실히 희구하고, 국권의 발동에 의거한 전쟁 및 무력에 의한 위협 또는 무력의 행사는 국제분쟁을 해결하는 수단으로서는 영구히 이를 포기한다. 이러한 목적을 성취하기 위하여 육해공군 및 그 이외의 어떠한 전력도 보유하지 않는다. 국가의 교전권 역시 인정치 않는다." 다만, 한국전쟁을 계기로 일본은 1950년에 미국 점령군의 명령에 의해 경찰예비대를 창설하였다. 이후 1952년 보안대로 개편되었고 보안대를 바탕으로 1954년 자위대가 발족되었다. 자위대는 사실상 군대이지만 평화헌법 때문에 자위대라는 이름을 가지게 된 것이다.　　　　　　　　　　　　　　　　　　　　　　　답 O

**004**
09. 외무영사직

일본은 2000년대 들어 1943년 카이로회담을 기초로 하여 독도 영유권을 강하게 주장하고 있다.　　　　　　　　　　　　　　　　　　　　　　　　　　　　　O | X

1951년 샌프란시스코 대일강화조약을 기초로 독도 영유권을 주장하고 있다. 강화조약 제2조에서 제주도, 거문도, 울릉도는 명시되어 있으나, 독도가 명시적으로 규정되어 있지 않아, 일본은 이를 근거로 당시 연합국이 독도를 일본 영토로 인정한 것이라 주장하고 있다. 1943년 카이로선언은 한국이 독도가 일본으로부터 분리되는 영토에 포함된다는 주장의 근거로 삼고 있다.　　　　　　　　　　　　　　　　　　　　　　　　답 X

**005**
예상논점

냉전기 일본의 대외정책 기조는 '요시다 독트린'으로서 정치·안보문제는 미일동맹을 통해 해결하고, 일본은 경제발전에 전력을 기울인다는 것이었다.　　　　　　O | X

요시다 독트린은 상당 부분 성공한 기조로 평가된다. 이는 일본이 세계 제2대 경제대국으로 부상한 배경이다.　　　　　　　　　　　　　　　　　　　　　　　　답 O

**006**
예상논점

일본의 보통국가화는 1993년 오자와 이치로에 의해 제시된 것으로서 일본이 경제규모에 걸맞게 국제사회에 적극적으로 참여하기 위해서는 정상적인 군사력을 보유한 보통국가로 변모해야 한다는 주장이다.　　　　　　　　　　　　　　　　O | X

보통국가는 정상적인 국방군을 보유한 나라를 의미한다. 기본적으로 헌법 제9조 개정을 추구한다.　　　　　　　　　　　　　　　　　　　　　　　　　　　　답 O

**007**
예상논점

일본은 냉전기 안보정책의 근간을 미일동맹에 두고 명시적인 정치 군사적 역할을 추구하는 적극방위전략을 유지하였다.　　　　　　　　　　　　　　　　　　O | X

냉전기 일본은 전수방위체제를 유지하였다. 침략을 당했을 경우의 대응에 집중하는 안보정책이다. 탈냉전기에 들어 적극방어체제로 전환하였다.　　　　　　　　　답 X

**008**

예상논점

1951년 체결된 샌프란시스코강화조약에서 미국은 일본의 주권 및 군비 제한, 미군의 계속적인 일본 내 기지 사용과 주둔을 추구하였다.　　　　　　　O | X

냉전이 시작된 이후이므로 샌프란시스코강화조약에서는 일본의 주권 회복과 재군비를 규정하였다.　　　　　　　답 X

**009**

17. 외무영사직

1951년에 체결된 샌프란시스코강화조약으로 제2차 세계대전 중 진행된 태평양전쟁의 전후 처리를 공식화하였다.　　　　　　　O | X

샌프란시스코강화조약은 태평양전쟁을 종결시킨 강화조약이다.　　　　　　　답 O

**010**

17. 외무영사직

1951년에 체결된 샌프란시스코강화조약 이후 동아시아에서 미국 중심의 다자안보체제가 구축되었다.　　　　　　　O | X

1951년 동 조약 체결과 같은 해에 미국은 일본과 동맹조약을 체결하였다. 미국은 동아시아 냉전에 대응하기 위해 양자동맹체제 형성에 주력하였다.　　　　　　　답 X

**011**

17. 외무영사직

1951년에 체결된 샌프란시스코강화조약을 통해 미국은 일본의 주권 회복과 동시에 일본 내 미군 기지의 사용을 추구하였다.　　　　　　　O | X

미국은 일본을 강화시켜 아시아 냉전체제에서 중국이나 소련을 봉쇄하는 수단으로 삼고자 하였다.　　　　　　　답 O

**012**

17. 외무영사직

소련은 1951년에 체결된 샌프란시스코강화회의에 참석했지만 강화조약에는 서명하지 않았다.　　　　　　　O | X

소련은 미국이 일본을 강화시키는 것에 대해 불만을 품고 조약에 서명하지 않았다.　　　　　　　답 O

**013**

22. 외무영사직

일본은 한국전쟁 기간 샌프란시스코평화조약을 통하여 주권을 회복하였고, 미국과 안보조약을 체결하였다.　　　　　　　O | X

샌프란시스코평화조약은 1951년 9월 8일 체결되었다.　　　　　　　답 O

**014**

예상논점

일본은 테러대책특별조치법(2001)을 제정하여 미국이 추진하고 있는 반테러전쟁에 적극적으로 동참할 것을 추진하였다.　　　　　　　O | X

일본은 대응조치의 범위에 무력에 의한 위협이나 무력행사를 명시적으로 배제하였다.　　　　　　　답 X

**015**
예상논점

미국과 일본은 1997년 '신가이드라인'을 제정하여 기존에 일본 자체 방위에 중점을 둔 것에서 주변지역 급변사태에 대응하기로 합의하였다. O | X

대만해협에 대한 개입을 규정한 것으로 평가된다. 답 O

**016**
예상논점

일본은 최근 헌법을 개정하여 자위대의 집단적 자위권 행사를 인정하였다. O | X

헌법해석론을 변경하였다. 기존의 해석은 일본이 국제법상 집단적 자위권을 보유하나 헌법상 행사할 수 없다는 것이다. 답 X

**017**
예상논점

1997년 미국과 합의한 「신방위협력지침(신가이드라인)」으로 자위대는 일본 열도뿐만 아니라 극동지역에서 발생한 유사사태에도 미국의 군사활동을 지원할 수 있게 되었다. O | X

신가이드라인은 주변지역에서 유사사태 발생시에 적용된다. 구가이드라인에서도 극동지역에서 유사사태 발생시 자위대의 개입을 규정하였다. 답 X

**018**
예상논점

일본은 1993년 고노담화를 통해 위안부의 모집, 이송, 관리 등에 있어서 감언과 강압에 의하는 등 전반적으로 본인의 의사에 반하여 동원이 행해졌다며 강제성을 인정하고, 상처를 입은 모든 사람들에게 사과와 반성의 뜻과 역사연구, 역사교육을 통해 같은 잘못을 되풀이하지 않겠다고 밝혔다. O | X

1993년 고노담화는 위안부 문제에 있어서 가장 진보적인 입장 표명이라고 평가된다. 답 O

**019**
예상논점

일본은 미국이 추진하고 있는 NMD체제 구축에 있어서 자국에 NMD기지 설치에 동의하는 등 적극적으로 협력하고 있으며, 이는 미일동맹강화를 통해 중국을 봉쇄하겠다는 의지의 표명으로 평가된다. O | X

일본은 TMD체제 구축에 적극적으로 협력하고 있다. 답 X

**020**
예상논점

2015년 4월 27일 미일 방위협력지침 개정(신가이드라인)은 미일 간 작전을 조정하는 협의기관 '조정메카니즘'을 전시에만 이용 가능하도록 하였다. O | X

조정메카니즘을 평시부터 이용 가능하도록 하였다. 답 X

**021**
예상논점

2015년 4월 27일 미일 방위협력지침 개정(신가이드라인)은 일본의 평화에 중요한 영향이 있는 분쟁에 대처하는 미군에의 후방지원을 동아시아 지역으로 한정하였다. O | X

신가이드라인은 지리적 제약을 제거하였다. 즉, 미군에서의 후방지원을 동아시아 지역에 한정한 것이 아니다. 답 X

**022**

예상논점

2015년 4월 27일 미일 방위협력지침 개정(신가이드라인)은 일본에의 무력공격의 경우, 일본의 도서 방위에 미일협력을 명기하였다. O | X

조어도와 관련해서 중국과 무력분쟁이 발생한 경우 미일동맹이 개입함을 분명히 하였다. 신가이드라인의 핵심 항목이다. 신가이드라인에서는 그 밖에도 존립 위기 사태에는 자위대가 Sea Lane에서 기뢰 제거 등 해상작전에 협력하고, 평화유지활동 등 글로벌 미일협력을 강화하고, 우주 및 사이버 분야에서 연대를 강화하는 활동 등도 포함되어 있다.

답 O

**023**

20. 외무영사직

일본의 아베 담화(2015년 8월), 무라야마 담화(1995년 8월), 고이즈미 담화(2005년 8월), 간 나오토 담화(2010년 8월)는 모두 일본의 식민지 지배에 대한 반성을 표명한 담화들이다. O | X

아베 담화(2015년 8월)는 식민지배에 대한 반성과 사죄를 명확하게 표명하지 않았다는 평가를 받는다.

답 X

**024**

21. 외무영사직

1946년 공포한 일본의 평화헌법 제9조는 일본의 군대보유와 전쟁개입을 금지하고 있다. O | X

일본 자민당은 평화헌법 제9조를 개정하여 이른바 '보통국가'를 만들고 싶어하나 현재까지 제9조의 개정이 실현되지 않았다. 답 O

**025**

21. 외무영사직

일본은 1970년대에 헌법해석의 변경을 통하여 자국이 집단적 자위권을 행사할 수 있다는 공식입장을 정했다. O | X

1970년대에는 일본이 집단적 자위권을 국제법상 보유는 하나 헌법상 행사할 수 없다고 해석했다. 그러나 2014년 이른바 '해석개헌'을 통해 집단적 자위권을 보유하고 또한 국내법상으로 행사할 수 있다고 하였다. 이는 2015년 관련 국내법 개정을 통해 확정되었다. 답 X

**026**

21. 외무영사직

오바마 대통령은 일본의 집단적 자위권 행사와 군사력 강화를 반대하였다. O | X

미국은 기본적으로 일본의 집단적 자위권 행사를 환영하는 입장이다. 중국 봉쇄망 강화에 도움이 될 수 있기 때문이다. 답 X

**027**

22. 외무영사직

일본외교에 있어서 요시다 독트린은 미국 주도의 국제질서에 진입함으로써 자국의 군비지출을 억제하고 경제 발전에 집중한다는 외교 노선이다. O | X

요시다 독트린에 따라 미국과 일본은 1951년 9월 상호방위조약을 체결하였다. 답 O

**028**

22. 외무영사직

일본은 1987년 미국 달러화 대비 자국 엔화 가치를 상승시키는 플라자합의(Plaza Accords)를 주도하여 대미투자를 증가시켰다. O | X

플라자합의는 1985년에 있었다. 1987년에는 달러가치의 지나친 하락을 방지하기 위한 목적으로 루브르회의가 개최되었다. 답 X

**029**

22. 외무영사직

일본 하토야마 내각은 2009년 '대등한 미일 동맹관계'라는 기치하에 종래의 '대미추종' 외교를 극복하고자 하였다. O | X

하토야마 유키오 내각은 중의원 의원, 민주당 대표 하토야마 유키오가 제93대 내각총리 대신으로 임명되어, 2009년 9월 16일부터 2010년 6월 8일까지 존재하였다. 제45회 중의원 의원 총선거에서 민주당의 압승을 계기로 민주당, 사회민주당, 국민신당의 3당 연립 내각(민사국 연립 정권)으로서 성립한 내각이다. 답 O

**030**

22. 외무영사직

일본 아베 내각은 쿼드(QUAD)에 참여하여 미국의 인도 – 태평양전략에서 핵심축을 담당하고자 하였다. O | X

QUAD는 2007년 일본 아베 총리가 제안하였다. 미국, 일본, 호주, 인도가 참여하고 있다. 아베 총리 제안 후 2017년 트럼프행정부 출범 후 성사되었다. 답 O

**031**

23. 외무영사직

일본의 다나카 가쿠에이 총리는 중국과 '중일공동성명'을 통해 외교관계를 수립하였다. O | X

1972년 9월에 다나카 가쿠에이가 중국을 방문하여 국교를 정상화하였다. 답 O

**032**

23. 외무영사직

일본의 기시 노부스케 총리는 미국과 안보 조약 개정을 통해 상호 방위 의무를 명확히 하였다. O | X

1951년 9월 체결된 미일안보조약은 내란조항 등 불평등조항을 담고 있어서 개정이 요구되었으며 1960년 기시 내각에서 개정되었다. 답 O

**033**

23. 외무영사직

일본의 나카소네 야스히로 총리는 무기수출 금지 3원칙을 발표하여 평화주의 정책을 적극 추진하였다. O | X

무기 수출 3원칙은 사토 내각이 1967년 발표한 원칙이다. 공산권 국가, 유엔 결의로 금지된 국가, 국제분쟁 당사국 또는 그 우려가 있는 국가에 대한 무기 수출을 인정하지 않는다는 방침을 의미한다. 답 X

**034**

23. 외무영사직

일본의 사토 에이사쿠 총리는 "핵무기를 보유하지도, 만들지도, 반입하지도 않는다."라는 비핵 3원칙을 발표하였다. O | X

사토 에이사쿠 총리는 비핵 3원칙을 발표하는 한편, 1965년 한국과 국교를 정상화하였다. 답 O

**035**

12. 외무영사직

러시아의 동북아정책은 '아시아적 정체성'에서 비롯된 것이 아니라, 아시아를 유럽과의 관계 속에서 조망하고 유럽에서 약화된 위상을 아시아에서 보상받으려는 현실적 동기가 주된 배경을 이루었다. O | X

러시아의 동북아정책 기조는 동북아시아에서 자신의 지위와 영향력을 유지하는 것으로 규정된다. 이러한 기조는 동북아다자안보에 대한 적극적 지지, 북핵6자회담 참여, ARF나 EAS(동아시아정상회의)에 대한 참여 등으로 구체화되고 있다. 답 O

**036**

12. 외무영사직

러시아는 크리미아 전쟁의 패배로 유럽에서의 세력이 크게 위축되자 동방진출을 가속화하였다. O | X

러시아는 성지관할권 문제로 프랑스 및 영국과 전쟁을 치렀으나 실패함으로써 이른바 '남하정책'이 좌절되었다. 이후 1870년대 남하정책이 재시도될 때까지 동아시아개입정책을 구사하였다. 답 O

**037**

12. 외무영사직

러시아는 북핵문제 해결에 있어서 6자회담은 형식이고 중요한 본질은 북·미합의라는 판단에 따라 북한과 미국 사이의 정직한 중재자(honest broker)의 역할을 수행하고자 하였다. O | X

북핵6자회담에서 러시아의 입장은 외교적 방식에 의한 핵폐기로 정리될 수 있다. 이는 대체로 미국의 전략과 일치한다. 다만, 북한의 핵보유의 근본적 동기가 미국으로부터의 북한에 대한 안보위협임을 강조함으로써 북한의 입장을 지지하는 측면도 있다. 미국은 북한의 핵 개발과 확산을 통한 미국의 안보위협을 북핵문제의 본질로 인식하기 때문이다. 답 O

**038**

12. 외무영사직

러시아는 중국·일본 간의 지역패권 경쟁이 자국 안보를 위협하지 않도록 하기 위해 미국과의 협력을 강화하고자 하였으며, 한반도 정책은 남북한 균형정책에서 남한 중시 정책으로 변화되어 왔다. O | X

러시아의 강대국 정책기조는 세력균형론에 입각하여 미국의 위협에 대해 중국과 연대를 형성하는 것이다. 한편, 대 한반도정책 역시 대체로 반미 세력균형의 관점에서 북한에 상대적으로 가깝다고 평가할 수 있다. 답 X

**039**

예상논점

러시아의 동아시아전략 목표는 역내에서 미국이 주도적인 영향력을 행사하는 것을 견제하고 주요 행위자 간 연성균형을 추구하는 것이다. O | X

경성균형을 목표로 중국과의 협력을 중시한다. 답 X

**040**
예상논점

상하이협력기구(2001)는 역내 평화·안보·안정을 위한 공조체제를 구축하여 미국의 일방주의적 대외정책을 견제하고자 하였다. O | X

상하이협력기구(2001)는 회원국 상호 간 정치, 경제, 사회, 문화, 안보 등 다차원적 협력을 목적으로 추진된 것이다. 답 X

**041**
예상논점

2017년 6월을 기준으로 상하이협력기구의 회원국은 중국, 러시아, 카자흐스탄, 키르기스스탄, 타지키스탄, 우즈베키스탄, 인도, 파키스탄이며, 옵저버로 이란, 몽골, 아프가니스탄이 있다. O | X

상하이협력기구의 옵저버국에 벨라루스도 포함된다. 2017년 6월 인도와 파키스탄이 정식 회원국으로 승격되었다. 답 X

**042**
예상논점

독립국가연합(CIS)은 국가연합(Confederation)으로서 통합군을 편성하여 공동방위체제를 구축하고 있다. O | X

국제법상 국가연합(Confederation)은 조약에 의해 합의된 공동 외교안보정책을 추구한다. 독립국가연합(CIS) 역시 공동방위체제를 형성하였다. 답 O

**043**
예상논점

푸틴은 CIS국가들 간 군사동맹강화를 위하여 2002년 「집단안보조약」을 체결하였다. O | X

집단안보조약은 1992년 체결되었으며, 2002년에는 '집단안보조약기구'로 개칭하였다. 답 X

**044**
예상논점

러시아는 CIS국가들 간 경제통합을 위해 1996년 러시아 주도로 창설된 FTA를 2000년 유라시아 경제공동체로 확대 개편하였으며, 이후 러시아, 카자흐스탄, 벨라루스가 참여하는 FTA를 2010년 1월 출범시켰다. O | X

2010년에 출범한 것은 FTA가 아니라 관세동맹이다. 답 X

# 제4편

# 국제기구

# 제1장 총론

memo

**001**
예상논점

정부간국제기구가 되기 위해서는 조약에 의해 설립되어야 한다.　O | X

정부간국제기구는 조약에 의해 설립되나 비정부간국제기구는 설립국 국내법에 의해 창설된다는 점에서 근본적인 차이가 있다.　답 ○

**002**
예상논점

정부간국제기구에 국가 이외의 실체는 가입할 수 없다.　O | X

WTO의 경우 독자적 관세영역도 가입할 수 있다.　답 X

**003**
예상논점

현실주의자들은 국제기구가 자율성은 없으나 효과성은 있다고 본다.　O | X

현실주의자들은 국제기구의 효과성도 부인한다. 자율성은 국가로부터의 자율성을 의미한다. 효과성은 국가들을 규제할 수 있는지의 문제이다.　답 X

**004**
예상논점

신기능주의에 따르면 통합을 위해서는 우선적으로 국가 간 교류 협력이 강화되어야 하며 국제기구 창설이 반드시 필요한 것은 아니다.　O | X

신기능주의는 통합을 위해 국제기구 창설을 강조한다. 국가 간 교류 협력을 강조하는 것은 도이치의 거래주의이론이다.　답 X

**005**
예상논점

신자유제도주의에 따르면 일단 형성된 국제기구는 강대국이 존재해야 계속해서 유지될 수 있다.　O | X

신자유제도주의는 절대적 이득이 존재하는 경우 국제기구가 유지될 수 있다고 본다. 이 점에서 패권안정론과 다르다.　답 X

**006**
예상논점

자유주의 시각에서, 국제기구는 배신자 식별, 처벌, 정보 제공을 통해 국제협력의 가능성을 높인다.　O | X

자유주의 시각에서, 국제기구는 협력의 매개변수이다. 거래비용을 감소시켜 협력을 용이하게 하는 역할을 한다.　답 ○

**007**
23. 외무영사직

현실주의는 국제기구가 힘의 우위를 가지고 있는 강대국의 입장을 반영한다고 본다.

O | X

미어세이머는 국제기구가 강대국의 현존 권력관계를 단순히 반영할 따름이라고 하였다.

답 O

---

**008**
23. 외무영사직

구성주의는 국제제도를 국가 간 상호작용을 통해 얻은 정체성과 이익의 구현체로 본다.

O | X

구성주의는 국제제도를 간주관성의 산물이라고 보며, 규범적 측면을 강조한다.

답 O

---

**009**
23. 외무영사직

자유주의는 국제기구가 완전한 자율성을 바탕으로 국가 간 갈등을 중재하고 상호 협력을 이끌어낸다고 본다.

O | X

자유주의가 국제기구의 완전한 자율성을 가정한다고 보기 어렵다. 국가로부터의 어느 정도의 자율성을 가지고 긍정적인 기능을 할 수 있다고 보는 것이다.

답 X

---

**010**
23. 외무영사직

구조주의는 국제제도가 국제자본의 이익을 반영하며 빈국과 부국의 상호 발전을 촉진한다고 본다.

O | X

구조주의, 즉 마르크스주의는 국제제도는 부국(중심부)이 빈국(주변부)을 착취하는 수단이라고 본다. 따라서 빈국과 부국의 상호 발전을 촉진한다고 보지 않는다.

답 X

m e m o

## 제1절 총론

### 001
13. 외무영사직

1995년 이후 UN개혁에 대한 다양한 논의가 전개되고 있다. 한국을 포함한 커피 클럽 (Coffee Club)은 UN 총회 개혁을 논의하는 중견국 그룹을 지칭한다.  O | X

커피 클럽(Coffee Club)은 안전보장이사회의 개혁에 대한 중견국 그룹을 지칭한다. 정식 명칭은 '합의를 위한 단결'(Uniting for Consensus)이며 커피 클럽(Coffee Club)이라는 이름은 커피를 마시며 느긋하게 하는 비공식 모임이라는 뜻이다. 1998년 제52차 UN총회 때 한국, 멕시코, 이탈리아, 스페인, 아르헨티나, 파키스탄 등의 주도로 결성되었다. 이 국가들은 일본, 독일, 인도, 브라질 등 G4 국가의 안전보장이사회 상임이사국 진출을 반대하며, G4에게 거부권이 없는 준상임이사국 지위를 부여하자고 주장하고 있다.
답 X

### 002
12. 외무영사직

새천년개발목표(MDG: Millinium Development Goal)에는 전 세계 고등교육 체제 보유, 모성보건 증진, 양성평등과 여성 참여 촉진, 유아 사망률 감소, 극심한 빈곤과 기아의 근절, 에이즈·말라리아 및 기타 질병 퇴치, 환경의 지속가능성 보장, 개발을 위한 글로벌 파트너십 구축 등 총 8개 목표로 구성된다.  O | X

UN은 2000년 9월 열린 밀레니엄 정상회의에서 세계의 빈곤자 수를 2015년까지 현재의 절반수준으로 낮추기 위한 새천년개발목표(MDG)를 선언하였다. 교육과 관련해서는 '초등교육의무화 달성'을 목표로 제시하였다.
답 X

### 003
12. 외무영사직

신국제경제질서(New International Economic Order)란 1990년대 세계무역기구가 개발도상국 경제를 착취하는 것을 막으려는 개발도상국들의 요구를 말한다.  O | X

1970년대 부채 탕감과 무역조건 개선 등을 통해 빈곤한 경제를 개선하려는 개발도상국들의 요구이다. 신국제경제질서는 국제경제질서를 근본적으로 개혁하기 위해 1970년대 초 개발도상국이 시작한 운동이다. 세계 자원문제에 대해 논의한 1974년 제6회 UN특별총회에서 아시아·아프리카의 제3세계 국가 등 77그룹으로 불리는 국가에 의해 선진국이 주도하는 국제경제질서를 폐지하고 자원주권을 확립하는 것을 중심으로 하는 신국제경제질서의 수립에 관한 선언이 채택되었다. 77그룹은 현재 세계경제의 메커니즘은 선진공업국의 이익만을 추구할 뿐 개발도상국의 이익은 존재하지 않으므로 근본적으로 국제경제질서가 개편되어야 한다고 주장하였다. 이들이 요구한 것은 천연자원에 대한 항구적 주권 행사, 개발도상국에 불리한 교역조건 개선과 국제통화제도의 개혁, 개발도상국에 대한 원조증대, 생산지 카르텔 성립, 다국적기업의 규제와 감시 등이다. UN총회를 통해 이러한 운동을 전개하였으나 성공적이지는 못했다는 것이 일반적 평가이다.
답 X

**004**

10. 외무영사직

UN창설은 차례대로 대서양헌장 → 워싱턴회의 및 국제연합선언 → 모스크바 외상회의 → 테헤란 회의 → 덤바턴 오크스 회의 등을 거쳐 창설되었다. O | X

UN의 설립과정을 보면, 우선 제2차 세계대전 진행 중에 연합국 간에는 전후 국제평화와 안전을 유지하기 위한 국제기구 설립 필요성이 검토되었다. UN은 국제연맹 실패의 경험에 비추어 보다 일반적이고 새로운 범세계적 기구가 되어야 한다는 구상으로 발전하였다. 1941년 8월 14일 루즈벨트 미국 대통령과 처칠 영국 수상은 대서양 헌장을 통해 종전 후 새로운 세계 평화정착 희망을 표명하였으며, 1942년 1월 1일에는 주축국에 대항하여 싸웠던 26개국 대표들이 워싱턴에서 연합국선언(Declaration by United Nations)에 서명하여 일치단결을 맹세하였다. 연합국선언(Declaration by United Nations)은 대서양헌장에 구체화된 목적과 원칙에 따른 공동행동을 재확인하는 한편 UN 창설을 위한 연합국의 공동노력을 천명하였으며, 루즈벨트 대통령에 의해 제안된 '국제연합(United Nations)'이란 용어를 동 선언에서 최초로 공식 사용하였다. 1943년 10월 30일 모스크바 3상회의에서 미·영·중·소 4개국은 일반적 국제기구의 조기 설립 필요성에 합의한 후, 1944년 8월 ~ 10월간 미·영·중·소 4개국 대표가 워싱턴 덤바턴 오크스 회의에서 「일반적 국제기구 설립에 관한 제한」을 채택하여 국제연합의 목적, 원칙 및 구성 등에 합의하였으며 전문 12장의 UN 헌장 초안을 마련하였다. 1945년 2월 얄타회담에서 안전보장이사회의 표결방식 등 미결사항이 타결되고, 1945년 4월 25일에는 50개국 대표들이 샌프란시스코에서 '국제기구에 관한 연합국 회의'를 개최하고 UN헌장(Charter of the United Nations)을 채택하였으며, 10월 24일 서명국 과반수가 비준서를 기탁함으로써 UN이 정식으로 발족하였다. 답 ○

**005**

09. 외무영사직

2001년 UN에서 채택된 '새천년개발목표(Millennium Development Goals)'에는 군비감축을 통한 평화적 동반관계 구축, 에이즈, 말라리아 및 기타 질병의 퇴치, 양성평등과 여성참여 촉진, 극심한 빈곤과 기아의 퇴치 등이 포함된다. O | X

군비감축을 통한 평화적 동반관계 구축은 포함되지 않는다. 그 밖에도 초등교육의 완전 보급, 유아 사망률 감소, 임산부의 건강 개선, 환경 지속가능성 보장, 발전을 위한 전 세계적인 동반관계의 구축 등이 있다. 새천년개발목표는 이행기간이 2015년까지였으며, 새롭게 지속가능 개발목표(Sustainable Developmnet Goals: SDG)가 채택되었다. 답 X

**006**

17. 외무영사직

국제연맹은 인권 보호를 주요 목표로 삼았다. O | X

인권 보호가 목표로 규정된 것은 국제연합의 UN헌장이다. 답 X

**007**

17. 외무영사직

영국은 상원의 파리평화조약 비준 거부로 국제연맹에 참여하지 않았다. O | X

영국은 국제연맹에 참여하였고 미국이 불참하였다. 답 X

**008**

17. 외무영사직

평화애호국만이 국제연맹의 회원국이 될 수 있었다. O | X

평화애호국을 전제조건으로 하는 것은 국제연합이다. 답 X

**009**

17. 외무영사직

국제연맹 총회에서 절차문제는 그 회의에 대표된(represented) 회원국의 과반수로 결정될 수 있었다. O | X

국제연맹(LN)은 주요문제를 만장일치로 결정하였으나, 절차문제는 과반수로 결정하기도 하였다. 답 O

**010**

21. 외무영사직

홀로코스트를 비롯한 제2차 세계대전의 참상은 세계인권선언의 채택으로 이어지는 성찰의 계기가 되었다. O | X

세계인권선언은 자유권과 사회권을 모두 규정한 문서로서 1948년 UN총회에서 만장일치로 채택되었다. 소련은 기권하였다. 답 O

**011**

21. 외무영사직

세계인권선언에는 개인의 인권뿐만 아니라 소수민족의 문화적 권리, 민족자결권 등 집단적 권리도 포함되어 있다. O | X

소수민족의 권리나 민족자결권은 규정되지 않았다. 1966년 '시민적·정치적 권리를 위한 국제규약'에는 규정되었다. 답 X

**012**

21. 외무영사직

세계인권선언의 내용은 1950년대가 되어서야 경제적·사회적·문화적 권리, 시민적·정치적 권리에 대한 양대 국제인권규약으로 채택되었다. O | X

'사회적·문화적 권리에 관한 국제규약'도 1966년에 채택되었다. 답 X

**013**

22. 외무영사직

국제연맹, 국제통화기금, 국제부흥개발은행, 관세 및 무역에 관한 일반협정은 모두 제2차 세계대전의 결과로 생겨난 국제제도이다. O | X

국제연맹은 제1차 세계대전 이후 만들어진 기구이다. 윌슨의 14개 조항에 의해 제시된 집단안보를 위한 기구이나, 미국의 불참으로 실효적으로 기능하기 어려웠다는 평가를 받는다. 답 X

**014**

23. 외무영사직

유엔의 지속가능발전목표(SDGs)는 개발도상국과 선진국 모두가 참여 주체이다. O | X

유엔회원국이 모두 참여하여 유엔 차원에서 추진하는 개발목표이다. 답 O

**015**

23. 외무영사직

유엔의 지속가능발전목표(SDGs)는 2016년부터 시행하여 2025년까지 실현하기로 하였다. O | X

2016년부터 15년간 추진하여 2030년에 목표를 달성할 것을 추구하고 있다. 답 X

**016**
23. 외무영사직

유엔의 지속가능발전목표(SDGs)는 빈곤 종식, 성평등 달성, 국내 및 국가 간 불평등 감소 등을 목표로 하고 있다. O | X

17개의 목표를 제시하였다. 빈곤퇴치, 기아종식, 건강과 웰빙, 양질의 교육, 성평등, 물과 위생, 깨끗한 에너지, 양질의 일자리와 경제성장, 혁신과 사회기반 시설, 불평등 완화, 지속가능한 도시와 공동체, 책임감 있는 소비와 생산, 기후변화 대응, 해양생태계, 육상생태계, 평화와의 정의의 제도, 파트너십 등이 목표이다. 답 O

**017**
23. 외무영사직

유엔의 지속가능발전목표(SDGs)는 인간, 지구, 번영, 평화, 파트너십이라는 5개 영역에서 인류가 나아가야 할 방향성을 제시하고 있다. O | X

17개 목표는 인간, 지구, 번영, 평화, 파트너십이라는 5개 영역으로 나뉘어 인류가 나아갈 방향을 제시하며, 각 목표마다 더 구체적인 내용을 담은 세부 목표(총 169개)로 구성된다. 답 O

**018**
23. 외무영사직

'북한인권법'은 미국 → 일본 → 한국 순서로 제정되었다. O | X

미국은 2004년, 일본은 2006년, 한국은 2016년에 북한인권법을 제정하였다. 답 O

**019**
23. 외무영사직

평등권, 참정권 등의 시민적·정치적 권리를 보호하는 내용은 국제인권 A규약에 해당한다. O | X

평등권, 참정권 등의 시민적·정치적 권리를 보호하는 내용은 국제인권 B규약에 해당한다. 답 X

**020**
23. 외무영사직

인종차별철폐협약 → 고문방지협약 → 여성차별철폐협약 → 아동권리협약 순서로 채택되었다. O | X

인종차별철폐협약(1965) → 여성차별철폐협약(1979) → 고문방지협약(1984) → 아동권리협약(1989) 순서로 채택되었다. 답 X

**021**
23. 외무영사직

한국은 1991년 유엔 인권위원회에 가입한 이후 인종차별철폐협약, 여성차별철폐협약 등 주요 인권협약에 가입하였다. O | X

우리나라는 인종차별철폐협약에는 1978년, 여성차별철폐협약에는 1984년에 가입하였다. 답 X

## 제2절 회원국

**022**
16. 외무영사직

한국은 1991년 북한과 UN에 동시 가입했다. O | X

탈냉전의 흐름 속에서 남북한 UN 동시 가입이 마침내 성사된 것이다. 답 O

**023**
14. 외무영사직

UN신규 회원국으로 가입하기 위해서는 안보리의 권고가 필요하고, 총회에서 회원국 과반수의 찬성을 얻어야 한다. O | X

총회에서는 중요문제이므로 출석하고 투표한 회원국 2/3 이상의 찬성을 얻어야 한다. 답 X

**024**
14. 외무영사직

UN 회원국에 대한 권리 정지는 안보리의 권고와 총회의 결정으로 이루어지나, 권리 회복은 안보리의 결정만으로 가능하다. O | X

권리 정지 시 안전보장이사회에서는 상임이사국 전부를 포함한 9개국 이상이 찬성해야 하며, 총회에서는 출석하고 투표한 회원국 3분의 2 이상의 찬성을 얻어야 한다. 답 O

**025**
14. 외무영사직

UN헌장에 포함된 원칙들을 계속해서 위반한 회원국에 대해서는 안보리의 결의만으로 제명이 가능하다. O | X

제명은 안전보장이사회의 권고에 기초하여 총회에서 결정한다. 안전보장이사회 의결시는 비절차사항으로, 총회 의결시는 중요문제 정족수가 적용된다. 답 X

**026**
14. 외무영사직

UN에서 탈퇴하기 위해서는 3개월 전에 안보리와 총회에 통보하여야 한다. O | X

탈퇴에 대한 명시적인 규정은 없으나, 탈퇴는 허용되는 것으로 본다. 답 X

## 제3절 총회

**027**
14. 외무영사직

보편적 정례검토(UPR)에 의해 모든 UN 회원국은 4년마다 자국의 인권상황에 대해 심사를 받는다. O | X

보편적 정례검토(UPR)는 2006년 UN경제사회이사회 산하의 인권위원회(Commission on Human Rights)가 총회 산하의 인권이사회(Human Rights Council)로 격상되면서 인권이사회가 담당하는 제도이다. 답 O

**028**
12. 외무영사직

UN총회는 UN의 주요 심의기관으로 모든 회원국들은 1국 1표제 방식에 따라 평등하게 대표되며, 2/3 다수를 필요로 하는 중요 문제를 제외하고는 단순과반수 투표로 안건이 통과된다. O | X

UN총회는 UN의 주요 기관 중 하나이다. 의사결정은 중요문제와 기타문제로 구분되며, 중요문제는 출석 및 투표국 3분의 2 이상 찬성, 기타문제는 출석 및 투표국 과반수(단순다수결)로 의결한다. 중요문제인지 기타문제인지를 결정하는 선결문제는 기타문제로 취급된다. 답 ○

**029**
예상논점

UN총회는 출석하여 투표하는 국가의 3분의 2 다수결에 의하여 결정될 문제의 새로운 부류에 대해 출석 투표하는 국가의 3분의 2 다수결로 결정한다. O | X

출석하는 투표하는 국가의 과반수로 의결한다. 답 X

**030**
예상논점

UN총회는 UN 비회원국의 ICJ 이용조건에 대해 결정한다. O | X

이용조건을 결정하는 것은 안전보장이사회의 권한이다. 답 X

**031**
18. 외무영사직

UN인권이사회(Human Rights Council)는 인권 보장을 위한 주요 기관 중 하나로 경제사회이사회산하에 있다. O | X

UN인권이사회(Human Rights Council)는 총회 산하에 있는 기관이다. 답 X

**032**
18. 외무영사직

국가별 보편적 정례검토(Universal Periodic Review)는 인권 침해 상황이 심각한 국가를 중점 대상으로 인권 상황을 정기적으로 검토하는 제도이다. O | X

모든 UN 회원국에 대해 주기적으로 인권 상황을 검토한다. 답 X

**033**
18. 외무영사직

지역 인권체제의 하나로 아시아에서는 아시아 인권재판소가 운영되고 있다. O | X

아시아 인권재판소는 설립되지 않았다. 답 X

**034**
18. 외무영사직

UN인권이사회(Human Rights Council)에서는 국가별, 특정 주제별로 실무그룹을 구성하여 관련 사례를 조사하고 권고의견을 낸다. O | X

UN인권이사회(Human Rights Council)의 의견이 법적 구속력을 가지는 것은 아니다. 답 ○

## 제4절 안전보장이사회

**035**

16. 외무영사직

UN의 집단안보체제는 지금까지 작동된 적이 없다. O | X

UN의 집단안보체제는 냉전기 한국전쟁 시 북한의 남침을 '평화의 파괴'로 규정하고 회원국의 군대 파견을 요청한 것을 제외하고는 사실상 마비상태였다고 볼 수 있다. 그러나 탈냉전기 걸프전에 대한 다국적군 파견 결의 등을 통해 집단안보체제를 작동시키고 있다.

답 X

**036**

08. 외무영사직

UN안전보장이사회는 러시아, 미국, 영국, 중국, 프랑스 등 5개 상임이사국과 3년 임기의 10개 비상임이사국으로 구성된다. O | X

UN안전보장이사회의 비상임이사국은 임기가 2년이다. 답 X

**037**

12. 외무영사직

UN안전보장이사회는 국제평화와 안전에 대한 위협을 다루는 1차적 책임을 부여받고 있으며, 5개 상임이사국과 이들 상임이사국들이 선출하는 2년 임기의 10개 비상임이사국으로 구성된다. O | X

UN안전보장이사회의 비상임이사국은 2년 임기의 10개국으로 구성된다. 비상임이사국 선출은 UN총회의 단독권한으로서 출석하여 투표하는 국가의 2/3 이상 찬성을 얻은 국가를 선출한다.

답 X

**038**

08. 외무영사직

절차사항 외의 모든 사항에 대한 안전보장이사회의 결정은 5개 상임이사국의 동의투표를 포함한 전체 이사국 2/3의 찬성투표를 필요로 한다. O | X

상임이사국 전부를 포함하여 9개국 이상의 찬성을 필요로 한다. 답 X

**039**

08. 외무영사직

관습적으로 안전보장이사회 상임이사국의 기권은 거부권을 행사한 것으로 간주된다. O | X

기권과 불참은 거부권의 행사로 간주되지 않는다. 답 X

**040**

예상논점

안전보장이사회의 분쟁의 평화적 해결에 관한 결의에 있어서 분쟁당사국인 이사국은 표결에 참가할 수 없다. O | X

상임이사국과 비상임이사국을 불문하고 표결에 참가할 수 없다. 강제조치 결정에는 참여할 수 있다. 답 O

**041**
예상논점

UN안전보장이사회는 UN헌장 제41조의 명시적 규정에 따라 임시국제형사재판소를 설치할 수 있다. O | X

명시되지는 않았다. 그러나 제41조가 예시조항이므로 명시되지 않은 조치도 취할 수 있다.

답 X

**042**
예상논점

UN안전보장이사회는 관행상 평화유지군 창설을 전담하고 있다. O | X

UN총회도 평화유지군을 창설할 수 있으나, 관행상 UN안전보장이사회가 전담한다.

답 O

**043**
예상논점

UN안전보장이사회의 분쟁의 평화적 해결을 위해 UN 비회원국은 분쟁을 부탁할 수 없다. O | X

UN 비회원국도 자국이 당사자인 분쟁은 UN안전보장이사회에 회부할 수 있다. 답 X

**044**
예상논점

국제분쟁의 평화적 해결을 위한 결의에 있어서 분쟁당사국인 이사국은 표결에 참여할 수 없다. O | X

상임, 비상임을 불문하고 표결에 참여할 수 없다. 답 O

**045**
예상논점

안전보장이사회가 국제분쟁에 대해 심의하는 경우 UN총회는 어떠한 경우에도 당해 사안에 대해 토의하거나 권고할 수 없다. O | X

안전보장이사회의 승인이 있는 경우 국제분쟁에 대해 총회는 토의하거나 권고할 수 있다.

답 X

**046**
예상논점

국제분쟁의 평화적 해결을 위한 안전보장이사회의 결의는 비절차문제로서 상임이사국 전부를 포함하여 9개국 이상 찬성해야 하고 법적 구속력이 있다. O | X

분쟁의 평화적 해결을 위한 결의는 '권고'에 해당하여 법적 구속력은 없다. 답 X

**047**
17. 외무영사직

국제평화 및 안보에 관한 문제를 다룰 지역적 약정 또는 지역적 기구는 UN의 목적과 원칙에 부합해야 한다. O | X

UN의 목적과 원칙은 제1조와 제2조에 규정되어 있다. 답 O

**048**
17. 외무영사직

지역적 약정을 체결하거나 지역적 기구를 구성하는 UN 회원국은 지역 분쟁을 안전보장이사회에 회부하기 전에 지역적 약정 또는 지역적 기구를 통해 지역 분쟁의 평화적 해결을 위해 노력한다. O | X

먼저 지역적 기관을 통한 분쟁해결을 시도하라는 취지이다. 답 O

**049**

17. 외무영사직

안전보장이사회는 관계국의 발의 또는 안전보장이사회의 회부로 지역적 약정 또는 지역적 기구를 통한 지역 분쟁의 평화적 해결 진전을 장려한다.　O | X

안전보장이사회가 적극적으로 지역적 기관을 활용할 것을 요구하는 것이다.　답 ○

**050**

17. 외무영사직

지역적 약정이나 지역적 기구는 예외 없이 안전보장이사회의 허가 아래에서만 강제조치를 취할 수 있다.　O | X

지역적 기구나 지역적 약정의 경우 안전보장이사회의 사전승인이 원칙이나, 집단적 자위권의 경우 사후보고만 하면 된다.　답 X

## 제5절　기타기관

**051**

08. 외무영사직

경제사회이사회는 '전문기구'(specialized agencies)와 국제연합 간의 제휴관계에 관한 협정을 체결할 수 있으며, 그러한 협정은 안전보장이사회의 승인을 받아야 한다.　O | X

전문기구(specialized agencies)와 국제연합 간의 제휴관계에 관한 협정은 총회의 승인을 받아야 한다.　답 X

**052**

예상논점

UN사무총장은 국제평화와 안전의 유지를 위협한다고 인정되는 사항에 대하여 안전보장이사회 및 총회에 주의를 환기할 수 있다.　O | X

안전보장이사회에만 주의를 환기할 수 있다.　답 X

**053**

19. 외무영사직

제1대 UN사무총장은 스웨덴 출신의 하마숄드(Dag Hammarskjöld)이다.　O | X

하마숄드(Dag Hammarskjöld)는 제2대 UN사무총장이다. 제1대 사무총장은 트리그베 리(Trygve Halvdan Lie)이다. 1946년 2월 1일 초대 UN사무총장으로 선출되었고 1952년 11월 10일에 사임했다. UN사무총장을 역임하는 동안에는 이스라엘, 인도네시아의 독립을 지원했으며 소련군의 이란 철수, 카슈미르 분쟁의 중재를 위해 노력했다. 1950년 한국 전쟁이 발발하자 소련을 규탄하는 성명을 내는 한편 UN이 대한민국을 지원하는 것을 지지했다.　답 X

**054**

19. 외무영사직

UN사무총장은 임무 수행에 있어서 어떠한 정부로부터 지시를 구하거나 받지 않아야 한다고 UN헌장은 규정하고 있다.　O | X

UN사무총장은 독립적으로 임무를 수행해야 한다.　답 ○

**055**

19. 외무영사직

UN사무총장은 국제평화와 안전의 유지를 위협한다고 그 자신이 인정하는 어떠한 사항에 대해서도 안전보장이사회의 주의를 환기할 수 있다. O | X

UN사무총장은 총회에는 분쟁을 회부할 수 없다. 답 ○

**056**

19. 외무영사직

UN사무총장은 안전보장이사회 또는 회원국 과반수의 요청에 따라 총회 특별회기를 소집한다. O | X

특별회기는 임시총회를 의미한다. 답 ○

## 제6절 전문기구

**057**

09. 외무영사직

IMF는 브레튼우즈체제의 결함을 보완하기 위해서 특별인출권(SDR)을 창출하였고, 이것을 주요 준비자산으로 격상시켰다. O | X

특별인출권(SDR)은 IMF 회원국이 외환위기 등으로 달러 유동성이 부족해질 때 담보 없이 필요한 만큼 외화를 인출할 수 있는 권리를 의미한다. IMF 회원국은 출자 비율에 따라 특별인출권(SDR)을 배분받고 보유한 특별인출권(SDR) 규모 내에서 준비통화 중 하나로 교환할 수 있다. IMF는 브레튼우즈 체제의 고정환율제를 보완하기 위해 1969년에 가상 통화이자 보조적인 준비자산인 특별인출권(SDR)을 도입하였다. 1973년 브레튼우즈 체제 붕괴 후 고정환율제가 폐기되고, 변동환율제가 시행되면서 특별인출권(SDR)의 중요성은 다소 퇴색하였으나 글로벌 금융위기를 계기로 유동성 위기에 빠진 회원국들의 외환보유액을 확충하는 수단으로 활용되면서 유용한 도구로 재부상하고 있다. 특별인출권(SDR)의 가치는 IMF가 5년마다 정하는 표준 바스켓 방식(standard basket system)에 의해 결정된다. 특별인출권(SDR) 바스켓은 4개의 통화(미국 달러, 유로, 영국 파운드, 일본 엔)로 구성돼 있었지만 2015년 11월 30일 집행이사회에서 중국 위안화가 포함되었다. 편입 비율은 미국 달러(41.73%), 유로(30.93%), 중국 위안(10.92%), 일본 엔(8.33%), 영국 파운드(8.09%) 순이다. 위안 편입 효력은 2016년 10월 1일부터 발효되었다. 답 ○

**058**

09. 외무영사직

회원국들이 미국의 세계통화질서 독주에 반발한 이후 IMF의 결정구조는 미국·영국·프랑스·일본과 같은 세계 통화 4대 강대국들이 함께 협력하여 결정하는 '4대 강국 공동표결제'를 채택하여 세계통화질서를 유지해오고 있다. O | X

IMF의 의사결정구조는 각 회원국의 출자액에 따른 가중투표제이다. 즉, 상대적 평등제도가 구현되고 있다. 답 X

제2장 국제연합(UN) **185**

국제기구

제4편

해커스공무원 패권 국제정치학 단원별 핵심지문 OX

**059**

예상논점

국제통화기금(IMF)은 일시적 국제수지 적자국을 지원할 목적에서, 세계은행(World Bank)은 다른 국가들의 개발을 지원할 목적에서 만들어졌다. O I X

국제통화기금(IMF)와 세계은행은 제2차 세계대전 이후 만들어진 국제경제기구이다. 당초 미국은 국제통화기금(IMF), 세계은행(IBRD), 국제무역기구(ITO)의 3주체제(Three-Pillar system)를 구상하였으나 국제무역기구(ITO)는 미국 상원의 반대로 무산되었다. 답 O

**060**

22. 외무영사직

국제노동기구(ILO)는 1919년 베르사유조약 제13편을 근거로 창설되었고, 1946년 UN의 전문기구가 되었으며, 스위스 제네바에 본부를 두고 있다. O I X

1969년 노벨평화상을 수상하기도 하였다. 한국은 1991년 12월 9일 152번째로 ILO에 가입했다. 답 O

**061**

22. 외무영사직

국제통화기금(IMF)은 국제통화·금융질서의 확립 및 국제무역의 확대와 균형성장 촉진으로 가맹국의 고용과 실질소득증대, 생산자원의 개발을 목적으로 하여 1947년 발족된 국제금융기구(International Monetary Fund, IMF)이다. O I X

1944년 뉴욕에서 개최된 30개국 전문가회의에서 '국제통화기금설립에 관한 공동성명'이 채택되었다. 같은 해 7월 미국의 브레턴우즈에서 연합국 44개국이 국제통화금융회의를 개최하고, 국제통화기금과 국제부흥개발은행의 설립안을 확정하였다. 답 O

**062**

23. 외무영사직

국제통화기금은 '트리핀 딜레마'를 완화하기 위하여 특별인출권(SDR)을 제안하였다. O I X

트리핀의 딜레마는 특정국 화폐를 기축통화로 설정한 경우 내재되는 문제로서 '유동성'과 '신뢰성'의 상충관계를 말한다. 1960년대 미국의 학자 트리핀이 명명한 문제이다. 답 O

**063**

22. 외무영사직

만국우편연합(UPU)은 우편업무의 효과적 운영으로 각국 국민 간의 통신연락을 증진하고 문화·사회·경제 영역에 있어서 국제협력 달성에 기여할 목적으로 1874년에 창설된 기구로서 본부는 스위스 베른에 있다. O I X

국제연합회원국은 가입선언만 하면 자동적으로 가입되며, 국제연합회원국이 아닌 나라는 국제연합회원국 3분의 2 이상의 동의를 받아 가입할 수 있다. 우리나라는 1894년(고종 31) 1월 27일 외부대신 조병직이 서명 날인한 가입신청서를 제출하고, 1897년 제5차 워싱턴총회에 대표단을 파견하여 연합조약에 서명하였으며, 그해 7월 29일 고종의 비준서를 기탁, 1900년 1월 1일 국호 대한국(大韓國)으로 정식가입이 승인되었다. 그러나 일제강점으로 회원국으로서의 활동이 일시 중지되었다가 1947년 제12차 파리총회의 결정에 따라 우리 국호인 '대한민국'으로 가입권이 회복되었다. 답 O

**064**
10. 외무영사직

UN 평화유지군은 사무총장의 결정을 통해 설립되고 유지된다.　　O | X

UN 평화유지군 창설은 안전보장이사회와 총회의 권한이다. 관행상으로는 안전보장이사회가 창설기관이다.　　답 X

**065**
10. 외무영사직

UN의 평화유지 활동으로서 예방외교는 1960년 부트로스 갈리(B. Boutros – Ghali) 전 사무총장이 제안했다.　　O | X

평화유지 활동을 제안한 사람은 다그 함마슐드(Dag Hammarskjöld) 사무총장이다. 예방외교는 부트로스 갈리(B. Boutros – Ghali) 전 사무총장이 1992년 발표한 '평화를 위한 의제(An Agenda for Peace)' 보고서에서 평화조성(Peace – making), 평화유지(Peace – keeping), 평화재건(Peace – building) 등과 함께 UN의 분쟁예방과 해결을 위한 4가지 수단 중의 하나로 설명되고 있다. 구체적으로 예방외교(Preventive Diplomacy)란 '당사국 사이에서 분규 발생을 예방하며, 발생한 분규가 고조되어 분쟁으로 발전되지 않도록 예방하고, 분쟁이 발생했을 때 이러한 분쟁의 확산을 제한하는 활동'으로 정의하고 있다.　　답 X

**066**
10. 외무영사직

UN은 1956년 수에즈 위기에 대처하기 위해 UN 긴급군을 최초로 파견하였다.　　O | X

UN 긴급군(UNEF)이 최초의 평화유지군이며, UN총회에서 창설되었다.　　답 O

**067**
09. 외무영사직

UN헌장에는 분쟁의 평화적 해결, 지역적 약정, 집단적 자위권, 평화유지활동 등이 명시되어 있다.　　O | X

평화유지활동(PKO)은 헌장에 명시적 규정이 없다. 국제사법재판소(ICJ)는 '특정경비사건'에서 평화유지활동(PKO)은 UN의 목적 달성을 위한 UN의 조치로 볼 수 있다고 하였다.　　답 X

**068**
예상논점

PKF는 다국적군과 달리 파견시 분쟁당사국의 동의를 요하며 UN안전보장이사회의 통제를 받는다.　　O | X

PKF는 UN사무총장이 통제한다. 다국적군은 안전보장이사회의 무력사용 허가에 기초하여 형성된 군대로서 파견시 분쟁당사국의 동의를 요하지 않는다. 또한 다국적군은 안전보장이사회의 통제를 받지 않고 파견국의 통제를 받는다.　　답 X

**069**

예상논점

1992년 부트로스 갈리 UN사무총장이 제안한 "An Agenda For Peace"에 의하면 PKF가 불필요한 분쟁이 연루되는 것을 방지하기 위해서는 반드시 분쟁이 발생한 이후에만 개입해야 한다.　　　　　　　　　　　　　　　　　　　　　　　O | X

예방적 배치 개념을 PKO에 도입하였다. 즉, 분쟁이 발발하기 전에도 분쟁을 완화하기 위한 활동을 하는 것도 PKO의 임무로 보았다.　　　　　　　　　　답 X

**070**

예상논점

수에즈 운하 분쟁 당시 파견된 UNEF는 UN총회에 의해 최초로 창설된 PKF였으며, 이후 PKF는 안보리가 창설하는 것으로 관행이 정착되어 UN총회가 조직한 PKF는 더 이상 존재하지 않는다.　　　　　　　　　　　　　　　　　　　　　O | X

서부 뉴기니 사태에 파견된 UNTEA도 총회가 조직하였다.　　　　　답 X

**071**

22. 외무영사직

냉전기간 동안 평화유지군은 안전보장이사회 상임이사국을 중심으로 한 강대국들의 병력으로 구성되었다.　　　　　　　　　　　　　　　　　　　　　O | X

중립성원칙에 따라 상임이사국 병력은 PKF에서 제외되었다.　　　　답 X

**072**

22. 외무영사직

평화유지활동의 초점이 과거 소극적 평화의 구현에 맞추어져 있었으나 점차 적극적 평화의 영역으로 확대되고 있다.　　　　　　　　　　　　　　　　　O | X

소극적 평화(Negative Peace)란 국가 간 안전보장을 의미한다. 평화유지활동은 탈냉전기로 들어오면서 인간안보 등 적극적 평화(Positive Peace)영역으로 확대되고 있다.　　　　　　　　　　　　　　　　　　　　　　　　　　　　답 O

**073**

22. 외무영사직

평화유지활동은 UN헌장 6장에 규정된 분쟁의 평화적 해결과 7장에 명기된 군사적 조치의 중간지대에 해당하는 것으로 보아서 UN 헌장 6.5장이라고도 한다.　O | X

PKO에 관해 헌장에 직접 규정이 없다. PKO는 병력을 동원하지만 병력의 적극적 사용보다는 현존하는 평화의 유지에 목적이 있다. 즉, 7장과 6장 조치의 성격을 모두 갖고 있다.　　　　　　　　　　　　　　　　　　　　　　　　　　　답 O

**074**

22. 외무영사직

탈냉전 시기의 평화유지활동은 지역기구와의 협력으로 확대되고 있다.　O | X

지역기구들이 평화유지활동에 참여하는 현상을 설명한 문장이다.　　답 O

**075**

23. 외무영사직

한국은 2010년 「국제연합 평화유지활동 참여에 관한 법률」을 제정하였다.　O | X

2010년 이명박 정부 시기에 제정하였다.　　　　　　　　　　　　　答 O

**076**

23. 외무영사직

동티모르에 파견된 다산부대는 한국이 최초로 파병한 평화유지군이다.　O | X

동의부대는 2003년 2월 아프간에 파견된 부대이다. 아프간에서 인도적 차원의 구호 및 진료 활동, 평화재건을 지원하는 국제적 연대에 동참해 세계 평화와 안정에 기여한다는 목적으로 부대를 파병한 것이다. 우리나라 최초의 평화유지군은 1993년 소말리아에 파병된 상록수부대이다.　답 X

**077**

23. 외무영사직

군사감시단은 유엔의 특별 예산으로 운영되지만, 광범위한 평화유지 활동은 유엔의 정규 일반 예산에서 지원된다.　O | X

평화유지활동은 유엔군이므로 유엔예산으로 운영된다. 그러나 활동 규모가 확대됨에 따라 일반예산과 구분되는 특별예산제도를 신설하여 별도로 예산제도를 운용하고 있다.　답 X

**078**

23. 외무영사직

평화 강제(peace enforcement)는 중립적 감시자로서 더 이상 평화를 유지하는 것이 불가능한 분쟁 지역에서 강제적인 수단과 방법을 통해 평화를 회복시키는 활동이다.　O | X

평화 강제는 원칙적으로 다국적군의 목표이나 헌장 제7장형 PKF의 경우 평화강제임무가 맡겨지기도 하였다.　답 O

# 제3장 정부간국제기구(IGO)

memo

## 제1절 WTO

**001**

10. 외무영사직

세계무역기구(WTO)의 기본 원칙 중 시장접근보장원칙은 재화와 용역의 공급에서 관세나 조세의 제한을 철폐해야 한다는 것이다. O | X

시장접근보장원칙이란 재화·서비스 공급에 대하여 관세나 조세를 제외한 일체의 제한을 철폐해야 한다는 원칙이다. 예를 들어 수량제한(quota) 등이 금지되는 것이다. 답 X

**002**

10. 외무영사직

하바나 헌장의 미국 의회 비준 실패로 국제무역기구(ITO)의 설립이 무위로 돌아가자 이에 대한 대안으로 GATT체제가 제2차 세계대전 이후 자유무역질서 관장을 위해 활용되었다. O | X

제2차 세계대전 중부터 경제적인 면에서 각국 간의 협력체제를 이루어야 되겠다는 움직임이 구체화되어 1944년 드디어 국제통화기금(IMF)과 세계은행(IBRD)이 창설되기에 이르렀고 이어서 국제무역기구(ITO)의 설립이 예정되었다. 이 국제무역기구(ITO)는 1945년 미국이 「세계무역 및 고용의 확대에 관한 제안」을 발표한 것이 계기가 되었으며, 그 후 여러 차례의 절충을 거친 결과 1948년 쿠바의 수도 하바나에서 국제무역기구헌장(하바나 헌장)으로 채택되기에 이르렀다. 이 헌장은 국제무역에 관한 제반사항에 대하여 각국의 정책기준이 될 수 있는 원칙을 정해 놓았으며, 또한 실시 기관으로서의 국제무역기구의 설립을 규정하고 있었다. 그러나 이 규정이 관세를 인하하고 무역을 자유화한다는 점에만 너무 치중하고 극히 이상적인 내용으로 된 것이었기 때문에, 당초 53개국이 조인했음에도 불구하고 제안국인 미국 의회에서마저 비준을 거부한 것을 비롯하여 많은 나라들이 이에 거부반응을 일으켜 결국에는 무산되고 말았다. 한편 국제무역기구(ITO)헌장의 기초작업과 병행해서 1947년에 제네바에서는 미국이 제안한 관세인하 문제를 토의하기 위하여 23개국 대표가 모여 다각적인 관세교섭을 벌여 모든 참가국에게 평등하고 무차별로 적용될 관세양허표를 작성하였는데, 여기에 국제무역기구(ITO)헌장 중에서 관세와 무역에 관계되는 실현 가능한 조항만을 추려내어 이를 다듬어 첨가하여 하나의 조약형식을 만든 것이 「관세 및 무역에 관한 일반협정(GATT)」이다. 당초에는 국제무역기구가 성립될 때까지의 잠정적인 협정으로 만든 것이었으나, 그 후 국제무역기구헌장의 결렬로 결국에는 관세인하뿐만 아니라 수입제한의 완화, 차별대우의 폐지 등 국제무역기구가 수행하기로 되어 있던 중책을 예상치 않았던 형식으로 짊어져야 할 기관으로 변모하였다. 1993년 우루과이 라운드(UR)의 협정으로 제2차 세계대전 이후 국제통상질서를 지배해 온 GATT체제는 막을 내리고 더욱 강력한 세계무역기구(WTO)가 발족되어 새로운 세계통상의 질서를 담당하고 있다. 답 O

**003**
예상논점

우루과이 라운드(UR)협상을 통해 GATT체제에서 배제되었던 농업, 섬유 및 의류 분야를 WTO체제로 편입하는데 성공하였다.　　　　　　　　　　　O | X

농업, 섬유 및 의류 분야가 GATT체제에서 법적으로 배제된 것은 아니다. 그러나 사실상 다양한 시장접근 제한조치가 허용됨으로써 배제되었다고 볼 수 있다.　　　답 X

---

**004**
예상논점

62개 회원국이 참여하였던 케네디 라운드(1964 ~ 1967)는 '선형관세 인하 방식'을 적용하여 관세를 현저히 감축하는 한편, 덤핑 방지를 비롯한 비관세장벽에 관한 다양한 Framework협정을 채택하는 성과를 거두었다.　　　　　　　　O | X

Framework협정은 주로 동경 라운드에서 채택되었다.　　　　　　답 X

---

**005**
예상논점

WTO의사결정에 있어서 EU는 EU회원국 수와 동일한 투표권을 행사한다.　O | X

EU는 WTO에 가입한 EU회원국 수와 동일한 투표권을 행사한다.　　답 X

---

**006**
예상논점

WTO 재정규정 및 연간 예산안 채택은 일반이사회의 권한이며 회원국 과반수를 포함한 3분의 2 이상 찬성으로 채택된다.　　　　　　　　　　　　O | X

출석 및 투표한 회원국 기준 3분의 2, 회원국 전체 기준으로 과반수 이상 찬성을 요한다.　　　　　　　　　　　　　　　　　　　　　　답 ○

---

**007**
예상논점

WTO협정상 최혜국대우규정 및 내국민대우규정 개정을 위해서는 전 회원국의 만장일치 찬성을 요한다.　　　　　　　　　　　　　　　　　　O | X

내국민대우규정은 전 회원국 3분의 2 이상 찬성으로 개정한다.　　　답 X

---

**008**
예상논점

도하개발아젠다협상(DDA)은 당초 싱가포르 이슈에 해당되었던 투자, 경쟁정책, 정부조달투명성, 무역원활화 중 정부조달투명성 및 무역원활화 문제만 최종적으로 의제로 채택되었다.　　　　　　　　　　　　　　　　　　　O | X

무역원활화 문제만 의제로 채택되었으며 2014년 타결되었다.　　　　답 X

## 제2절 ASEAN

**009**
18. 외무영사직

ASEAN은 1967년 말레이시아, 베트남, 싱가포르, 인도네시아, 태국 등 5개국 외무장관 회담에서 'ASEAN 선언'으로 결성되었다. O | X

베트남은 1995년에 가입하였다. 당초 5개국에는 베트남이 아니라 필리핀이 참여하였다.
답 X

**010**
18. 외무영사직

출범 이래 ASEAN 의장국은 태국이 계속 맡아 오고 있다. O | X

ASEAN 의장국은 1년마다 교체된다. 답 X

**011**
18. 외무영사직

동아시아 정상회의(EAS)에는 'ASEAN + 3 + 3'인 16개국만이 참여한다. O | X

동아시아 정상회의(EAS)에는 미국과 러시아도 참여하여 총 18개국이 참여한다. 답 X

**012**
18. 외무영사직

1994년 방콕에서 첫 아세안지역안보포럼(ARF)이 개최되었다. O | X

아세안지역안보포럼(ARF)은 동아시아지역에서 정부차원 협력안보체라는 점에서 의의가 있다. 답 O

**013**
16. 외무영사직

동남아시아국가연합(ASEAN)의 외교적 행동규범으로는 독립, 주권, 평등, 영토보전 및 국가적 동일성의 상호존중원칙, 상호내정 불간섭원칙, 상설안보기구를 통한 분쟁관리 원칙, 힘에 의한 위협 또는 힘의 사용 포기원칙 등이 있다. O | X

동남아시아국가연합(ASEAN)에 상설 안보기구는 없다. ARF와 같은 다자안보체제가 존재하나 연 1회 개최되기 때문에 이를 '상설적 안보기구'로 보기는 어렵다. 답 X

**014**
예상논점

ASEAN은 1976년 동남아우호협력조약을 체결하여 분쟁 발생시 무력사용을 포기하고 협상에 의한 분쟁 해결을 추구하기로 하였으며, 동 조약에는 우리나라, 중국, 일본, 북한, 미국 등이 역외국으로서 가입하고 있다. O | X

동남아우호협력조약은 개방조약이다. 동북아 6개국이 모두 가입하고 있다. 답 O

**015**
예상논점

동남아국가연합(ASEAN)은 1967년 설립 당시 가입국은 필리핀, 말레이시아, 싱가포르, 인도네시아, 브루나이 5개국이었다. O | X

1967년 설립 당시에는 브루나이 대신 태국이 가입국이었다. 답 X

**016**
예상논점

동남아국가연합(ASEAN)은 1995년 12월 동남아 비핵지대선언을 채택하여 비핵지대를 선포하였다.　　O | X

'선언'이 아니라 동남아 비핵지대'조약'을 체결하였다.　　답 X

**017**
예상논점

동남아국가연합(ASEAN)은 1976년 동남아우호협력조약을 체결하였으며 동 조약은 폐쇄조약으로서 역외국들의 가입은 인정되지 않는다.　　O | X

동남아우호협력조약은 개방조약이므로 역외국도 가입할 수 있다.　　답 X

**018**
예상논점

동남아국가연합(ASEAN)은 1992년 방콕회의를 통해 아세안지역포럼(ARF)을 발족하였다.　　O | X

아세안지역포럼(ARF)은 1994년 출범하였다.　　답 X

**019**
예상논점

동남아국가연합(ASEAN)에 대해 우리나라는 ASEAN과 FTA를 창설하였으며 2015년 11월 동남아우호협력조약 가입을 위한 협상을 개시하였다.　　O | X

우리나라는 2004년 11월 동남아우호협력조약에 가입하였다. 북한, 중국, 일본, 미국, EU, 러시아 등도 가입하고 있다.　　답 X

## 제3절　APEC

**020**
예상논점

APEC은 개방적 지역주의, 자발적 및 구속적 성격의 합의사항 이행, 역내 민간부문의 참여 메커니즘 확보 등의 특징을 보여주고 있다.　　O | X

APEC은 비구속적 성격을 갖는 합의를 형성한다. 이 점에서 EU와 다르다.　　답 X

**021**
예상논점

APEC은 1989년 총 12개국으로 출범하였으며, 아시아 태평양지역에 존재하는 국가들을 회원국으로 하여 현재 21개 회원국이 있다.　　O | X

홍콩, 대만 등 국가가 아닌 회원국도 있다.　　답 X

**022**
예상논점

APEC은 1994년 보고르선언을 통해 선진국은 2020년까지, 개발도상국은 2030년까지 무역 및 투자의 자유화를 달성하기로 하였다.　　O | X

선진국은 2010년, 개발도상국은 2020년까지 자유화를 달성하기로 하였다.　　답 X

국제기구

제4편

해커스공무원 패권 국제정치학 단원별 핵심지문 OX

**023**

예상논점

APEC에서는 2001년 9.11 테러 이후 테러, 보건, 재난 대응 등 비경제분야로 활동범위가 확대되어 왔으며, 기후변화에 따른 자연재해 급증으로 인해 재난대응 협력방안 및 식량안보가 부각되고 있다. O | X

경제협력제도이지만 제한적으로 안보문제, 특히 인간안보문제도 다룬다. 답 O

**024**

예상논점

APEC에 대해 중국은 제도화 수준을 높이는 것과 다자안보공동체로의 발전을 적극적으로 지지하고 있으며, APT프로세스와 APEC프로세스의 상호보완성을 적극적으로 강조하고 있다. O | X

중국은 제도화 수준 향상과 안보 제도화에 소극적인 입장을 견지하고 있다. 답 X

## 제4절 OECD

**025**

14. 외무영사직

다자간 투자협정(Multilateral Agreement on Investment: MAI)은 WTO 차원에서 협상이 이루어졌다. O | X

WTO 차원에서 무역과 투자 관련 신규 의제로 거론되기도 하였으나, DDA에서는 공식의제로 채택되지 못하였다. 다자간 투자협정(MAI)은 기존의 양자 간 투자협정 방식(BIA)의 비효율성에 대한 비판에 기초하여 다자간 협정으로 추진되었으나, 1998년 프랑스의 불참 선언으로 협상이 중단되었다. 답 X

**026**

예상논점

OECD 회원국에 대한 권고적 의무로는 GATT 제11조국 및 IMF 제8조국으로의 이행, 개발도상국에 대한 GNP 0.7% 이상의 개발원조 제공의무, 경상무역외거래 자유화 규약 준수의무가 있다. O | X

경상무역외거래 자유화 규약 준수의무는 자유화의무에 해당된다. 답 X

**027**

예상논점

「원조 효과성 제고를 위한 파리선언」에 의하면 공적 개발원조 제공에 있어서 공여국 주도의 개발협력, 원조제공자 간 협력관계 수립, 수원국의 기관과 제도 체계를 사용한 일관된 원조수행, 성과중심 원조관리, 상호책임의 5대 원칙이 제시되었다. O | X

공적 개발원조 제공에 있어서 수원국 주도의 개발협력을 추진한다. 답 X

**028**

예상논점

OECD는 트루먼 독트린을 실시하기 위해 설립된 유럽경제협력기구(OEEC)가 그 전신이다. O | X

유럽경제협력기구(OEEC)는 마샬 플랜 시행을 위한 기구로 창설되었다. 답 X

**029**
예상논점

우리나라는 OECD에 1994년 12월 가입하였다.　　　　　　　　　　O | X

대한민국은 1996년 12월에 OECD에 가입하였다.　　　　　　　　답 X

---

**030**
예상논점

OECD 자유화 규약은 "원칙적 제한, 예외적 자유화"에 기초한 positive방식을 채택하고 있다.　　　　　　　　　　　　　　　　　　　　　　　　　O | X

'원칙적 자유화, 예외적 제한'에 기초한 negative방식을 채택하였다.　　답 X

---

**031**
예상논점

1961년 채택된 자본이동 자유화규약은 직접투자를 제외하고 단기 및 장기 자본 거래 등 국가 간의 가능한 모든 형태의 자본거래에 대해 규율한다.　　　　　O | X

자본이동 자유화규약은 직접투자도 규율한다.　　　　　　　　　答 X

---

**032**
예상논점

경제협력개발기구(OECD)는 1991년 다국적기업 가이드라인을 제정하고 투자위원회를 통해 이의 이행 및 정착을 위한 점검활동을 수행하고 있다.　　　　　O | X

다국적기업 가이드라인은 다국적기업의 경쟁제한 행위를 규율하는 내용을 담고 있다.　　　　　　　　　　　　　　　　　　　　　　　　　　　　답 ○

---

**033**
예상논점

2009년 「국제상거래에 있어서 외국 공무원에 대한 뇌물제공행위 방지를 위한 협약」을 제정하였다.　　　　　　　　　　　　　　　　　　　　　O | X

「국제상거래에 있어서 외국 공무원에 대한 뇌물제공행위 방지를 위한 협약」은 1999년에 제정되었다.　　　　　　　　　　　　　　　　　　　　　　답 X

---

## 제5절　NATO

---

**034**
예상논점

북대서양조약기구(NATO)는 냉전시기 집단방위체제로서의 성격을 띠었다.　O | X

집단방위체제는 방어동맹을 의미한다.　　　　　　　　　　　　　답 ○

---

**035**
예상논점

북대서양조약기구(NATO)는 2010년 신전략개념을 채택하고 북대서양조약기구(NATO)의 핵심 임무로 집단방위, 위기관리, 공동안보, 다자안보를 설정하였다.　　O | X

북대서양조약기구(NATO)의 핵심 임무로 다자안보가 아니라 협력안보가 포함된다. 협력안보는 적대국과의 안보대화를 통해 안보딜레마를 제거하는 데에 주력하는 안보수단이다.　　　　　　　　　　　　　　　　　　　　　　　답 X

**036**
예상논점

NATO는 반테러전쟁에 있어서 최초로 집단자위권에 기초한 역외개입을 단행하였다.
O | X

NATO는 아프가니스탄과의 전쟁에서 최초로 집단자위권을 원용하였다. 미국이 아프가니스탄의 공격을 받은 것으로 전제한 것이다.
답 O

**037**
예상논점

영국, 프랑스, 이탈리아는 1948년 브뤼셀조약을 체결하여 상호 동맹을 형성하였으며, 미국과 캐나다가 이들과 협상을 개시하여 1949년 북대서양조약(워싱턴조약)이 체결되었다.
O | X

브뤼셀조약 당사국은 영국, 프랑스, 베네룩스 3국이다.
답 X

**038**
예상논점

냉전시기 NATO는 구소련을 중심으로 한 동구 사회주의권의 군사적 위협에 대응하는 다자안보체제 성격을 띠었다.
O | X

냉전시기 NATO는 집단방위체제의 성격을 띠었다. 이는 방어동맹에 해당된다.
답 X

**039**
예상논점

2010년 리스본 정상회의에서 '신전략개념'이 채택되어 NATO는 집단방위 대신 위기관리, 협력안보를 핵심 임무로 상정하였다.
O | X

신전략개념에 집단방위도 포함된다.
답 X

**040**
예상논점

NATO는 설립시부터 회원국으로서 의무와 책임 부담이 가능한 국가에 대해 회원국 가입 개방정책을 추진하고 있으며, 가입 조건의 하나로 OSCE 가이드라인에 따른 소수민족 대우를 요구하고 있다.
O | X

NATO에 가입할 수 있는 조건은 다음과 같다. 첫째, 워싱턴조약(1949)의 원칙을 심화하고 북대서양 지역의 안보에 기여해야 한다. 둘째, 시장경제에 기반한 민주주의 체제의 작동해야 한다. 셋째, OSCE 가이드라인에 따른 소수민족 대우, 주변국과의 주요한 분쟁 해결 및 분쟁의 평화적 해결을 약속해야 한다. 넷째, 동맹에 대한 군사적 기여 능력과 의지 및 여타 회원국과 군사작전상의 상호 운용성을 확보해야 한다.
답 O

**041**
예상논점

2015년, 몬테네그로, 마케도니아, 보스니아 - 헤르체고비나가 새로 NATO에 가입하였다.
O | X

보스니아 - 헤르체고비나는 NATO에 가입하지 않았다. 몬테네그로는 2017년 6월 가입이 확정되었다. 북대서양조약기구(NATO)는 2016년 5월 19일 러시아의 강력한 반대에도 몬테네그로를 NATO의 29번째 회원국으로 받아들이기로 결정했다. 이 같은 결정은 미국 상원 및 다른 동맹국 의회의 비준을 거쳐 최종 효력을 갖게 되었다. 한편, 마케도니아는 국호를 '북마케도니아'로 고친 이후 2020년 30번째 NATO 회원국이 되었다.
답 X

**042**
예상논점

북대서양조약기구(NATO)는 영국과 이탈리아가 1947년 체결한 던커크(Dunkirk)조약에서 기원한 것으로서, 동 조약은 독일의 재침략에 대비한 상호원조조약이었다.

O | X

던커크(Dunkirk)조약은 영국과 프랑스가 체결한 조약이다.

답 X

---

**043**
예상논점

미국은 1948년 반덴버그결의에 기반하여 유럽안보에 개입하였다.

O | X

반덴버그결의는 평시에 미국의 동맹 형성을 허용한 결의이다.

답 O

---

**044**
예상논점

유럽의 안보제도는 1952년 유럽방위공동체(EDC)가 창설되면서 북대서양조약기구(NATO)와 유럽방위공동체(EDC)로 이원화되었다.

O | X

유럽방위공동체(EDC)는 1950년대 초반 설립이 추진되었으나 무산되었다. 유럽방위공동체(EDC)는 1950년대 창설이 추진됐던 유럽 지역 국가의 통합 군대이다. 프랑스 정부에 의해 처음 제안됐으나 프랑스 의회의 비준 거부로 실제 부대가 만들어지지는 않았다. 그러나 유럽 국가들이 처음으로 초국가적 군사기구를 가지려고 시도했다는 점에서 역사적 의의가 있다는 평가를 받는다. 유럽방위공동체(EDC)는 당시 소련과 대립하고 있던 미국의 입김이 작용해 설립이 추진되기 시작했다. 1949년 미국은 유럽 10개 나라 및 캐나다와 함께 북대서양조약기구(NATO · North Atlantic Treaty Organization)를 만들어 유럽의 공산 진영에 맞서고 있었다. 미국은 이 기구를 위해 유럽 국가들이 보다 많은 돈을 낼 것을 원했으나 유럽 국가들은 재정적 어려움 등을 이유로 미국의 제안을 거부했다. 이 때문에 미국이 새롭게 추진한 것이 제2차 세계대전 패전국이었던 독일을 군사 공동체에 포함시키는 것이었다. 미국의 이런 의도를 반영해 1951년 프랑스 수상 르네 플레방(Rene Pleven, 1901 ~ 1993)이 유럽방위공동체(EDC) 설립을 제안했다. 이 제안의 핵심은 프랑스, 이탈리아, 네덜란드, 벨기에, 룩셈부르크 등 5개 나라에 서독을 새로 포함시켜 모두 6개 국가로 유럽 통일군을 만들자는 것이었다. 이듬해인 1952년 6개 국가는 유럽방위공동체(EDC) 설립에 동의하는 협정을 맺었다. 그러나 이 제안은 서독의 재무장을 달가워하지 않았던 프랑스 드골파(Gaullist)의 지지를 얻는 데 실패했다. 또한, 영국이 공동체에 참여하지 않는다는 사실도 프랑스 내에서 부정적인 여론을 높이는 데 영향을 미쳤다. 이런 이유로 프랑스 국회는 1954년 유럽방위공동체(EDC)에 대한 비준을 거부했고 결국 이 기구는 현실화되지 못했다.

답 X

## 제6절 기타 국제기구

---

**045**
예상논점

1963년 5월 아프리카국가 정상회의에서 아프리카국가들의 완만한 연대를 위해 '아프리카단결기구(OAU)'가 창설되었으며, 당초 회원국은 32개국이었으나 이후 남아프리카공화국을 제외한 아프리카 모든 국가가 가입하여 세계 최대 지역기구가 되었다.

O | X

OAU의 당초 회원국은 32개국이었으나, 이후 아프리카 모든 국가가(53개국) 가입하여 세계 최대 지역기구가 되었다. 남아프리카공화국도 OAU에 가입하고 있다.

답 X

**046**

예상논점

아프리카단결기구(OAU)는 식민지주의 및 남아프리카의 아파르트헤이트 철폐를 주도함으로써 존재감을 과시하였으나, 그 밖의 영역에서는 다양한 국가들이 참가하는 거대한 조직인 만큼 통일적이거나 구체적인 행동을 취하는 데는 한계가 있었다.

O | X

1963년 선언에서는 'Uti Possidetis원칙'이 아프리카 국가들 사이에 존중될 것임을 선언하기도 하였다.

답 O

**047**

예상논점

2002년 남아프리카공화국 더번에서 개최된 OAU정상회의에서 EU형 지역주의를 지향하며 '아프리카연합(African Union)'으로 발전하였다.

O | X

아프리카연합(AU)은 EU를 모방하여 아프리카의회, 중앙은행 등의 전문기관, 분쟁해결을 위한 이사회를 설치하고, 공동통화를 도입하기로 하였다.

답 O

**048**

18. 외무영사직

난민 발생의 원인이 다양해짐에 따라 가난, 자연재해 등도 협약난민의 정의에 포함되었다.

O | X

협약난민이란 제네바협약(1951)에 해당하는 난민을 의미하며, 정치적 난민만을 의미한다. 가난 및 자연재해로 인한 난민은 협약난민이 아니다.

답 X

**049**

18. 외무영사직

난민이 난민협약 체결국이 아닌 곳에 상주시 난민협약상 보호를 받지 못하지만 UN난민고등판무관사무소(UNHCR)에서 난민의 지위를 인정받으면 협약난민과 동일한 상주국의 보호와 지원을 받는다.

O | X

UN난민고등판무관사무소(UNHCR)의 보호를 받는 난민을 '위임난민'이라고 한다. 협약난민과 위임난민은 특별한 상관관계가 없다. 위임난민은 상주국의 동의하에 UN난민고등판무관사무소(UNHCR)의 보호를 받는다.

답 X

**050**

18. 외무영사직

강제송환금지의 원칙은 난민으로 인정받은 사람에게 적용되고 난민 인정 여부를 심사받고 있는 자에게는 적용되지 않는다.

O | X

강제송환금지의 원칙은 난민 판정을 받은 자가 아니라도, 정치적 난민이 될 가능성이 있으면 적용된다고 보는 것이 일반적 견해이다. 따라서 국경에서 입국 거부를 할 때도 강제송환금지의 원칙이 적용된다.

답 X

**051**

18. 외무영사직

난민의 지위는 개인을 대상으로 하는 것이나 난민의 인정이나 수용은 발생국과 수용국 간 관계에 따라 영향을 받을 수 있다.

O | X

발생국과 수용국이 우호적일수록 난민을 쉽게 받아들일 가능성이 있을 것이다.

답 O

# 제4장 비정부간국제기구(INGO)

## 제1절 총론

**001**
09. 외무영사직

UN에서 인정한 비정부기구(NGO)의 원칙에 따르면 NGO는 이윤을 추구하는 기관이 될 수 없다. O | X

비정부기구(NGO)는 기본적으로 공익을 추구하는 주체이므로 이윤을 추구할 수 없다.

답 ○

**002**
09. 외무영사직

UN에서 인정한 비정부기구(NGO)의 원칙에 따르면 NGO는 분명한 본부와 사무원을 갖춘 대표기관이어야 한다. O | X

국제기구는 기본적으로 본부와 사무원을 갖추어야 한다. 기관으로는 최소한 총회, 이사회, 사무국은 갖추어야 한다.

답 ○

**003**
09. 외무영사직

UN에서 인정한 비정부기구(NGO)의 원칙에 따르면 UN이 인정하는 NGO의 원칙은 UN안전보장이사회 정관에 규정되어 있다. O | X

UN이 인정하는 비정부기구(NGO)의 원칙은 경제사회이사회 정관에 규정되어 있다.

답 X

**004**
예상논점

UN헌장에 의하면 UN총회는 NGO들과 협의에 필요한 적절한 조치들을 취할 수 있다. O | X

NGO들과 협의에 필요한 적절한 조치들을 취하는 것은 경제사회이사회의 임무이다.

답 X

**005**
예상논점

INGO에 대해 현실주의는 주요한 행위자가 될 수 없으나, 국제관계를 유지함에 있어서 상당히 강한 영향력을 갖는다고 본다. O | X

현실주의는 INGO의 영향력을 부인한다. 국가에 대한 자문기능 정도 수행하는 것으로 본다.

답 X

**006**

예상논점

세계정치 두 세계론에 따르면 21세기 국제질서는 INGO 중심질서로 귀결되며, 근대체제는 근본적인 변동을 겪게 된다.　　　　　O | X

국가중심세계와 다중심세계의 상대적 역학관계에 따라 결정된다고 본다. 지속적인 이원질서, 국가중심세계로의 회귀, 양 세계의 협력, 다중심세계의 지배 등 네 가지 시나리오를 제시하였다.　　　　　답 X

---

## 제2절　주요 INGO

---

**007**

16. 외무영사직

국제대인지뢰금지운동은 오타와협약을 이끌어내는 데 중요한 역할을 하였으며, 미국, 한국, 러시아 등 주요 국가들이 대인지뢰전면금지협약(오타와협약)을 승인하였다.　　　　　O | X

대인지뢰전면금지협약(오타와협약)은 2015년 1월 기준 미국, 러시아, 중국, 인도, 파키스탄, 이란, 사우디아라비아, 이스라엘, 대한민국, 조선민주주의인민공화국 등 34개국은 이 협약에 가입하지 않았다.　　　　　답 X

---

**008**

11. 외무영사직

채무와 개발에 관한 유럽 네트워크(European Network on Debt and Development)와 주빌리 2000(Jubilee 2000)은 개발도상국들의 빈곤과 기아 해결을 지향한다는 점에서 공통적이다.　　　　　O | X

두 기구는 모두 개발도상국들의 채무 탕감을 목표로 한다.　　　　　답 X

---

**009**

예상논점

그린피스, 세계자연보호기금, 지구의 친구들, 세계원주민연구센터 등은 환경분야에서 활동하는 INGO들이다.　　　　　O | X

세계원주민연구센터는 인권분야에서 활동하는 INGO이다.　　　　　답 X

---

**010**

예상논점

국제지뢰금지운동은 1997년 대인지뢰금지조약을 채택하는데 결정적인 기여를 하였으며 현재 한국과 미국은 동 조약에 가입하지 않았다.　　　　　O | X

미국은 조약에는 가입하지 않았으나 자발적으로 대인지뢰금지선언을 발표하였다.　　　　　답 ○

---

**011**

예상논점

그린피스(Greenpeace)는 1997년 '더러운 기업 베스트 12'를 발표함으로써 지구의 기후변화를 야기하는 주범이 다국적 기업임을 부각하고자 하였다.　　　　　O | X

'더러운 기업 베스트 12' 발표는 그린피스(Greenpeace)가 아닌 '지구의 친구들'의 활동사항이다.　　　　　답 X

**012**
예상논점

국제사면위원회(Amnesty International)는 사회주의 체제에 대해 비판하고 특히 사회주의 국가들이 인권보호에 소극적인 점을 비판하는데 주력한다. O | X

국제사면위원회(Amnesty International)는 특정 체제나 제도를 비판하지 않는다. 엠네스티가 반대하는 것은 인권침해이다. 답 X

---

**013**
예상논점

국경없는의사회는 베르나르 쿠시네를 비롯한 의사와 언론인이 1971년 파리에서 설립한 국제 민간의료구호단체로서 파리에 본부를 두고 있으며 1995년 NGO로는 처음으로 연합의료팀을 구성하여 북한 수해현장에 투입하여 전염병 예방과 의약품 및 의료장비 지원활동을 하였다. O | X

국경없는의사회의 본부는 스위스 제네바에 있다. 답 X

---

**014**
22. 외무영사직

비정부기구는 국가들이 국제협약이나 국제규범을 준수하는지를 감시하는 역할을 한다. O | X

비정부기구는 조약 체결을 자극기기도 하고, 만들어진 조약을 감시하는 역할도 한다. 답 O

---

**015**
22. 외무영사직

비정부기구는 정부 간 국제기구로부터 재정지원을 받아 정부간 국제기구의 프로젝트를 수행하기도 한다. O | X

비정부기구와 정부 간 국제기구는 상호 협력을 통해 국제문제를 해결하기도 한다. 답 O

---

**016**
22. 외무영사직

유엔총회는 비정부기구들에 대해 '일반적 협의 지위,' '특별 협의 지위,' '명부상(roster) 협의 지위'를 부여하여 협력관계를 유지한다. O | X

유엔 경제사회 이사회에 대한 설명이다. 답 X

---

**017**
22. 외무영사직

정부 간 국제기구는 정책 결정 과정에 비정부기구의 대표를 참여시켜 의견을 수렴하고, 결정의 정당성과 투명성을 높인다. O | X

그러나 비정부기구에게 투표권을 주는 경우는 극히 드물다. 답 O

# 제5편

# 국제이슈

### 제1절　대량살상무기확산

**001**
13. 외무영사직

제네바의정서(1925)는 생물무기의 생산 및 사용 금지를 목표로 하는 조약이다.

O | X

제네바의정서는 화학무기 사용을 금지하는 조약이다. 답 X

**002**
21. 외무영사직

1925년 「제네바의정서(Geneva Protocol)」는 독가스와 세균의 전시 사용금지에 관한 의정서이다.

O | X

제네바의정서(Geneva Protocol)는 1997년 CWC에 의해 계승되었다고 평가된다.

답 O

**003**
13. 외무영사직

국제 핵비확산 체제에서 거론되는 소극적 안전보장(Negative Security Assurance)은 핵을 갖지 않은 나라가 공격을 당했을 경우에 안보를 지원해 주겠다는 핵보유국의 약속을 말한다.

O | X

소극적 안전보장(Negative Security Assurance)이란 핵보유국이 핵미보유국에 대해서 핵무기를 사용하거나 핵무기로 위협하지 않겠다는 약속이다. 이와 관련하여 적극적 안전보장(PSA: Positive Security Assurance)은 동맹국 등에 대한 원조약속을 의미한다.

답 X

**004**
10. 외무영사직

비대칭 위협(asymmetric threat)이란 선제공격(preemptive strike)과 유사한 개념으로서 약자가 강자의 취약한 면을 집중 공략하여 소기의 정치적 목적을 추구하는 전략이다.

O | X

비대칭 위협(asymmetric threat)이란 테러나 암살, 생화학무기 공격, 폭파 등을 주된 수단으로 하여 예상치 못했던 방법으로 상대방의 취약점을 이용해 안보에 위협을 가하는 것을 의미한다. 특히 전통적 군사력으로는 열세에 있는 쪽이 취하는 위협이다. 선제공격(preemptive strike)과 유사한 개념으로 보기는 어렵다.

답 X

**005**

10. 외무영사직

국제 전략물자 수출통제 체제 중 호주 그룹(Australia Group)은 미사일관련품목과 기술의 확산을 통제하는 것을 주 목적으로 한다. O | X

호주 그룹(Australia Group)은 화학무기 및 생물무기 기술의 확산방지를 위해 1984년 설립된 비공식 협의체로 법적 구속력을 갖고 있지 않으며 우리나라는 1996년 10월에 가입하였다. 미사일관련품목 및 기술에 대한 통제체제로는 '미사일기술통제체제(Missile Technology Control Regime: MTCR)'가 있다. 답 X

**006**

10. 외무영사직

국제 전략물자 수출통제체제 중 바세나르협정(Wassenaar Arrangement)은 화학무기 확산을 통제하는 데 주력한다. O | X

바세나르체제는 재래식 무기와 전략물자 및 기술 수출을 통제하기 위해 조직된 국제조직으로, 1949년부터 공산권에 대한 전략물자 수출통제를 맡아 온 서방 선진국의 COCOM (對공산권 수출통제체제)이 공산권 체제 와해 이후 폐지된 후 새로 구성된 다자간 전략물자 수출통제체제를 의미한다. 화학무기 통제체제로는 화학무기금지협약(CWC)이 있다. 답 X

**007**

08. 외무영사직

핵무기의 등장은 동맹국의 참전 가능성을 높여 동맹의 신뢰성을 높이는 효과를 가져왔다. O | X

핵무기의 파괴력이 크기 때문에 핵전쟁에 대한 참전 가능성이 낮다. 따라서 동맹공약의 신뢰성은 낮아질 가능성이 높다. 답 X

**008**

08. 외무영사직

핵 시대에는 힘이 열세인 경우에도 억지(deterrence)가 가능하기 때문에 핵보유 국가 간에 군사력의 양적 균형을 꼭 유지할 필요성은 감소하였다. O | X

핵 억지(deterrence)에서는 제2차 공격능력 보유가 핵심이다. 따라서 제1차 공격에서 파괴되지 않은 잔존 핵무기가 존재한다면 핵무기의 양적 측면은 중요한 변수가 아니다. 답 O

**009**

예상논점

이란의 핵문제 해결을 위해 2015년 7월 비엔나합의가 채택되었으며, 동 합의에서는 이란이 우라늄 핵무기를 전량 폐기하는 대신 미국 등은 대 이란 경제제재를 일괄해제하기로 하였다. O | X

우라늄 핵무기의 전량 폐기가 아니다. 농축우라늄을 무기화가 불가능한 수준으로 희석시키기로 하였다. 답 X

**010**

예상논점

생물무기금지협약(BWC)은 1925년에 체결된 제네바의정서를 보완하는 협약으로서 미생물, 생물학 작용제 및 독소의 개발, 생산, 비축, 획득을 전면 금지한다. O | X

제네바의정서를 보완하는 협약은 화학무기금지협약(CWC)이다. 다만, 제네바의정서에서는 생물무기 사용을 규제하는 내용도 일부분 규정되어 있다. 답 X

**011**

예상논점

NPT 핵수출국위원회는 일명 호주 그룹이라고 불리는 다자간수출통제체제로서 NPT에서 통제하는 규제물질을 NPT 당사국이 아닌 여타 비핵보유국에 이전할 경우 각 회원국에게 관련 정보를 통보하도록 하여 핵확산을 통제하고자 한다. O | X

호주 그룹이 아니라 쟁거위원회라고 한다. 호주 그룹은 생물무기 및 화학무기 통제체제이다.
답 X

**012**

예상논점

바세나르체제는 1949년 미국 주도로 설립된 대공산권 수출통제체제가 공산권 붕괴와 함께 해체되자 이를 대체하기 위한 후속체제로서 재래식 무기, 이중용도 품목 및 기술의 확산 방지를 목적으로 하며 주요 결정 사항에 대해 법적 강제력을 가진다. O | X

바세나르체제는 법적 강제력을 가지지 않는다. 대공산권 수출통제체제(COCOM)는 법적 구속력이 있는 통제체제였다.
답 X

**013**

예상논점

우리나라는 2012년 미국과의 합의를 통해 탄도미사일의 사정거리를 최대 300km로 연장하여 북한 전 지역 타격이 가능하도록 하였다. O | X

사정거리를 800km로 확장하였다. 우리나라는 MTCR에 참여하고 있으므로 원칙적으로는 사정거리 300km 이상의 미사일을 개발할 수 없으나 미국과의 양자합의를 통해 사정거리를 확대한 것이다.
답 X

**014**

예상논점

한반도비핵화공동선언(1991)에 의하면 남한과 북한은 핵재처리시설과 우라늄농축시설을 보유하지 않고, 비핵화 검증을 위해 상대 측이 선정하고 쌍방이 합의하는 대상물에 대해 국제원자력기구(IAEA)가 규정하는 절차와 방법에 따라 사찰을 받는다. O | X

국가원자력기구(IAEA)가 사찰주체가 아니다. 남북핵통제공동위원회가 규정하는 절차와 방법에 따른다.
답 X

**015**

예상논점

1963년 미국, 소련, 프랑스 3국은 부분적 핵실험금지조약(PTBT)을 체결하여 대기권 내, 우주공간 및 수중에서의 핵실험을 전면금지하기로 합의하였다. O | X

부분적 핵실험금지조약(PTBT)에는 프랑스 대신 영국이 포함된다. 지하핵실험이 금지되지 않아 실효성은 높지 않은 것으로 평가되었다. 추후 미국과 소련은 1974년 지하핵실험금지조약(TTBT)을 체결하였다.
답 X

**016**

예상논점

국제원자력기구(IAEA)는 1953년 제8차 UN총회에서 미국 아이젠하워(Eisenhower) 대통령의 제창으로 설립이 추진되어 1957년 창립되었으며, 핵안보 관련 논의를 주도하는 역할을 수행하고 있다. O | X

아이젠하워(Eisenhower) 대통령은 'Atom for Peace' 연설을 통해 국제원자력기구(IAEA) 설립을 제안하였다.
답 O

**017**
예상논점

2017년 6월 기준 비핵지대는 동남아시아, 아프리카, 남아메리카, 남태평양, 북유럽, 중동에 설치되어 있다.  O | X

북유럽과 중동에는 현재 비핵지대가 설치되지 않았다.  답 X

**018**
예상논점

국제원자력기구(IAEA)는 NPT 가입국이 아닌 경우 당사국들의 요청이 있다고 해도 공급된 핵물질과 핵시설에 대한 사찰 및 검증조치를 실시할 수 없다.  O | X

당사국들의 요청이 있으면 공급된 핵물질과 핵시설에 대한 사찰 및 검증조치를 실시할 수 있다.  답 X

**019**
예상논점

NPT 추가의정서 채택에 따라 IAEA의 사찰에 있어서의 재량권이 확대되었으며, 우리나라는 2004년 추가의정서에 가입하였다.  O | X

'any time, any where' 원칙이 도입되었다.  답 ○

**020**
예상논점

국제원자력기구(IAEA)은 UN과의 협정에 따라 매년 UN총회에 활동보고서를 제출하고 안전조치 관련 회원국의 불이행 사항을 안전보장이사회에 보고하고 있으나 UN의 전문기구는 아니다.  O | X

UN의 전문기구가 되기 위해서는 경제사회이사회와 협력협정을 체결해야 하나, 국제원자력기구(IAEA)는 그러한 조약을 체결하지 않아 전문기구는 아니다.  답 ○

**021**
21. 외무영사직

1997년 발효된 「화학무기금지협약(CWC)」은 화학무기의 개발, 생산, 타국으로의 이전을 금지하였으나 기존 비축분은 보유를 허용하였다.  O | X

화학무기금지협약(CWC)은 기존에 보유 중인 화학무기의 폐기도 규정하였다.  답 X

**022**
21. 외무영사직

1965년 발효된 「생물무기금지협약(BWC)」은 생물무기 및 독소무기의 개발, 생산, 비축, 사용의 금지를 목적으로 한다.  O | X

생물무기금지협약(BWC)은 1972년 서명되고, 1975년 발효되었다.  답 X

**023**
22. 외무영사직

전략무기감축협정 I (START I )은 미국과 소련이 유럽에서 모든 중거리 핵무기를 폐기하기로 한 협정이다.  O | X

중거리 핵무기 폐기는 1987년 INF협정에 의해 합의되었다. START I은 ICBM 등의 전략무기감축에 관한 협정으로서 1991년 타결되었다. 현재는 New-START로 계승되고 있다.  답 X

## 제2절 핵무기확산방지조약(NPT)

**024**
11. 외무영사직

1970년에 발효된 핵확산금지조약(NPT)에 의하면 평화적 목적의 핵폭발장치는 규제대상이 아니다. O | X

원자력의 평화적 이용은 인정되나, 핵폭발장치를 비롯하여 핵무기를 개발하거나 핵실험을 하는 것은 허용되지 않는다. 답 X

**025**
11. 외무영사직

NPT가 규정하고 있는 핵무기 보유국인 조약당사국은 NPT 규정상 IAEA로부터 핵사찰을 받을 의무가 있다. O | X

사찰을 받을 의무는 핵무기 비보유당사국들의 의무이다. 답 X

**026**
11. 외무영사직

NPT 가입국은 NPT 규정에 따라 탈퇴의 권리가 보장되며, IAEA와 국제연합 안전보장이사회의 승인 없이 통보만으로 탈퇴가 가능하다. O | X

3개월 전에 회원국과 안전보장이사회에 통고하는 경우 탈퇴권이 보장된다. 안전보장이사회의 허가를 받지 않는다는 점을 주의해야 한다. 답 O

**027**
07. 외무영사직

핵무기확산금지조약(NPT)에서 비핵보유국은 핵무기를 제조하거나 보유하는 것을 포기함은 물론 IAEA의 사찰을 받아야 하는 의무를 지게 되나, 핵보유국의 군축의무는 강제조항이 아닐뿐더러 이들에게는 IAEA의 사찰의무도 없다. O | X

핵보유국의 핵군축의무가 명시되지 않은 것을 NPT의 근본적 불평등성의 문제라고 한다. 답 O

**028**
예상논점

NPT에 의하면 핵무기 비보유당사국은 국제원자력기구와 교섭하여 안전조치를 수락해야 하며, 이를 위한 교섭은 NPT조약 발효일로부터 180일 이내에 개시되어야 하고, 동 협정은 NPT조약 발효일로부터 18개월 이내에 발효되어야 한다. O | X

협정은 교섭개시일로부터 18개월 이내에 발효되어야 한다. NPT조약 발효일이 기산점이 아니다. 답 X

**029**
예상논점

NPT조약의 당사국들은 조속한 일자 내에 핵무기 경쟁 중지 및 핵군비 축소를 위한 교섭 및 군축 관련 조약 체결을 위한 교섭을 성실히 추구해야 한다. O | X

핵보유당사국들의 직접적인 군축을 의무화하지 않음으로써 NPT의 대표적인 불평등성 문제로 평가된다. 답 O

**030**

예상논점

제8차 NPT 재검토회의(2010)에서는 NPT 내부로부터의 확산문제를 통제하기 위해 회원국의 탈퇴권을 인정하되 기존과 달리 NPT회원국 모두와 UN안전보장이사회에 3개월 전에 사전통보하도록 합의하였다. O | X

탈퇴 요건은 NPT조약에 규정된 것이다. 답 X

**031**

예상논점

P5+1은 2014년 공동행동계획(Joint Plan of Action)을 통해 이란핵문제 해결을 위한 초기 조치로서, 이란이 보유 중인 농축우라늄의 50%를 희석하는 대신 P5+1은 부분적으로 대 이란 경제제재를 해제하기로 하였다. O | X

이란이 보유 중인 농축우라늄의 전면폐기나 희석화가 아닌 점에 주의하여야 한다. 답 ○

**032**

예상논점

P5+1은 2015년 7월 제네바합의를 통해 이란의 우라늄 농축을 허용하되 15년간 저농축 수준을 유지하고, 전체 농축우라늄 보유 규모를 제한함으로써 핵무기화를 방지하는 수준에서 규제하기로 하였다. O | X

7월 합의는 제네바가 아닌 비엔나에서 형성되었다. 따라서, 비엔나합의라고 한다. 답 X

**033**

예상논점

비엔나합의를 통해 이란에 대한 미국의 제재가 완전히 폐기되어 2016년 초부터 이란은 국제사회의 완전한 정상국가로 인정받게 되었다. O | X

이란의 완전한 정상국가로의 복귀 시점은 10년간 비엔나합의가 준수된 이후이다. 이란이 2016년 초부터 곧바로 정상국가화가 완성되는 것은 아니다. 다만, 미국의 대 이란 제재는 2016년 초 전면해제되었다. 답 X

**034**

예상논점

비엔나합의에 의하면 이란의 비공개 시설에 대한 사찰은 이란의 반대로 전면 배제되었다. O | X

이란의 비공개 시설에 대한 사찰은 IAEA회원국들로 구성되는 위원회에서 검토한 후 진행할 수 있다. 답 X

**035**

18. 외무영사직

NPT는 조약 체결 당시의 5개 핵무기 보유국에 대하여 핵군축의 의무를 규정하고 있지 않다. O | X

NPT조약 제6조에 핵군축에 대한 규정이 있다. 핵군축을 위한 교섭의무를 규정한 것이나 포괄적으로 보면 핵군축의무를 규정하고 있다고 볼 수 있다. 답 X

**036**

18. 외무영사직

NPT는 모든 회원국에게 원자력의 평화적 이용을 보장하고 있다. O | X

원자력의 평화적 이용은 핵보유국과 비핵보유국 모두의 불가양의 권리이다. 답 ○

**037**
18. 외무영사직

NPT는 조약 체결 당시 핵무기를 보유하지 않은 국가들이 핵무기를 개발하지 못하도록 규정하고 있다.　　　O | X

NPT는 핵무기의 '수평적 확산'을 통제하는 체제이다.　　　답 ○

---

**038**
18. 외무영사직

NPT는 핵무기 비보유회원국의 평화적 원자력 사용과 관련하여 국제원자력기구(IAEA)의 안전조치를 수락할 것을 규정하고 있다.　　　O | X

국제원자력기구(IAEA)의 사찰을 받아야 한다.　　　답 ○

---

**039**
20. 외무영사직

핵확산금지조약(NPT)은 1970년 3월 5일에 발효되었고, 조약당사국들은 1995년부터 조약의 시효를 무기한 연장하기로 했다.　　　O | X

핵확산금지조약은 1968년에 체결되었으며, 우리나라는 1975년에 가입하였다.　　　답 ○

---

**040**
20. 외무영사직

'수평적 핵확산'이란 기존 핵무기 보유국이 핵 보유량을 확대하거나 운반 수단을 정교화하는 것을 말한다.　　　O | X

수직적 핵확산에 대한 개념이다. 수평적 핵확산은 비핵보유국이 새롭게 핵무기를 보유하는 것을 의미한다. NPT는 수평적 핵확산 방지를 위한 체제이다.　　　답 X

---

**041**
20. 외무영사직

보스턴 프로젝트(Boston Project)의 결과로 최초로 핵무기가 히로시마와 나가사키에 투하됐다.　　　O | X

미국의 핵무기 개발 계획을 '맨하탄 프로젝트(Manhattan Project)'라고 한다.　　　답 X

---

**042**
20. 외무영사직

스콧 세이건(Scott Sagan)은 새로운 핵무기 보유국의 등장이 예방전쟁을 초래할 수 있으며 심각한 핵무기 사고를 발생시킬 수 있다고 주장한다.　　　O | X

스콧 세이건(Scott Sagan)은 핵확산과 평화에 있어서 비관론자이다. 핵확산에 반대한다.　　　답 ○

---

**043**
21. 외무영사직

「핵확산금지조약(NPT)」은 1968년 체결되고, 1970년에 효력이 발생하였다.　　　O | X

NPT는 핵무기의 수평적 확산 방지체제이다. 한국은 1975년에 가입하였다. 북한은 1985년에 가입하였으나, 2003년 1월에 탈퇴하였다.　　　답 ○

---

**044**
22. 외무영사직

「핵확산금지조약(NPT)」에 가입하지 않은 핵보유국으로 인도, 파키스탄, 이스라엘 등이 있다.　　　O | X

이 국가들은 미국의 용인하에 핵무기를 보유하고 있다.　　　답 ○

**045**
22. 외무영사직

왈츠(Kenneth Waltz)는 핵무기 확산이 전쟁의 가능성을 높인다고 주장하였다.
O | X

왈츠는 핵무기 확산이 전쟁 가능성을 낮춘다고 하였다. 핵무기의 억지력 때문이라고 보았다.
답 X

**046**
22. 외무영사직

제2차 세계대전 이후 핵무기가 전장에서 직접 사용된 적은 없다.
O | X

핵무기는 제2차 세계대전 당시 일본 히로시마와 나가사키에 사용된 것이 최후의 사용이었다.
답 O

**047**
22. 외무영사직

「핵확산금지조약」은 미국, 러시아(소련), 영국, 프랑스, 중국만을 공식적 핵보유국으로 인정한다.
O | X

NPT에 따르면 1967년 1월 1일 이전 핵폭발을 통해 핵을 보유한 국가가 공식적인 핵보유국이다.
답 O

**048**
23. 외무영사직

수평적 핵확산을 통제하려는 노력의 산물이다.
O | X

수평적 확산이란 비핵보유국이 핵보유국으로 전환되는 것을 말한다.
답 O

**049**
23. 외무영사직

NPT가 공식적으로 인정하는 핵보유국은 5개 국가뿐이다.
O | X

NPT는 1967년 1월 전에 핵무기를 개발한 나라를 핵보유국으로 인정한다. 미국, 영국, 프랑스, 중국, 러시아 5개국이다.
답 O

**050**
23. 외무영사직

어떤 국가라도 60일 전에 통고만 하면 NPT를 자유롭게 탈퇴할 수 있다.
O | X

NPT 탈퇴를 위해서는 국가이익을 침해할 수 있는 비상사태가 존재해야 하고, 탈퇴의사를 타 당사국과 UN안전보장이사회에 통보해야 한다. 탈퇴효력은 3개월 후 발생한다.
답 X

**051**
23. 외무영사직

「핵무기의 비확산에 관한 조약(NPT)」에 따르면 비핵국가가 핵을 평화적으로 이용할 경우에도 국제원자력기구의 정기적인 사찰을 받을 것을 의무화하였다.
O | X

원자력의 핵무기로의 전환을 막기 위해 비핵보유국은 IAEA와 안전조치협정을 체결하고 정기적으로 사찰을 받아야 한다.
답 O

## 제3절 국제테러리즘

**052**
09. 외무영사직

하마스는 1982년 이스라엘의 레바논 침공에 반발하여 창설된 단체로서, 레바논에 근거지를 둔 과격 시아파 단체로서 교전단체이자 정당단체이다. 하마스의 테러는 2006년 이스라엘이 레바논을 침공하는 원인이 되기도 하였다. O | X

헤즈볼라에 대한 설명이다. 하마스는 팔레스타인의 강경파 테러집단이다. 답 X

**053**
22. 외무영사직

일반적으로 테러리즘은 정치적·이념적 폭력행위로 규정된다. O | X

테러리즘은 일반적으로 정치적 목적이나 특정 이념의 확산 목적을 위해 자행된다. 답 O

**054**
22. 외무영사직

테러리즘의 폭력적 전술은 인질 납치, 비행기 납치, 폭파, 무차별 공격 등을 포함한다. O | X

테러리즘의 수단은 다양하며 그 목적은 일반대중의 공포심을 유발하는 것이다. 답 O

**055**
22. 외무영사직

테러조직 보코하람(Boko Haram)의 납치사건은 중국의 아프리카 진출에 대한 반감과 분노 때문이다. O | X

보코하람 납치사건과 중국의 아프리카 진출은 관련이 없다. 보코하람(Boko Haram)은 서아프리카와 북아프리카지역에서 이슬람 극단주의인 이슬람 지하디스트를 표방하며 폭력적 테러활동을 벌이고 있는 테러 집단이다. 일반적으로 '서구식 교육 또는 비이슬람적 교육은 죄악'이라는 의미로 해석되는 '보코하람'이라는 명칭으로 더 잘 알려져 있지만, 이 집단의 정식명칭은 'Jama'atu Ahlis Sunna Lidda'awati Wal-Jihad (JASLWJ)'로, 그 의미는 '선지자와 지하드의 가르침을 전파하는 집단'이다. 보코하람은 2002년부터 나이지리아 보르노(Borno)주의 주도인 마이두구리(Maiduguri)를 지역적 기반으로 급진적 이슬람 극단주의학자인 셰이크 무함마드 유수프(Sheik Muhammad Yusuf)에 의해서 조직되었다. 이 집단은 초기에 마르카즈(Markaz) 모스크에서 나이지리아의 젊은 청년들을 대상으로 서구의 교육·문화·민주주의·의학·과학 그리고 신앙 등은 모두 이슬람 코란(Qur'an)의 가르침을 위협하는 악한 것(evil)이며 죄악(sin)이라는 내용의 설교를 진행하며, 서구에 반하는 운동을 확산하고자 하는 급진적 이슬람 분파의 운동으로 시작되었다. 특히 유수프와 그의 추종자들은 세속화된 나이지리아 정부를 극단적 지하디즘과 샤리아(Sharia)에 의해 통치되던 과거로 회귀시킬 수 있는 정부로 대체해야 한다고 주장하면서 정부와 갈등을 빚고 있다. 답 X

## 제4절 시리아사태

**056**
예상논점

시리아사태가 발생하자 미국은 UN 차원의 개입을 주도하여 현재 러시아, 중국 등과 함께 안전보장이사회결의를 형성하여 시리아사태에 적극적으로 개입하고 있다.

O | X

UN차원의 개입에 대해서는 러시아가 반대하여 성사되지 못하였다. 답 X

**057**
예상논점

시리아사태에 대해 중국은 시리아내전의 지속이 중동정세를 불안정화하여 중국의 에너지안보를 침해할 것을 우려하여 러시아와 함께 UN 차원의 군사개입을 적극 지지하였다.

O | X

중국은 내전에 대한 국제사회의 개입을 반대하는 차원에서 러시아와 함께 안전보장이사회에서 시리아 무력개입에 거부권을 행사하였다. 답 X

## 제5절 핵안보정상회의

**058**
예상논점

핵안보정상회의는 2010년부터 2년마다 개최되며, 2016년 미국에서 제3차 핵안보정상회의가 개최되었고, 2018년에는 중국에서 개최될 예정이다. O | X

핵안보정상회의는 2016년을 끝으로 종료되었다. 답 X

**059**
예상논점

2012년 한국에서 개최된 핵안보정상회의에는 UN, EU, IAEA, Interpol과 같은 국제기구도 참여하였다. O | X

핵안보정상회의에는 국제기구도 참여함으로써 글로벌안보거버넌스 형태를 띠고 있다. 답 O

**060**
예상논점

핵안보정상회의는 한국 주도로 방사성안보, 핵안보와 원자력안전의 통합접근이라는 의제를 제1차 핵안보정상회의에 의제로 채택하여 논의하였다. O | X

한국에서 개최된 2012년 제2차 핵안보정상회의에서 의제화되었다. 답 X

**061**
예상논점

핵안보는 핵 및 방사능 물질 혹은 그 시설과 관련된 도난, 파괴, 부당한 접근, 불법 이전 등을 방지, 탐색하거나 이에 대응하는 활동을 의미한다. 주로 불량국가에 의한 도발에 대응하는 것이다. **O | X**

핵안보는 비국가행위자에 의한 핵확산 통제에 주력하는 활동이다. 답 X

**062**
예상논점

핵안보정상회의(Nuclear Security Summit)는 2010년 미국에서 개최된 이후 연속성을 위해 2년마다 개최되었으며 제2차 핵안보정상회의는 네덜란드에서 개최되었고, 2016년 제4차 정상회의는 미국에서 마지막으로 개최되었다. **O | X**

제2차 핵안보정상회의(Nuclear Security Summit)는 한국에서 개최되었고, 제3차 핵안보정상회의(Nuclear Security Summit)가 네덜란드에서 개최되었다. 답 X

**063**
예상논점

제2차 핵안보정상회의(Nuclear Security Summit)에서 우리나라를 비롯하여 아르헨티나, 호주, 체코 등이 고농축우라늄 완전포기를 선언하였으나 완전폐기 또는 포기의 법적 의무를 부담하는 것은 아니다. **O | X**

우리나라는 우라늄 완전포기 공약을 제시한 국가는 아니다. 다만, 한국은 고농축우라늄 핵연료를 저농축으로 대체하는 데에 필요한 고밀도 저농축우라늄 핵연료 제조 기술을 다자공동사업에 제공하기로 공약하였다. 답 X

## 제2장 국제경제이슈

| 제1절 | 세계화 |
|---|---|

**001**
07. 외무영사직

세계화(Globalization)에 대해 현실주의는 세계화가 영토와 주권 중심의 현 국제체제의 현실을 근본적으로 변형시킬 수 있다고 본다. O | X

현실주의는 세계화(Globalization)에도 불구하고 국가중심성과 근대체제는 견고하게 유지될 것으로 본다. 답 X

**002**
07. 외무영사직

세계화(Globalization)에 대해 자유주의는 세계화로 인해 국가들 간의 상호연결성이 증대됨으로써 이전과는 다른 세계정치가 전개될 수 있다고 본다. O | X

자유주의자들은 세계화(Globalization)로 상호의존이 심화되고 비국가행위자가 부상함에 따라 이전의 근대국가 중심의 국제정치는 시민들과의 협치의 글로벌거버넌스로 전환되고 있다고 본다. 답 O

**003**
07. 외무영사직

세계화(Globalization)에 대해 마르크스주의는 세계화는 자본주의 발전의 최종단계에 불과한 것으로서, 세계정치의 질적 전환을 의미하는 것이 아니라고 본다. O | X

마르크스주의의 관점에서 세계화는 자본주의 세계체제의 확대 및 재생산을 의미한다. 이러한 의미에서의 세계화는 월러스타인(Wallerstein)에 따르면 16세기에 이미 시작되었다. 그리고 그 이후에도 지속되는 현상이다. 따라서 탈냉전 세계화의 시대가 이전의 시기와 질적으로 다른 것은 아니라고 보는 것이다. 답 O

**004**
07. 외무영사직

세계화(Globalization)에 대해 구성주의는 세계화는 국제 주체들로 하여금 다양한 사회운동을 형성할 수 있는 기회를 제공할 수 있다고 본다. O | X

구성주의는 세계화(Globalization) 시대에 다양한 사회운동과 사회세력이 부상함에 따라 규범체제로서의 근대체제는 변화될 가능성이 있다고 본다. 답 O

**005**
예상논점

마르크스주의에 따르면 세계화(Globalization)는 자본주의체제의 확대재생산 현상으로서 탈냉전기에 시작되어 전 세계적으로 확대되고 있다. O | X

월러스타인(Wallerstein)에 따르면 세계화(Globalization)는 16세기 말부터 시작되었다. 답 X

**006**

19. 외무영사직

환경 문제는 비배제적인 성격을 가지고 있으므로 협력이 보장되지 않는다.　O | X

공유지의 비극은 공유재(commons)의 성격 및 공유지 비극의 해결에 관해 하딘(G. Hardin)이 제시한 개념이다. 공유재(commons)는 비배제성과 경합성을 가진 재화를 의미한다. 즉, 누구나 자유롭게 이용할 수 있으나, 한 사람의 소비가 다른 사람의 소비량을 감소시키는 성질을 갖는다. 따라서 보존 조치를 취하지 않는 경우 결국 고갈된다. 비배제성을 가지므로 이를 보존하기 위한 국제협력에는 소극적일 수밖에 없다. 공유지의 비극을 해결하기 위해서는 누군가에게 소유권을 주어 관리해야 한다. 신자유제도주의자들은 국제제도 형성을 통해 공유재(commons)의 관리체제를 구축하여 이 문제를 해결할 수 있다고 본다.　답 O

**007**

16. 외무영사직

2015년 채택된 파리협정에 따르면 기존 온실가스 배출량과 상관없이 선진국과 개발도상국이 동일한 책임을 진다.　O | X

파리협정은 기존의 '공동의 그러나 차별책임원칙'을 유지하고 있다. 따라서 재정지원이나 기술지원에 있어서 선진국이 법적 책임은 아니더라도 우선적 책임을 질 것을 규정하고 있다.　답 X

**008**

16. 외무영사직

파리협정(2015)에 따르면 온실가스 감축과 관련한 국가별 목표(기여방안)를 스스로 정하기로 하였으며 또한 산업화 이전과 비교해 섭씨 1.5 ℃까지 제한하는 데 최대한 노력을 기울이기로 합의하였다.　O | X

파리협정(2015)은 이전의 기후변화협약과 달리 상향식 목표치 설정법(Bottom – Up)을 채택하여 온실가스 감축 목표치를 당사국이 자발적으로 정하도록 하였다. 이를 'INDC (Intended National Determined Contributions)'이라고 한다. 목표 온도는 최소한 2°C를 넘지 않도록 제한하되 1.5°C까지 제한하는데 최대한 노력을 기울이기로 하였다.　답 O

**009**

16. 외무영사직

기후변화문제 관리와 관련하여 한국은 UN에 제출한 기여방안에서 2030년 온실가스 배출전망치(BAU) 대비 37 % 감축안을 발표하였다.　O | X

파리협약(2015)에서는 감축 목표치를 자발적으로 설정한다.　답 O

**010**

20. 외무영사직

1992년 리우 지구정상회의, 1991년 우루과이 라운드, 1997년 교토의정서, 2009년 코펜하겐협정은 모두 기후변화문제와 관련된 것이다.　O | X

우루과이 라운드는 WTO체제 출범을 위한 협상이다. 1986년부터 1994년까지 진행되었다. 1991년은 협상이 진행 중인 상황이었다.　답 X

**011**

13. 외무영사직

2001년 마라케쉬협정에서 교토의정서의 구체적인 시행방안과 제재수단이 제시되었다. 마라케쉬 협정에는 선진국인 A국이 선진국인 B국에 투자하여 발생된 온실가스 감축분의 일정부분을 A국의 배출저감실적으로 인정하는 청정개발체제(Clean Development Mechanism), 온실가스 감축의무가 있는 국가에 배출 쿼터를 부여한 이후 국가 간 배출 쿼터의 거래를 허용하는 배출권 거래제(Emissions Trading) 등이 포함되어 있다.

O | X

선진국 상호간 협력체제는 청정개발체제(Clean Development Mechanism)가 아니라 '공동이행제도(Joint Implementation)'이다. 답 X

**012**

11. 외무영사직

1992년 국제연합 기후변화협약에서 제시된 '차별적 공동책임의 원칙'은 선진국이 다른 선진국에 투자해 획득한 온실가스 감축분의 일정량을 자국의 감축 실적으로 인정받을 수 있다는 원칙을 말한다.

O | X

기후변화에 관한 국제연합 기본협약에 대한 교토의정서는 다양한 신축성제도를 제시하였다. 지문은 공동이행제도에 대한 설명이다. 차별적 공동책임원칙은 세계 기후변화의 책임은 모든 국가가 져야 하나 산업화 과정에서 지구의 평균 온도 상승을 유발하는 이산화탄소를 과다하게 배출하는 선진국들은 우선적인 책임을 져야 한다는 원칙을 말한다. 답 X

**013**

11. 외무영사직

국제환경레짐에 반영된 기본원칙 중에서 사전예방원칙(preventive principle)은 어떤 활동이 환경적 피해를 높일 가능성이 존재할 경우 그 활동을 금지하는 데 있어 완전하고 결정적인 과학적 증명을 요하지 않는다는 원칙을 말한다.

O | X

사전주의원칙(precautionary principle)에 대한 설명이다. 사전예방원칙(preventive principle)은 오염원과 오염 간 인과관계가 명확할 때 오염원 통제를 요구하는 원칙이다. 답 X

**014**

09. 외무영사직

교토의정서는 1989년 발효된 오존층 파괴물질 배출 규제에 관한 국제협정이다.

O | X

몬트리올의정서에 대한 설명이다. 기후변화에 관한 국제연합 기본협약에 대한 교토의정서는 기후변화협약에 대한 이행협정으로서 신축성제도를 규정하고 있다. 현재 2020년까지 효력이 연장되어 있다. 답 X

**015**

07. 외무영사직

몬트리올의정서는 1997년 선진산업국가들의 온실가스 배출량규제에 대한 구속력이 있는 의무조항을 강화시킨 국제협정이다.

O | X

기후변화에 관한 국제연합 기본협약에 대한 교토의정서에 대한 설명이다. 몬트리올의정서는 오존층 보호를 위한 비엔나협약(1985)을 이행하기 위해 1987년 체결되었다. 답 X

**016**

예상논점

런던덤핑협약(1972)은 핵폐기물의 해양투기를 통제할 목적으로 체결된 국제조약이다.

O | X

런던덤핑협약(1972)은 선박, 항공기 또는 해양시설로부터 행해지는 산업폐기물 등의 해양투기 및 해상소각의 규제를 목적으로 하는 협약이다. 답 X

**017**

예상논점

1992년 UN기후변화협약에서 제시된 '차별적 공동책임의 원칙'은 온실가스 감축을 위해서는 각국 정부와 관련 비정부기구(NGO)들의 공동 노력이 필요하며 특히 각국 정부의 합의 사항 이행 노력이 필수적이라는 원칙을 말한다. O | X

차별적 공동책임의 원칙이란 세계기후변화의 책임은 모든 국가가 져야 하나 산업화 과정에서 지구의 평균 온도 상승을 유발하는 이산화탄소를 과다하게 배출하는 선진국들은 우선적인 책임을 져야 한다는 원칙이다. 답 X

**018**

예상논점

오존층보호를 목적으로 하는 몬트리올의정서(1987)에 의하면 당사국 상호 간 매우 엄격한 무역금지조항을 둠으로써 환경문제와 무역문제를 직접 연계시킨 최초의 환경협약으로 평가된다. O | X

몬트리올의정서(1987)는 당사국과 비당사국 간 무역을 금지하였다. 당사국 간 무역을 금지한 것은 아니다. 답 X

**019**

예상논점

기후변화협약에 의하면 부속서2에 해당되는 국가들은 이산화탄소와 기타 온실가스 배출량을 감축시키기 위해 협약 발효일로부터 6개월 이내 및 그 후 정기적으로 각국이 취한 정책과 온실가스 배출 및 제거량에 관한 상세한 정보를 교환하여야 한다. O | X

각국의 정책과 온실가스 배출 및 제거량에 관한 상세한 정보를 교환하는 것은 부속서1 당사국의 의무이다. 부속서1 당사국은 온실가스 감축의 법적 의무를 진다. 답 X

**020**

예상논점

기후변화협약상 우리나라를 포함한 OECD국가들은 부속서1국가로서 온실가스 배출을 감축할 법적 의무를 부담한다. O | X

온실가스 배출을 감축할 법적 의무를 부담하는 국가로 우리나라는 제외된다. 우리나라는 부속서1국가가 아니다. 답 X

**021**

예상논점

교토의정서(1997)에 의하면 공동이행(Joint Implementation)제도는 부속서1에 포함된 국가와 포함되지 않은 국가 상호 간 자본과 기술을 투자하여 온실가스를 줄여준 뒤 그 감축에 상응하는 배출쿼터를 당해 국가로부터 넘겨 받는 방식을 의미한다. O | X

청정개발체제에 대한 내용이다. 공동이행(Joint Implementation)제도는 선진국 간 협조체제를, 청정개발체제는 선진국과 개발도상국 간 협조체제를 의미한다. 답 X

**022**

23. 외무영사직

교토의정서는 온실가스 감축을 위한 시장주의적 제도로 배출권 거래제와 공동이행제도를 도입하였다. O | X

배출권거래제도, 공동이행제도 이외에도 청정개발체제나 배출적립 등의 신축성 체제를 규정하였다. 답 O

**023**

예상논점

코펜하겐 기후변화총회에서 선진국들은 '탄소배출강도'의 적용을, 개발도상국들은 '약속과 검증'원칙을 주장하여 타협을 보지 못했다.  O | X

선진국의 입장이 약속과 검증이고, 개발도상국이 탄소배출강도의 적용을 제시하였다. 약속과 검증이란 모든 회원국이 법적 감축의무를 부담하고 그 이행을 평가한다는 것이다. 탄소배출강도는 탄소배출량을 GDP 수준과 연계시킨 지표이다.  답 X

**024**

예상논점

제17차 기후변화협약 당사국총회에서는 2012년 종료되는 교토의정서를 8년 연장하기로 합의하는 한편, 녹색기후기금 사무국을 인천 송도에 설치하기로 한 GCF이사회 결정을 인증하였다.  O | X

기후변화에 관한 국제연합 기본협약에 대한 교토의정서를 연장한 것은 제18차 도하총회의 결정사항이다.  답 X

**025**

23. 외무영사직

2012년 제18차 당사국 총회(COP18)에서는 교토의정서의 시효를 2020년까지 연장하기로 합의하였고, 일본과 캐나다는 이에 적극적으로 참여하기로 결정하였다.  O | X

2012년 총회는 도하총회로서, 교토의정서를 8년 연장하기로 하였다. 일본과 캐나다 등은 개도국이 온실가스 감축에 동참하지 않는다는 이유로 교토의정서 이행에 소극적 태도를 보여 주었다.  답 X

**026**

예상논점

제19차 기후변화협약 당사국총회(바르샤바총회)에서 당사국들은 2020년 이후의 온실가스 감축의무를 규정하는 신 기후체제의 출범을 위해 당사국의 자발적 목표 설정을 전제로 하는 '의도된 국가 결정 공약'이라는 새로운 개념을 채택하였다.  O | X

의도된 국가 결정 공약(INDC)은 파리협약에서 정식으로 채택된 원칙이다.  답 O

**027**

예상논점

제21차 기후변화협약 당사국총회에서는 '의도된 국가 결정 공약'을 파리협약에 반영하는데 실패하고, 종전의 '약속과 검증 방식'을 규정하였다.  O | X

의도된 국가 결정 공약을 파리협약에 반영하였다.  답 X

**028**

예상논점

기후변화에 관한 파리협약(2015)에 의하면 온도 상승 제한 목표치를 최대한 2도로 설정하였으며, 공동의 그러나 차별적 책임원칙은 공식 폐기하였다.  O | X

공동의 그러나 차별적 책임원칙은 유지하고 있다. 선진국은 특히 개발도상국의 의무 이행을 위해 재정 제공의무가 있다. 그러나 법적 의무를 부담하는 것은 아니다.  답 X

**029**

예상논점

파리협약(2015)은 교토의정서와 달리 모든 당사국들에게 온실가스 감축에 대한 법적 책임을 부과한다.  O | X

자발적 감축의무를 부과하고 있다.  답 X

**030**
19. 외무영사직

바젤협약(Basel Convention)은 유해 폐기물의 국가 간 이동을 통제하고 환경적으로 건전한 관리를 위해 채택된 협약으로 1992년 발효되었다.  O | X

사전통보동의제도를 도입하여 수입국의 허가를 받고 폐기물을 수출하도록 하였다.  답 O

---

**031**
19. 외무영사직

바젤협약 당사국은 유해 폐기물이 비당사국에 수출되거나 비당사국으로부터 수입되는 것을 허가하지 아니한다.  O | X

원칙적으로 비당사국과의 거래를 금지한다.  답 O

---

**032**
19. 외무영사직

바젤협약 당사국 간 유해 폐기물 교역은 UN의 승인을 받아야 한다.  O | X

유해폐기물의 월경이동 및 처리의 통제에 관한 바젤협약에 의하면 유해 폐기물의 교역은 '사전통보동의절차'에 따라 수입당사국과 수출당사국 간 합의에 의해 이뤄진다. UN의 승인을 요구하지 않는다.  답 X

---

**033**
19. 외무영사직

1994년 한국은 바젤협약에 가입하였다.  O | X

한국은 현재 유해폐기물의 월경이동 및 처리의 통제에 관한 바젤협약의 지배를 받고 있다.  답 O

---

**034**
23. 외무영사직

파리기후변화협정은 선진국과 개발도상국 모두 국가별 기여 방안의 제출을 통해 자발적으로 감축목표를 이행하도록 하였다.  O | X

파리협정은 '국가결정공약'에 따른 자발적 감축에 기초한 보편적 체제를 특징으로 한다.  답 O

---

**035**
23. 외무영사직

파리기후변화협정은 온실가스 감축목표 설정방식과 관련하여 하향식(top-down)방식을 채택한 교토의정서와는 달리 상향식(bottom-up)방식을 채택하였다.  O | X

파리협정에서는 당사국들이 온실가스 감축 목표치를 정하고 이행하는 상향식 방식을 채택한 점이 주요 특징이다.  답 O

**036**

20. 외무영사직

헥셔 – 올린 – 스톨퍼 – 새뮤얼슨(Hecksher – Ohlin – Stolper – Samuelson) 정리에 따를 때 국내경제에서 풍부한 요소(abundant factor) 소유자는 언제나 자유무역에 찬성한다.

O | X

헥셔 – 올린 – 스톨퍼 – 새뮤얼슨(Hecksher – Ohlin – Stolper – Samuelson) 정리에 의하면 자국에 풍부한 생산요소에 비교우위를 갖게 되고, 여기에 특화생산하여 다른 나라와 교환하면 그 생산요소를 갖는 자들의 소득이 증가한다. 따라서 자유무역을 지지하게 된다.

답 ○

**037**

14. 외무영사직

GATT체제하의 다자간 통상협상에는 우루과이 라운드, 케네디 라운드, 도쿄 라운드, 도하 라운드 등이 있다.

O | X

도하 라운드(DDA)는 2001년 출범한 협상체제로서 WTO체제하의 다자간 통상협상이다.

답 X

**038**

21. 외무영사직

GATT는 비차별, 투명성, 호혜주의 원칙에 입각하였다.

O | X

비차별원칙은 최혜국대우나 내국민대우를 의미한다. 최혜국대우만을 지칭하기도 한다.

답 ○

**039**

21. 외무영사직

GATT 체제하에서 제네바 1차 라운드를 시작으로 딜런, 케네디, 도쿄, 우루과이라운드, 그리고 도하개발어젠다 협상이 진행되었다.

O | X

도하개발어젠다협상(DDA)은 WTO체제하에서 2001년 출범한 것이다.

답 X

**040**

11. 외무영사직

상계관세는 생산비용보다 낮은 가격에 제품을 파는 것으로 추정되는 수출 경쟁국가에 대해 부과하는 세금을 말한다.

O | X

상계관세는 수출국이 보조금을 지급한 경우 그 효과를 상쇄시키기 위한 세금을 말한다.

답 X

**041**

11. 외무영사직

비교우위는 국가가 상대적으로 값싸게 생산할 수 있는 상품에 특화하고, 보다 높은 비용으로 생산할 수밖에 없는 상품을 교역을 통해 획득한다면 이익이 된다는 자유주의 경제학의 한 개념이다.

O | X

비교우위론은 고전파 경제학자 리카도(David Ricardo)에 의해 제시된 개념이다. 자유무역의 이론적 기초를 형성하고 있다.

답 ○

**042**

11. 외무영사직

비관세장벽은 수입품 차별의 효과를 갖는 국제 규제의 범위를 넘어서는 관세 이외의 수단들을 말한다.　　　　　　　　　　　　　　　　　　　　　　　　　　　O | X

무역장벽은 크게 관세장벽과 비관세장벽으로 대별된다. 관세 이외에 시장접근을 방해하는 모든 요소를 비관세장벽이라고 한다.　　　　　　　　　　　　　　　　　　답 ○

**043**

11. 외무영사직

A국은 B국에 비해 자본이 풍부하고, 역으로 B국은 A국에 비해 노동력이 풍부하다면, A국의 자본, B국의 노동집단이 자유무역에 반대할 가능성이 높다.　　　　　O | X

A국의 노동집단, B국의 자본집단이 반대할 가능성이 높다. 국제무역에 대한 이론 중 헥셔-올린 모형에서는 자유무역의 발생요인, 교역패턴에 대한 설명과 함께 무역 이후 교역국 내부의 소득분배 문제를 다루는데, 이를 '스톨퍼-사무엘슨 정리'라고 한다. 동 모형에 따르면 자유무역이 발생하는 경우 수출하는 상품에 대해 집약적으로 사용되는 생산요소를 가진 집단의 소득이 증가한다. 이에 기초하여 보면, A국은 노동자들이 상대적으로 손해를 보고, B국은 자본가들이 손해를 보게 될 것이다. 따라서, A국의 노동집단, B국의 자본집단에서 자유무역을 반대할 개연성이 높다고 할 수 있다.　　　　　답 X

**044**

09. 외무영사직

도하개발의제(Doha Development Agenda)는 2001년 11월 도하(Doha)에서 개최된 WTO 제4차 각료회의에서 시작된 다자간 무역협상을 의미한다. 1994년 타결된 우루과이 라운드에 비해 참여국 수는 줄었지만, 의제상으로는 가장 포괄적인 무역협상이다.　　　　　　　　　　　　　　　　　　　　　　　　　　　　　　　　　O | X

참여국 수도 증가하였다. 현재 도하개발의제(Doha Development Agenda) 협상에는 약 160여 개국이 참여하고 있다.　　　　　　　　　　　　　　　　　　　답 X

**045**

예상논점

GATT는 회원국의 무역정책을 검토하는 기구가 부재했던 데 반해 WTO는 무역정책검토제도(TPRM)를 최초로 도입하여 설치하여 회원국의 무역정책을 검토한다.　　　　　　　　　　　　　　　　　　　　　　　　　　　　　　　　　　O | X

무역정책검토제도(TPRM)는 주기적으로 회원국의 무역정책을 검토한다. 참고로 무역정책검토 관련 분쟁은 DSU(분쟁해결양해)의 대상은 아니다.　　　　　　답 ○

**046**

예상논점

GATT체제에서 전개된 케네디 라운드에서는 시장질서유지협정이나 수출자율규제에 대한 규약을 마련하였다.　　　　　　　　　　　　　　　　　　　　　　O | X

시장질서유지협정이나 수출자율규제에 대한 규약은 동경 라운드에서 채택되었다. 시장질서유지협정이나 수출자율규제는 회색지대조치에 해당한다. GATT에서 명시적으로 금지된 조치는 아니나 GATT의 자유무역정신에 반하는 조치들을 의미한다.　　답 X

**047**

19. 외무영사직

천연자원을 많이 보유한 국가의 경우 '자원의 저주'가 나타나는데 이들 국가들은 해당 천연자원의 수출비중이 낮고, 소수만 부유하고 다수 빈곤층이 생기며, 민주화는 진전 되기 어렵고, 자원을 둘러싼 정부, 반군, 다국적기업 간의 분쟁이 빈번하게 발생한다.

O | X

천연자원을 많이 보유한 국가들의 경우, 해당 천연자원의 수출비중이 높다. 자원의 저주 (resource curse, paradox of plenty)는 천연 자원(화석 연료와 특정 광물 등)이 풍부 한 국가가 천연 자원이 더 적은 국가들보다 낮은 수준의 경제 성장, 낮은 수준의 민주주 의를 보이는 역설을 가리킨다. 광물 자원이 풍부한 국가가 어떻게 자국의 경제를 상승시 키기 위해 부를 사용하지 못하는지, 또 어떻게 이러한 국가들이 천연 자원이 풍부하지 않 은 국가들에 비해 더 낮은 경제 소득을 가졌는가를 기술하기 위해 1993년 리처드 오티 (Richard Auty)에 의해 처음 사용되었다. 이들 국가들에서는 이권 다툼으로 풍부한 자 원의 이익이 국가가 아닌 특정 집단에 돌아감으로써 국민은 빈곤을 면치 못한다. 자원과 관련된 산업은 자본집약적(capital intensive)인 특성을 가지고 있고, 따라서 고용 창출 효과가 미미하다. 특히 대다수 개발도상국들에서는 천원자원을 채굴하고 정제하는 등의 제대로 된 기술조차 가지고 있지 않아서 외국 자본에 의존하는 형편이다. 이런 특성이 정 치적인 부패와 결합하여 자원을 이용하여 벌어들인 돈은 극소수 부유층으로만 흘러들어 가고 대다수 국민들은 빈곤에서 벗어나지 못한다. 최악의 경우 자원으로 벌어들일 수 있 는 이득을 차지하기 위한 권력다툼이 내전 양상으로 번지기도 한다.  답 X

**048**

21. 외무영사직

무역자유화를 통한 국제교역의 급격한 성장에도 불구하고, 국제무역체제에서 보호무 역주의의 영향력은 사라지지 않았다.

O | X

제2차 세계대전 이후 1970년대가 보호주의 시대로 평가되기도 하며, 현재도 국가들은 특 히 비관세장벽(Non – Tariff Barriers, NTB)을 통해 자국 시장을 보호하고자 하는 강한 동기를 가지고 있는 것으로 평가된다.  답 O

## 제4절 지역무역협정

**049**

10. 외무영사직

안데스 공동체(ANCOM)는 1991년 브라질, 아르헨티나, 파라과이, 우루과이가 참여한 아순시온조약에 의해 지역의 경제통합을 목적으로 설립되었다. 이후 이 지역에서 회 원국을 확대하면서 사회, 경제통합과 발전뿐만 아니라 국제사회에서 회원국들의 목소 리를 강화하는 역할 또한 수행하고 있다.

O | X

남미공동시장(MERCOSUR)에 대한 설명이다. 안데스 공동체(Andean Community, ANCOM)는 1969년 카르타헤나협정을 바탕으로 창설된 남아메리카 4개국(콜롬비아, 에 콰도르, 볼리비아, 페루)간의 경제협력체로, 본부는 페루 리마에 두고 있다.  답 X

memo

**050**

09. 외무영사직

SAFTA는 미국의 부시 전 대통령이 1990년 6월 알래스카에서 칠레 남단에 이르는 전 미주대륙을 자유무역지대화하기 위해 제안한 것이다. 쿠바를 제외한 미주전역의 국가들이 참여하여 2005년까지 설립하기로 합의했으나, 현재까지 설립되지 못하고 있다.

O | X

미주자유무역지대(FTAA: Free Trade Area of the Americas)에 대한 설명이다.

답 X

**051**

자유무역협정(FTA: Free Trade Agreement)은 기본적으로 WTO의 최혜국대우와 다자주의원칙을 벗어난 양자주의 혹은 지역주의적인 특혜무역협정으로 WTO에서는 허용되지 않는다.

O | X

자유무역협정(FTA)은 GATT 제24조, GATS 제5조 등에서 허용되고 있다. 개발도상국 간 RTA는 '권능부여조항'을 통해서도 인정된다.

답 X

**052**

21. 외무영사직

1990년대 중반 이후 지역 및 양자 간 무역협정이 확산되었다.

O | X

WTO 출범 이후 지역주의가 활성화되었다. 이에는 다양한 요인이 제기되나, 제도적 차원에서는 WTO 창설과정에서 공개된 정보가 지역주의를 위한 파트너 선정에 도움을 주기 때문이라고 본다. DDA 출범 이후에는 DDA가 정체되면서 지역주의가 활성화되고 있다고 분석되기도 한다.

답 O

**053**

예상논점

남미자유무역연합(LAFTA)은 브라질, 아르헨티나, 파라과이, 우루과이가 참여한 아순시온조약에 의해 지역의 경제통합을 목적으로 설립되었고, 이후 이 지역에서 회원국을 확대하면서 사회, 경제통합과 발전뿐만 아니라 국제사회에서 회원국들의 목소리를 강화하는 역할 또한 수행하고 있다.

O | X

남미공동시장(MERCOSUR)에 대한 설명이다. 명칭과 달리 관세동맹 수준으로 평가된다.

답 X

**054**

예상논점

안데스 공동체(Andean Community: ANCOM)는 1969년 카라카스조약을 바탕으로 창설된 남아메리카 4개국(콜롬비아, 에콰도르, 볼리비아, 페루) 간의 경제협력체로, 본부는 페루 리마에 있다.

O | X

안데스 공동체(ANCOM)는 카라카스조약이 아니라 카르타헤나협정에 의해 창설되었다.

답 X

**055**

예상논점

중미공동시장(Central American Common Market: CACM)은 1960년 결성되었고 본부를 우루과이에 두고 있다. 중남미국가들 간에 자유무역을 증진하고 국제수지 불균형 문제가 심각한 국가에 자금을 공여하는 것을 목표로 하고 있으며, 회원국은 아르헨티나, 볼리비아, 브라질, 칠레, 콜롬비아, 에콰도르, 멕시코, 파라과이, 페루, 우루과이, 베네수엘라 등이다.

O | X

남미자유무역연합(Latin American Free Trade Area: LAFTA)에 대한 설명이다. 답 X

**056**

예상논점

남미자유무역연합(Latin American Free Trade Area: LAFTA)은 「중미경제통합에 관한 일반조약」을 바탕으로 코스타리카, 엘살바도르, 과테말라, 온두라스, 니카라과 등 중미 5개국 간에 설립된 지역경제 통합기구이다. O | X

중미공동시장(Central American Common Market: CACM)에 대한 설명이다.

답 X

**057**

예상논점

안데스 공동체는 라틴아메리카자유무역연합(LAFTA) 내의 중소국가인 안데스그룹이 대국에 대항하여 형성한 것으로서 1969년 아순시온조약을 통해 결성되었다. O | X

안데스 공동체는 카르타헤나조약에 의해 결성되었다.

답 X

**058**

예상논점

지역주의(RTA)에 대한 국가들의 경제적 동기는 무역창출효과와 무역전환효과를 통해 역내국가 상호간 무역량을 증가시키는 것이다. O | X

무역창출효과는 관세장벽이나 비관세장벽의 철폐로 역내국 상호간 무역량이 증가하는 효과를 의미한다. 무역전환효과는 역외국가의 무역이 역내국과의 무역으로 전환되는 것을 의미한다. 두 효과 모두 역내국 상호간에는 무역량을 증가시킨다.

답 ○

**059**

예상논점

RTA의 경제적 효과에 있어서 무역창출효과(Trade Creation Effect)란 관세 및 비관세 장벽 제거로 역내국과 역외국 간 무역량이 증가하는 효과를 말한다. O | X

무역창출효과(Trade Creation Effect)는 역내국 간 무역량 증가 효과를 말한다. 답 X

**060**

예상논점

무역전환효과(Trade Diversion Effect)란 역내국 상호 간 관세 또는 비관세장벽이 철폐됨으로써 역내국 상호 간 무역량이 증가하는 효과를 말한다. O | X

무역창출효과(Trade Creation Effect)에 대한 설명이다. 무역전환효과는 역외국과의 무역이 역내국 간 무역으로 전환되는 효과를 말한다. 자원배분의 효율성을 감소시킨다.

답 X

**061**

예상논점

WTO체제에서 지역주의는 상품무역협정, 서비스무역협정 및 무역관련 지적재산권 분야에 국한하여 허용되고 있으며, 각료회의 산하에 지역무역협정위원회를 설치하여 그 합법성을 심사한다. O | X

무역관련 지적재산권 분야의 지역주의 규정은 없다. 개발도상국 상호 간은 '권능부여조항'을 통해 RTA를 체결할 수 있다.

답 X

**062**

예상논점

북미자유무역협정은 상설사법기구를 설치하여 독자적 분쟁해결을 추진하고 있으나, 유럽과 같은 단일시장을 형성한 것이 아니라 FTA단계에 그치고 있다. O | X

북미자유무역협정에서 상설사법기구는 존재하지 않는다.

답 X

**063**

예상논점

한국은 2005년 7월 아이슬란드, 리히텐슈타인, 노르웨이 및 포르투갈로 구성된 EFTA와 FTA협정을 체결하였으며, 동 협정은 2006년 9월 1일 발효되었다.　　O | X

EFTA에 포르투갈은 포함되지 않는다. 대신 스위스가 포함된다.　　답 X

---

**064**

예상논점

RTA의 효과와 관련하여 무역전환효과(trade diversion effect)란 한 국가가 각각 다수의 지역경제공동체에 중복 가입되어 있어 각기 다른 원산지 규정과 통관절차 등을 따르게 되면서 당초 기대했던 거래비용 절감효과가 크게 줄어드는 현상을 일컫는다. 이는 개별 공동체들의 결속과 영향력이 약화되어 통합 진전이 더뎌지고 지역경제공동체 간의 비생산적인 경쟁을 유발할 뿐만 아니라 FTA 활용률을 저하시킨다.　　O | X

스파게티 볼(Spaghetti Bowl) 효과에 대한 설명이다.　　답 X

---

**065**

예상논점

RTA의 효과에 있어서 무역창출효과(trade creation effect)란 FTA를 체결하는 경우 가격효과에 의해 역내국과 역외국 간 무역이 역내국 상호간 무역으로 변경되는 효과를 말한다.　　O | X

무역전환효과(trade diversion effect)에 대한 설명이다.　　답 X

---

**066**

19. 외무영사직

남미공동시장(MERCOSUR)은 경제협력뿐 아니라 민주주의 공고화 및 아르헨티나와 브라질 간의 경쟁 종식 등 정치적 목적도 추구하였다.　　O | X

남미공동시장(MERCOSUR)은 다차원적 포섭을 가진 협력체이다.　　답 O

---

**067**

19. 외무영사직

아세안지역안보포럼(ARF)은 신뢰 구축, 예방외교 확대, 역내 분쟁에 대한 효과적 접근 등을 통해 역내 평화와 안정을 모색하였다.　　O | X

신뢰 구축이나 예방외교 단계에 진입한 것으로 평가되고 있다.　　답 O

---

**068**

19. 외무영사직

상하이협력기구(SCO)는 중국, 태국, 베트남, 라오스, 미얀마 등으로 구성되었으며, 신뢰구축과 함께 테러, 마약, 무기밀매 등의 영역에서 협력을 추구하였다.　　O | X

상하이협력기구(SCO) 가입국은 중국, 러시아, 인도, 파키스탄, 카자흐스탄, 키르기스스탄, 타지키스탄, 우즈베키스탄이다.　　답 X

---

**069**

19. 외무영사직

유럽연합(EU)은 유럽의회의 권한을 강화하고 정책결정의 효율성을 증대하려는 과정에서 리스본조약을 채택하였다.　　O | X

리스본조약은 공동결정절차를 확대하여 의회의 권한을 강화하였다. 한편, 니스조약상의 의결제도를 개혁하여 이중다수결제도를 도입함으로써 정책결정의 효율성을 증대하였다. 이중다수결제도하에서는 국가별 가중치를 삭제하여 의사결정절차를 상대적으로 단순화하였다.　　답 O

**070**
20. 외무영사직

석유수출국기구(OPEC)이 결성되기 전까지는 미국과 유럽의 거대 석유회사들이 국제 석유시장을 지배했다. O | X

석유수출국기구(OPEC)를 결성하면서 산유국들의 자원주권이 강화되었다. 답 O

**071**
20. 외무영사직

석유수출국기구(OPEC)은 아랍 - 이스라엘 전쟁(1973년)에서 이스라엘을 지지한 미국 등 서방국들에 대해 석유 수출을 중단했다. O | X

제4차 중동전쟁 과정에서 일으킨 제1차 석유위기를 의미한다. 답 O

**072**
20. 외무영사직

석유수출국기구(OPEC)의 영향력은 대체재가 존재하지 않는 원유의 특성으로 가격이 탄력적이지 못하다는 점에 기인했다. O | X

따라서 석유수출국기구(OPEC)는 현재 생산카르텔로서 세계 원유가격을 주도하고 있다. 답 O

**073**
20. 외무영사직

2000년대 이후 사우디아라비아는 석유수출국기구(OPEC) 내에서 자신들의 영향력이 줄어들게 되자 OPEC 내의 주도권을 놓고 러시아와 경쟁해 왔다. O | X

석유수출국기구(OPEC) 내의 주도권을 놓고 사우디아라비아와 러시아가 경쟁했다는 것은 러시아가 OPEC회원국이라는 것인데, 러시아는 OPEC회원국이 아니다. 석유수출국기구(OPEC) 또는 사우디아라비아와 러시아가 메이저 산유국으로서 경쟁관계에 있는 것은 옳다. 답 X

**074**
23. 외무영사직

국가 간 경제통합은 일반적으로 관세동맹(Customs Union) → 자유무역협정(Free Trade Agreement) → 화폐동맹(Currency Union) → 공동시장(Common Market) 단계를 거친다. O | X

자유무역협정(Free Trade Agreement) → 관세동맹(Customs Union) → 화폐동맹(Currency Union) → 공동시장(Common Market) 단계를 거쳐 경제통합을 완성한다. 답 X

**075**

16. 외무영사직

국제통화기금의 특별인출권(SDR)은 국제수지 문제를 해결하기 위해 외국 화폐를 확보하려고 할 때, 달러나 파운드화처럼 대외거래를 직접 결제할 때, 다른 국가가 보유한 자국 화폐를 회수할 때, 국제통화기금으로부터 빌린 돈을 상환할 때 사용할 수 있다.

O | X

특별인출권(SDR)은 민간인 상호간 거래에서는 사용되지 않는다. 즉, 대외거래를 직접 결제할 때는 사용할 수 없다. 특별인출권(SDR)은 1970년대 금이나 달러화의 위험에 대비하기 위한 보조적 통화의 일종으로 창안되었다. 특별인출권(SDR)은 주요 무역국의 화폐를 기초로 하여 산정된다. 각국이 보유한 특별인출권(SDR)도 외환보유고로 인정되며, 유동성 위기가 발생한 경우 특별인출권(SDR)과 달러, 엔화 등을 교환할 수 있다. 국가 간 거래나 국가와 IMF와의 거래 등에 사용될 수 있으나, 상품의 거래에 대한 직접적 지불수단으로는 사용될 수 없다.

답 X

**076**

15. 외무영사직

1985년 플라자합의(Plaza Accord)는 대미 무역에서 막대한 흑자를 기록하던 일본과 독일 통화에 대한 인위적인 평가절상으로 미국의 무역수지를 개선하기 위한 조치에 합의하였으나 플라자합의로 인한 엔화절상은 1990년대 일본의 장기불황을 촉발시킨 도화선이 되었다.

O | X

플라자합의(Plaza Accord)는 G5 경제선진국(미국, 서독, 영국, 일본, 프랑스) 모임에서 발표된 환율과 경기부양에 관한 합의를 의미한다. 미국의 '쌍둥이 적자(twin deficit)' 문제 해결이 주요 의제였다. 플라자합의(Plaza Accord) 이후 달러화의 가치가 지나치게 하락하자 1987년 루브르합의를 통해 이 문제를 다루기도 하였다.

답 O

**077**

15. 외무영사직

플라자합의(1985)를 통해 달러의 금태환이 정지됨으로써 변동환율제가 채택되었다.

O | X

달러화의 금태환 정지는 1971년 닉슨의 신경제정책선언에 해당한다. 한편, 변동환율제는 1976년 킹스턴체제에서 합의된 사항이다.

답 X

**078**

20. 외무영사직

브레턴우즈체제의 경제질서는 고정환율제를 채택하였기 때문에 미국이 국제수지 적자를 기록하면 국제유동성이 감소하는 문제가 있었다.

O | X

미국이 국제수지 적자를 기록하면 국제유동성, 즉 달러 공급은 '증가'한다.

답 X

**079**

20. 외무영사직

브레턴우즈체제의 경제질서는 국제적으로는 국제금융에 대한 통제와 무역자유화를 추구하였고, 국내적으로는 케인즈주의적 총수요 관리를 추구하였다.

O | X

이러한 질서를 '배태된 자유주의(embedded liberalism)'이라고도 한다.

답 O

**080**
20. 외무영사직

브레턴우즈체제의 경제질서는 기축통화인 달러 가치의 신뢰성을 유지하면서도 세계경제의 확장에 따라 충분한 양의 달러를 시장에 공급해 주어야 하는, 트리핀의 딜레마(Triffin's Dilemma)에 처하게 되었다. O | X

유동성(liquidity)과 신뢰성(credibility)의 상충관계(trade-off)를 트리핀의 딜레마(Triffin's Dilemma)라고 한다. 답 O

**081**
20. 외무영사직

브레턴우즈체제의 경제질서에서는 IMF, GATT, IBRD라는 세 가지 제도가 이 체제를 유지하는 핵심이었다. O | X

IMF는 위기시 최종대부자, GATT는 자유무역질서 유지, IBRD는 전후 복구문제 관리 차원에서 형성되었다. 답 O

**082**
15. 외무영사직

브레턴우즈(Bretton Woods)체제는 내재적 자유주의(embedded liberalism)에 기초하여 국가와 시장이 타협을 이룬 체제로서 국제무역의 다자화와 안정성과 함께 국제금융통화체제의 자유화와 개방성을 확보하기 위해 만든 체제이다. O | X

브레턴우즈(Bretton Woods)체제는 국제무역의 자유화와 개방성, 국제금융의 다자화와 안정성을 확보하기 위해 만든 체제이다. 무역은 자유화를, 금융은 안정과 통제를 추구한 체제이다. 답 X

**083**
15. 외무영사직

브레턴우즈(Bretton Woods)체제는 미국 달러의 가치가 금의 가치에 일정비율로 고정되고, 다른 화폐의 가치가 미국 달러의 가치에 일정비율로 고정되는 고정환율제였다. O | X

금환본위제라고도 한다. 고정환율제이나 시장상황에 따라 기준환율을 중심으로 상하 1%의 기준환율 자체의 조정을 허용하였으므로 '조정 가능한 고정환율제'라고도 한다. 답 O

**084**
17. 외무영사직

내재된 자유주의(embedded liberalism)질서에서는 시장경제를 보완하고 안정시키기 위하여 선택적으로 정부가 시장에 개입한다. O | X

내재된 자유주의(또는 배태된 자유주의, embedded liberalism)는 자유무역을 원칙으로 하면서도 국가의 시장개입을 일정 부분 허용한 질서이다. 정부의 시장개입은 주로 복지정책을 추진하기 위한 것이었다. 답 O

**085**
15. 외무영사직

국제통화기금(IMF)은 일시적 국제수지 적자국을 지원할 목적에서, 세계은행(World Bank)은 다른 국가들의 개발을 지원할 목적에서 만들어졌다. O | X

제도적 차원에서 브레튼우즈체제는 국제통화기금(IMF) 및 IBRD(World Bank)를 창설하였다. 답 O

**086**

13. 외무영사직

트리핀(Robert Triffin)은 미국의 방만한 재정운영정책이 지속될 경우 금태환이 가능하지 않을 수 있다는 예측을 하였고, 국제통화기금(IMF)은 달러화의 신뢰성을 유지하기 위한 방안으로 플라자합의(Plaza Accord)를 제안하였다. O | X

플라자합의(Plaza Accord)는 1985년 미국을 비롯한 주요 국가들이 미국의 쌍둥이 적자 문제를 해결하기 위해 개최한 회의에서 합의한 사항을 의미한다. 달러화의 평가절하 용인, 전 세계적인 동시적 경기부양 등에 합의하였다. 답 X

**087**

13. 외무영사직

트리핀 딜레마는 금 1온스를 35달러에 태환할 수 있는 고정환율제도에 기반한 브레턴우즈 금융체제에 내재된 근본적인 모순을 의미하는 개념이다. 1960년대 후반 미국 정부가 대대적인 사회복지 투자와 베트남 전쟁 전비로 금보유량보다 훨씬 더 많은 통화를 발행함으로써 트리핀 딜레마 문제가 현실화되었다. 1971년 존슨 행정부는 금태환정책의 포기를 공식적으로 선언하였다. O | X

금태환정책을 포기한 행정부는 닉슨 행정부이다. 닉슨은 1971년 신경제정책선언을 통해 달러화의 금태환 정지를 공식 선언하였다. 답 X

**088**

예상논점

미국의 내국통화인 달러를 기축통화로 하는 브레튼우즈 국제금융통화체제에서는 미국이 국제수지 균형을 엄격히 유지할 경우 유동성 부족 문제가 발생하고, 유동성의 원활한 공급을 위해 국제수지 적자를 방치할 경우 달러화의 해외 과잉보유현상이 일어나 기축통화에 대한 신뢰도가 떨어지게 되므로 유동성의 충분한 공급과 기축통화의 신뢰성 확보를 동시에 이룰 수 없다는 문제가 있다. 이를 유동성 함정이라고 한다. O | X

트리핀의 딜레마에 대한 설명이다. 답 X

**089**

17. 외무영사직

브레튼우즈체제 해체 시기에 미국 존슨 대통령이 미국 달러의 금태환을 중지했다. O | X

금태환 중지는 '닉슨' 대통령이 신경제정책선언을 통해 시행하였다. 답 X

**090**

17. 외무영사직

브레튼우즈체제 해체 시기에 미국 달러로 표시되는 금 가격이 올랐다. O | X

달러화 가치가 하락했다는 의미이다. 답 O

**091**

17. 외무영사직

브레튼우즈체제 해체 시기에 원유와 같은 주요 상품이 미국 달러 가격으로 거래되기 시작했다. O | X

달러의 신뢰도가 저하됨에 따라 달러화 거래 빈도가 낮아졌다. 답 X

**092**
17. 외무영사직

브레튼우즈체제 해체 시기에 국제부흥개발은행(IBRD)의 설립이 모색되었다.　O | X

국제부흥개발은행(IBRD)은 1944년 채택된 브레튼우즈협정을 통해 설립되었다.　답 X

**093**
18. 외무영사직

기축통화국이 되면 국제사회에서 위상이 증진되고 영향력을 확대할 수 있다.　O | X

기축통화국은 '화폐주조차익'도 기대할 수 있어 정치적 영향력뿐 아니라 경제적 영향력도
확대될 수 있다.　답 ○

**094**
18. 외무영사직

기축통화국은 국제무역 및 금융거래가 자국의 통화로 이루어져 무역적자로부터 자유
롭다.　O | X

기축통화국도 무역적자로부터 자유롭지 못하다. 기축통화 가치의 변동에 따라 무역흑자나
적자를 볼 수 있다. 다만, 기축통화국이 기축통화를 공급하기 위해서는 대체로 무역적자
를 볼 수밖에 없다. 그래야 국제시장에 자국 화폐를 공급할 수 있기 때문이다.　답 X

**095**
18. 외무영사직

기축통화국 금융기관들의 해외활동이 증가할 수 있다.　O | X

기축통화에 대한 수요가 증가함에 따라 금융기관들의 해외활동이 증가할 수 있다. 답 ○

**096**
18. 외무영사직

기축통화국은 자국 화폐의 신뢰를 유지하기 위해 비용을 지불해야 한다.　O | X

화폐의 신뢰를 유지하기 위해서는 화폐가치가 높게 유지되어야 할 것이다. 이로써 무역적
자 등의 비용을 지불해야 할 수 있다.　답 ○

**097**
23. 외무영사직

1985년 플라자합의는 미국 달러화에 대한 일본 엔화와 서독 마르크화를 평가 절상하
기로 합의한 것이다.　O | X

플라자합의는 미국 달러화의 평가절하, 즉 마르크나 엔화의 평가절상을 통해 미국 상품의
대외적 가격 경쟁력을 강화하여 무역적자를 줄이기 위해 합의된 것이다.　답 ○

## 제6절 G20정상회의

**098**

11. 외무영사직

2010년 11월 개최된 제5차 서울 G20 정상회의에서 정상들은 세계은행 투표권의 4.59% 를 개발도상국으로 이전, 경쟁적 환율평가절하 자제, 선진 유럽국 이사 축소 및 신흥 개도국의 대표성 확대, 글로벌 수요의 진작, 유지 및 성장잠재력을 제고하기 위한 다양한 구조 개혁 이행 등에 합의하였다. O | X

선진국들의 IMF 지분의 약 6%를 신흥개발도상국으로 이전하기로 합의하였다. 답 X

**099**

10. 외무영사직

1999년 워싱턴에서 개최된 G-20 정상회담이 그 기원이다. O | X

1999년 9월 IMF 연차총회 당시 개최된 G7 재무장관회의에서 G7 국가와 주요 신흥시장 국이 참여하는 G20 창설에 합의하고 1999년 12월 독일 베를린에서 처음으로 주요 선진 국 및 신흥국의 재무장관 및 중앙은행 총재가 함께 모여 국제사회의 주요 경제·금융 이슈를 폭 넓게 논의하는 G20 재무장관회의가 개최되었는데 이것이 G-20의 기원이다. 답 X

**100**

예상논점

G20정상회의는 1999년 12월 베를린에서 최초 개최된 G20재무장관회의에서 시작된 것으로 2008년 중국 후진타오 주석의 제안을 미국 부시 대통령이 수용함으로써 정상회담으로 격상되었다. O | X

G20정상회의는 프랑스 사르코지 대통령이 제안하였다. 답 X

**101**

예상논점

G8정상회담은 기존의 G7에 러시아가 1998년 버밍엄회의에 초청되어 참가함으로써 출범하였으나, G7은 러시아를 제외한 정상회의체로 존속하고 있다. O | X

G7은 재무장관회의이다. 답 X

**102**

예상논점

제3차 피츠버그 G20정상회의에서는 G20정상회의를 G8과 함께 세계 경제협력을 위한 최상위포럼으로 지정하였다. O | X

G20정상회의만을 최상위포럼으로 지정하였다. 답 X

**103**

예상논점

G20서울정상회의에서는 경상수지 가이드라인을 설정함으로써 미국과 중국의 글로벌 불균형에 관한 합의를 도출하였다. O | X

당시 합의도출에는 실패하였다. 미국과 중국의 글로벌 불균형 원인에 대한 시각차가 컸다. 미국은 중국의 위안화 환율조작문제를 제기한 반면, 중국은 중국 상품의 가격 경쟁력을 강조하였다. 답 X

**104**

예상논점

G20서울정상회의에서는 2010년 6월 제4차 토론토정상회의에 이어 두 번째 비지니스 서밋을 개최하여 글로벌 거버넌스의 성격을 보여주었다. O | X

G20서울정상회의에서 첫 번째 비지니스 서밋이 개최되었다. 답 X

**105**

예상논점

2015년 터키 안탈랴 G20정상회의에서는 사하라 이남 아프리카 등 개발도상국 에너지 접근성 강화를 위한 액션 플랜을 마련하였으나, 회원국들의 자발성에 기초하기로 하였다. O | X

G20은 구속력 있는 조약을 도출하는 것을 목표로 하지 않는다. 대부분 정상들 간 일종의 '신사협정'을 형성하여 자발적으로 합의를 이행하도록 하고 있다. 답 O

## 제7절 공적개발원조(ODA)

**106**

18. 외무영사직

DAC 회원국은 GNP의 0.7%를 기부하기로 목표를 세웠고 모두 이를 달성하였다. O | X

GNP의 0.7%를 기부하는 것이 권고적 의무이나, 우리나라만 하더라도 약 0.14%에 머물러 있다. 답 X

**107**

18. 외무영사직

DAC 회원국의 정부 원조 가운데 3/4 정도가 양자 간 원조 형태로 수혜국으로 제공된다. O | X

양자원조가 다자원조보다 많다. 답 O

**108**

18. 외무영사직

미국은 GNP기준 해외원조 비율 순위가 DAC회원국 중 상위그룹에 속한다. O | X

미국은 금액 기준으로는 상위권이나, GNP 대비로는 하위권이다. 답 X

**109**

18. 외무영사직

한국은 2011년 부산에서 열린 세계개발원조총회를 계기로 DAC 회원국이 되었다.

O | X

한국은 2010년에 DAC의 회원국이 되었다.
DAC(Development Assistance Committee, 개발원조위원회)는 OECD 산하 25개 위원회 중 하나이며, OECD 회원국 중 가입 심사기준을 통과한 회원에게만 자격을 부여한다. 가입심사기준은 ① 개발협력 조직·전략·정책 보유, ② 적절한 원조 규모(총액 1억불 이상 또는 ODA/GNI 0.2% 이상), ③ 원조사업에 대한 모니터링·평가시스템 보유 유무이다. 현재 30개국이 회원으로 활동 중이며, 한국은 2010년 회원 가입하였다. 회원국은 한국, 일본, 호주, 뉴질랜드, 미국, 캐나다, 영국, 프랑스, 독일, 이탈리아, 스페인, 헝가리, 포르투갈, 덴마크, 네덜란드, 핀란드, 노르웨이, 스웨덴, 벨기에, 스위스, 아일랜드, 오스트리아, 룩셈부르크, 아이슬란드, 그리스, 체코, 슬로바키아, 슬로베니아, 폴란드, EU이다. DAC은 對개발도상국 개발협력활동과 관련된 정보 교류 및 ODA 관련 정책에 대한 공여국간 협의·조정 기능을 수행한다. 2016년 DAC 회원국 전체 ODA 규모는 명목상 1,426억 달러이다. GNI 대비 ODA비율은 평균 0.32%이며, UN이 제시한 ODA 목표치인 GNI 대비 0.7%를 넘어서는 회원국은 노르웨이, 룩셈부르크, 스웨덴, 덴마크이다. DAC 회원국 중 ODA 지원규모 상위 5개국은 미국(335억 달러), 영국(180억 달러), 독일(246억 달러), 일본(103억 달러), 프랑스(95억 달러) 순이다. DAC회원국들은 매년 ODA 실적을 DAC에 보고하여 회원국 전체의 ODA 실적을 집계한다. DAC은 ODA 실적 파악 외에도 ODA의 효과성을 제고하기 위하여 ODA의 양적 확대와 질적 제고를 위한 다양한 노력을 기울이고 있다. DAC 산하에는 8개의 작업반이 있어서, 개별 이슈에 대하여 ODA 효과성 제고를 위하여 회원국 간에 동료평가(Peer Review), 상호학습 및 토론 등을 거쳐 국제적 규범을 정립하고, 3~4년에 한번씩 개최되는 원조효과성에 관한 고위급포럼(High Level Forum on Aid Effectiveness, HLF)를 계기로 DAC 회원국은 물론 DAC 비회원국, 개발도상국, 시민사회 등으로 규범 확산 및 공약 이행 촉진의 역할을 하고 있다.

답 X

**110**

19. 외무영사직

1987년 개발도상국에 차관을 제공하기 위해 설립된 대외경제협력기금이 한국 최초의 ODA 프로그램이다.

O | X

우리나라는 1963년 미국 국제개발청 원조자금에 의한 개발도상국 연수생의 위탁훈련을 시초로, 1965년부터는 우리 정부의 자금으로 개발도상국 훈련생 초청사업을 시작하였다.

답 X

**111**

19. 외무영사직

한국은 ODA 규모를 지속적으로 확대한 결과, 2015년에 국민총소득 대비 ODA 비율 0.25%라는 목표를 달성하였다.

O | X

2017년을 기준으로 우리나라 국민총소득 대비 ODA 비율은 0.14%에 머문다.

답 X

**112**

19. 외무영사직

한국의 ODA 정책은 효율성을 위해 중앙부처에서 전담하며 지방자치단체는 실시하고 있지 않다.

O | X

지방자치단체는 자체 판단에 따라 ODA를 실시할 수 있다.

답 X

**113**

19. 외무영사직

한국의 양자 간 ODA 사업 중 무상협력은 외교부가, 유상협력은 기획재정부가 주관하고 있다.

O | X

무상협력과 유상협력으로 이원화되어 있다.

답 O

# 제6편

# 지역 및 한반도 이슈

동아시아지역

## 제1절  북핵문제

**001**

13. 외무영사직

2012년 2월 23일부터 24일까지 베이징(北京)에서 열린 북미 3차회담에서 양국은 한반도평화를 위해 정전협정을 평화협정으로 대체하기로 합의하였다.  O | X

양국은 기존의 정전협정을 유지하기로 합의하였다. 그 밖에도 북한의 장거리미사일 발사와 핵실험 잠정 중단, 영변에 있는 우라늄 농축시설의 가동 잠정 중단, 국제원자력기구(IAEA)의 사찰 재수용 등도 합의하였다.  답 X

**002**

12. 외무영사직

대북 안보리결의 1874호(2009.6.12)는 모든 회원국과 국제 금융 및 신용기관은 북한 주민에게 직접적으로 도움이 되는 인도주의 및 개발 목적이거나 비핵화를 증진시키는 용도를 제외하고는 북한에 새로운 공여나 금융 지원, 양허성 차관을 제공하지 말 것을 촉구한다.  O | X

인도주의, 개발목적, 비핵화 증진 용도의 금융 지원은 허용된다. 그 밖에도 소형무기 대북 수출을 제외한 모든 무기에 대한 대북 수출입 금지, 북한 핵실험 규탄 및 추가 핵실험 및 탄도미사일 발사 금지, 북한의 완전하고, 검증 가능하며, 불가역적인 방식으로 모든 핵무기와 현존 핵프로그램 포기 및 관련 활동 즉각 중단 등을 규정하였다.  답 ○

**003**

12. 외무영사직

1992년 「한반도의 비핵화에 관한 공동선언」에 따르면 남과 북은 핵에너지를 평화적 목적에만 이용한다.  O | X

핵에너지의 평화적 목적의 이용은 원자력 발전을 의미한다. NPT 당사국들의 고유한 권리에 해당되기도 한다.  답 ○

**004**

12. 외무영사직

남·북한은 1991년 12월 한반도 핵문제를 협의하기 위한 세 차례의 「남북 고위급회담」을 가지고 '한반도의 비핵화를 통하여 핵전쟁의 위험을 제거하고 조국의 평화와 평화통일에 유리한 조건과 환경을 마련하자'는 공통된 취지에서 「한반도의 비핵화에 관한 공동선언」에 합의했다. 전문과 6개항으로 된 「비핵화 공동선언」은 1991년 12월 31일 발효되었다.  O | X

「한반도의 비핵화에 관한 공동선언」은 1991년 12월 31일 채택된 뒤 1992년 2월 19일 「제6차 고위급회담(평양)」에서 「남북기본합의서」와 함께 발효되었다.  답 X

**005**

12. 외무영사직

1992년 「한반도의 비핵화에 관한 공동선언」에 따르면 남과 북은 핵재처리시설과 우라늄농축시설을 보유하지 아니한다. O | X

우라늄농축시설을 보유하지 않는 것도 합의되었다. 「한반도의 비핵화에 관한 공동선언」은 법적 구속력을 갖지 않는다. 답 O

**006**

12. 외무영사직

1992년 「한반도의 비핵화에 관한 공동선언」에 따르면 남과 북은 공동선언의 이행을 위하여 1년 안에 '남북핵통제공동위원회'를 구성·운영하며 한반도의 비핵화를 객관적으로 검증하기 위하여 제3국에 사찰을 맡긴다. O | X

비핵화 검증을 위해 '상대방이 선정하고 쌍방이 합의하는 대상물'에 대해 남북핵통제공동위원회가 규정하는 절차와 방법으로 사찰을 받기로 합의하였다. 답 X

**007**

11. 외무영사직

2005년 제4차 6자회담의 9·19 공동성명에서 6자는 북한에 경수로 2기 등 에너지 자원을 제공하기로 합의하였다. O | X

경수로 제공을 확약한 것은 아니며, 이 문제에 대하여 논의해 나가기로 하였다. 경수로 제공문제는 부시 행정부에서 반대했던 사안으로, 9·19 공동성명 최종합의 단계에서 미국과 다른 국가들 간 격렬한 논쟁이 있었던 것으로 보도되었다. 9·19 공동성명은 경수로 제공문제에 대해 논의할 수 있다는 정도로 절충된 형태로 기술되었다. 그 밖에도 북한은 모든 핵무기와 현존하는 핵계획을 포기, 미국은 핵무기 또는 재래식 무기로 북한을 공격 또는 침공할 의사가 없다는 것을 확인, 6자는 동북아시아의 항구적인 평화와 안정을 위해 공동 노력할 것 등이 포함된다. 답 X

**008**

예상논점

2007년 2월 베이징 제5차 6자회담 3단계 회의에서 채택된 「2·13 합의」(9·19 공동성명 이행을 위한 초기조치)에 명기된 '실무그룹'(W/G)에는 한반도 비핵화, 북·일관계 정상화, 경제 및 에너지 협력, 한반도 평화체제 실무그룹이 있다. O | X

동북아다자안보에 관한 실무그룹 설치는 규정되어 있으나, 한반도 평화체제 관련 실무그룹 설치에 대한 언급은 없다. 다만, 한반도 평화체제는 별도의 포럼에서 논의하기로 규정되어 있다. 답 X

**009**

07. 외무영사직

북한 핵문제와 관련하여 2007년 2월 13일 베이징에서 열린 6자회담 당사국들 간에 「2·13 합의」가 채택되었다. 「2·13합의」에 따르면 북한은 영변 핵시설을 폐쇄, 봉인하고 모든 필요한 감시와 검증활동을 수행하기 위해 IAEA 요원을 복귀하도록 초청한다. O | X

2·13 합의에서는 영변 핵시설의 폐쇄 및 봉인이 합의되었다. 2·13 합의는 9·19공동성명을 이행하기 위한 초기조치에 대한 합의문이다. 답 O

**010**
07. 외무영사직

북한 핵문제와 관련하여 2007년 2월 13일 베이징에서 열린 6자회담 당사국들 간에 「2·13 합의」가 채택되었다. 「2·13 합의」에 따르면 북한과 미국은 양자 간 현안을 해결하고 전면적인 외교관계로 나아가기 위한 양자대화를 개시한다. **O | X**

북미대화에 대한 합의이다. **답 O**

---

**011**
07. 외무영사직

북한 핵문제와 관련하여 2007년 2월 13일 베이징에서 열린 6자회담 당사국들 간에 「2·13 합의」가 채택되었다. 「2·13 합의」에 따르면 미국은 북한을 테러지원국 지정으로부터 해제하기 위한 과정을 개시하고, 대적성국 교역법 적용을 종료시키기 위한 과정을 진전시켜 나간다. **O | X**

미국은 북한을 테러지원국 지정으로부터 해제하였다. 그러나, 대적성국 교역법 적용 종료는 실천하지 않았다. **답 O**

---

**012**
07. 외무영사직

북한 핵문제와 관련하여 2007년 2월 13일 베이징에서 열린 6자회담 당사국들 간에 「2·13 합의」가 채택되었다. 「2·13 합의」에서는 참가국들 모두가 참여하는 6자회담에서 한반도의 항구적인 평화체제에 관한 협상을 갖기로 하였다. **O | X**

제6항에 보면 "직접 관련 당사국들이 한반도의 항구적 평화체제를 위해 별도 협상을 갖는다."고 규정하고 있다. 즉, 6개국이 모두 참여하는 것이 아니며, 또한 6자회담의 틀 내에서 협상하는 것도 아니다. **답 X**

---

**013**
예상논점

대북 안보리결의 1874호(2009)에 따르면 소형무기의 대북 수출을 제외한 모든 무기에 대한 대북 수출입이 금지된다. **O | X**

소형무기의 대북 수출을 허용하되 안전보장이사회 관련 기관에 사전 통보해야 한다. **답 O**

---

**014**
예상논점

1994년 채택된 「북·미 제네바합의서」에 의하면 북한과 미국은 북한의 흑연 감속로와 관련시설을 경수로 발전소들로 교체하기 위해 협조한다. **O | X**

추후 합의를 통해 미국은 한반도에너지개발기구(KEDO)를 통해 2기의 경수로 공급하기로 하였다. **답 O**

---

**015**
예상논점

1994년 채택된 「북·미 제네바합의서」에 따르면 북한은 핵 재처리시설과 우라늄 농축시설을 보유하지 않는다. **O | X**

우라늄에 대한 합의는 존재하지 않는다. 「북·미 제네바합의서」에서는 중수로의 동결 및 장기적 폐쇄에 대해 합의하였다. **답 X**

**016**
예상논점

1994년 채택된 「북·미 제네바합의서」에 따르면 북한과 미국은 상호 관심사가 되는 문제들을 해결하는 데 진전이 이루어짐에 따라 경수로 건설이 완공되는 시점에서 쌍무관계를 대사급으로 승격시킨다. O | X

대사급 관계승격의 시점이 명시된 것은 아니다. 장기적으로 대사급 관계로 승격시켜 나가기로 하였다. 일단은 양국 수도에 연락사무소를 설치하기로 하였다. 답 X

**017**
예상논점

9·19공동성명(2005)에 따르면 북한은 모든 핵무기와 현존하는 핵계획을 포기해야 한다. O | X

6자회담은 북핵문제에 대해 'CVID'방식을 추구한다. 북한은 이미 만든 핵무기, 만들고 있는 핵무기뿐만 아니라 장차 만들고자 하는 핵계획까지 모두 폐기 또는 포기해야 한다. 답 ○

**018**
예상논점

9·19공동성명(2005)에 따르면 미국은 핵무기 또는 재래식 무기로 북한을 공격 또는 침공할 의사가 없음을 확인하였다. O | X

소극적 안전보장(Negative Security Assurance: NSA)을 제공한 것으로 볼 수 있다. 답 ○

**019**
예상논점

9·19공동성명(2005)에서 당사국들은 북한에 경수로 2기 등 에너지 자원을 제공하기로 합의하였다. O | X

경수로 제공 문제에 대해 논의하기로 합의하였다. 즉, 제공 자체에 합의한 것은 아니다. 답 X

**020**
예상논점

북핵문제에 대해 오바마 행정부는 '전략적 인내'정책의 기조하에 북한과의 대화나 접촉을 거부하였으나, 중국은 미국과 북한 모두의 책임을 전제로 한반도평화체제와 북핵문제를 동시에 추진할 것을 주장하였다. O | X

전략적 인내(strategic patience)정책은 북한이 핵폐기에 대한 진정성 있는 태도 변화를 보이기 전까지는 대화나 협상이나 접촉을 하지 않겠다는 강경책이다. 중국은 북한의 안보위협이 북핵문제의 근본적 원인이라고 보고 미국이 북한의 안전을 보장해 주어야 한다고 본다. 답 ○

**021**
예상논점

북미 간 2·29합의(2012.2)는 한국과 미국이 요구한 비핵화 사전조치에 대한 합의로서 우라늄농축프로그램 중단, IAEA사찰단 복귀, 핵실험 및 미사일 발사 유예, 9·19공동성명 이행의지 재천명, 정전협정 준수의지 천명, 북한인권문제에 대한 조사 시작을 그 내용으로 한다. O | X

북한인권문제는 2·29합의의 합의사항이 아니다. 답 X

**022**

예상논점

중국의 북핵문제에 대한 시각은 완충지대론과 북한부담론으로 대별되며, 완충지대론은 북한문제보다는 북핵문제를, 북한부담론은 북한문제를 보다 중시하는 입장이다.

O | X

완충지대론이 북한문제를 중시하고 북한부담론이 북핵문제를 중시한다. 즉, 완충지대론은 북핵문제가 해결되고 북미관계가 개선되어 중국과 미국 간 완충지대 성격을 갖는 북한이 없어지는 것이 문제라고 본다. 북한부담론은 북미관계 악화로 양국 간 전쟁이 발발하는 경우 중국이 연루될 수 있다는 점을 강조한다. 답 X

**023**

예상논점

북미제네바합의(1994)에 따르면 경수로 및 대체에너지 제공에 대한 보장서한 접수 즉시 북한은 흑연감속원자로 및 관련시설을 해체한다. O | X

보장서한 접수 즉시 동결하고 궁극적으로 이를 해체한다. 답 X

**024**

예상논점

북미제네바합의(1994)에 따르면 미국과 북한은 합의 후 3개월 내에 통신 및 금융거래에 대한 제한을 포함하여 무역 및 투자 제한을 완화시켜 나가며, 미국은 북한의 테러지원국 지정을 해제하기 위한 절차를 진행한다. O | X

테러지원국 지정 해제에 대한 사항은 없다. 2·13합의문에 담겨진 내용이다. 답 X

**025**

예상논점

북미제네바합의(1994)에 따르면 미국은 북한에 대한 재래식무기를 불위협 또는 불사용에 관한 공식 보장을 제공한다. O | X

핵무기 불위협 및 불사용을 규정하였다. 재래식무기에 대한 규정은 없다. 답 X

**026**

예상논점

북미제네바합의(1994)에 따르면 경수로 제공을 위한 계약 체결 즉시 동결 대상이 아닌 시설에 대하여 북한과 IAEA 간 안전조치협정에 따라 임시 및 일반사찰이 재개된다. 또한 경수로 공급계약 체결시까지 안전조치의 연속성을 위해 IAEA가 요청하는 사찰은 동결대상이 아닌 시설에서 계속된다. O | X

동결대상이 아닌 시설에 대한 사찰이 진행될 수 있다는 점에 주의한다. 답 O

**027**

예상논점

9·19공동성명(2005)에 따르면 북한은 우라늄 및 플루토늄 핵무기를 포함한 모든 핵무기와 현존하는 핵계획을 포기할 것과 조속한 시일 내에 NPT와 IAEA의 안전조치에 복귀할 것을 공약하였다. O | X

9·19공동성명(2005)에 우라늄 및 플루토늄이란 표현은 없다. 미국은 우라늄 핵이 포함되는 것으로 보았으나, 북한은 이는 제외된다고 보아 입장 차이를 보여주었다. 답 X

**028**
예상논점

9·19공동성명(2005)에 따르면 북한은 핵에너지의 평화적 이용에 대한 권리를 가지고 있다고 밝혔으며 다른 당사국들은 이에 대한 존중을 표명하고, 미국과 북한은 적절한 시기에 북한에 대한 경수로 제공 문제에 대해 논의하는데 동의하였다.　O | X

경수로 문제 논의 주체는 미국과 북한이 아니라 여타 당사국들이다.　답 X

**029**
예상논점

9·19공동성명(2005)에 따르면 6자는 동북아시아에서의 안보협력 증진을 위한 방안과 수단을 모색하기 위해 장관급회담을 신속하게 개최한다.　O | X

장관급회담 개최는 2·13합의의 내용이다. 9·19공동성명이 방향을 제시한 것이고, 2·13합의는 구체적인 조치를 명시한 것이다.　답 X

**030**
예상논점

2·13합의(2007)에 의하면 북한은 9·19공동성명에 따라 포기하도록 되어있는, 사용 후 연료봉으로부터 추출된 플루토늄 및 우라늄을 포함한 공동성명에 명기된 모든 핵프로그램의 목록을 여타 참가국들과 협의한다.　O | X

우라늄은 명시되지 않았다. 추후 북한이 작성한 목록에 대해 미국과 북한은 우라늄이 누락된 점에 대해 논쟁을 벌였다.　답 X

**031**
예상논점

2·13합의(2007)에 따르면 미국, 중국, 한국 및 북한은 별도 포럼에서 한반도의 항구적 평화체제에 관한 협상을 갖는다.　O | X

국가가 명시된 것은 아니다. 직접 관련된 당사국들로 표현하였다. 이는 러시아와 일본은 한반도평화체제의 논의 주체가 아닌 점을 고려한 것이다.　답 X

**032**
예상논점

안전보장이사회결의 제1718호(2006)에 의하면 모든 회원국들은 국내법과 국제법에 따라 특히 핵 및 화생방무기의 밀거래와 이의 전달수단 및 물질을 막기 위해 안전보장이사회결의가 이행될 수 있도록 북한으로부터의 화물 검색 등 필요한 협력조치를 취하도록 요구한다.　O | X

PSI와 연관된 규정이긴 하나 일방적인 화물 검색조치를 명시하지 않았다. 국제법에 따라야 한다. 따라서 공해상에서 일방적인 화물 검색은 할 수 없다.　답 ○

**033**
예상논점

안전보장이사회결의 제1874호(2009)에 의하면 회원국들은 북한에 대해 소형 무기와 경화기, 관련 물자를 수출할 수 있으나 그 판매나 제공에 앞서 적어도 5일 전에 관련 위원회의 승인을 받아야 한다.　O | X

관련 위원회에 통보하는 것이 요건으로 위원회의 승인을 받아야 하는 것은 아니다.　답 X

**034**
예상논점

안전보장이사회결의 제1874호(2009)에 의하면 모든 회원국들은 공해상에서 선박이 공급이 금지되는 품목을 포함하고 있다고 믿을 만한 합당한 이유가 있다면 안전보장이사회의 동의를 거쳐 해당 선박을 검색할 것을 촉구한다. O | X

기국의 동의를 받아야 한다. 기국이 동의를 거부하는 경우 해당 선박이 가까운 항구에 입항하도록 명령을 내려야 할 의무가 있다. 답 X

**035**
예상논점

안전보장이사회결의 제1874호(2009)에 의하면 모든 회원국과 국제 금융 및 신용기관은 북한 주민에게 직접적으로 도움이 되는 인도주의 및 개발 목적이거나 비핵화를 증진시키는 용도를 포함한 북한에 새로운 공여나 금융 지원, 양허성 차관을 제공하지 말 것을 촉구한다. O | X

인도주의, 개발, 비핵화 증진 목적의 자금은 북한에 제공할 수 있다. 답 X

**036**
예상논점

안전보장이사회결의 제2094호(2013)에 의하면 핵, 화학, 생물무기 및 그 운반수단의 확산은 국제평화와 안전에 대한 위협을 구성한다. O | X

안전보장이사회결의는 헌장 제41조에 기초한 것이므로 법적 구속력이 있다. 답 O

**037**
예상논점

안전보장이사회결의 제2094호(2013)에 의하면 제1874호와 달리 대량현금 이동에 대해 강화된 주의를 기울일 것을 촉구하고 있다. O | X

은행계좌를 통한 자금 이동이 막힘에 따라 현금결제가 늘 것으로 보고 대량현금에 대한 주의를 촉구한 것이다. 답 O

**038**
예상논점

북한의 4차 핵실험 이후 채택된 안전보장이사회결의 제2270호(2016)에 따르면 북한의 재래식무기 생산에 사용될 수 있는 모든 물품의 거래를 불허하는 catch-all 수출통제를 의무화하여 북한의 무기 생산을 억제한다. O | X

catch-all 제도란 통제대상이 아닌 물자라도 WMD나 재래식 무기 등의 개발에 기여할 수 있다고 수출 당국이 판단하는 경우, 해당 품목의 수출을 통제하는 제도를 의미한다. 답 O

**039**
예상논점

안전보장이사회결의 제2270호(2016)는 북한의 WMD개발과 무관한 석탄, 철, 철광의 수출을 전면금지하고 있다. O | X

안전보장이사회결의 제2270호는 WMD개발과 연관된 석탄 등의 수출을 금지한다. 답 X

**040**
예상논점

안전보장이사회결의 제2270호(2016)에 따르면 UN 회원국은 원유를 포함하여 북한에 대한 에너지 판매 및 공급을 금지한다. O | X

원유는 제외된다. 다만, 항공유의 판매나 공급은 금지된다. 답 X

## 041
예상논점

안전보장이사회결의 제2270호(2016)는 대북 제재 결의 중 최초로 북한의 인권문제를 정면으로 거론하고 있다. O | X

안전보장이사회결의 제2270호는 대북 제재 결의 중 최초로 북한의 인권문제를 거론하였다. 동 결의 전문에서 북한 주민이 처한 심각한 고난(grave hardship)에 대해 깊은 우려를 표명하고, 북한 주민들의 수요가 미충족 상태에서 북한이 무기거래로 얻는 소득이 WMD 개발에 전용되는 것을 우려한다고 적시하였다. 해당 결의는 향후 국제사회가 북한 인권문제에 대해 제재조치를 취해나가는 근거로 활용될 전망이다. 답 O

## 042
23. 외무영사직

개성공단 폐쇄는 2016년 2월 문재인정부에서 북한의 미사일 발사 실험에 대한 대응으로 단행되었다. O | X

2016년 2월 박근혜정부에서 단행되었다. 답 X

## 043
23. 외무영사직

북한의 6차 핵 실험은 2017년 9월 3일 시행되었다. O | X

이후 유엔안전보장이사회는 9월 11일 결의 제2375를 통해 대북 제재조치를 강화하였다. 답 O

## 044
23. 외무영사직

핵무력정책법은 북한이 2022년 9월 채택하였다. O | X

동법은 핵무기 관련 결정권은 오직 김정은한테만 있다는 걸 명시하였다. 특기할 점은 '핵 선제 불사용 원칙'을 명시적으로 밝히지 않았다는 사실이다. 오히려 '핵무력정책법'은 6조에서 '핵무기의 사용조건'을 상세하게 밝혀 놨다. 5가지 경우다. 첫째, 조선민주주의인민공화국에 대한 핵무기 또는 기타 대량살육무기 공격이 감행됐거나 임박했다고 판단되는 경우, 둘째 국가지도부나 국가핵무력지휘기구에 대한 적대세력의 핵 및 비핵공격이 감행됐거나 임박했다고 판단되는 경우, 셋째 국가의 중요전략적 대상들에 대한 치명적인 군사적 공격이 감행됐거나 임박했다고 판단되는 경우, 넷째 유사시 전쟁의 확대와 장기화를 막고 전쟁의 주도권을 장악하기 위한 작전상 필요가 불가피하게 제기되는 경우, 다섯째 기타 국가의 존립과 인민의 생명안전에 파국적인 위기를 초래하는 사태가 발생해 핵무기로 대응할 수밖에 없는 불가피한 상황이 조성되는 경우이다. 또한, 비핵국가라도 다른 핵무기 보유국과 야합하여 조선민주주의인민공화국을 반대하는 침략이나 공격행위에 가담(5조 2항)하는 경우 핵무기를 사용할 수 있다고 하여 미국과 군사동맹을 맺고 정기적으로 연합훈련을 하고 있는 한국과 일본 등을 견제하고 있다. 답 O

## 045
23. 외무영사직

유엔안보리 대북제재 결의안 제2270호 채택은 북한의 2016년 1월 제3차 핵실험을 배경으로 2016년 3월 채택되었다. O | X

2016년 1월 제4차 핵실험을 배경으로 2016년 3월 채택되었다. 답 X

지역 및 한반도 이슈

**제6편**

해커스공무원 패권 국제정치학 단원별 핵심지문 OX

**046**

13. 외무영사직

북한은 2002년 방콕의 제8차 회의를 통하여 아세안지역포럼에 가입하였다. O | X

북한은 2000년 7월 아세안지역포럼(ARF)에 가입하였다. 답 X

**047**

13. 외무영사직

동북아협력대화(NEACD)는 1993년 미국 국무부 후원하에 캘리포니아 주립대학 세계분쟁협력연구소(IGCC) 주도로 동북아 지역 국가 간 상호이해와 신뢰구축 및 협력증진을 목적으로 조직되었고, 외교 및 안보분야의 민간 전문가와 정부대표가 참여한다. O | X

동북아협력대화(NEACD)는 현재 논의 중인 '동북아다자안보(NEASD)'와 달리 반관반민의 1.5트랙 회담이다. 북한을 비롯하여 동북아 6개국이 모두 참여하고 있다. 답 O

**048**

예상논점

ARF는 ASEAN에 의해 주도되고 있으며, 정책결정에서의 합의제, 점진적 접근법, 구속적 합의 선호 등의 ASEAN 방식이 적용된다. O | X

ASEAN은 비구속적 합의를 선호한다. 주권침해에 대한 민감한 성향이 반영된 것이다. 답 X

**049**

예상논점

동북아 다자안보에 대해 러시아는 미국에 의한 주도를 우려하여 소극적 태도를 보이고 있으며 이는 미국 등의 소극적 태도와 함께 다자안보체제 출범에 있어서 중대한 장애물이 되고 있다. O | X

러시아는 동북아 다자안보에 찬성하는 입장이다. 다자안보틀을 통해 동북아에 대한 개입을 지속하기 위한 전략이다. 답 X

**050**

예상논점

ARF는 ASEAN 회원국, 유럽연합의장국을 포함한 10개 ASEAN 대화 상대국, 몽골, 파푸아뉴기니 등을 회원으로 포함하고 있다. O | X

ARF 회원국은 총 27개국이다(Australia, Bangladesh, Brunei Darussalam, Cambodia, Canada, China, Democratic People's Republic of Korea, European Union, India, Indonesia, Japan, Lao PDR, Malaysia, Mongolia, Myanmar, New Zealand, Pakistan, Papua New Guinea, Philippines, Republic of Korea, Russia, Singapore, Sri Lanka, Thailand, Timor-Leste, United States, and Viet Nam). 답 O

**051**

예상논점

ARF는 아시아-태평양 지역 내 정부 차원의 다자간 지역안보협의체이다. O | X

ARF는 트랙1의 협의체이다. 답 O

**052**
예상논점

ARF에서 표결보다는 컨센서스에 의한 의사결정방식을 사용하며, 매년 고위관리회의 (SOM)을 개최하기로 합의하였다. O | X

아세안국가들은 의사결정방식에서 다수결을 선호하지 않는다. 총의제나 만장일치를 선호한다. 답 O

## 제3절 영토분쟁

**053**
예상논점

남사군도 분쟁당사국은 베트남, 필리핀, 인도네시아, 말레이시아, 중국, 대만이다. O | X

인도네시아는 영유권 분쟁당사국은 아니다. 답 X

**054**
예상논점

일본은 1905년 시마네현 고시 제40호를 통해 독도를 다케시마로 명명하고 시마네현 소속으로 편입하여 선점을 완료하였다고 주장하고 있다. O | X

선점의 근거로 일본은 조선 태종시기의 '공도정책'으로 독도가 무주지가 되었다고 주장한다. 답 O

**055**
예상논점

카이로선언(1943)에 따르면 일본이 독도를 시마네현으로 편입시킨 행위는 폭력과 탐욕에 의한 약취행위이나, 1945년 7월 포츠담선언에서는 이러한 내용을 언급하지 않았다. O | X

카이로선언, 얄타협정, 포츠담선언은 공통적으로 일본이 동아시아에서 약탈한 영토를 본래 소유국에게 돌려줄 것을 규정하였다. 답 X

**056**
예상논점

한국은 1952년 1월 18일 평화선선언을 발표하여 독도를 한국의 영토로 확인하였으나, 일본은 이에 항의하였다. O | X

평화선선언의 공식명칭은 '인접해양의 주권에 관한 대통령선언'으로서 1952년 1월 18일 국무원 공고 제14호로 선포되었다. 우리나라의 배타적 지배수역을 선포한 것으로 독도가 이에 포함되었다. 이후 한국과 일본은 1965년 한일협정 체결시까지 계속해서 논쟁을 이어갔다. 답 O

**057**
예상논점

샌프란시스코강화조약(1951)은 독도를 포함하여 일본에서 분리되는 한국의 영토 범위를 규정함으로써 독도의 한국 영유권을 최종적으로 확정지었다. O | X

일본에서 분리되는 영토에 독도가 포함되지 않았다. 이를 근거로 일본은 독도를 한국에 돌려주지 않았다고 주장하나, 한국은 독도가 명기되지 않았다고 하여 반환 범위에 포함되지 않는 것은 아니라고 반박하고 있다. 답 X

**058**

예상논점

1951년 체결된 샌프란시스코조약 체결과정에서 한국은 회의에 참여하며 적극적으로 한국 영토를 인정받고자 했으나, 일본의 적극적인 대미 로비로 인해 목표를 달성하지 못했다.

O | X

한국은 옵저버국가로 회의에 참가하였다.

답 O

**059**

예상논점

1951년 체결된 샌프란시스코조약 체결과정에서 제3차 초안부터 독도는 일본이 포기해야 할 한국 영토 예시대상에서 누락되었다.

O | X

제1차 ~ 5차 초안까지는 독도가 '제주도, 거문도, 울릉도와 함께 일본이 포기해야 할 영토'로 명확히 규정되었다. 그러나 일본의 적극적인 로비로 최종 조약에서는 예시대상에서 누락되었다.

답 X

**060**

예상논점

1951년 체결된 샌프란시스코조약은 1951년 제2차 세계대전 종결을 위해 일본과 연합국 48개국이 전후처리방안에 대하여 맺은 평화조약이다.

O | X

샌프란시스코조약은 기본적으로 평화조약에 해당한다.

답 O

**061**

예상논점

1951년 체결된 샌프란시스코조약 체결과정에서 중국을 대표하여 대만이 참여함에 따라 중국의 거센 반발과 이를 이유로 한 소련의 불참이 있었다.

O | X

중국의 대표권에 대해 미국과 영국의 의견이 일치하지 않아 대만과 중화인민공화국 모두 회의에 초청받지 못하였다. 소련은 회담에는 참가했으나 중국의 불참 등을 이유로 조약에 서명하지 않았다.

답 X

**062**

예상논점

센카쿠열도에 대해 일본은 1895년 이전 선점으로 영유권을 취득하였으므로 합법적으로 지배하고 있다고 주장하고 있다.

O | X

일본은 센카쿠열도를 청일전쟁 중이던 1895년 1월 14일 오키나와현에 정식 편입했다. 이후 일본이 계속해서 실효적으로 지배하였다. 일본은 샌프란시스코강화조약으로 일본 정부가 타이완과 펑후제도(澎湖諸島)를 포기하였음에도 이 군도를 미국이 오키나와의 관할안에 두고 통치한 것은 이 군도가 타이완이 아닌 류큐제도의 부속 도서이기 때문이었다고 주장한다. 또한 1972년 오키나와현이 미국으로부터 반환될 때 이 섬들도 류큐제도와 같이 반환되었으므로, 이 군도는 일본 영토라고 보고 있다.

답 O

**063**

23. 외무영사직

고유영토론을 근거로 중국은 센카쿠열도/댜오위다오에 대해 영유권을 주장하고 있다.

O | X

중국은 댜오위다오를 일본보다 앞서 발견하여 선점하였으므로 중국의 고유영토라고 주장하고 있다. 일본 역시 선점이론에 기초하여 영유권을 주장하고 있다.

답 O

**064**

21. 외무영사직

일본은 센카쿠열도, 댜오위다오를 자국의 영토라고 주장하며 현재까지 실효적 지배를 하고 있다.

O | X

센카쿠열도는 중국과 일본의 분쟁대상지역이다. 중국은 1895년 시모노세키조약 이전 자국이 선점을 통해 영유하고 있었으나 일본이 동 조약을 통해 약취한 영토로서 반환의무가 있다고 주장한다. 반면, 일본은 동 조약 이전 일본이 선점하고 있었으므로 조약으로 약취한 영토가 아니므로 반환의무가 없고 적법하게 지배하고 있다는 입장이다.

답 O

**065**

예상논점

일본과 러시아는 1875년 사할린 – 치시마 교환조약을 체결하여 사할린은 러시아가 차지하고 대신 쿠릴열도에 대해서는 일본영토로 인정하기로 합의하였다.

O | X

일본은 사할린 – 치시마 교환조약을 통해 일본이 합법적으로 북방 4도를 영유하게 되었으나, 소련이 제2차 세계대전에 개입하면서 불법으로 강탈했다는 입장이다.

답 O

**066**

예상논점

얄타협정(1945)을 통해 소련의 대일전참전을 결정하였으며, 그 대가로 1905년 포츠머스강화조약을 통해 일본이 약취한 북위 50도 이남의 남사할린 및 그에 소속된 도서들을 반환받기로 하였다.

O | X

실제로 소련은 참전 이후 남사할린과 우르프 섬 및 남쿠릴열도와 에토로후 섬에 상륙하여 주둔 중인 일본군 병력을 강제로 무장해제시키고 북방 4도를 강제로 점령하였다.

답 O

**067**

21. 외무영사직

러시아 – 일본은 쿠릴열도 / 북방4개도서 분쟁 해결의 실마리를 찾고자 다양한 접촉을 시도하였다.

O | X

쿠릴열도 분쟁은 러시아와 일본의 영토 분쟁 대상지역이다. 일본은 당해 지역은 19세기 러시아와 양자조약을 통해 영유하게 되었다고 주장하나, 러시아는 당해 지역이 1905년 포츠머스강화조약을 통해 일본이 약탈한 영토로서 1945년 2월 얄타협정 등을 통해 적법하게 반환받았다고 주장하고 있다.

답 O

**068**

23. 외무영사직

일본은 1905년 9월 포츠머스 조약을 통해 러시아로부터 쿠릴열도 전체와 남부 사할린을 양도받았다.

O | X

포츠머스 강화조약을 통해 러시아는 북위 50° 이남의 사할린섬, 그 부속도서를 일본 제국에 할양하기로 하였다. 쿠릴열도는 포함되지 않는다.

답 X

**069**

예상논점

남사군도 분쟁당사국은 중국과 베트남이며, 1974년 중국의 무력 점령 이후 중국이 실효적으로 지배하고 있다.

O | X

남사군도 분쟁은 중국, 대만, 베트남, 말레이시아, 필리핀, 브루나이가 당사국이다. 지문은 서사군도(파라셀군도)에 대한 내용이다.

답 X

**070**

23. 외무영사직

중국은 역사적 관할권을 근거로, 베트남은 지리적 근접성을 근거로 난사군도/쯔엉사군도에 대해 영유권을 주장하고 있다. O | X

중국은 오래전에 남사군도를 발견하여 선점했다고 주장하고 있다. 베트남은 역사적 증거, 지리적 근접성 등을 영유권의 근거로 들고 있다. 답 X

**071**

21. 외무영사직

남중국해 분쟁과 관련하여 UN 안전보장이사회는 중국이 주권을 주장하는 경계선인 구단선에 국제법상의 근거가 없다고 발표했다. O | X

UN안전보장이사회의 결의는 존재하지 않는다. 다만, 중국 – 필리핀 중재재판소는 구단선이 UN해양법협약과 불일치하여 국제법적 효력이 없다고 판단한 바 있다. 답 X

**072**

예상논점

서사군도의 경우 중국, 대만, 베트남, 말레이시아, 필리핀, 브루나이가 분쟁당사국이다. O | X

서사군도는 중국과 베트남이 분쟁당사국이며 현재 중국이 실효적으로 지배하고 있다. 답 X

**073**

예상논점

2002년 ASEAN과 중국은 '남중국해 당사국 행동 선언문'을 채택하여 당사국 간 긴장을 고조시키는 행위를 자제하기로 하였으나, 동 선언문이 법적 구속력을 가지는 것은 아니다. O | X

남중국해 당사국 행동 선언의 주요 내용은 다음과 같다.

① 무력사용 및 위협을 배제한 영유권 분쟁의 평화적 해결을 재확인
② 분쟁의 평화적 해결을 위해 동원될 원칙으로서 UN헌장·UN해양법협약·동남아 우호 및 협력조약·평화공존 5원칙 등 제시
③ 국제법, 특히 1982년 UN해양법협약의 준수를 강조하고 있으며, 분쟁해역인 남중국해 지역에서의 항해자유 및 영공통과 자유의 보장
④ 관련국 간의 남중국해 영유권 분쟁이 역내의 다른 일반적 국가관계에 부정적 영향을 미치지 않도록 남중국해 문제와 일반 국가관계를 철저히 분리(segregation)할 것
⑤ 관련국들로 하여금 영유권 분쟁을 더욱 복잡화·격화시키거나 역내 평화와 안정에 영향을 미칠 수 있는 무인도·암초 등에 대한 주민 상주화와 시설물 설치 등과 같은 행위를 스스로 자제할 것
⑥ 무력충돌을 방지하고 궁극적인 평화적 해결의 기반을 쌓을 수 있도록 초보적인 군사적 신뢰구축조치(예 남중국해 내에서 이루어지는 영유권 주장국 간의 합동 또는 공동 군사훈련의 자발적 통보와 군인사간의 대화유지 및 교류) 시행

답 O

**074**

21. 외무영사직

인도와 파키스탄은 카슈미르 지역을 둘러싸고 분쟁을 지속하고 있다. O | X

카슈미르 지역은 인도와 파키스탄의 분쟁지역으로 상당부분을 인도가 실효적으로 지배하고 있다. 당해 지역은 인도, 파키스탄 이외에 중국도 특히 인도와 마찰을 빚고 있는 지역이기도 하다. 답 O

**075**
23. 외무영사직

한국과 중국 모두 형평의 원칙에 입각하여 이어도가 자국의 관할권에 포함된다고 주장한다.　　　　　O | X

한국과 중국은 이어도가 자국의 200해리 배타적경제수역(EEZ)에 포함된다는 이유로 자국 관할권에 포함된다고 주장하고 있다. 한국은 양국이 주장하는 EEZ가 중첩되므로 '중간선'원칙을 적용하면 한국의 관할권에 속한다고 주장하고 있기도 하다.　　답 X

## 제4절　동아시아지역주의

**076**
09. 외무영사직

동아시아 지역협력에 있어서 미국은 ASEAN+3 협력체제에 대해 대체로 관망적 태도를 취해 왔으나, 중국이 동아시아 지역에서 급속하게 영향력을 확대해 나가는 것을 우려하고 있다.　　　　　O | X

미국의 동아시아 지역전략 기조는 대체로 중국 견제에 있다. 오바마 정부는 재균형전략을 통해 중국의 부상을 견제하고자 하였다. 트럼프 행정부에서도 이러한 기조는 유지될 것으로 전망되었다.　　답 O

**077**
09. 외무영사직

동아시아 지역협력에 있어서 중국은 ASEAN에게 2007년 상호 정치적 신뢰, 경제 및 무역관계 강화, 비전통적 안보분야 협력, ASEAN 통합과정 지지, 사회·문화·인적교류 확대를 강조하는 5대 제안을 하였다.　　　　　O | X

중국의 대 ASEAN전략은 정치적 부상을 위해 ASEAN의 지지를 강화하는 것에 포커스를 맞추고 있다. 이러한 기조하에서 5대 제안을 제시한 것으로 볼 수 있다.　　답 O

**078**
09. 외무영사직

동아시아 지역협력에 있어서 일본은 미국과의 공조보다는 중국과 협력하여 동아시아 공동체의 주도적 일원이 되고자 노력하고 있다.　　　　　O | X

일본의 동아시아전략 기조는 미국과의 협력하에 중국을 견제하는 것이다. 동아시아지역협력문제도 이러한 기조하에 전개되고 있다.　　답 X

**079**
09. 외무영사직

동아시아 지역협력에 있어서 ASEAN 국가들이 ASEAN+3 협력을 추진하게 된 배경은 한·중·일 3국의 협력과 지원을 확보하여 동반성장을 도모함으로써 내부적 취약성을 극복하기 위한 것이다.　　　　　O | X

ASEAN국가들의 기본적인 입장은 역외국가들의 경쟁관계를 활용하여 경제성장이나 안전보장을 달성하는 것이다.　　답 O

**080**
예상논점

미국은 오바마 행정부 시기 ASEAN+3 협력체제에 대해 대체로 관망적 태도를 취해왔으나 중국이 동아시아 지역에서 급속하게 영향력을 확대해 나가는 것을 우려하였다.
O | X

오바마 행정부의 입장은 무산을 시도했다고 보는 것이 타당하다. 관망적 태도는 이전 부시 행정부의 입장에 해당된다.
답 X

**081**
예상논점

ASEAN 국가들이 ASEAN+3 협력을 추진하게 된 배경은 한·중·일 3국의 협력과 지원을 확보하여 동반성장을 도모함으로써 내부적 취약성을 극복하기 위한 것이다.
O | X

APT는 ASEAN이 주도한 전략이다. 1997년 말레이시아에 의해 제시되었다.
답 O

**082**
예상논점

동아시아정상회의(EAS)에 미국의 참여가 배제되어 있어 합의사항들의 구체적 실현에 현실적인 한계가 있다.
O | X

현재 동아시아정상회의(EAS)에는 미국이 참여하고 있다. 2010년부터 러시아와 함께 정식으로 참여하고 있다.
답 X

**083**
예상논점

중국은 APS(ASEAN+6) 중심의 동아시아 지역화를 일본은 APT(ASEAN+3) 중심의 동아시아 지역화를 지지한다.
O | X

중국이 APT(ASEAN+3)를, 일본이 APS(ASEAN+6)를 지지하였다.
답 X

**084**
예상논점

1990년대 동아시아 경제위기에 대해 대외적 요인을 강조하는 크루그먼(Paul Krugman)은 투기자본의 급격한 유출입이 외환위기 및 금융위기로 확대되었다고 보는 반면, 스티글리츠(Joseph Stiglitz)는 동아시아의 독특한 정부주도 경제성장전략이 근본적 요인이었다고 본다.
O | X

크루그먼(Paul Krugman)이 대내적 요인을 강조, 스티글리츠(Joseph Stiglitz)는 외부적 요인을 강조하였다.
답 X

**085**
예상논점

환태평양파트너십(TPP)는 2005년 미국 주도로 싱가포르, 뉴질랜드, 칠레, 브루나이에 의해 창설되었다.
O | X

미국은 당초 회원국은 아니었다. 2009년부터 협상을 개시하여 2015년 10월 가입협상이 타결되었다. 트럼프 행정부는 행정명령을 통해 환태평양파트너십(TPP) 가입을 철회하였다.
답 X

## 제5절 아시아인프라투자은행(AIIB)

**086**
예상논점

아시아인프라투자은행(AIIB)의 모든 권한은 이사회에 귀속되고 사안에 따라 총회에 위임될 수 있다. O | X

아시아인프라투자은행(AIIB)의 모든 권한은 총회에 귀속되고 이사회에 위임될 수 있다.
답 X

**087**
예상논점

AIIB의 표결은 지분에 비례하는 지분투표권이며, 투표는 특별다수결로 의결한다. O | X

지분투표권 외에도 기본투표권, 창립회원국투표권이 있으며, 의사결정은 사안에 따라 단순다수결, 특별다수결, 최대다수결로 구분된다. 답 X

**088**
예상논점

AIIB의 5대 지분율 상위국은 중국, 인도, 러시아, 프랑스, 한국이다. O | X

AIIB의 5대 지분율 상위국에는 프랑스가 아니라 독일이 포함된다. 답 X

**089**
18. 외무영사직

아시아인프라투자은행(AIIB) 창설을 위해 21개의 아시아 국가들이 2014년 10월 양해각서(MOU)에 서명하였다. O | X

아시아인프라투자은행(AIIB)은 2013년 10월 시진핑(習近平) 중국 국가주석이 창설을 제안하였고, 1년 후인 2014년 10월 24일 아시아 21개국이 500억 달러 규모의 아시아인프라투자은행(AIIB) 설립을 위한 양해각서(MOU)에 서명했으며 2016년 1월 16일 공식 출범식을 가졌다. 2014년 10월 당시 양해각서(MOU) 참여 국가는 중국, 인도, 파키스탄, 몽골, 스리랑카, 우즈베키스탄, 카자흐스탄, 네팔, 방글라데시, 오만, 쿠웨이트, 카타르 및 인도네시아를 제외한 아세안(동남아국가연합) 9개국 등 총 21개국이었다. 답 O

**090**
18. 외무영사직

아시아인프라투자은행(AIIB) 창립회원국은 2015년 5월 31일까지 설립협정서(Articles of Agreement)를 모두 비준하였다. O | X

17개 창립회원국이 모두 비준서를 제출한 것은 2015년 12월 25일이다. 아시아인프라투자은행(AIIB)은 2016년 1월 16일 공식 출범하였다. 답 X

**091**
18. 외무영사직

한국은 창립 회원으로서 아시아인프라투자은행에 참여하기로 결정하였다. O | X

한국은 아시아인프라투자은행의 창립 회원이며, 역내 지분율은 4위이다. 답 O

**092**

18. 외무영사직

아시아인프라투자은행(AIIB)은 아시아 지역의 인프라 투자를 위해서 중국이 제안하였다.
O | X

중국이 중국몽의 실현을 위해 아시아인프라투자은행(AIIB)의 설립을 주도하였다. 답 O

**093**

23. 외무영사직

미국과 일본은 2016년에 설립된 아시아인프라투자은행(AIIB)에 참여하지 않았다.
O | X

유럽의 주요국들은 대거 가입하고 있으나 미국과 일본은 AIIB에 가입하지 않고 있다.
답 O

**094**

23. 외무영사직

일본, 중국, 미국은 동아시아 금융위기를 극복하기 위해 아시아통화기금(AMF) 창설에
합의하였다. O | X

아시아통화기금(AMF)은 당초 일본이 제안하였으나 미국의 반대로 무산되었다. 중국은
당초 일본의 제안에 반대하였으나, ASEAN 국가들이 이에 동조하자 입장을 변경하여 지
지하기로 하였었다. 답 X

## 제6절 동아시아금융협력

**095**

예상논점

1990년대 후반 동아시아 경제 위기 이후 일본은 AMF 구상을 제안하였으나 중국을 비
롯한 미국, IMF 등의 반대로 무산되었다. O | X

중국은 AMF 구상에 찬성하였다. 답 X

**096**

예상논점

치앙마이이니셔티브 다자화(CMIM)은 기존의 양자 간 통화스왑체제인 치앙마이이니
셔티브(CMI)를 개편하여 약 1200억 달러 규모 역내 자금 지원체계를 형성한 것으로서
회원국들은 주권평등원칙에 기초하여 동일한 인출배수를 부여받고 있다. O | X

인출배수는 한국은 1, 중국 및 일본은 0.5이다. 인출배수는 국가별로 차등적용된다.
답 X

**097**

예상논점

기존 양자 간 스왑계약체제였던 치앙마이이니셔티브(CMI)는 2010년 다자체제인 치앙
마이이니셔티브 다자화(CMIM)체제로 전환되었다. O | X

치앙마이이니셔티브(CMI)가 양자조약체제이므로 신속하게 위기에 대응하지 못한다는 비
판을 고려하여 다자화(CMIM)체제를 출범시킨 것이다. 답 O

## 제1절 사상적 기초

### 001
16. 외무영사직

생 피에르(Saint Pierre)는 평화를 위한 정치체제로 공화제를 제안하였다.   O | X

생 피에르(Saint Pierre)는 군주들의 정당한 권위를 서로 인정하는 군주들의 선의에 입각한 단결을 통해 국제평화가 달성될 수 있다고 믿었다. 즉, 군주들의 권위를 인정하는 것을 전제로 하여 유럽연방을 주창한 것이다(김강녕, 영구평화론 연구: 칸트의 이론을 중심으로, 평화학논총 5권 1호). 따라서 군주정의 공화정으로 전환을 제안한 것은 아니다. 그 밖에도 생 피에르(Saint Pierre)는 유럽의 영구평화를 위해 국제연맹, 국제재판소 설치를 제창하는 한편 군주의 선의에 입각한 단결을 통해 국제평화가 달성될 수 있다고 하였다.
답 X

## 제2절 역사

### 002
18. 외무영사직

유럽석탄철강공동체(ECSC)에 프랑스, 독일, 이탈리아, 벨기에, 룩셈부르크, 네덜란드가 참여하였다.   O | X

유럽석탄철강공동체(ECSC)는 프랑스, 독일, 이탈리아, 벨기에, 룩셈부르크, 네덜란드가 참여하여, 1951년 창설되었다.
답 ○

### 003
15. 외무영사직

1993년 코펜하겐 유럽이사회에서 채택된 '유럽연합 회원국이 되기를 희망하는 국가들이 충족해야 하는 3대 원칙'의 내용은 민주주의, 법치, 인권, 소수민족의 보호를 보장하는 안정된 제도, 유럽연합 내에서 경쟁압력과 시장의 힘에 대응할 수 있는 시장경제체제, 회원국으로서 의무를 다하기 위해 행정조직 조정을 통한 통합조건 달성이다.
O | X

회원국으로서 의무를 다하기 위해 행정조직 조정을 통한 통합조건 달성이 아니라 정치, 경제 및 통화연합 목표에 충실하면서 회원국 의무를 이행할 수 있는 능력이다.   답 X

**004**

10. 외무영사직

유럽통합과 관련하여 니스조약(Nice Treaty)은 유럽중앙은행 창설과 단일통화 사용의 경제통화동맹(EMU), 공동 방위정책, 단일 사회정책 등의 내용을 핵심으로 유럽연합 (EU)에 시장통합을 넘어 완전한 경제 및 통화동맹뿐 아니라 실질적으로 정치연합까지 도 달성하는 데 있어 중요한 전환점이 되었던 조약이다. O | X

마스트리히트조약의 내용이다. 2000년 12월 프랑스 니스에서 열린 유럽연합(EU) 정상 회담의 결과로 만들어진 니스조약(Nice Treaty)은 유럽 중동부 및 지중해 지역 국가 가 운데 12개국을 향후 10년간 새 회원국으로 맞아들이기 위해 유럽연합(EU) 정책결정기구 를 개혁하고 유럽의회 의석을 재할당할 것을 규정하였다. 답 X

**005**

18. 외무영사직

마스트리히트조약을 통해 유럽연합 회원국들은 단일 화폐인 유로화를 만들기 위한 경 제통화동맹(EMU) 설립에 합의하였다. O | X

유로화는 1999년 도입되었다. 답 ○

**006**

21. 외무영사직

EU의 공동외교안보정책은 정부 간 절차의 성격을 지니며, 정책결정은 기본적으로 회 원국의 만장일치를 요구한다. O | X

공동외교안보정책 결정은 원칙적으로 만장일치를 요구한다. 그러나 1998년 암스테르담 조약은 공동외교안보정책 결정에서도 다수결제도를 일부 도입하기도 하였다. 답 ○

**007**

08. 외무영사직

제2차 세계대전 이후 유럽통합과정이 시작된 배경에는 독일의 재부상에 대한 경계심 고조, 미·소 냉전체제의 형성, 유럽에서의 국민국가 형성의 확산, 유럽에서의 민족주 의의 문제점에 대한 공감대 확산 등이 있다. O | X

유럽에서 국민국가가 형성되기 시작한 시점에 대해서는 여러 주장이 있으나, 국제정치학 에서는 일반적으로 1648년 베스트팔렌조약을 그 시작으로 본다. 그리고 논리적으로 국민 국가의 형성과 유럽통합의 상충된다. 통합은 주권의 강도를 완화시켜나가는 과정이기 때 문이다. 답 X

**008**

예상논점

유럽통합에 있어서 로마조약(1958)은 상품, 사람, 자본, 서비스 등 4대 생산요소의 자 유이동을 보장하기 위해 물리적, 기술적, 재정적 장벽을 제거함으로써 단일유럽시장을 완성하였다. O | X

단일유럽의정서에 대한 설명이다. 답 X

**009**

18. 외무영사직

단일유럽의정서(SEA)를 통해 회원국들은 1992년까지 단일시장을 완성하겠다는 목표 를 세웠고 각료이사회의 의사결정방식을 만장일치제로 변경하였다. O | X

유럽연합은 의사결정방식에 있어서 '다수결제도'를 도입하였다. 이는 기존의 만장일치제 를 변경한 것이다. 답 X

**010**

예상논점

유럽연합조약(마스트리히트조약, 1992)은 유럽연합을 창설하고 국제법인격을 부여하는 한편, 유럽연합에 보충성원칙을 일반원칙으로 도입하였다. O | X

국제법인격을 부여한 조약은 암스테르담조약(1997)이다. 답 X

**011**

18. 외무영사직

유럽연합은 2003년 유럽헌법조약 초안에 서명하였지만 이후에 일부 회원국에서 비준이 부결되었다. O | X

프랑스와 네덜란드가 비준을 거부하여 유럽헌법조약은 발효되지 않았다. 답 O

**012**

21. 외무영사직

EU는 「유럽헌법조약」에 따라 유럽이사회 상임의장과 외교안보정책 고위대표직을 신설하였다. O | X

2004년의 유럽헌법조약은 발효되지 못했다. 유럽이사회 상임의장과 외교안보정책 고위대표직은 2007년 체결된 리스본조약을 통해 신설되었다. 답 X

**013**

예상논점

유럽연합 당사국들은 리스본조약(2007)을 통해 EU이사회에 이중다수결을 도입하는 한편, 유럽이사회 상임의장 체제를 창설하였다. O | X

이중다수결은 국가수 55%와 인구수 65% 이상 지지를 얻어야 의결되는 제도이다. 답 O

**014**

예상논점

유럽통합전개과정에 있어서 영국은 이른바 '공석의 위기'를 조성함으로써 유럽통합에 있어서 이사회의 권한을 확인시켜 주었다. O | X

프랑스가 유럽통합에 있어서 이사회의 권한을 확인시켜준 것이다. 답 X

## 제3절 현황

**015**

16. 외무영사직

유로화는 현재 영국, 폴란드, 체코, 불가리아, 루마니아를 제외한 모든 회원국에서 사용된다. O | X

UN 회원국 중 유로존 사용국은 총 18개국이며, 현재 10개국이 가입하지 않고 있다. 덴마크, 스웨덴, 크로아티아 등도 유로존 미가입국이다. 답 X

**016**

16. 외무영사직

유럽 각국이 공통의 출입국관리정책을 시행하여 국가 간의 통행에 제한이 없게 한다는 내용을 담은 조약은 리스본조약이다.                                                    O | X

셍겐조약이다. 리스본조약은 유럽이사회 상임의장, 외교안보정책 고위대표체제 등을 도입하는 한편, 유럽연합회원국의 탈퇴규정을 최초로 도입한 조약이다.                           답 X

**017**

12. 외무영사직

유럽의 지역협력체들은 상당한 정도로 제도화되고 법제화된 반면에, 동아시아의 지역협력체들은 비공식적 채널과 미흡한 제도화 속에서 운영되고 있다.                              O | X

유럽의 경우 유럽연합(EU)의 경우에서 보듯이 이사회, 위원회, 재판소, 의회, 중앙은행 등 높은 제도화 수준을 자랑하지만, 동아시아의 경우 아세안지역포럼(ARF)과 같이 제도화의 수준이 낮다. 이는 동아시아지역의 경우 국가들이 주권침해에 상당히 민감하여 의사결정에 있어서도 만장일치를 고수하고, 비구속적 합의 방식을 선호하기 때문으로 평가된다.                                                                         답 O

**018**

예상논점

유럽연합의 통화협력은 들로르보고서를 통해 최초로 구체화되었으나 1970년대 회원국 간 이견으로 통화통합노력은 중단되었다.                                              O | X

베르너보고서를 통해 유럽연합의 통화협력이 처음 구체화되었다.                             답 X

**019**

예상논점

EU통화통합노력은 1989년 '베르너보고서'가 제출되면서 재개되어 3단계로 전개된 끝에 현재와 같은 통화통합이 실현되었다.                                              O | X

들로르보고서에 의해 통화통합이 실현되었다.                                               답 X

**020**

21. 외무영사직

1990년대 유고슬라비아 내전 등과 같은 국제정치적 환경 변화는 EU의 공동외교안보정책에 대한 필요성을 강화시켜 주는 계기가 되었다.                                      O | X

EU의 공동외교안보정책은 1992년 유럽연합조약(마스트리히트조약)에 처음 명시된 것이다. 1990년대 구유고 내전에 공동외교안보정책이 투영되었으나 영국은 독일 및 프랑스와 입장차를 노정하면서 성공적으로 전개되지 못했다는 평가를 받는다. 이는 오히려 공동외교안보정책 강화의 필요성을 제기한 것이기도 하다.                                         답 O

**021**

21. 외무영사직

EU와 NATO의 동진은 러시아와의 갈등을 야기하고 있다.                                    O | X

EU와 NATO의 동진(東進)이란 과거 소련권 국가들이 EU와 NATO에 편입되는 것을 말한다. 현재는 조지아나 우크라이나가 EU와 NATO 가입을 추진하면서 러시아와 갈등을 빚고 있다.                                                                         답 O

**022**

12. 외무영사직

유럽사법재판소(ECJ)는 유럽연합법의 회원국 국내법에 대한 우위의 원칙(principle of supremacy)을 확립하고 있다. O | X

유럽연합법은 1차법과 2차법으로 구성된다. 1차법은 국가 간 조약을 의미하고, 2차법은 각료이사회 결정 등 유럽연합 내 기관이 만든 법을 의미한다. 둘 모두 법적 구속력이 있고, 회원국 국내법보다 우위이다. 다만 유럽연합법이 회원국 국내법과 상충해도 회원국 국내법이 바로 무효가 되는 것은 아니다. 답 O

**023**

예상논점

유럽연합의회는 이사회와 공동으로 입법 및 예산기능을 수행하나 입법에 있어서는 자문권을 가지는 것에 불과하고 전형적인 입법권은 위원회의 권한이다. O | X

입법권은 이사회의 권한이다. 답 X

**024**

예상논점

유럽이사회 상임의장은 리스본조약에 의해 창설된 것으로 유럽이사회에서 가중다수결로 선출되며 임기는 2년 6개월이며 연임될 수 없다. O | X

유럽이사회 상임의장은 1차에 한해 연임될 수 있다. 답 X

**025**

예상논점

유럽이사회 상임의장과 집행위원장은 유럽이사회에 참여하나 표결권은 없다. O | X

유럽이사회는 회원국 정상, 상임의장, 집행위원장으로 구성된다. 답 O

**026**

예상논점

유럽연합 (각료)이사회는 각 회원국의 장관급 대표로 구성되며 외무이사회를 포함하여 각 이사회의 의장은 회원국 대표들이 돌아가며 역임한다. O | X

외무이사회는 유럽연합외교안보정책 고등대표가 의장을 역임한다. 답 X

**027**

예상논점

유럽연합 집행위원회는 각 회원국을 대표하여 유럽연합법을 적용하고 감독하는 기능을 주요 기능으로 한다. O | X

집행위원회는 초국가기관으로, 회원국을 대표하지 않는다. 유럽사법재판소와 유럽의회도 초국가기관이다. 답 X

**028**

예상논점

유럽사법재판소(ECJ)는 유럽연합법의 회원국 국내법에 대한 우위의 원칙(principle of supremacy)을 확립하여 유럽연합법과 상충하는 회원국 국내법은 무효이다. O | X

유럽연합법이 우위에 있다. 그러나 상충되는 국내법이 무효가 되는 것은 아니다. 답 X

**029**

예상논점

유럽연합 집행위원회는 새로운 정책과 입법을 제안하고, 그 정책과 입법에 대해 각료 이사회와 유럽의회의 승인을 받아 집행하는 기관이다. O | X

유럽연합의 입법은 집행위원회가 제안하고, 의회의 자문을 거쳐 각료이사회가 결정한다.

답 O

---

**030**

예상논점

유럽연합 집행위원회는 국제협상에서 유럽연합을 대표한다. O | X

단, 대외정책에 있어서 유럽연합은 유럽이사회 상임의장에 의해 대표된다.

답 O

---

**031**

예상논점

유럽연합 집행위원회는 각료이사회와 달리 각 회원국의 이익이 아닌 유럽연합의 공동 이익을 추구하는 기관이다. O | X

유럽연합 집행위원회는 초국가기관이다.

답 O

---

**032**

예상논점

유럽연합 집행위원회의 위원은 니스 조약 이후 '1국 1집행위원원칙'에 따라 28명이나, 리스본조약은 2014년 11월 1일부터 회원국 간 균등한 윤번제에 따라 위원장 및 외교안 보정책 고위대표를 포함하여 회원국 수의 3분의 2에 해당하는 수의 위원을 구성하기 로 하여 현재 '1국 1집행위원원칙'은 수정되었다. O | X

리스본조약에서 1국 1집행위원원칙을 수정하기로 규정하였으나, 2008년 12월 개최된 유럽이사회는 아일랜드의 리스본조약 비준 국민 투표 통과를 위해 현행 '1국 1집행위원 원칙'을 그대로 유지하기로 결정하였다. 답 X

---

**033**

예상논점

유럽연합 집행위원장은 유럽이사회가 가중다수결로 위원장 후보자 한 명을 제안하고 유럽의회에 의해 재적의원 과반수로 선출한다. O | X

최종적으로 유럽이사회가 집행위원장을 임명한다.

답 O

---

**034**

예상논점

집행위원들은 회원국 정부에서 임명하나 국가이익을 대표하는 것은 아니므로 출신국 가와 무관한 정치적 독립성이 요구된다. O | X

초국가기구로서의 성격을 반영하는 것이다.

답 O

---

**035**

18. 외무영사직

유럽연합(EU)의 기구 유럽이사회(European Council), 유럽집행위원회(European Com-mission), 유럽의회(European Parliament), 유럽사법재판소(European Court of Justice) 는 모두 정부 간 기구이다. O | X

유럽이사회(European Council)만 정부 간 기구이고, 나머지는 초정부기구이다. 유럽이 사회(European Council)는 주로 유럽연합 가입국 정상들의 회합으로서 자국의 이익을 추구한다. 그런 점에서 정부 간 기구라고 한다. 초정부기구는 유럽연합(EU) 전체의 이익 을 대변하고 추구하는 기관이다. 답 X

---

**제3장** **기타지역**

**001**
예상논점

후세인 맥마흔 선언(1915)에 의하면 영국은 오스만 제국의 서아시아 지역에 대한 아랍인들의 주장에 동정을 표시하였다.

O | X

후세인 – 맥마흔 선언은 영국의 이집트 주재 고등판무관 헨리 맥마흔이 아랍의 정치 지도자 알리 빈 후세인에게 제1차 세계 대전 중인 1915년 1월부터 1916년 3월까지 10차례에 걸쳐서 전달한 전시외교정책에 관련한 서한이다. 오스만제국의 영토인 팔레스타인에 아랍인들의 국가를 세우는 것을 지지한다는 내용이 담겨 있다. 그러나 그 후 1916년 맺어진 사이크스 – 피코협정과 팔레스타인에 유대 민족의 국가를 세우는데 지지한다는 밸푸어선언(1917년)은 맥마흔선언과 모순되는 내용이었다. 이 같은 영국의 모순된 외교 정책은 후에 이스라엘 – 팔레스타인 분쟁을 초래하였으며, 그 분쟁은 현재까지도 계속되고 있다. 후세인 – 맥마흔 선언은 팔레스타인에 우호적인 것으로 해석되었다. 답 ○

**002**
예상논점

사이크스 – 피코협정(1916)에 의하면 팔레스타인지역 대부분은 프랑스와 영국의 공동 관리지역 및 영국의 영향권에 속했다.

O | X

사이크스 – 피코협정(Sykes-Picot Agreement)의 공식 명칭은 소아시아 협정(Asia Minor Agreement)이다. 러시아의 동의에 기초하여 대영제국과 프랑스 간에 맺어진 비밀 합의로 제1차 세계대전 이후 삼국협상국이 오스만제국을 격파한 이후 중동의 세력권을 나누기 위한 협정이다. 이 협정은 오스만제국의 아라비아반도 외 아랍 지역을 미래의 영국과 프랑스 지역으로 분할했다. 영국은 바다와 요르단 강 사이 해안 지역, 요르단, 이라크 남부, 하이파, 아코 등의 항구 지역을 얻었으며 지중해에 대한 점유권을 가지게 되었다. 프랑스는 터키 남동부, 이라크 북부, 시리아, 레바논 지역을 얻었다. 러시아제국은 이스탄불, 터키 해협, 아르메니아 빌라예트를 얻었다. 점령 국가는 영향 지역 내의 주 경계를 자유롭게 설정할 수 있었다. 답 ○

**003**
예상논점

벨푸어선언(1917)에서 영국 정부는 팔레스타인 내에 유대인 국가를 세우는 것에 대해 호의를 보이고 있다고 하였다.

O | X

1917년 11월 2일 영국 외상 아서 벨푸어(Arthur James Balfour)가 유대인을 대표하는 것으로 보였던 베이론 로스차일드(Baron Rothschild)에게 보낸 서신을 벨푸어선언이라고 한다. 팔레스타인 지역에 유대인 국가 건설을 지원하겠다는 내용을 담고 있었다. 벨푸어(Arthur James Balfour)는 편지에서 유대인들이 영국의 전쟁 수행을 지원하면 팔레스타인에 유대인들의 모국을 세우는 데 호의를 베풀 것이며 그 목적을 달성하기 위해 최선을 다할 것이라고 밝혔다. 답 ○

**004**

예상논점

냉전기 미국의 대중동정책은 소련의 남하 정책을 저지하는 한편 사우디 등 걸프 연안 산유국을 포함하여 중동의 산유국들을 친미세력화하는 것이었다.　　　　　O | X

냉전기 미국의 대소련정책은 봉쇄정책이었으며 중동지역에서도 전개되었다. 중동지역에서의 봉쇄정책은 특히 아이젠하워 독트린(Eisenhower Doctrine)에 의해 구체화되었다. 아이젠하워 독트린(Eisenhower Doctrine)은 1957년 1월에 미국의 아이젠하워(Eisenhower) 대통령이 의회에 보낸 중동특별교서이다. 1956년의 수에즈 전쟁에서 영국과 프랑스가 물러난 다음, 공산주의 침략에 대비하기 위해 중동 지역에 미군의 주둔 권한을 대통령에게 줄 것, 중동지역에 대한 경제원조로서 이후 2년 사이에 4억 달러를 지출할 것 등이 포함되어 있다.　　　　　답 ○

**005**

예상논점

국제사법재판소(ICJ)는 이스라엘이 팔레스타인 일부 지역을 지배하는 것이 불법이며, 또한 불법 지배중인 팔레스타인 영토에 장벽을 건설하는 것은 무력사용금지원칙 및 민족자결권에 위배된다고 하였다.　　　　　O | X

국제사법재판소(ICJ)는 권고적 의견을 통해 이스라엘 장벽 건설의 불법성을 지적하고 이스라엘 군대의 철수, 타국의 이스라엘 정책에 대한 불승인 및 불원조 등을 권고하였다.　　　　　답 ○

# 제4장 한반도 이슈

## 제1절 우리나라 안보정책

**001**
예상논점

한국과 미국은 2006년 주한미군의 전략적 유연성에 합의하면서 미국은 한국의 우려를 반영하여 주한미군의 역외 개입에 있어서는 한국의 사전동의를 받기로 합의하였다.

O | X

사전동의에 대한 합의는 없다. 미국은 연루를 우려하는 한국의 입장을 존중하겠다고 선언하였다.

답 X

**002**
예상논점

한국군에 대한 평시작전통제권과 전시작전통제권은 현재 미국이 보유하고 있다.

O | X

평시작전통제권은 1994년에 환수되었다. 전시작전통제권은 현재 여전히 미국이 보유하고 있다.

답 X

**003**
예상논점

한미상호방위조약은 효력기간은 없으나, 일방은 타방에 대한 통고로써 동 조약을 종료시킬 수 있으며, 통고의 효력은 1년 후에 발생한다.

O | X

동맹조약은 대체로 일방적 폐기가 가능하다. 1년 전 통고를 요건으로 한다.

답 ○

**004**
예상논점

한국은 중견국 외교를 활성화하기 위해 2013년 이른바 'MIKTA'를 형성하였으며, 여기에는 한국을 비롯하여 멕시코, 인도, 터키, 호주가 포함된다.

O | X

인도가 아니라 인도네시아가 MIKTA에 포함된다.

답 X

**005**
예상논점

한미상호방위조약(1953)에 따르면 한국이 북한의 공격을 받는 경우 미국이 반드시 개입할 법적 의무를 부담하는 것은 아니다.

O | X

조약 제3조의 내용은 다음과 같다. "각 당사국은 타 당사국의 행정 지배하에 있는 영토와 각 당사국이 타 당사국의 행정 지배하에 합법적으로 들어갔다고 인정하는 금후의 영토에 있어서 타 당사국에 대한 태평양 지역에 있어서의 무력 공격을 자국의 평화와 안전을 위태롭게 하는 것이라 인정하고 공통한 위험에 대처하기 위하여 각자의 헌법상의 수속에 따라 행동할 것을 선언한다."

답 ○

**006**
17. 외무영사직

한국전쟁 중 아이젠하워 행정부는 한국과 방위조약을 체결하는 대신 한국군의 전력 증강을 위한 지원을 제안했다. O | X

최종적으로는 방위조약을 체결하였다. 답 O

---

**007**
17. 외무영사직

박정희 행정부는 주한미군의 감축을 막기 위하여 베트남전쟁에 전투부대를 파병했다. O | X

그럼에도 불구하고 주한미군 부분적 철수를 막아내지는 못했다. 답 O

---

**008**
17. 외무영사직

닉슨 행정부는 인권외교를 내세웠고, 유신을 추진하던 박정희 행정부와 갈등했다. O | X

닉슨 행정부는 인권외교와 관련이 없다. 카터 행정부가 인권외교에 주력하였다. 닉슨 행정부는 주한미군 철수를 단행함으로써 박정희 행정부와 갈등을 빚었다. 답 X

---

**009**
17. 외무영사직

노태우 행정부는 북방정책을 추진했고, 한소 수교와 한중 수교를 이루었다. O | X

한소 수교는 1990년, 한중 수교는 1992년 이루어졌다. 답 O

---

**010**
17. 외무영사직

1970년대 남북한이 UN에 동시 가입하였다. O | X

남북한은 1991년에 UN에 동시 가입하였다. 답 X

---

**011**
17. 외무영사직

1970년대 한국이 아시아·태평양경제협력체(APEC)에 가입하였다. O | X

한국은 1989년에 아시아·태평양경제협력체(APEC)에 가입하였다. 답 X

---

**012**
17. 외무영사직

1970년대 한국이 개발원조위원회(DAC)에 가입했다. O | X

개발원조위원회(DAC)는 OECD에서 공적개발원조를 담당하는 기관이다. 한국은 2010년 가입하였다. 답 X

---

**013**
17. 외무영사직

1970년대 한국이 비동맹운동에 가입안을 제출했다. O | X

비동맹운동은 1960년대부터 세력화된 제3세계 국가들이 추진한 운동으로서 선진국 중심의 기존 질서를 바꾸기 위한 것이다. 답 O

**014**

16. 외무영사직

미국의 존스법(Jones Act)은 제1차 세계대전 이후 전역자들의 일자리 마련과 미국의 조선·해운산업의 보호를 위해 제정되었으며 전쟁과 같은 비상상황 발생시 군사용 선박을 용이하게 확보하기 위해 제정되었다. 이 법에 의하면 미국 연안의 승객과 화물 운송은 미국 국적 선박에 의해서만 가능하나 선원의 국적 및 선박 수리처는 제한하지 않고 있다. O | X

선원도 미국 국적이어야 하며, 선박 수리도 미국 내에서 해야 한다. 미국의 '존스법'(Johns Act)은 1920년에 제정되었으며, 미국의 연안운송제한법(cabotage law)으로 미국 영토 내의 지역 간 해상운송 권한을 ① 미국에 등록하고 미국 국적의 선원을 탑승시킨 ② 미국 시민 소유의 ③ 미국에서 건조되거나 상당 부분 개조된 선박으로 제한한다는 내용을 규정하고 있다. 우리나라와 FTA협상시 미국이 우리나라 쌀 시장 개방을 요구하자, 우리나라는 존스법(Jones Act)의 폐기를 연계하였다. 미국은 막강한 경쟁력을 가진 우리나라 조선업계의 상황을 고려하여 조선시장 개방(존스법 폐기)시 피해가 더 클 것을 우려하여 쌀 시장 개방 요구를 철회하였다. 답 X

**015**

예상논점

한국은 동시다발적 FTA를 추진하여 현재 칠레를 시작으로 하여 인도, 호주, 중국, 일본, EU, 미국 등과 FTA를 체결하였으며 이들 FTA는 발효 중이다. O | X

한국은 일본과는 FTA협정을 체결하지 않았다. 답 X

**016**

예상논점

한 - EU FTA에 의하면 농산물은 향후 10년간 관세화 대상에서 제외하였다. O | X

농산물도 관세화 대상이나, 쌀을 비롯한 일부 품목을 관세화 대상에서 제외하였다. 답 X

**017**

예상논점

한미 FTA협정에 의하면 개성공단 상품은 역내 상품으로 인정될 수 없다. O | X

한국은 개성공단을 '역외가공지역'으로 인정해 줄 것을 요구하였으나 미국이 반대하였다. 역외가공지역위원회를 설치하여 추후 논의해 나가기로 하였다. 답 O

**018**

예상논점

한중 FTA에서 중국은 쌀, 설탕, 밀가루, 담배를 제외하고는 모두 개방하기로 하였다. O | X

농산물 시장도 원칙적으로 개방하기로 하였으나 쌀, 설탕, 밀가루, 담배는 양허대상에서 제외하였다. 답 O

**019**

예상논점

한 - EU FTA에서 양측은 5년 내에 공산품, 임산물 및 쌀 전 품목의 관세를 철폐하기로 하였다. O | X

쌀은 양허의 대상에서 제외하였다. 답 X

**020**
예상논점

한미 FTA협정은 농업분야에 있어서 쌀 및 쌀 관련 제품은 양허에서 완전히 배제하였다. O | X

쌀은 협상의 대상이 아니었다. 답 O

**021**
예상논점

한미 FTA협정은 개성공단을 역외가공지역으로 지정하고 한미 FTA협정에 따른 관세를 부과하기로 합의하였다. O | X

역외가공지역위원회 설치에 대해서는 합의하였으나, 개성공단을 역외가공지역으로 명확하게 설정한 것은 아니다. 동 위원회에서 기준을 정하고, 특정 지역의 기준 충족 여부를 심사한 이후 당사국에 권고하도록 하였다. 답 X

**022**
예상논점

한미 FTA협정상 직접적인 재산권 이전이 아닌 정부조치로 손실을 입은 간접수용의 경우 손실보상의무가 없다. O | X

간접수용에 대해서도 보상의무를 명확하게 규정하였다. 답 X

**023**
예상논점

한미 FTA협정에 따르면 투자자 - 국가 분쟁해결절차(ISD)에 있어서 중재인은 3인으로 구성하되, 투자자 및 정부가 각각 1인을 지명하고 합의하여 의장 중재인을 선임하고, 75일 이내에 합의되지 않는 경우 ICSID사무총장이 원칙적으로 제3국 국적을 가진 자를 의장중재인으로 선임한다. O | X

양국은 중재판정을 이행할 법적 의무가 있다. 답 O

**024**
예상논점

한미 FTA협정상 투자자 - 국가 분쟁해결절차(ISD)에서 투자자가 중재 청구를 제기하기 위해서는 상대국 법원에서 절차를 개시하거나 계속하지 않겠다는 서면포기서를 제출해야 한다. O | X

국제중재를 청구한 경우는 국내사법절차를 이용할 수 없다. 답 O

**025**
예상논점

한미 FTA협정 서비스분야에 있어서 현재유보와 미래유보가 적용되나, 이는 소극적 방식(Negative 방식)으로 규정되었다. O | X

소극적 방식(Negative 방식)이란 서비스시장 접근 제한조치를 조약에 명시하고, 명시하지 않은 제한조치는 취할 수 없게 하는 방식을 의미한다. 답 O

**026**
예상논점

제68차 UN총회를 계기로 중견국 5개국의 합의로 출범한 MIKTA는 개발협력 협의체 형성을 통해 참여의 의무성, 비용분담, 모니터링 등에 관한 협력원칙을 협의할 것을 추진하고 있다. O | X

MIKTA의 구성원은 멕시코, 인도네시아, 한국, 터키, 호주이다. 답 O

**027**

예상논점

제68차 UN총회를 계기로 중견국 5개국의 합의로 출범한 MIKTA는 공통적인 역사관을 가지고 국제체제의 안정적 관리를 목적으로 개별적으로 활동하면서 특정 사안에 집중하는 경향이 있다.　　　　O | X

1945년 이후의 국제관계에 존재해 온 캐나다, 호주, 노르웨이, 스웨덴 등의 북유럽국가 중견국의 특징으로, 이스라엘 - 팔레스타인 분쟁, UN평화유지군, 지역안보 · 신뢰구축, 헬싱키협정 · 유럽안보협력회의(CSCE) 등을 추진해온 바 있다.　　　답 X

**028**

예상논점

MIKTA 5개국은 ODA의 규모도 비슷하며, 개발협력에 있어 유사한 지위, 역사, 목표를 갖고 있어 ODA 협력에 있어서 유리한 입장이다.　　　　O | X

MIKTA 5개국은 서로 ODA의 규모도 다르고, 한국과 호주는 OECD 개발원조위원회 회원국이지만 멕시코, 터키, 인도네시아는 비회원국인 상황 등 각기 다른 수준의 경제개발 단계를 보이고 있어 각국의 이해관계 조율이 필요하다.　　　답 X

**029**

21. 외무영사직

중견국에 대한 설명에 있어서 자유주의 시각에서는 인구, 경제력, 군사력에 따른 외교적 기능과 행태에 따라 중견국을 구분한다.　　　　O | X

인구, 경제력, 군사력에 따라 중견국을 정의하는 것은 현실주의 입장이다. 자유주의 시각은 그보다는 질서나 제도형성을 자극하는 힘을 갖는가의 차원에서 중견국을 정의한다.　　　답 X

**030**

21. 외무영사직

중견국에 대한 설명에 있어서 오건스키(Organski)는 중견국을 지역적으로 중요한 역할을 할 수 있고, 국제이슈에서 일정 정도의 영향력을 행사할 수 있는 국가로 제시했다.　　　　O | X

오건스키(Orhanski)는 지역차원이나 국제체제 차원에서 영향력을 갖는가를 기준으로 중견국을 정의하였다.　　　답 O

**031**

21. 외무영사직

중견국에 대한 설명에 있어서 현실주의 시각에서 중견국 분류의 기준은 각국의 물질적 능력과 같은 경성권력에 기초한다.　　　　O | X

현실주의는 강대국정도의 군사력이나 경제력을 갖지는 않으나 일정 정도의 군사력이나 경제력을 갖는 국가를 중견국이라고 정의한다. 물질적 힘 차원에서 중견국을 정의하는 것이다.　　　답 O

**032**

21. 외무영사직

중견국에 대한 설명에 있어서 쿠퍼(Cooper)는 중견국은 다자적 해법의 모색, 타협적인 자세의 견지, 국제시민의식을 포용하는 경향을 가진다고 주장했다.　　　　O | X

쿠퍼는 자유주의 관점에서 중견국을 정의한 것이다.　　　답 O

## 제3절 우리나라 대북정책

**033**
예상논점

이승만 정부는 철저한 반공주의로 무력에 의한 '북진통일'을 주장하였다. O | X

북진통일은 이상주의적이고 급진적인 통일방식으로 평가되었다. 답 ○

**034**
20. 외무영사직

한국전쟁 당시 이승만은 통일에 대한 열망 때문에 휴전에 반대하였다. O | X

이승만은 북한의 위협을 근본적으로 제거하기 위해 한국전쟁 중 북진통일론을 고수하였으나, 결국 한미동맹 체결 약속을 받고 '정전불반대'로 입장을 전환하였다. 답 ○

**035**
20. 외무영사직

스탈린은 마오쩌둥이 동의한다는 조건하에 김일성의 남침계획을 승인했다. O | X

소련은 미국과의 전면전을 우려하여 북한을 정면으로 지원한 것은 아니나, 북한의 남침계획은 승인해 주었다. 답 ○

**036**
20. 외무영사직

1954년 한미상호방위조약이 공식 발효됨으로써 한·미동맹의 근간이 형성됐다.
O | X

한미상호방위조약은 1953년 10월 1일 체결되었고, 1954년 11월 18일 발효되었다.
답 ○

**037**
20. 외무영사직

미국은 한국전쟁을 계기로 나토(NATO)의 역할을 강화했다. O | X

미국은 한국전쟁을 겪으면서 공산주의 세력의 위협이 실재함으로 인지하고 서독을 나토(NATO)에 가입시키는 등 나토(NATO)를 강화하였다. 답 ○

**038**

20. 외무영사직

한국전쟁과정에서 포로 교환 문제 때문에 휴전협상이 오래 지연됐다. O | X

휴전협상 과정에서 포로 송환 문제가 회담의 주요 장애물이 되었다. UN군 측은 포로 개개인의 자유의사에 따라 한국·북한·중국 또는 대만을 선택하게 하는 이른바 '자유송환방식'을 주장한 데 대하여, 공산군 측은 모든 중공군과 북한군 포로는 무조건 각기 고국에 송환되어야 한다는 이른바 '강제송환방식'을 고집했다. 이로 인해 1952년 2월 27일부터 약 2개월 동안 협상이 중단되었으며, 1952년 10월 8일에는 회담이 무기휴회로 들어갔다. 쌍방이 각자의 주장을 굽히지 않은 것은 UN군 측에서 본다면 공산군 측의 주장대로 강제송환을 한다는 것은 이제까지 주장해 온 인도주의와 자유주의를 스스로 포기하는 것을 의미하는 것이었다. 반대로 공산군 측의 입장에서 본다면 만일 포로의 일부가 귀환을 거부하게 되면 그들이 줄기차게 내세웠던 '침략자를 몰아내고 남한을 해방시키다'는 이른바 '정의의 전쟁'이라는 기치가 퇴색되고, 그들이 그토록 주창하던 그러한 전쟁 목적에 의구심을 갖는 자가 발생할 수도 있었다. 이와 더불어 공산군 측이 UN군 측의 자유송환방식에 극력 반대한 것은 1952년 4월 10일 UN군 사령부가 공산군 포로들을 대상으로 조사를 실시한 결과 공산군 포로 약 17만 명(민간인 억류자 포함) 가운데 10만 명의 포로가 자유 송환을 원하고 있는 것으로 나타났기 때문이었다. 그리하여 공산군 측은 포로 교환에 관한 문제로 휴전회담이 교착될 때마다 회담을 유리하게 끌고 나가기 위해 포로수용소 내에서 계획적인 폭동을 일으키도록 조종하였는데, 그 가운데 가장 큰 사건은 1952년 5월 7일에 발생한 거제도포로수용소 소장납치 사건이었다. 중지와 재개를 거듭하던 휴전협상은 1953년 3월 소련수상 스탈린의 사망을 계기로 급속도로 진척되었다. 무기휴회에 들어간 지 6개월 만인 1953년 4월 16일 공산군 측의 요청에 따라 휴전회담이 재개되어 4월 20일부터 26일 사이에 먼저 상병 포로를 쌍방 간에 교환하고, 6월 8일에는 그 동안 난항을 거듭하던 본국 송환을 거부하는 포로 처리방법에 합의함으로써 1년 반 동안이나 끌어오던 포로교환문제를 해결하였다. 답 ○

**039**

예상논점

박정희 정부는 '선건설, 후통일'을 내세우고 남북 공동성명을 발표하였다. O | X

1972년 7월 4일 공동성명을 발표하였다. 답 ○

**040**

17. 외무영사직

1973년에 발표된 6·23선언(평화통일외교정책에 관한 특별성명)에서 한국은 호혜평등의 원칙에 따라 모든 국가에 문호를 개방하겠다는 의사를 밝혔다. O | X

6·23선언은 할슈타인원칙의 폐기에 기초한 선언이다. 답 ○

**041**

17. 외무영사직

1973년에 발표된 6·23선언(평화통일외교정책에 관한 특별성명)에서 한국은 북한을 국가로 인정하겠다고 선언했다. O | X

북한을 대화상대로 인정하기는 하였으나, 국가로 인정하겠다는 선언을 한 것은 아니다. 박정희는 6·23선언을 다음과 같이 맺고 있다. "나는 이상에서 밝힌 정책 중 대북한관계 사항은 통일이 성취될 때까지 과도적 기간 중의 잠정조치로서, 이는 결코 우리가 북한을 국가로 인정하는 것이 아님을 분명히 하여 둡니다." 답 X

**042**

17. 외무영사직

1973년에 발표된 6·23선언(평화통일외교정책에 관한 특별성명)에서 한국은 우방들과의 기존 유대관계를 더욱 공고히 하겠다고 재천명했다. O | X

6·23선언은 미국의 미군 철수를 의식한 발언이다. 답 ○

**043**

17. 외무영사직

1973년에 발표된 6·23선언(평화통일외교정책에 관한 특별성명)에서 한국은 긴장완화와 국제협조에 도움이 된다면 북한이 한국과 같이 국제기구에 참여하는 것을 반대하지 않는다고 선언했다.　　　　　　　　　　　　　　　　　　　　　　　　　O | X

북한의 실체를 인정하고 북한과 국제기구에 공동 가입할 것을 제안하였다.　　　　답 O

**044**

19. 외무영사직

노태우 정부의 남북 기본합의서에서는 군사적 신뢰조성과 군축의 실현 문제를 협의·추진하기로 합의하였다.　　　　　　　　　　　　　　　　　　　　　　　　　O | X

기본합의서에도 신뢰구축과 군축에 대한 언급이 있다는 점에 주의해야 한다.　　　답 O

**045**

예상논점

김영삼 정부는 대북한 관계에 있어서 적대노선을 지속하고 북한이 제안한 4자회담을 거부하였다.　　　　　　　　　　　　　　　　　　　　　　　　　　　　　　O | X

김영삼 정부는 집권 초기 이전 정부의 통일 방안을 보완하여 '민족공동체 통일방안'을 제안하는 등 관계 개선을 모색하였으나, 제1차 북핵 위기가 발발하면서 대북 강경책으로 급선회하였다.　　　　　　　　　　　　　　　　　　　　　　　　　　　　　　답 X

**046**

예상논점

10·4 공동선언문(2007)에 따르면 현 정전체제를 종식시키고 항구적인 평화체제를 구축해 나가기 위해 직접 관련된 3자 또는 4자 정상들이 별도의 정상회담을 개최하는 문제를 추진하기 위해 협력한다.　　　　　　　　　　　　　　　　　　　　　　O | X

종전선언문제에 대해 협의하기로 하였다. 3자는 한국, 미국, 북한을, 4자는 한국, 미국, 중국, 북한을 의미한다.　　　　　　　　　　　　　　　　　　　　　　　　　　답 X

**047**

예상논점

이명박 정부는 천안함폭침 사건 이후 5·24조치를 단행하여 남북교역을 전면 중단하는 한편, 개성공단을 제외한 남북협력도 전면 중단하였다.　　　　　　　　　　O | X

5·24조치는 2010년 5월 24일 이명박 정부가 북한이 저지른 천안함 사건에 대한 대응으로 발표한 대북제재에 관한 지침을 의미한다. 북한 선박의 남측 해역 운항을 전면 불허, 남북 교역 중단, 국민의 방북 불허, 대북 신규 투자 금지, 대북 지원사업의 원칙적 보류 등을 담고 있다. 이에 따라 인도적인 목적이라 해도 사전에 정부와 협의를 거치지 않으면 대북지원을 할 수 없게 되었다. 5·24조치로 인해 남북 간에는 개성공단을 제외한 모든 형태의 대화나 교류협력들이 중단되는 등 대북봉쇄를 통해 북한을 압박하여 북한의 시인과 양보의 효과를 기대하였다. 그러나 북한은 5·24조치에도 불구하고 이명박 정부의 요구나 주장에 동의, 수용하지 않게 반발, 무시함으로써 남북관계만 단절시키는 악화요인으로 지목되면서, 이듬해부터는 ① 투자자산 점검 방북 허용, ② 선급지급 잔여물자 및 임가공품 반입 허용, ③ 밀가루·의약품 등 지원 품목 확대, ④ 종교·문화인 방북 허용 등의 유연성을 보였다. 그리고 박근혜 정부에 들어서서는 남·북·러 물류협력사업인 나진-하산 프로젝트에 대해 5·24조치의 예외로 인정했으며 2015년 4월에는 5·24조치 이후 처음으로 민간단체 대북 비료지원 승인과 5월 지방자치단체와 민간단체의 남북교류 허용 방안을 내놓기도 하였다. 그러나 유연적인 정책과 별도로 교역 중단과 신규 투자 불허 등의 5·24조치의 핵심은 유지되고 있다.　　　　　　　　　　　　　　　　답 O

**048**

예상논점

우리나라 제2공화국은 '할슈타인'원칙에 따라 두 개의 한국론을 인정하고, 북한과의 통일을 위한 노력을 전개하였다. O | X

할슈타인원칙은 두 개의 한국을 부정하는 것이다. 할슈타인원칙이란 서독의 발터 할슈타인(Walter Hallstein)이 1955년에 내세운 외교원칙으로, 서독만이 독일의 유일한 합법 정부이며, 독일 민주 공화국(동독)을 승인하거나 동독과 수교하는 국가(소련 제외)와는 관계를 설정하지 않겠다는 정책이다. 1970년대에 빌리 브란트(Willy Brandt)가 동방정책을 추진함에 따라 사실상 이 원칙은 무력화되었다. 답 X

**049**

예상논점

7 · 4남북공동성명(1972)은 조국통일원칙으로 자주, 평화, 민주의 3원칙을 규정하였다. O | X

7 · 4남북공동성명의 조국통일원칙은 자주, 평화, 민족대단결이다. 답 X

**050**

예상논점

남북기본합의서(1991)에 의하면 남과 북은 쌍방 사이의 관계가 나라와 나라 사이가 아니라 통일을 지향하는 과정에서 잠정적으로 형성되는 특수관계이다. O | X

「남북기본합의서」는 1991년 12월 13일 서울에서 열린 제5차 고위급회담에서 남북한이 화해 및 불가침, 교류협력 등에 관해 공동합의한 기본문서이다. 제6공화국 정부가 1988년 발표한 「7 · 7선언」에 힘입은 바가 컸다. 남한은 「7 · 7선언」으로 북한을 '선의의 동반자'로 간주하고 남과 북이 함께 번영을 위하여 민족공동체 관계의 발전이 통일조국을 실현하는 지름길이라는 인식을 바탕으로 남북 간의 대결구조를 화해의 구조로 전환시키려고 노력하였다. 북한도 세계 사회주의체제가 붕괴되고 남북 간 체제경쟁이 종식된 상황에서 남한의 흡수통일을 경계하면서도 남한과의 인적 · 물적 교류와 협력의 필요성을 절실히 느끼고 있었다. 남북한은 총 160여 회에 이르는 회담과 접촉을 갖게 되었고 결국 남북기본합의서에 서명하게 되었다. 답 ○

**051**

21. 외무영사직

「남북 기본합의서」에 의하면 7 · 4 남북공동성명에서 천명한 조국통일 3대 원칙을 재확인한다. O | X

조국통일 3대 원칙은 자주, 평화, 민족대단결이다. 답 ○

**052**

21. 외무영사직

「남북 기본합의서」에 의하면 합의서 발효 후 6개월 안에 판문점에 남북연락사무소를 설치 · 운영한다. O | X

합의서 발효 후 3개월 안에 연락사무소를 설치하기로 하였다. 답 X

**053**

21. 외무영사직

「남북 기본합의서」에 의하면 남과 북은 의견대립과 분쟁문제를 「유엔헌장」에 따라 평화적으로 해결한다. O | X

남과 북은 의견대립과 분쟁문제를 대화와 협상을 통해 평화적으로 해결한다(제10조). 답 X

**054**

21. 외무영사직

「남북 기본합의서」에 의하면 남과 북은 국제무대에서 경제, 문화, 외교, 군사 등 여러 분야에서 서로 협력하고, 선의의 경쟁을 벌인다.　　　　　　　　　　　　　　　O | X

남과 북은 국제무대에서 대결과 경쟁을 중지하고 서로 협력하며 민족의 존엄과 이익을 위하여 공동으로 노력한다(제6조).　　　　　　　　　　　　　　　　　답 X

**055**

예상논점

김영삼 정부는 출범 초기 북한의 핵보유를 문제 삼아 적대적 정책을 표방하였으며 북미 제네바합의(1994)에서 남북회담이 배제된 점을 들어 동 합의에 대해 비판적 태도를 보였다.　　　　　　　　　　　　　　　　　　　　　　　　　O | X

김영삼 정부가 출범 초기부터 적대적 정책을 북한에 대해 구사한 것이 아니다. 북한 핵문제가 불거지면서 적대적인 정책으로 전환된 것이다. 또한 제네바합의에 남북대화가 명시되어 있어 대체로 긍정적으로 평가되었다.　　　　　　　　　　　　답 X

**056**

19. 외무영사직

김영삼 정부의 한반도 비핵화 공동선언에서는 핵재처리시설과 우라늄농축시설을 보유하지 않기로 합의하였다.　　　　　　　　　　　　　　　　　　　　O | X

한반도 비핵화 공동선언은 1991년 12월 노태우 정부에서 발표된 것이다.　　답 X

**057**

예상논점

김대중 정부는 대북정책 기조로 기존의 정경분리원칙을 폐기하고 정경연계원칙을 제시하였다.　　　　　　　　　　　　　　　　　　　　　　　　　O | X

김대중 정부의 대북정책 기조는 정경분리원칙이다. 정경분리란 정치와 경제를 분리한다는 뜻이며, 남북관계에서의 정경분리원칙이란 남북 간 경제 분야의 교류와 협력 사업을 정치·군사적 문제와 연계하지 않고 분리하여 추진하겠다는 것이다. 이 원칙은 김대중 정부의 대북 포용정책의 주요 특징을 이루고 있다. 정경분리원칙은 남북 간 경제 교류와 협력을 한반도 정세와 남북관계의 상황 변화에 관계없이 경제적 논리에 입각하여 지속적으로 추진해 나가겠다는 것이다.　　　　　　　　　　　　　　　　　답 X

**058**

예상논점

6·15공동선언문(2000)은 남과 북은 나라의 통일을 위한 남측의 연합제안과 북측의 낮은 단계 연방제안이 서로 공통성이 있다고 인정하고 앞으로 이 방향에서 통일을 지향시켜 나가기로 하였다.　　　　　　　　　　　　　　　　　　O | X

낮은 단계의 연방제가 남측이 제안한 남북 연합에 가깝다고 판단한 것이다. 연방제는 주권의 통합을 전제한 것이나 낮은 단계의 연방제는 주권의 분리를 전제로 한 것이다.　　　　　　　　　　　　　　　　　　　　　　　　답 O

**059**

19. 외무영사직

김대중 정부의 6·15 남북공동선언에서는 한반도 비핵화와 군축 조항을 포함하지 않았다.　　　　　　　　　　　　　　　　　　　　　　　　　O | X

6·15 남북공동선언에는 군축 관련 조항은 없다.　　　　　　　　　　　답 O

**060**
19. 외무영사직

노무현 정부의 10·4 남북정상선언에서는 군사적 신뢰구축조치를 협의하기 위하여 국방장관 회담을 개최하기로 합의하였다.  O I X

국방장관 회담 개최에 합의하였다.  답 ○

**061**
예상논점

노무현 정부의 평화번영정책은 북핵문제 해결을 기반으로 하여 한국이 동아시아 중심국가로 발전할 것을 목표로 하였다.  O I X

평화번영정책은 동북아 중심국가론을 표방하였다. 참고로, 동북아 중심국가의 첫 단계가 북핵문제 해결을 통한 남북관계 개선이라고 판단하였다.  답 X

**062**
예상논점

이명박 정부는 한미관계와 남북관계의 동시적 발전을 표방하였으나 우선은 남북관계 개선이 중요하다고 보고 '비핵·개방 3000'전략을 제시하였다.  O I X

한미관계 강화가 우선이라고 보았다. 국제공조라고도 한다. 김대중 정부나 노무현 정부는 민족공조(남북공조)와 한미공조(국제공조)를 동시에 발전시켜야 한다고 보았다.  답 X

## 제4절 남북한관계

**063**
15. 외무영사직

한반도 평화체제 구축에 대해 자유주의이론은 한반도 평화체제 구축을 위해서는 주변 강대국 간의 힘의 균형을 활용해야 하며, 6자회담 등을 통해 협력을 달성해야만 평화체제를 구축할 수 있다고 본다.  O I X

강대국 간 힘의 균형의 활용은 현실주의적 접근이다. 6자회담을 통한 협력론은 자유주의 이론으로 볼 수 있다.  답 X

**064**
15. 외무영사직

한반도 평화체제 구축과 관련하여 구성주의이론은 한반도 평화체제 구축을 위해서는 남북한의 지도자와 국민 다수의 상대에 대한 의식과 관념, 그리고 정체성의 변화가 필수 조건이라고 본다.  O I X

구성주의는 국제협력이나 제도 형성에 있어서 조화적 집합정체성이 필수적이라고 본다. 따라서 한반도 평화체제 구축을 위해서도 남북한의 지도자나 시민들이 상호 우호적 정체성을 갖는 것이 선행되어야 한다.  답 ○

**065**

15. 외무영사직

한반도 평화체제 구축과 관련하여 신자유주의제도 이론은 한반도 평화체제 구축을 위해서는 남북 간 투명성을 제고하고, 불확실성과 거래비용을 절감하며 상호이익을 증진하는 기능을 수행하는 제도를 도입하는 것이 필요하다고 본다. O | X

신자유제도주의는 한반도 평화체제 자체가 하나의 국제협력이자 국제제도 형성이라고 본다. 따라서 무엇보다 주요국들에게 있어서 평화체제 구축의 비용보다 이익이 커야 한다. 즉, 절대적 이익이 있어야 제도 형성에 나선다. 답 O

**066**

09. 외무영사직

제2차 남북정상회담 후 2007년 10월 4일 발표된 「남북관계 발전과 평화번영을 위한 선언」에서 남과 북은 남북교류협력사업을 군사적으로 보장하기 위한 조치들을 취하기로 하였다. O | X

군사적 보장조치를 취하기로 합의한 것은 아니다. 군사적 보장조치를 협의하기 위해 국방장관회담을 개최하기로 하였다. 답 X

**067**

예상논점

한반도의 비핵화에 관한 공동선언(1991)에 따르면 남과 북은 핵무기의 시험, 제조, 생산, 접수, 보유, 저장, 사용 등을 하지 않으며 핵에너지의 사용을 전면 중단하기로 하였다. O | X

평화적 목적의 핵에너지 사용권은 인정하였다. 답 X

**068**

예상논점

우리나라 제2공화국의 통일방안은 '선건설, 후통일'을 기초로 하였다. O | X

'선건설, 후통일'은 제3공화국의 통일방안이다. 답 X

**069**

예상논점

민족공동체 통일방안은 3단계로 구성되어 있으며, 화해협력단계, 남북연합단계, 1민족 1국가의 통일완성단계를 거치도록 하였다. O | X

최종 단계에 있어서 북한은 연방제 통합을 주장한다. 우리나라는 1민족 1국가 1체제 1정부를 표방하고 있다. 답 O

**070**

23. 외무영사직

대한민국의 '민족공동체 통일방안'은 통일원칙으로 자주, 평화, 민족 대단결을 제시하고 있다. O | X

자주, 평화, 민족대단결은 1974년의 7.4 남북 공동성명에 밝힌 통일 원칙이다. 답 X

**071**

23. 외무영사직

대한민국의 '민족공동체 통일방안'은 통일국가 형태로 1민족, 1국가, 2체제, 2정부를 제시하고 있다. O | X

1민족, 1국가, 1체제, 1정부를 표방한다. 답 X

**072**

23. 외무영사직

대한민국의 '민족공동체 통일방안'은 통일국가의 실현 절차로 통일헌법에 따른 민주적 선거에 의한 통일정부, 통일국회의 구성을 제시하고 있다.  O | X

민족공동체 통일방안은 위로부터의 통일을 지향하는 방식이다.  답 ○

**073**

23. 외무영사직

대한민국의 '민족공동체 통일방안'은 통일과정으로 화해·협력단계 → 남북연합단계 → 통일국가의 완성단계를 제시하고 있다.  O | X

3단계 통일 방안을 천명하고 있다.  답 ○

**074**

예상논점

9·19공동성명(2005) 및 2·13합의(2007)는 한반도 평화체제 형성을 위해 6자회담 참여국들이 공동 노력하기로 규정하고 있다.  O | X

직접 관련 당사국들이 별도의 포럼에서 한반도 평화체제에 대해 논의해 나가기로 하였다.  답 X

**075**

예상논점

북한은 한반도 평화체제 문제에 있어서 남북평화협정 체결이 먼저라고 주장한다.  O | X

북한은 우선 북미평화협정을 체결해야 한다고 주장한다.  답 X

**076**

예상논점

한반도 평화체제의 국제적 보장에 있어서 '로카르노방식'은 남한과 북한이 평화체제에 합의하고 중국과 미국이 이를 보장하는 방식을 말한다.  O | X

1925년 형성된 로카르노방식은 독일, 프랑스, 벨기에 3국이 국경선 현상 유지에 합의하고 이를 영국과 이탈리아가 보장하는 것이다.  답 ○

**077**

17. 외무영사직

한반도 정전협정은 조선인민군, 중국인민지원군, 국제연합군이 서명했다.  O | X

한국은 한반도 정전협정에 서명하지 않았다.  답 ○

**078**

17. 외무영사직

한반도 정전협정에 따르면, 백령도, 대청도, 소청도, 연평도, 우도를 국제연합군 통제하에 두기로 했다.  O | X

한국 측의 영토로 한 것이다.  답 ○

**079**

17. 외무영사직

한반도 정전협정은 동해와 서해에 군사분계선을 설정하여 영해선을 획정했다.

O | X

정전협정은 육지에서의 군사분계선은 설정하였으나, 바다에서의 경계선은 명시하지 않았다. 이후 UN군사령관이 획정한 경계선이 서해에서의 경계선으로 묵인되어 왔으나, 북한이 이를 거부함으로써 NLL에서의 충돌이 지속되고 있다.

답 X

**080**

17. 외무영사직

한반도 정전협정은 쌍방이 군사분계선으로부터 각기 2 km씩 후퇴하여 비무장지대를 설정했다.

O | X

정전협정에 의해 비무장지대가 설치되었다.

답 O

# 제7편

# 외교사

## 제1절 빈체제 이전 외교사

**001**
16. 외무영사직

18세기 국제관계에 있어서 영국과 프랑스는 동맹을 맺어 러시아, 오스트리아, 프로이센과 7년 전쟁을 일으켰다. O | X

7년 전쟁(1756년 ~ 1763년)은 오스트리아 왕위계승전쟁에서 프로이센에게 패배해 독일 동부의 비옥한 슐레지엔을 빼앗긴 오스트리아가 그곳을 되찾기 위해 프로이센과 벌인 전쟁이다. 이 전쟁에는 유럽의 거의 모든 열강이 참여하게 되어 유럽뿐 아니라 그들의 식민지가 있던 아메리카와 인도에까지 퍼진 세계대전으로 번진 대규모 전쟁이었다. 주로 오스트리아 – 프랑스 – 작센 – 스웨덴 – 러시아가 동맹을 맺어 프로이센 – 하노버 – 영국의 연합에 맞섰다. 유럽에서 벌어진 전쟁은 '포메라니아 전쟁'으로도 불리며, 영국과 프랑스는 아메리카 대륙에서 벌어진 '프렌치 인디언 전쟁'이라 불렸다. 유럽에서는 영국의 지원을 받은 프로이센이 최종적으로 승리를 거두어 슐레지엔의 영유권을 확보했으며, 식민지 전쟁에서는 영국이 주요 승리를 거두어 북아메리카의 뉴프랑스(현재의 퀘벡 주와 온타리오 주)를 차지하여 북아메리카에서 프랑스 세력을 몰아냈고, 인도에서도 프랑스 세력을 몰아내어 대영제국의 기초를 닦았다. 영국과 프랑스는 동맹관계가 아니라 적대적 관계였다. 답 X

**002**
16. 외무영사직

미국은 프랑스와의 동맹으로 영국군을 물리치고 1783년 파리조약에서 독립을 승인받았다. O | X

파리조약(Treaty of Paris)은 대영제국과 미합중국과의 미국 독립 전쟁 이후 1783년 미국의 독립을 승인한 조약이다. 1783년 9월 3일, 영국과 미국 사이에 조인되어, 이듬해 비준되었다. 이 조약에 의해 미국은 완전한 독립국가가 되었고, 그 국경은 북으로는 오대호와 세인트로렌스강, 남쪽은 조지아의 남쪽 경계 및 북위 31도, 서쪽은 미시시피강으로 정해졌다. 또한 미국인에게는 뉴펀들랜드섬에 있어서의 어업권 및 미시시피강의 항해권이 인정되었다. 답 O

**003**
14. 외무영사직

베스트팔렌조약(1648)은 신성로마제국이 구교 세력과 맺은 피레네조약과 신교 세력과 맺은 위트레흐트조약의 통칭이다. O | X

피레네조약은 프랑스와 에스파냐 사이에 있던 1636년 이래의 전쟁을 종결시킨 평화조약(1659)이다. 한편, 위트레흐트조약은 1713~1715년 네덜란드 위트레흐트에서 에스파냐 계승전쟁을 종결시킨 조약을 의미한다. 베스트팔렌조약은 30년 종교전쟁을 종결한 평화조약이며, 칼뱅파의 종교적 자유를 인정하였다. 정치권력이 종교를 결정하고 국왕은 영토 내에서는 황제라는 원칙을 정하였다. 또한 내정불간섭과 주권평등의 근대적인 영토주권 개념이 국제적으로 승인되었다. 답 X

**004**
예상논점

30년 전쟁은 로마가톨릭교회를 따르는 국가들과 개신교를 따르는 국가들 사이에서 벌어진 종교전쟁이다.
O | X

30년 전쟁은 베스트팔렌조약을 통해 종결되었다.
답 ○

**005**
예상논점

30년 전쟁은 당초 신성로마제국과 보헤미아 사이의 종교전쟁이었으나 덴마크, 스웨덴, 프랑스, 스페인이 개신교도를 지원했다.
O | X

스페인은 가톨릭 세력을 지지하였다.
답 X

**006**
예상논점

30년 전쟁은 베스트팔렌조약으로 종결되었으며 이로써 근대국제체제가 형성되었다.
O | X

근대국제체제의 성립을 위해서는 군주들의 실질적인 주권이 전제되어야 한다. 그러한 주권에는 종교 선택의 자유가 포함된다. 베스트팔렌조약은 종교 선택의 자유를 보장함으로써 군주들의 권력을 강화시켜 결국 국가중심의 근대국제체제가 탄생한 것이다.
답 ○

**007**
예상논점

스페인 왕위계승전쟁은 스페인 왕위에 대한 합스부르크 왕가의 권리를 주장하기 위해 신성로마제국 황제 레오폴트 1세가 스페인 왕위의 계승권을 주장하면서 시작되었다.
O | X

스페인 왕위계승전쟁은 프랑스 황제가 스페인 황제를 겸하는 경우 유럽의 세력균형이 파괴될 우려가 있었고, 이를 저지하기 위해 영국이 개입한 전쟁이다.
답 ○

**008**
예상논점

스페인 왕위계승전쟁은 프랑스와 스페인이 동맹을 맺은 한편, 신성로마제국, 영국, 포르투갈 및 네덜란드공화국이 동맹을 맺어 대항하였다.
O | X

영국이 신성로마제국과 동맹을 맺음으로써 프랑스가 패한 측면이 있다.
답 ○

**009**
예상논점

스페인 왕위계승전쟁은 위트레흐트조약(1713)과 라슈타트조약(1714)을 통해 종결되었다.
O | X

스페인 왕위계승전쟁은 강화조약을 통해 종결되었다.
답 ○

**010**
예상논점

스페인 왕위계승전쟁 결과 펠리페 5세는 스페인의 왕좌를 지켰으나, 프랑스의 왕위는 계승할 수 없게 되었다.
O | X

스페인과 프랑스를 겸하여 통치하는 것을 저지하였다.
답 ○

**011**
예상논점

오스트리아는 이탈리아와 네덜란드에서 스페인이 소유한 영토의 대부분을 확보하게
되었다.                                                                    O | X

오스트리아 왕위계승전쟁 시 오스트리아의 영토가 팽창하였다.                    답 O

**012**
예상논점

오스트리아 왕위계승전쟁은 신성로마제국 황제이자 오스트리아의 대공 카를 6세가 사
망하면서 그의 딸 마리아 테레지아가 왕위를 계승하는 과정에서 발발하였다.
                                                                          O | X

프로이센은 마리아 테레지아의 왕위 계승을 인정하는 대신 슐레지엔 지역을 요구하면서
공격하였다.                                                                 답 O

**013**
예상논점

프랑스와 스페인이 프로이센을 지원하였고, 영국은 오스트리아를 지원하였다.
                                                                          O | X

오스트리아 왕위계승전쟁 시 영국은 오스트리아를 지원하였다.                    답 O

**014**
예상논점

오스트리아 왕위계승전쟁은 1748년 10월 아헨조약(엑스라샤펠조약)을 통해 종결되었다.
                                                                          O | X

오스트리아 왕위계승전쟁 후 마리아 테레지아의 왕위계승이 인정되었다.            답 O

**015**
예상논점

오스트리아 왕위계승전쟁 이후 프로이센은 경제적으로 발달한 산업지역인 슐레지엔을
획득함으로써 강대국으로 성장할 수 있는 토대를 마련하였다.                    O | X

추후 오스트리아는 슐레지엔을 되찾기 위해 프로이센을 공격하였으나 다시 패하였다.
                                                                          답 O

**016**
예상논점

오스트리아 왕위계승전쟁으로 통해 마리아 테레지아는 결국 오스트리아 왕위계승에
실패하였다.                                                                 O | X

오스트리아 왕위계승전쟁으로 마리아 테레지아는 결국 오스트리아 왕위계승에 성공하였다.
                                                                          답 X

## 제2절 빈체제

**017**
20. 외무영사직

나폴레옹 전쟁으로 인해 촉발된 약소국의 민족주의적 입장을 국경선 획정에 적극적으로 반영하였다.                O | X

유럽협조체제는 약소국의 입장은 반영되지 않고 강대국 간 세력균형에 집중한 체제이다. 이로 인해 19세기 유럽에서는 대대적인 민족주의 운동이 끊임없이 일어나게 되었다.
답 X

**018**
20. 외무영사직

전후 유럽의 새로운 질서를 구축하는 과정에서 대륙의 러시아 – 프로이센과 해양의 영국이 대립하였다.                O | X

러시아와 영국의 대립이 주축이었다. 프로이센은 상대적 약소국이었으므로 대립 축을 형성하기는 어려웠다.
답 X

**019**
20. 외무영사직

비엔나회의는 나폴레옹 전쟁의 전후 처리를 위해 19세기 초반에 열린 회의이다.                O | X

나폴레옹 전쟁의 전후 처리를 통해 유럽협조체제를 형성하였다.                답 O

**020**
20. 외무영사직

영국은 해양패권을 위해 대륙의 세력균형이 유지되는 방향으로 협상을 진행하였다.                O | X

영국은 대륙의 세력균형을 위해 이른바 '이중장벽정책'을 구사하였다. 즉, 중부유럽을 강화하여 프랑스와 러시아의 팽창을 동시에 막는다는 구상이었다.                답 O

**021**
19. 외무영사직

위트레흐트(Utrecht)조약으로 나폴레옹 전쟁이 종결되었고, 빈(Vienna)회의에서 협조체제에 대한 합의가 이루어졌다.                O | X

위트레흐트(Utrecht)조약은 스페인 왕위계승전쟁의 강화조약으로서 1713년 체결되었다.
답 X

**022**
19. 외무영사직

19세기 유럽협조체제에서 전승 연합국은 프랑스를 군주제로 복원시키고 강대국 대열로 합류시키는 데 동의하였다.                O | X

정통주의원칙이 적용되었으며, 프랑스는 1818년 엑스 라 사펠조약을 통해 강대국 지위를 회복하였다.                답 O

**023**

19. 외무영사직

19세기 유럽협조체제는 지역 안보에 위협이 될 수 있는 패권국의 등장을 저지하기 위해 세력균형을 도모하였다. O | X

유럽협조체제는 프랑스를 비롯한 유럽 대륙 국가들이 세력균형을 파괴하지 않도록 관리하는 데에 목적이 있다. 답 ○

**024**

예상논점

유럽협조체제란 나폴레옹 전쟁 전후 처리과정에서 형성된 유럽질서를 의미한다. O | X

유럽협조체제는 4국동맹이 전쟁에서 승리한 이후 재건된 유럽질서를 의미한다. 답 ○

**025**

예상논점

유럽협조체제의 형성은 세력균형원칙과 정통주의원칙에 기초하였다. O | X

세력균형원칙은 나폴레옹이 붕괴시킨 강대국 간 균형체제를 재건하는 것을 의미한다. 정통주의원칙은 전쟁 과정에서 폐위된 왕들을 복위시키는 것을 의미한다. 답 ○

**026**

예상논점

4국동맹조약(1815.11)은 쇼몽조약을 모체로 하여 형성되었으며 러시아 고립을 목표로 하였다. O | X

4국동맹은 영국, 러시아, 오스트리아, 프로이센이 가담하였으며, 프랑스 견제와 고립을 목표로 하였다. 답 X

**027**

예상논점

신성동맹(1815.9)은 오스트리아가 주도하여 러시아 및 프로이센과 체결된 것이다. O | X

신성동맹은 러시아가 주도하였다. 답 X

**028**

예상논점

유럽협조체제는 '회의외교'를 도입하여 강대국 간 문제를 회담을 통해 해결해 나가고자 하였다. O | X

4국동맹조약 제6조에 명시되었다. 답 ○

**029**

예상논점

트로파우회의(1820) 및 라이바하회의(1821)는 스페인 내란 문제를 해결하기 위한 회의외교이다. O | X

이탈리아 문제, 즉 이탈리아 반도에서 발생한 반 오스트리아혁명을 진압하고자 소집된 회의이다. 스페인 내란 문제는 베로나회의에서 다루어졌다. 답 X

**030**

예상논점

유럽협조체제는 이탈리아 및 독일 통일 이후 발발한 크림전쟁을 통해 결정적으로 붕괴하였다. O | X

크림전쟁이 이탈리아 및 독일 통일 전쟁보다 앞선다. 답 X

**031**
예상논점

나폴레옹전쟁에 대해 영국, 러시아, 오스트리아, 프로이센이 공동대응한 이유는 18세기 유럽 국제정치 질서의 지배이념으로 인식되고 있었던 '세력균형원칙'에 위배된다고 보았기 때문이다. O | X

세력균형원칙은 유럽국제체제 형성 이후 강대국 간 묵시적으로 합의된 원칙이었으나 프랑스가 이를 파괴함에 따라 개입하게 된 것이다. 답 O

**032**
예상논점

틸지트조약(1807.7)은 프랑스, 러시아 및 프로이센이 체결한 조약으로서 나폴레옹이 수립한 위성국들의 본래의 주권을 확인한 조약이다. O | X

틸지트조약은 위성국의 지위를 승인한 조약이다. 즉, 위성국들에게 주권을 회복시킨 조약은 아니다. 답 X

**033**
예상논점

쇼몽조약(1814.3)은 4국동맹조약의 모체가 된 조약으로서 영국, 러시아, 오스트리아, 이탈리아 4국 간 동맹관계를 공고화 하고자 하였다. O | X

이탈리아는 쇼몽조약의 당사자가 아니다. 프로이센이 포함된다. 답 X

**034**
예상논점

4국동맹조약은 프랑스의 재흥 방지를 목표로 하여 영국이 주도한 조약이다. O | X

영국은 나폴레옹전쟁 이후 새로운 패권국으로 부상하여 동맹조약을 주도하였다. 답 O

**035**
예상논점

빈회의 목표는 유럽의 국제정치를 전전의 질서로 복귀시키는 한편 러시아의 재흥을 방지하고 유럽의 세력균형을 도모하는 것이었다. O | X

빈회의는 프랑스의 재흥을 막는 것을 목표로 하였다. 답 X

**036**
예상논점

빈회의에서 영국의 목표는 유럽에서 세력균형을 형성하여 프랑스와 러시아를 동시에 견제하고자 하였으며, 이를 위해 중부유럽을 강화시키는 '이중장벽정책'을 구사하였다. O | X

중부유럽을 강화하기 위해 영국은 독일연방을 형성하였다. 또한 이탈리아에서 오스트리아의 지위를 강화하는 전략도 구사하였다. 답 O

**037**
예상논점

나폴레옹전쟁 이후 유럽대륙의 강자로 부상한 오스트리아는 중부유럽, 지중해, 북태평양으로의 적극적인 팽창정책을 추구하였다. O | X

팽창정책은 러시아의 정책이다. 오스트리아는 현상유지정책을 선호하였다. 답 X

**038**

예상논점

빈회의에서 프로이센의 가장 중요한 국가이익은 다민족으로 구성된 프로이센의 성격상 자유주의운동이나 민족주의운동이 발생하지 않도록 통제하여 현재의 국경을 유지하는 것이었다.  O | X

오스트리아의 입장에 대한 설명이다. 프로이센은 영토보상을 추구하는 것에 주력하였다.

답 X

**039**

예상논점

빈회의에서 독일 지역은 신성로마제국을 해체하고 34개의 군주와 4개 자유시로 구성된 독일 연방을 창설하였으며, 독일 연방의회 의장은 프로이센이 맡았다.  O | X

독일 연방의회 의장은 오스트리아가 맡았다.

답 X

**040**

예상논점

빈회의에서 오스트리아령 네덜란드(벨기에)와 홀란드 공화국(네덜란드)을 합쳐서 오렌지가(네덜란드)의 국왕이 통치하도록 하였다.  O | X

영국은 네덜란드를 강화하여 프랑스가 북부 유럽 지역으로 팽창하는 것을 막고자 하였다.

답 ○

**041**

예상논점

빈회의를 통해 오스트리아는 이탈리아 반도에서 롬바르디, 베네치아, 베니스 공화국을 흡수하였다.  O | X

중부 유럽을 강화하기 위해 오스트리아의 영토를 팽창시켜 준 것이다.

답 ○

**042**

예상논점

스위스는 1648년 뮌스터조약으로 독립국이 되어 중립을 유지해 왔으나 나폴레옹은 이를 점령하여 종속국으로 만들었다. 빈회의에서 스위스는 다시 영세중립국이 되었다.  O | X

뮌스터조약은 베스트팔렌조약의 다른 이름이다. 스위스는 1815년 영세중립국이 된 이후 현재까지 지위를 유지하고 있으며 2002년 UN에 가입하였다.

답 ○

**043**

예상논점

빈회의에서 러시아는 폴란드의 대부분 지역을 획득하였고, 폴란드는 1848년 2월 혁명 이후 러시아로부터 독립하였다.  O | X

폴란드는 제1차 세계대전 이후 독립하였다.

답 X

**044**

예상논점

신성동맹은 1815년 9월 26일 러시아, 프랑스, 프로이센 세 군주에 의해 형성되었으며, 추후 영국, 터키, 법왕을 제외하고 유럽의 주요 국가들이 모두 가입하였다.  O | X

신성동맹은 러시아 주도로 오스트리아와 프로이센이 참가하였다.

답 X

**045**
예상논점

신성동맹은 프로이센의 알렉산더 1세가 주도하였으며 러시아는 강화회담을 유리하게 이끌기 위해 프로이센의 제안에 동의하였다. O | X

신성동맹은 러시아의 알렉산더 1세가 주도하였다. 오스트리아와 프로이센은 왕정체제를 유지하고 있는 유사성을 고려하여 동참하였다. 답 X

**046**
예상논점

신성동맹조약은 유럽이 기독교의 가르침에 따라 지배되어야 하고 세 군주들이 상호간 원조해야 한다고 규정하였다. O | X

원조에 있어서 구체적 의무를 부과한 조약은 아니었다. 답 ○

**047**
예상논점

유럽질서 전개 과정에 있어서 신성동맹은 자유주의나 민족주의 운동에 공감하고 빈체제의 수정을 통해 약소국들의 입장을 지지하고자 하였다. O | X

신성동맹은 자유주의나 민족주의 운동을 철저하게 억압하였다. 답 X

**048**
예상논점

이탈리아반도의 민족주의운동에 대해 신성동맹 3국은 불간섭을 천명하였으나 오스트리아는 이에 반대하고 개입하여 민족주의운동을 제압하였다. O | X

신성동맹은 간섭을 천명하였다. 답 X

## 제3절 회의외교

**049**
예상논점

엑스 라 샤펠회의에서는 프랑스 내에 주둔하고 있던 연합군 군대의 철수 및 프랑스의 회의외교 참여가 결정되었다. O | X

프랑스가 회의외교에 참여하여 '오두정치체제'가 형성되었다. 답 ○

**050**
예상논점

트로파우회의(1820)와 라이바하회의(1821)는 이탈리아 반도에서의 반란문제를 다룬 회담으로서 이 회의에서 신성동맹 3국은 간섭을, 영국은 불간섭을 주장하여 의견이 대립되었다. O | X

오스트리아의 개입이 결정되었다. 답 ○

**051**
예상논점

라이바하회의(1821)에서는 러시아의 군사개입이 결정되었으며 나폴리 반란이 진압되고 전제군주제가 유지되었다. O | X

러시아가 아닌 오스트리아의 군사개입이 결정되었다. 답 X

**052**
예상논점

베로나회의(1822)는 스페인 내란 문제를 다룬 회담으로서 영국은 간섭을 강력하게 주장하였으나 프랑스는 유럽 열강의 협조체제가 남미의 스페인 식민지에까지 확대되는 것을 방지하고자 불간섭을 주장하였다.　　O | X

프랑스가 간섭을 강력하게 주장하였고, 영국은 불간섭을 주장하였다.　　답 X

**053**
예상논점

엑스 라 샤펠회의를 통해 프랑스가 4국동맹에 가담하여 5국동맹 또는 일반동맹으로 확대되었다.　　O | X

프랑스는 4국동맹이 아닌 회의외교에만 가담하였다.　　답 X

## 제4절  동방문제

**054**
예상논점

터키의 지배하에 있던 그리스는 18세기 후반부터 러시아의 후원으로 독립운동을 계속하였으며, 유럽 열강은 1830년 2월 3일 런던의정서를 체결하여 그리스의 독립을 승인하였다.　　O | X

그리스의 독립은 발칸반도의 일정 부분 현상 변경에 해당되었으나 영국은 대러시아 유화 정책의 일환으로 그리스의 독립을 승인하였다.　　답 O

**055**
예상논점

동방문제란 19세기 들어 오스트리아가 급격히 쇠락함에 따라 오스트리아 지배지역을 차지하기 위한 강대국 간 경쟁에 관련된 문제를 말한다.　　O | X

동방문제는 오스만터키의 약화에 따른 힘의 공백으로 발생한 문제이다.　　답 X

**056**
예상논점

러시아는 1699년 오스트리아와 카를로비츠조약을 체결하여 발칸반도 지역에서 세력범위를 설정하였고, 프랑스와 쿠츠크카이나로지조약을 체결하여 흑해자유항행권, 해협통과권, 콘스탄티노플에 그리스정교 교회 설립권을 획득하였다.　　O | X

쿠츠크카이나로지조약은 러시아와 터키가 체결한 조약이다. 러시아가 성지관할권을 갖게 되었다고 주장했던 조약이다. 크림전쟁 이후 파리강화조약에서 공식 폐기되었다.　　답 X

**057**
예상논점

영국은 기본적으로 오스만제국이 현상유지되는 것이 자국의 국가이익에 부합한다고 판단하였다.　　O | X

영국의 대륙정책은 기본적으로 세력균형 유지에 있었다. 오스만제국의 현상유지도 유럽의 세력균형 유지 차원에서 표방된 것이다.　　답 O

**058**
예상논점

러시아와 터키는 1828년 전쟁을 하였고 강화조약으로 아드리아노플조약(1829)을 체결하였다. 이 조약에서 터키는 러시아에게 해협의 자유통항권 등의 이익을 제공하는 한편 그리스의 독립을 승인하였다. O | X

아드리아노플조약을 체결한 것은 러시아가 지중해로 남하할 수 있는 배경이 되었다.
답 O

## 제5절 프랑스혁명

**059**
예상논점

빈체제에서 네덜란드에 병합되어 있었던 폴란드에서는 1830년 7월 혁명 이후 독립운동이 고조되었으며 유럽 열강은 1831년 런던회담을 통해 독립을 인정하는 한편 영세중립국으로 결정하였다. O | X

벨기에의 상황에 대한 설명이다. 벨기에는 빈체제의 수정이 강대국 간 합의를 통해 이루어진 사례이다.
답 X

**060**
예상논점

프랑스 7월 혁명(1830)에 대해 유럽 열강은 유럽 질서의 불안정을 우려하여 간섭하자는 주장이 우세하였고 러시아를 비롯한 신성동맹 가담국들이 간섭하여 혁명을 무산시켰다. O | X

7월 혁명에 대해 영국과 프로이센은 불간섭을, 러시아와 오스트리아는 간섭을 주장하였다. 그러나 러시아와 오스트리아가 간섭능력을 가지고 있는 것은 아니었다.
답 X

**061**
예상논점

프랑스 2월 혁명(1848)은 부르봉왕가의 보수주의정책에 대한 중산층의 반발로 발발하였다. O | X

7월 혁명에 대한 설명이다. 2월 혁명은 프롤레타리아가 주도한 혁명이다.
답 X

**062**
예상논점

2월 혁명의 파급효과로서 민족주의운동이 고조되었으며 결과적으로 벨기에의 독립이라는 성과를 보여 주었다. O | X

벨기에 독립은 7월 혁명 이후의 사건이다. 2월 혁명에서 특별히 독립을 달성한 국가는 없다.
답 X

**063**
예상논점

2월 혁명은 헝가리의 러시아로부터의 독립운동을 고취하였고 결과적으로 실패하였으나 독립에 가까운 지위를 인정받게 되었다. O | X

헝가리는 오스트리아로부터의 독립을 추진하였다.
답 X

## 제6절 크림전쟁

**064**

08. 외무영사직

크리미아전쟁을 종결지은 파리강화회의에는 영국, 프랑스, 러시아, 터키, 사르디니아 등 6개국이 참가하였고, 그 후 해협문제를 토의할 때 프로이센도 참석하였다.

O | X

프로이센은 중립을 선언하였으므로 전쟁당사국이 아니었다. 따라서 해협문제 토의에만 참가한 것이다.

답 O

**065**

08. 외무영사직

크리미아전쟁을 종결지은 파리회의에서 터키에 대한 러시아의 우월적 지위가 부정되었다.

O | X

러시아에게 성지관할권을 부여하였던 쿠츠크카이나르디조약이 폐기되면서 터키에 대한 러시아의 우월적 지위는 박탈되었다.

답 O

**066**

08. 외무영사직

크리미아전쟁을 종결지은 파리회의에서 영국의 세계적 지위가 강화되었다. O | X

영국은 크림전쟁에서 승리하여 러시아의 남하정책을 성공적으로 저지하고, 러시아와의 패권경쟁에서 보다 확고한 우위를 차지할 수 있었다.

답 O

**067**

08. 외무영사직

크리미아전쟁을 종결지은 파리회의에서 프랑스는 다뉴브공국들을 하나의 독립국가로 만들어 배타적으로 지배하게 되었다.

O | X

다뉴브공국은 몰다비아, 왈라키아를 의미한다. 두 공국에 대해 터키의 형식적인 지배가 유지되었으나, 실질적으로는 오스트리아의 영향하에 놓이게 되었다.

답 X

**068**

예상논점

크리미아전쟁은 터키 내 성지관할권 문제가 촉발요인이 되었다. 프랑스는 1774년 쿠츠크카이나르지조약을 통해 그리스정교에 대한 보호권을 획득하였고 크리미아전쟁 직전 사실상 팔레스타인 성지관할권을 보유하고 있었다.

O | X

프랑스가 아니라 러시아에 대한 설명이다.

답 X

**069**

예상논점

오스트리아는 경제적 이익을 수호하고 러시아의 팽창을 저지하기 위해서는 터키의 현상유지가 중요하다고 보고 터키와 러시아가 개전하는 경우 원조를 하기로 결정하였다.

O | X

영국의 입장에 대한 설명이다. 오스트리아는 초기 중립을 선포하였다.

답 X

**070**
예상논점

크림전쟁에 있어서 프랑스의 나폴레옹 3세는 성지관할권 문제를 제기하여 국내정치적 지지기반을 강화하고자 하였다.   O | X

당시 프랑스의 지배층은 가톨릭교를 신봉하는 중산층들이었다. 성지관할권 문제를 제기하여 이들의 지지를 받고자 한 것이다.   답 ○

**071**
예상논점

프로이센은 크림전쟁 과정에서 초기에 중립을 유지하였으나 이후 영국 및 프랑스와 동맹을 맺고 전쟁에 참전하였다.   O | X

종전까지 중립을 유지하였다.   답 X

**072**
예상논점

파리강화회의(1856)에서 다뉴브공국은 터키의 세력하에 두되 자치권을 인정하였고 열강의 집단적 보장하에 두기로 하였다.   O | X

다뉴브공국은 몰다비아와 왈라키아를 의미한다. 러시아와 오스트리아 간 분쟁지역이었다.   답 ○

**073**
예상논점

파리강화회의(1856)는 흑해중립화를 결정하였으며 이로써 러시아가 지중해 및 발칸에 진출하는 것을 저지하여 영국은 경쟁자인 러시아를 약화시킬 수 있었다.   O | X

흑해중립화란 러시아가 해안경비대를 제외하고는 흑해에서 군함을 기동하지 못하도록 한 것을 의미한다. 흑해를 통한 러시아의 남하를 원천 봉쇄한 것이다. 러시아는 추후 보불전쟁에서 중립을 지킨 대가로 흑해로의 진출이 허용되었다.   답 ○

**074**
예상논점

크림전쟁 과정에서 프로이센은 국제적 위신이 저하되고 국제적으로 고립되었다. 프로이센은 몰다비아와 왈라키아를 일시 점령함으로써 러시아를 배신하였고, 영국 및 프랑스와 동맹을 체결했음에도 불구하고 참전하지 않아 영국과 프랑스의 신뢰를 잃었다.   O | X

오스트리아에 대한 설명이다. 오스트리아의 오판은 추후 국력을 급격히 쇠락하게 하고 국제적으로 고립을 자초하게 되었다.   답 X

**075**
예상논점

파리강화회의에서는 쿠츠크카이나르지조약을 폐기하여 러시아의 터키 내정에 대한 간섭권 및 터키 내의 그리스정교회에 대한 보호권을 상실시켰다.   O | X

1774년 체결된 쿠츠크카이나르지조약은 러시아가 그리스정교회에 대한 보호권을 획득했던 조약이다.   답 ○

**076**
예상논점

파리강화회의에서는 다뉴브강의 자유항행을 인정하고, 자유항행에 관련된 문제를 다룰 국제위원회를 설치하였다. O | X

다뉴브강을 특정 국가, 특히 러시아가 지배하는 것을 막는 차원이었다. 답 O

**077**
예상논점

러시아는 현상타파를 추구하여 1871년 흑해중립화조항을 무력화하였으며 1877년 영국과의 전쟁을 통해 베사라비아 지방을 되찾았다. O | X

1877년 러시아는 영국이 아닌 터키와 전쟁을 하였다. 답 X

---

## 제7절 이탈리아통일

---

**078**
예상논점

이탈리아통일과정에서 사르디니아의 재상 가리발디는 실현가능한 대안을 만들고, 국제정세를 현실적으로 파악하여 실현 가능한 수단을 선택하여 이탈리아의 통일을 실현하였다. O | X

가리발디가 아니라 카부르이다. 프랑스와 오스트리아의 이탈리아반도에서의 대립을 활용해야 한다고 보았다. 카부르는 프랑스의 무력지원하에 통일을 전개해 나갔다. 답 X

**079**
예상논점

영국은 오스트리아의 약화로 이중장벽이 약화됨에 따라 프랑스의 지원에 의한 이탈리아 통일을 통해 이중장벽을 재건하기 위해 이탈리아의 통일 및 이를 위한 프랑스의 개입을 적극적으로 지지하였다. O | X

영국의 입장이 적극적 지원이라고 볼 수는 없다. 대륙에서 프랑스 세력이 강화되는 것을 우려하였으나 제2차 중국 침략을 앞에 두고 프랑스의 군사원조가 필요하였으므로 적극적으로 반대하지는 않았다. 답 X

**080**
예상논점

이탈리아통일과정에서 러시아는 오스트리아와 적대관계에 있었으므로 프랑스와 오스트리아가 개전하자 중립을 유지하였다. O | X

러시아와 오스트리아는 크림전쟁 과정에서 다뉴브공국 문제를 놓고 충돌하여 관계가 악화되었다. 답 O

**081**
예상논점

프랑스와 러시아는 플롱비에르협약(1859)을 체결하여 프랑스가 오스트리아와 개전하는 경우 프랑스에 우호적인 중립을 지키기로 합의하였다.  O | X

플롱비에르협약(1859)은 사르디니아와 프랑스 간 체결된 동맹조약이다. 공수동맹이다.

답 X

**082**
예상논점

빈체제에서 이탈리아는 9개 정치 단위로 구성되고 북부 이탈리아의 롬바르디아와 베네치아를 오스트리아가 지배하도록 하였으며, 중부의 투스카니, 파르마, 모데나공국은 프랑스가 통치하도록 하였다.  O | X

투스카니, 파르마, 모데나공국도 오스트리아가 실질적으로 지배하였다. 이탈리아 통일문제는 오스트리아를 이탈리아반도에서 축출하고 9개 정치 단위로 나눠진 이탈리아를 하나의 정치단위로 만드는 문제였다.

답 X

**083**
17. 외무영사직

이탈리아통일과 관련하여 마치니는 공화국 건설을 위하여 '청년 이탈리아'를 조직했다.  O | X

마찌니파는 통일운동세력 중 급진파에 속했다. 이탈리아반도에서 오스트리아 및 프랑스 등의 모든 외세를 배격하고 순수한 이탈리아 민족에 의한 국가 건설을 추진하였다.

답 O

**084**
17. 외무영사직

이탈리아통일 전개과정에 관련하여 1859년 솔페리노에서 프랑스와 사르디니아 연합군이 오스트리아군에게 승리했다.  O | X

동 전투에서 승리하였으나, 이후 전투가 교착상태에 들어가면서 나폴레옹 3세는 사르디니아와의 약속을 어기고 단독강화하였다.

답 O

**085**
17. 외무영사직

이탈리아통일과정에서 프로이센과 오스트리아 간 전쟁 중 이탈리아가 프로이센에 가담했고, 종전 후 베네치아를 얻었다.  O | X

이탈리아는 보오전쟁(1866)을 통해 베네치아를 수복하였다.

답 O

**086**
17. 외무영사직

이탈리아통일과정에서 프랑스와 프로이센 간 전쟁 중 이탈리아군이 로마로 진군했고 로마가 이탈리아에 통합되었다.  O | X

이탈리아는 보불전쟁(1870)을 통해 로마를 수복하여, 통일이 실질적으로 완성되었다.

답 O

외교사

제7편

해커스공무원 패권 국제정치학 단원별 핵심지문 OX

## 제8절 독일통일

**087**
예상논점

프로이센은 1834년 오스트리아를 포함하는 관세동맹을 형성함으로써 프로이센이 지지하였던 대독일주의 통일을 위한 경제적 기반을 형성하였다. O | X

관세동맹에서 오스트리아는 제외되었다. 답 X

**088**
예상논점

프로이센의 국왕 빌헬름 2세는 비스마르크를 수상으로 중용하여 통일을 위한 군사적 기반을 강화하는 '철혈정책'을 추진하였다. O | X

철혈정책은 빌헬름 1세가 비스마르크와 함께 추진하였다. 오스트리아의 영향력에서 벗어나기 위해서는 군비 증강이 긴요하다고 판단하였다. 답 X

**089**
예상논점

독일통일문제에 있어서 영국은 이탈리아통일과정에서 오스트리아의 패전으로 약화된 중부유럽을 강화하기 위해서는 독일통일이 필요하다고 생각하고 있었고, 러시아는 오스트리아에 대한 반감으로 프로이센의 통일전쟁에 우호적이었다. O | X

독일통일은 이와 같은 유리한 국제정세가 뒷받침되었다. 당시 패권국이었던 영국이 유럽의 세력균형을 위해 독일통일을 지지하였던 것이 상당히 중요한 변수였다. 답 O

**090**
예상논점

덴마크와의 전쟁에서 승리한 독일연방군은 엘베공국에 대한 세력권을 획정하였다. 오스트리와 프로이센은 가슈타인협정(1865)을 체결하여 슐레스비히공국은 오스트리아가, 홀스타인공국은 프로이센이 지배하기로 하였다. O | X

슐레스비히공국은 프로이센, 홀스타인공국은 오스트리아가 지배하기로 하였다. 답 X

**091**
예상논점

프로이센과 헝가리는 알벤스레벤협정(1863)을 체결하여 프로이센 영토 내로 도피하는 폴란드인의 추격을 헝가리에게 허용하였다. O | X

알벤스레벤협정은 프로이센과 러시아가 체결한 조약이다. 답 X

**092**
예상논점

프로이센과 오스트리아의 전쟁(1866)에서 프로이센은 세당전투(쾨니히그래츠전투)에서 대승을 거둠으로써 오스트리아를 배제한 통일을 달성하게 되었다. O | X

세당전투는 보불전쟁을 결정지은 전투로, 보오전쟁에서는 사도바전투가 옳다. 사도바전투는 쾨니히그래츠전투라고도 한다. 답 X

**093**
예상논점

오스트리아와 프로이센은 마인조약(1866)을 체결하여 강화하였으며, 마인조약에서 오스트리아는 독일연방을 해산하고 오스트리아가 참여하지 않는 새로운 독일의 조직을 인정하였다.　　　　　　　　　　　　　　　　　　　　　　　　　　O | X

마인조약이 아니라 프라하조약이다.　　　　　　　　　　　　　　　　　　답 X

**094**
예상논점

보불전쟁(1870)은 룩셈부르크 사건 및 짐머만전보 사건을 통해 독일 국민과 프랑스 국민 간 적대감이 고조됨으로써 발발하였다.　　　　　　　　　　　　　O | X

엠스전보 사건이다. 짐머만전보 사건은 독일이 멕시코에 동맹을 제의한 전보가 미국에 의해 해독된 사건이다. 미국의 제1차 세계대전 참전 여론을 형성하는 데 중요한 역할을 하였다.　　　　　　　　　　　　　　　　　　　　　　　　　　　답 X

**095**
예상논점

프랑스와 프로이센은 프랑크푸르트조약(1871)을 통해 강화하였으며 이 조약에서 프랑스는 알사스의 전부와 로렌의 일부를 프로이센에 할양하기로 하였다.　O | X

비스마르크가 알사스와 로렌 지역을 할양받은 것은 통일된 독일의 구심력을 강화하기 위해서는 독일 외부에 적을 설정할 필요가 있다고 판단하였다.　　　　　답 O

**096**
예상논점

이탈리아통일과 독일통일은 모두 프랑스혁명으로 고조된 민족주의 운동에 상당한 영향을 받았다.　　　　　　　　　　　　　　　　　　　　　　　　　　O | X

이탈리아와 독일 통일은 빈체제에서 무시된 민족주의와 자유주의 열망이 프랑스혁명에 의해 더욱 자극을 받아 성취되었다고 평가된다.　　　　　　　　　　　답 O

## 제1절 총설

**001**
09. 외무영사직

비스마르크체제는 유럽열강들의 식민지 쟁탈을 약화시켜 독일의 안전을 유지하고자 하였다. O | X

비스마르크는 강대국들의 관심을 유럽 외부로 돌리기 위해 타국들의 제국주의정책을 적극적으로 지지하였다. 답 X

**002**
09. 외무영사직

비스마르크체제는 프랑스의 고립과 러시아의 중립을 목표로 하였다. O | X

프랑스 고립을 위해 다중동맹망을 형성하는 한편, 러시아와 삼제협상이나 독러재보장조약을 체결하여 러시아와 프랑스의 동맹 형성을 방지하고자 하였다. 답 ○

**003**
09. 외무영사직

비스마르크체제는 집단안전보장적 성격을 가지고 있다. O | X

비스마르크체제가 집단안보체제라고 보기는 어렵다. 그러나, 잠재적 적대국들을 하나의 안보체제에 편입시켰다는 점에서는 집단안보체제로 볼 수 있다. 답 ○

**004**
예상논점

독일통일 이후 비스마르크는 독오동맹(1879)을 시작으로 삼제협상, 삼국동맹 등 다중동맹망을 형성하였다. O | X

독일통일 이후 삼제협상이 1873년에 맨 처음으로 형성되었다. 삼국동맹은 1882년 형성되었다. 답 X

**005**
예상논점

삼제협상을 통해 독일은 러시아나 오스트리아가 프랑스와 동맹을 맺는 것을 저지하고자 하였고, 러시아나 오스트리아는 발칸에서 유리한 입지를 구축함에 있어서 비스마르크의 지원을 기대하였다. O | X

삼제협상은 베를린회담과 예방전쟁 사건으로 약화되었으나 1881년 제2차 삼제협상으로 재건되었다. 답 ○

**006**
예상논점

영국은 1882년 독일 및 이탈리아와 동맹을 체결하여 지중해문제를 놓고 대립 중인 프랑스에 대한 공동대응체제를 구축하였다.　　　　　　　　　　　　　　O | X

삼국동맹은 1882년 독일, 이탈리아 및 오스트리아가 체결하였다. 독일은 이탈리아를 동맹체제에 포함시킴으로써 이탈리아와 프랑스의 동맹가능성을 차단하였다.　　답 X

**007**
예상논점

비스마르크동맹체제는 1890년 삼국동맹이 공식해체되면서 붕괴되기 시작하였다.　O | X

비스마르크동맹체제는 1887년 형성된 독일 – 러시아 재보장조약이 폐기되면서 붕괴되기 시작했다.　　　　　　　　　　　　　　　　　　　　　　　　　답 X

## 제2절　삼제협상

**008**
예상논점

삼제협상은 공수동맹이라기보다는 방어동맹으로서 체약국 중 일국이 공격을 받는 경우 다른 체약국은 군사적 원조의무를 부담하였다.　　　　　　　　　O | X

삼제협상은 확고한 동맹이라기보다는 느슨한 형태의 보수세력 간 결합이었다.　답 X

**009**
예상논점

산스테파노조약(1878.3.)은 러시아와 터키의 강화조약으로서 이 조약에서 불가리아는 흑해로부터 마케도니아를 거쳐 바르다를 지나 에게해의 살로니카까지 포함하는 광활한 지역을 보유하게 되었으며 이 지역을 러시아가 2년간 점령하기로 하였다.
　　　　　　　　　　　　　　　　　　　　　　　　　　　　　　　　O | X

이를 대불가리아라 한다. 이러한 러시아 구상은 베를린회담을 거치면서 무산되었다.
　　　　　　　　　　　　　　　　　　　　　　　　　　　　　　　　답 ○

**010**
예상논점

제2차 삼제협상(1881)에서 체약국 중 일국이 제4국과 전쟁을 하는 경우 다른 체약국들은 우호적인 중립을 지키기로 하였으나 터키와의 전쟁에는 적용하지 않기로 하였다.
　　　　　　　　　　　　　　　　　　　　　　　　　　　　　　　　O | X

터키와의 전쟁에도 우호적인 중립을 적용하였다.　　　　　　　　　　　답 X

**011**
예상논점

삼제협상체제에서 러시아는 독일이 오스트리아를 보다 우위에 둔 정책을 펴고 있다는 의구심을 가졌으며 이로써 독일이 추구하였던 독러재보장조약 체결에 동의하지 않았다.
　　　　　　　　　　　　　　　　　　　　　　　　　　　　　　　　O | X

그럼에도 불구하고 러시아는 프랑스와의 동맹은 시기상조라고 보고, 1887년 독러재보장조약을 체결하였다.　　　　　　　　　　　　　　　　　　　　　　　　답 X

## 제3절 베를린회의

**012**
예상논점

베를린회의(1878.6)에서 영국은 오토만제국의 현상유지를 지지하여 러시아가 산스테파노조약에서 터키와 합의한 대불가리아조항은 수락하되 러시아의 발칸반도로의 남하정책은 적극적으로 저지하고자 하였다. O | X

대불가리아조항은 세력균형을 변경시킬 위험이 있었으므로 영국은 이를 저지하고자 하였다. 답 X

**013**
예상논점

베를린회의(1878)에서 보스니아와 헤르체고비나는 프로이센이 점령하고 시정을 담당하되 오스트리아가 노비바쟈르 지방에 군대를 주둔하도록 하였다. O | X

오스트리아가 보스니아와 헤르체고비나 시정을 담당하기로 하였다. 답 X

**014**
예상논점

베를린회의(1878)에서 비스마르크의 태도에 러시아가 실망함으로써 제2차 삼제협상이 붕괴되었다. O | X

제1차 삼제협상이 붕괴되었다. 답 X

**015**
예상논점

베를린회의는 러시아 - 터키 전쟁(1877)에서 러시아가 승리한 이후 체결한 아드리아노플 강화조약에서 규정한 대불가리아조항이 발단이 되어 개최되었다. O | X

아드리아노플조약은 휴전조약이며, 강화조약은 산스테파노조약이다. 답 X

**016**
예상논점

영국의 발칸에 대한 기본 목표는 오토만제국의 분해를 저지하는 것이었으며, 이는 터키가 약화되어 러시아의 남하정책이 성공하게 되면 터키에 대한 영국의 상품 수출에 타격을 줄 우려가 있었기 때문이었다. O | X

그 밖에도 유럽의 세력균형을 유지하는 것과 지중해 제해권을 유지하는 것도 영국의 발칸에 대한 전략 목표였다. 답 O

## 제4절 삼국동맹

**017**

예상논점

독일, 오스트리아, 이탈리아는 삼국동맹(1882)을 체결하였으나 1890년 독일이 이 조약의 연장을 거부함으로써 종료되었다. O | X

삼국동맹은 1915년까지 유지되었다. 답 X

**018**

예상논점

이탈리아는 오스트리아 내에서 일고 있었던 '실지회복주의'로 인해서 자국이 오스트리아와 전쟁에 휘말리는 것을 회피하기 위해 삼국동맹(1882)을 형성하였다. O | X

발칸에서 영토보상을 추구하는 것도 이탈리아의 이익이었다. 답 ○

**019**

예상논점

튀니지 진출에 주력하던 이탈리아는 바르도조약(1881)을 통하여 영국이 튀니지를 보호국으로 삼자 장차 영국과의 전쟁 시 독일의 원조를 받기 위하여 삼국동맹(1882)에 가담하였다. O | X

프랑스가 튀니지를 보호국화하였다. 답 X

**020**

예상논점

이탈리아는 삼국동맹 체결 당시 로마문제 및 지중해 문제로 영국과 분쟁 중이었으므로 독일과 공동대응체제를 구축하고자 하였다. O | X

이탈리아는 프랑스와 분쟁 중이었다. 답 X

**021**

예상논점

제1차 삼국동맹조약(1882)에서 체약국은 다른 체약국에게 적대하는 동맹에 가담하지 않으며, 이탈리아가 프랑스의 공격을 받는 경우 다른 체약국은 이탈리아를 원조하고, 독일이 프랑스의 공격을 받는 경우 이탈리아에게 같은 의무를 부과하였다. O | X

방어동맹에 대한 내용이다. 동맹국이 제3국으로부터 공격을 받는 경우 원조의무가 발생하였다. 답 ○

## 제5절 | 지중해협정

**022**
예상논점

영국과 독일은 지중해협정(1887.2)을 체결하여 프랑스의 위협에 공동대응하기로 하였다.

O | X

지중해협정은 독일과 체결한 조약이 아니다. 답 X

**023**
예상논점

제1차 지중해협정은 영국, 오스트리아, 이탈리아, 스페인 상호간 지중해 문제에 대한 협조체제이다.

O | X

제1차 지중해협정은 프랑스의 위협에 대해 구축한 공조체제이다. 답 O

**024**
예상논점

제2차 지중해협정은 러시아의 남하정책에 대한 공조체제에 해당한다. O | X

러시아의 발칸반도에 대한 개입 강화정책에 대해 오스트리아, 영국, 이탈리아가 공조체제를 구축한 것이다. 답 O

**025**
예상논점

영국은 현상유지정책을 유지하고 있는 비스마르크의 대외정책 기조에 동의하였다.

O | X

영국과 비스마르크의 독일은 대외정책 기조가 유사하였기 때문에 안정적 관계를 유지할 수 있었다. 답 O

**026**
예상논점

독일은 영국을 보장체제 속에 포함시킴으로써 프랑스 고립을 보다 더 확고하게 할 수 있었다.

O | X

지중해협정을 통해 독일은 간접적으로 영국을 자국의 동맹망에 포섭하였다. 답 O

**027**
예상논점

발칸반도에서 경쟁하고 있었던 오스트리아와 러시아는 재보장조약(1887)을 체결하여 발칸반도에서의 현상 유지에 합의하였다.　　　　　　　　　　　　　　　　　　　O | X

재보장조약(1887)은 독일과 러시아가 체결하였다.　　　　　　　　　　　　　　답 X

**028**
예상논점

독러재보장조약은 제1차 삼제협상을 종료시킨 독일과 러시아가 오스트리아를 배제하고 양자 간 독자적으로 이해관계를 조정한 조약이다.　　　　　　　　　　　　　　O | X

독일과 러시아는 제2차 삼제협상을 종료시켰다.　　　　　　　　　　　　　　답 X

**029**
예상논점

독러재보장조약을 통해 독일을 러시아와의 관계를 개선하여 러시아가 프랑스에 접근하는 것을 방지하고자 하였다.　　　　　　　　　　　　　　　　　　　　O | X

러시아는 발칸반도에 대한 정책에 있어서 여전히 독일의 협조를 기대하였다.　　답 ○

**030**
예상논점

재보장조약은 양국 중 일국이 제3국과 전쟁을 하는 경우 타국은 우호적 중립을 지키기로 규정하였다.　　　　　　　　　　　　　　　　　　　　　　　　　　O | X

독일이 프랑스와, 러시아가 영국과 전쟁을 하는 경우 러시아와 독일은 각각 중립을 지키기로 한 것이다.　　　　　　　　　　　　　　　　　　　　　　　　　　답 ○

**031**
예상논점

독러재보장조약은 1890년 비스마르크(Bismarck)의 주장대로 종료되었다.　　O | X

비스마르크(Bismarck)는 재보장조약의 연장을 주장하였다. 빌헬름 2세의 의도대로 폐기된 것이다.　　　　　　　　　　　　　　　　　　　　　　　　　　　　답 X

# 제3장 삼국동맹과 삼국협상의 대립

m e m o

## 제1절 독일의 세계정책

**001**
예상논점

1888년 독일의 황제로 등극한 빌헬름 1세는 비스마르크시기와 달리 세계패권을 추구하는 '세계정책'을 적극적으로 추진하였다. O | X

세계정책은 빌헬름 2세의 정책이다. 답 X

**002**
예상논점

독일의 세계정책은 영국과 프랑스 등 주변 강대국들을 위협함으로써 독일과의 동맹관계 형성을 촉진하였다. O | X

영국은 대독일 봉쇄노선을 추진하였다. 답 X

**003**
예상논점

영국은 독일의 세계정책에 대해 처음부터 봉쇄정책을 구사하였다. O | X

영국은 처음에는 동맹을 제의하였으나 독일이 이를 거절하자 이후 봉쇄노선으로 전환하였다. 답 X

**004**
예상논점

독일은 1895년 삼국간섭에 러시아 및 영국과 함께 참여하여 요동반도를 청에 반환하도록 하는 성과를 거두었다. O | X

삼국간섭은 러시아의 주도로 프랑스, 독일이 참가하였다. 답 X

**005**
예상논점

독일제국 성립 이후 비스마르크(Bismarck)는 지속적이고 적극적인 제국주의정책을 구사하였으며 빌헬름 2세는 이를 승계하여 보다 포괄적인 제국주의정책을 전개하였다. O | X

비스마르크(Bismarck)는 제국주의정책에 소극적이었다. 답 X

**006**

예상논점

러시아와 프랑스는 1892년 군사동맹을 형성하였는데 이는 방어동맹이라기보다는 협상에 가까운 성격으로서 프랑스나 러시아가 독일이 공격을 받는 경우 상호 원조의무를 부담하지 않았다.

O | X

1892년 군사동맹은 방어동맹이다.

답 X

**007**

예상논점

러시아 군부 강경파는 독일과의 동맹을 추구하였으나 온건파의 입장에 따라 프랑스와 동맹을 형성하게 되었다.

O | X

군부 강경파는 프랑스와의 동맹을 주장하였다.

답 X

**008**

예상논점

러불협상조약에 의하면 프랑스가 독일 또는 이탈리아로부터, 러시아가 독일 또는 오스트리아로부터 공격을 받았을 때 양국은 전 병력을 사용하여 상호 지원해야 한다.

O | X

러불협상(1892)은 방어동맹이다. 단순한 협상이 아니다.

답 ○

**009**

예상논점

영국은 보불전쟁 이후 영국 군대의 비능률성과 국제적 고립을 통감하고 군사제도를 전반적으로 재편하는 한편, 고립정책에서 동맹정책으로의 전환을 추진하게 되었다.

O | X

보불전쟁이 아닌 보어(Boer)전쟁에 대한 설명이다.

답 X

**010**

예상논점

독일은 19세기 말 세계정책을 추진하면서 '2개국 기준(Two - Power Standard)'을 목표로 전격적인 해군력 강화를 도모하였다.

O | X

2개국 기준(Two - Power Standard)은 영국의 해군정책 기조이다.

답 X

**011**

예상논점

영국은 독일과의 해군교섭이 실패하자 독일과의 동맹체결노선을 포기하고 프랑스와 동맹을 통해 유럽에서 고립을 탈피하고자 영불협상(1904)을 체결하였다.

O | X

해군교섭과 동맹체결노선은 독일이 반대함으로써 폐기되었다.

답 ○

**012**
예상논점

영불협상에서 영국은 이집트를, 프랑스는 모로코를 각각 세력권을 설정하였으며, 프랑스가 독일로부터 공격을 받는 경우 군대를 동원하여 원조하기로 하였다.  O | X

영국과 프랑스는 방어동맹이 아니므로 침략을 당해도 원조의무는 없다.  답 X

**013**
예상논점

비스마르크 퇴임 이후 독일은 적극적인 제국주의 정책을 추진하였는데 이를 3C정책이라고 한다.  O | X

3C정책은 영국의 제국주의 정책이다. 3C는 Cairo – Capetown – Calcutta를 의미한다.  답 X

**014**
예상논점

영러협상(1907)에서 영국과 러시아는 페르시아 북부는 러시아가, 남부는 영국이 각각 지배하고, 중부지방은 중립화하기로 합의하였다.  O | X

그 밖에 아프가니스탄은 영국의 세력권으로 하였다.  답 O

**015**
예상논점

영러협상 성립에 있어서 영국은 인도방어 부담이 급증하고 있고 러시아가 약화됨에 따라 일본이 급격히 팽창정책을 추구하는 것을 저지할 필요가 있었다.  O | X

영국은 일본과 동맹관계(1902)를 형성하였으나 일본을 견제하기 위해 영러협상을 체결하였다.  답 O

**016**
예상논점

영러협상에서 영국은 아프가니스탄에서 러시아의 우월권을 인정하였다.  O | X

영국의 우월권을 인정하였다.  답 X

**017**
예상논점

영러협상에서 영국과 러시아는 티베트에 대한 청의 종주권을 약속하고 내정간섭이나 이권을 획득하지 않을 것을 약속하였다.  O | X

티베트에 대해서는 문호개방선언이 적용되었다.  답 O

**018**
예상논점

영러협상 성립으로 삼국협상이 성립되어 일본에 대한 포위망이 완성되었다.  O | X

독일에 대한 포위망이 완성되었다.  답 X

**019**
예상논점

제1차 모로코사태로 독일의 위협이 고조되자 프랑스와 영국은 영불협상을 체결하여 독일의 위협에 공동대응하고자 하였다. O | X

영불협상이 1904년에 먼저 체결되었다. 답 X

**020**
예상논점

제1차 모로코사태는 미국의 루스벨트(T. Roosvelt)의 중개로 알헤시라스협정(1906)이 체결됨으로써 일단락되었다. O | X

미국은 당시 제국주의를 표방하고 국제문제에 적극적으로 개입하고 있었다. 답 ○

**021**
예상논점

독일은 1911년 제2차 모로코 위기를 야기하여 프랑스와 모로코협정을 체결하였는데 이 조약에서 프랑스는 자국령인 모로코의 일부를 독일에 할양해 주었다. O | X

프랑스령 콩고의 일부를 할양해 주었다. 답 X

**022**
예상논점

제1차 모로코사태 이후 체결된 알헤시라스협정(1906)은 모로코의 주권, 영토보전 및 무역자유와 평등을 확인함으로서 프랑스의 모로코에 대한 지배권을 박탈하였다. O | X

알헤시라스협정(1906)은 프랑스의 모로코에 대한 지배권을 승인하였다. 답 X

**023**
예상논점

제1차 모로코사태가 전개되는 동안 이탈리아는 터키와 트리폴리전쟁을 치루고 트리폴리 병합에 성공하였다. O | X

이탈리아는 제2차 모로코사태 시기인 1911년에 트리폴리를 병합하였다. 답 X

## 제4절 보스니아-헤르체고비나 병합

**024**
예상논점

보스니아-헤르체고비나는 1878년 베를린회의에서 오스트리아와 헝가리에게는 시정권만 부여하였고 두 지역에 대한 명분상의 주권은 술탄에게 있었다. O | X

오스트리아에게 주권을 이양해 준 것은 아니다. 답 O

**025**
예상논점

오스트리아는 보스니아-헤르체고비나를 병합하여 세르비아와의 관계를 개선하고자 하였다. O | X

당시 오스트리아와 세르비아 관계는 악화되어 있었으며, 보스니아-헤르체고비나 병합은 그 관계를 더욱 악화시킬 수 있었다. 답 X

**026**
예상논점

영국은 오스트리아의 보스니아-헤르체고비나 병합을 승인하였다. O | X

영국은 이전의 합의에 따라 보스니아-헤르체고비나 병합을 승인한 것이다. 답 O

**027**
예상논점

독일은 발칸반도에서 러시아와 오스트리아의 갈등이 고조될 것을 우려하여 보스니아-헤르체고비나 병합에 반대하였다. O | X

독일은 병합을 적극적으로 찬성하는 입장이었다. 답 X

**028**
예상논점

이탈리아는 오스트리아의 병합 이후 영국과 라코니지 비밀조약(1909.10.)을 체결하여 트리폴리에서 이탈리아 지위를 영국으로부터 승인받게 되었다. O | X

라코니지 비밀조약은 이탈리아가 러시아와 체결한 조약이다. 답 X

**029**
예상논점

제1차 발칸전쟁(1912)에서 세르비아, 불가리아, 그리스, 러시아 4국이 동맹을 형성하여 터키에 대항하였다. O | X

러시아 대신 몬테네그로가 동맹에 포함된다. 터키로부터의 독립전쟁이다. 답 X

**030**
예상논점

제1차 발칸전쟁에서 4국동맹이 승리하였으며 런던회의(1913)로 제1차 발칸전쟁이 종결되었다. O | X

발칸전쟁 과정에서 알바니아에 대한 문제가 있었다. 이는 러시아와 오스트리아 관계를 악화시켰다. 답 ○

**031**
예상논점

제1차 발칸전쟁에서 4국동맹국은 알바니아를 점령하였으나 오스트리아의 개입을 우려한 러시아가 반대하여 알바니아는 독립을 유지할 수 있었다. O | X

러시아는 4국동맹의 알바니아 점령을 찬성하였다. 답 X

**032**
예상논점

제2차 발칸전쟁은 세르비아, 그리스, 루마니아, 및 터키가 동맹을 체결하여 불가리아에 대항한 전쟁이다. O | X

제2차 발칸전쟁은 불가리아가 지나치게 넓은 영토를 추구함에 따라 타국이 대항한 전쟁이다. 답 ○

**033**
예상논점

제2차 발칸전쟁은 부카레스트조약(1913.8.)을 통해 종결되었다. O | X

제2차 발칸전쟁에서는 세르비아 등이 불가리아에 대해 승리하였다. 답 ○

# 제4장 제1차 세계대전과 베르사유체제

memo

## 제1절 제1차 세계대전

**001**

16. 외무영사직

제1차 세계대전은 1914년 사라예보 사건으로 촉발되었다.　　　　　O | X

사라예보 사건은 세르비아 청년이 오스트리아 황태자 부부를 저격한 사건이다.　답 O

**002**

16. 외무영사직

제1차 세계대전에서 러시아, 영국, 프랑스는 세르비아 편에, 독일은 오스트리아 – 헝가리 편에 가담했다.　　　　　O | X

전쟁은 기본적으로 삼국협상과 삼국동맹의 대립으로 전개되었다. 삼국협상에는 러시아, 영국, 프랑스가 들어간다. 독일과 오스트리아는 1879년부터 동맹을 형성하고 있었다.
　답 O

**003**

16. 외무영사직

제1차 세계대전에서 이탈리아는 전쟁 초기에 독일, 오스트리아 – 헝가리 편에 가담했다가 전쟁 후기에 중립을 선언했다.　　　　　O | X

이탈리아는 전쟁 발발 직후 '중립'을 선언하였으나, 1915년 영국, 프랑스와 동맹을 맺고 협상 측으로 참전하였다.　답 X

**004**

16. 외무영사직

제1차 세계대전은 베르사유조약으로 종결되었다.　　　　　O | X

베르사유조약은 연합국들이 독일과 체결한 강화조약이다.　답 O

**005**

예상논점

1914년 6월 28일 사라예보 사건이 발생한 이후 독일은 '슐리펜계획'에 기초하여 오스트리아에 대한 지원을 망설였으나 오스트리아가 동맹공약의 이행을 강력히 요청하자 오스트리아를 지원하기로 결정하고 러시아와 프랑스에 선전포고하였다.　　　　　O | X

당시 독일은 오스트리아에 대한 전폭적 지지를 약속하고 있었다. 슐리펜계획은 독일이 보다 신속하게 전쟁에 개입하게 된 원인이 되기도 하였다.　답 X

**006**
예상논점

미국은 제1차 세계대전 개전 초기 중립을 유지하였으나, 독일군의 무제한잠수함 작전, 짐머만 전문 사건 등에 영향을 받아 참전을 결정하였다.  O | X

윌슨 대통령의 기본정책은 친영국적이어서 전쟁에 참전하기를 원했으나 여론은 중립을 지지하였다.  답 ○

**007**
예상논점

제1차 세계대전은 영국의 3C정책과 독일의 3B정책의 대립에서 기인하였다.  O | X

3B정책은 1880년부터 제1차 세계대전에 이르기까지 독일 제국주의가 내세웠던 근동정책이었다. 3B란 베를린, 비잔티움, 바그다드를 말하며 이 세 도시를 연결하는 철도를 부설하고 이 지역에 대한 정치적, 경제적 이권을 확보하려는 정책이었다. 독일의 3B정책은 영국의 3C정책을 위협하였으며 러시아의 발칸반도 및 지중해로의 남하정책이나 프랑스의 이권과 대립하는 것이어서 갈등의 원인이 되었다. 독일은 1910년대 초부터 유럽 각국과 근동 지역에 대해 타협을 시도했지만 성공하지 못했고 결국 제1차 세계대전의 빌미가 되고 말았다. 한편 영국의 3C정책이란 19세기 말 20세기 초 영국 제국주의의 기본 정책으로 남아프리카의 케이프타운, 이집트의 카이로, 인도의 캘거타를 말하며 이 지역을 연결하는 것이 영국의 전략적 야망이었다. 영국은 일찍이 식민지 경영에 나서 1858년 인도를 직접 통치하고 인도로 가는 교통로를 확보하기 위해 1875년 수에즈 운하의 주식을 사들이는 등 이집트에 대한 영향력을 강화하였다. 또한, 이집트의 카이로에서 남아프리카의 케이프타운까지 아프리카를 종단하려고 시도하였다. 그러나 영국의 3C정책은 독일의 3B정책과 충돌하게 되고 마침내는 제1차 세계대전으로 이어졌던 것이다.  답 ○

**008**
예상논점

제1차 세계대전 이전 러시아와 오스트리아는 발칸반도에서 러시아의 범슬라브민족주의와 오스트리아의 범게르만민족주의에 기초하여 대립하고 있었다.  O | X

발칸반도에서 범슬라브민족주의운동을 주도한 국가가 세르비아였다.  답 ○

**009**
예상논점

1914년 7월 28일 오스트리아가 세르비아에 선전포고하자 이탈리아는 이를 침략으로 규정하고 삼국동맹의 원조의무가 발생하지 않는다고 선언하면서 중립을 선포하였다.  O | X

이탈리아는 삼국동맹에 참여하고 있었으나, 동맹국 일원이 선제공격을 하는 경우에는 원조의무가 없고 중립의무만 있었다.  답 ○

**010**
예상논점

일본은 제1차 세계대전에 참전하면서 21개 조항을 중국에 제출하여 미국이 표방한 문호개방원칙을 적극적으로 지지하였다.  O | X

21개 조항은 중국의 영토주권을 침해하는 내용이 주로 규정되었다.  답 X

**011**
19. 외무영사직

벨푸어선언(1917)은 영국 정부가 팔레스타인 내에 하나의 유대인 향토를 세우는 것에 대해 호의를 보이고 있다고 선언한 것이다.  O | X

친이스라엘 발언으로서 미국이 제1차 세계대전에 참전할 수 있도록 유대인들의 여론을 불러일으키고자 한 것이었다.  답 ○

**012**
23. 외무영사직

영국과 프랑스는 '사이크스-피코 협정'을 통해 전쟁 후 팔레스타인 지역에 유대 국가를 창설하기로 합의하였다. O | X

사이크스-피코 협정은 레반트와 아라비아반도 일부 지역을 영국과 프랑스가 분할하여 통치하자는 협정으로 1916년 5월16일 양국은 정식으로 협정에 서명하였다. 전쟁 후 팔레스타인 지역에 유대 국가를 창설하겠다는 선언은 1917년 영국이 행한 '밸푸어 선언'이다.
답 X

**013**
21. 외무영사직

제1차 세계대전은 19세기 후반 이래 유럽동맹체제의 경직화가 주요한 개전 요인의 하나였다. O | X

제1차 세계대전 직전 유럽은 삼국동맹(독일, 오스트리아, 이탈리아)과 삼국협상(영국, 프랑스, 러시아)으로 양분되어 경직되었다.
답 O

**014**
21. 외무영사직

제1차 세계대전은 오스트리아 – 헝가리 제국의 민족문제가 주요한 개전 요인의 하나였다. O | X

1908년 오스트리아는 당시 세르비아가 러시아의 지원하에 주도하던 범슬라브민족주의 운동에 반하는 보스니아 · 헤르체고비나를 병합함으로써 1914년 6월 사라예보 사건이 발발하게 되었다.
답 O

**015**
22. 외무영사직

일본은 제1차 세계대전의 전승국으로 「베르사유조약」에 참여하여 산둥반도와 남양군도(미크로네시아)에 대한 독일의 이권을 양도받았다. O | X

일본은 독일이 패전하는 경우 독일이 지닌 이권을 양도받을 목적으로 제1차 세계대전에 참전하였다. 남양군도(미크로네시아)는 제1차 세계대전 이후 국제연맹이 일본 제국에 부여한 국제연맹 위임통치령이다. 위임통치령은 북태평양에 있는 섬들로 구성되었는데, 독일 식민제국 내에서 독일령 뉴기니의 일부였던 섬들이 제1차 세계대전 동안 일본에 의해 점령되어 국제연맹에 의해 일본의 위임통치가 인정되었다. 일본은 미국이 섬을 점령한 제2차 세계대전까지 일본 식민제국의 일부로서 이 섬들을 통치했다. 이후 유엔의 신탁통치령이 되었다가 독립했다. 현재는 팔라우, 북마리아나 제도, 미크로네시아 연방, 마셜 제도의 일부이다.
답 O

**016**
23. 외무영사직

제1차 세계대전 이후 국제연맹의 지도하에 산둥반도와 독일령 남양제도에 대한 일본의 위임통치가 결정되었다. O | X

산둥반도는 1922년 워싱턴조약을 통해 중국에 반환되었다. 남양군도는 일본이 1919년부터 1945년까지 위임통치하였다.
답 X

**017**

08. 외무영사직

1918년 윌슨(Woodrow Wilson)의 국제평화를 위한 '14개 조항'에는 군비축소와 방위목적 이외의 무력사용 금지, 해양 항행의 자유와 가능한 한 모든 경제적 무역장벽 철폐, 비밀외교 철폐와 공개외교 수립, 정치독립과 영토보전을 상호 보장하기 위한 국가들의 연합체 구성 등이 포함된다.　　O | X

14개 조항에는 군비축소에 대한 규정은 있으나, 무력사용 금지규정은 없다.　　답 X

**018**

예상논점

미국 주도로 창설된 국제연맹에 미국은 국내정치적 이유로 인해 가입하지 못했다.　　O | X

미국 상원은 전후 불황을 이유로 미국이 고립주의 정책을 유지한다고 보아 국제연맹 가입을 거부하였다.　　답 ○

**019**

예상논점

파리강화조약에서 독일의 전쟁책임을 인정하고 배상금을 결정하였다.　　O | X

배상금은 결정하지 못하였다. 영국과 프랑스의 독일의 지위에 대한 입장차가 있었기 때문이다. 프랑스는 접경국이었으므로 독일의 약화를 추구하였으나, 영국은 독일의 지나친 약화는 유럽의 세력균형을 위해 바람직하지 못하다고 생각하였다.　　답 X

**020**

예상논점

파리강화조약에서 단치히는 자유시로 하여 폴란드의 관리하에 두었다.　　O | X

제1차 세계대전 이후 독립한 폴란드를 위해 폴란드가 해양으로 진출할 수 있는 통로를 마련해 주고자 하는 전략이었다.　　답 ○

**021**

예상논점

파리강화조약에서 독일의 라인란트는 중립지역으로 하여 국제연맹의 관리하에 두었다.　　O | X

라인란트를 독일 영토로 하되 비무장화하기로 하였다.　　답 X

**022**

예상논점

윌슨(Wilson)의 14개 조항은 전쟁의 원인을 비밀외교, 보호무역, 세력균형, 민족주의의 억압 등에서 찾고 비밀외교 철폐, 해양자유와 자유무역주의, 집단안보체제 형성, 민족자결주의에 기초한 국경 재조정 등을 제시하였다.　　O | X

자유주의 사조에 기초하였다.　　답 ○

**023**

예상논점

윌슨(Wilson)의 14개 조항에 따르면 터키 내의 제 민족에게 자치권을 부여하고 다다넬스해협은 국제적인 보장하에 영구히 자유로운 항행을 허용한다.　　O | X

해협 폐쇄 여부를 놓고 열강의 각축이 있었던 것을 고려한 조항이다.　　답 ○

외교사

제7편

해커스공무원 패권 국제정치학 단원별 핵심지문 OX

**024**

예상논점

파리강화회의에서 프랑스는 독일의 복수전을 방지하기 위해 프랑스와 독일의 세력균형을 유지하는 데 주력하였다.　　　　　　　　　　　　　　　　　　O | X

프랑스는 독일의 세력 약화에 주력하였다.　　　　　　　　　　　　답 X

**025**

예상논점

윌슨(Wilson)은 영구평화를 위한 4개 원칙에서 세력균형은 영구히 부인되어야 하고 세력균형을 위한 인민의 주권 간의 이전은 금지되어야 한다고 하였다.　　O | X

윌슨(Wilson)은 세력균형이 평화를 유지하기보다는 세력균형을 위한 경쟁이 평화를 오히려 파괴한다고 평가하였다.　　　　　　　　　　　　　　　답 ○

**026**

예상논점

파리강화회의에서 미국, 프랑스 및 영국 간 합의에 의해 국제연맹이 창설되었다.
　　　　　　　　　　　　　　　　　　　　　　　　　　　　　O | X

프랑스 및 영국은 국제연맹에 대해서는 비우호적이었다. 이들은 미국과의 동맹을 통해 전후 질서를 유지하기를 희망하였으나 미국의 거부로 성사되지 않았다.　답 X

**027**

예상논점

베르사유체제는 제2차 세계대전 발발로 붕괴되었다.　　　　　　　　O | X

베르사유체제는 집단안보체제의 무력성, 유럽국들의 유화정책, 미국의 고립정책, 경제 대공황 등이 결합하여 제2차 세계대전이 발발하면서 붕괴되었다.　　답 ○

**028**

21. 외무영사직

제1차 세계대전 종전 후 윌슨의 이상주의에 의해 국제연맹이 수립되었다.　O | X

윌슨은 제1차 세계대전이 세력균형을 위한 경쟁과 비밀외교 등에 있다고 진단하고 세력균형을 대체하기 위해 국제연맹과 집단안전보장제도를 창안하였다.　답 ○

**029**

21. 외무영사직

제1차 세계대전이후 베르사유 조약에 의해서 오스만제국이 해체되었다.　O | X

베르사유조약은 삼국협상측이 독일과 체결한 강화조약이다. 독일의 영토축소 및 군비제한 등을 규정하였다. 오스만제국해체는 삼국협상측이 오스만제국과 체결한 '쎌부르 조약'에 기초하였다.　　　　　　　　　　　　　　　　　　　　　답 X

**030**

23. 외무영사직

제1차 세계대전 이후 로잔 조약을 통해 튀르키예는 동부 트레이스를, 그리스는 임브로스와 테네도스를 제외한 에게 제도(Aegean Islands)를 보유하기로 하였다.　O | X

로잔 조약(Treaty of Lausanne)은 1923년 7월 24일에 터키 공화국이 수립된 후에 스위스 로잔에서 터키와 연합국이 기존 강화조약인 세브르 조약을 대체하여 체결한 조약이다. 그리스와 튀르키예의 전쟁 이후 체결한 강화조약이기도 하다. 로잔조약을 통해 그리스와 터키의 국경선이 획정되었다. 튀르키예는 동부 트레이스를, 그리스는 임브로스와 테네도스를 제외한 에게 제도(Aegean Islands)를 보유하기로 하였다.　　　답 ○

**031**

23. 외무영사직

제1차 세계대전 이후 베르사유 조약을 통해 프랑스는 알자스-로렌, 자르, 란다우를 회복하였다.　　　　　　　　　　　　　　　　　　　　　O | X

자르지역은 국제연맹의 위임통치지역으로 규정하였다. 이후 투표를 통해 그 귀속을 결정하기로 하였다.　　　　　　　　　　　　　　　　　　　　　답 X

## 제3절　로카르노체제

**032**

14. 외무영사직

1925년 체결된 로카르노조약은 영국의 제안으로 시작되었다.　　O | X

로카르노조약은 이행정책을 추진하였던 '독일'의 스트레제만(Stresemann)에 의해 제안되었고, 유럽의 세력균형을 추구하던 영국이 수락하면서 성사되었다. 프랑스 – 독일 간과 벨기에 – 독일 간 국경의 현상 유지를 보장한다는 내용을 담고 있으며 이 조약을 통해 독일은 국제연맹의 상임이사국이 되는 기반을 마련하였다.　　　　　　　　答 X

**033**

14. 외무영사직

로카르노조약 체결로 제1차 세계대전은 완전히 종식되었다.　　O | X

로카르노조약이 제1차 세계대전의 강화조약은 아니나, 로카르노조약을 통해 독일이 패전국 지위에서 벗어나고 연맹이사국 지위를 취득하게 된 점을 고려하면 정치적 차원에서 제1차 세계대전을 완전히 종식시킨 것으로 평가될 수 있다.　　　　　　答 ○

**034**

예상논점

1923년 외상에 취임한 스트레제만(Stresemann)은 이행정책 대신 수동적 저항정책을 채택하여 영국의 우호적인 감정을 끌어내는 데 성공함에 따라 로카르노체제 형성을 추진하였다.　　　　　　　　　　　　　　　　　　　　　O | X

스트레제만(Stresemann)은 이행정책을 채택하였다.　　　　　　답 X

**035**

예상논점

영국은 독일이 프랑스와 동맹을 형성하여 자국을 위협하는 것을 차단하기 위해 로카르노체제 형성에 동의하였다.　　　　　　　　　　　　　　　　O | X

영국은 독일이 소련과 동맹을 맺는 것을 저지하고자 하였다.　　답 X

**036**

예상논점

로카르노회담에서 영국, 프랑스, 독일, 이탈리아, 벨기에는 5개국 조약을 체결하여 프랑스, 독일, 벨기에는 국경선의 현상을 유지하고 이에 대해 영국과 이탈리아가 보장하기로 하였다.　　　　　　　　　　　　　　　　　　　　O | X

로카르노체제의 근간이 되는 5개국 조약이다.　　　　　　　　답 ○

**037**
예상논점

로카르노회담에서 독일의 동부 국경에 대한 보장이 마련되지 않자 영국은 독일이 유럽의 세력균형을 파괴하는 것을 저지하기 위해 독일 동부의 폴란드 및 체코슬로바키아와 상호보장조약을 체결하였다. O | X

프랑스가 상호보장조약을 체결하였다. 답 X

**038**
예상논점

로카르노회담 이후 독일은 국제연맹에 가입하고 상임이사국이 됨으로써 패전국의 법적 지위에서 탈피하고 국제사회에 정식으로 복귀되었다. O | X

스트레제만(Stresemann)의 이행정책이 일정 부분 성공을 거둔 것으로 평가할 수 있다. 답 O

## 제4절 부전조약

**039**
예상논점

미국은 프랑스와의 관계 개선을 위해 프랑스에 대해 부전조약을 제안하였다. O | X

부전조약은 프랑스가 제안하였다. 답 X

**040**
예상논점

부전조약에 대해 프랑스는 다자조약을, 미국은 양자조약을 주장하였다. O | X

프랑스는 양자조약을 희망하였으나, 미국이 다자조약으로 할 것을 주장하였다. 답 X

**041**
예상논점

부전조약은 최초로 국가 간 전쟁을 제한하였다. O | X

전쟁을 '금지'한 것이다. 국제연맹규약은 전쟁을 '제한'하였다. 답 X

**042**
예상논점

국제연합헌장은 최초로 무력사용 및 위협을 포괄적으로 금지하였다. O | X

전쟁보다 무력사용이 더 넓은 개념이다. 전쟁을 포함하여 전쟁이 아닌 무력사용도 금지되었다. 답 O

**043**
예상논점

부전조약에 미국은 가입하였으나 소련은 가입하지 않았다. O | X

부전조약에 소련도 가입하였다. 1928년 당시에는 소련과 미국 모두 국제연맹에 가입하지 않고 있었다. 답 X

**044**
예상논점

히틀러의 독일이 1935년 재군비를 결정하자 영국, 프랑스, 이탈리아는 '스트레자합의'를 통해 독일이 세력균형을 파괴하지 않는 범위 내에서 독일의 재군비를 승인하였다.
O | X

스트레자합의는 독일에 대한 강경책이다. 동 합의는 세 나라의 이해관계 불일치로 적극적으로 구사된 것은 아니다.
답 X

**045**
예상논점

독일이 1936년 라인란트에 진주하여 로카르노체제를 위협하자 영국은 이탈리아와 함께 조약 위반임을 강력하게 비난하고 라인란트 비무장의무의 준수를 촉구하였다.
O | X

영국과 이탈리아는 독일의 라인란트 진주를 승인하였다.
답 X

**046**
예상논점

히틀러(Hitler)의 대외정책은 스파이크만(Spykman)의 지정학설인 '주변지대가설'에 기초한 것이었다.
O | X

히틀러(Hitler)의 대외정책은 하우스호퍼(Haushofer)의 생존공간론에 바탕을 둔 것이다.
답 X

**047**
예상논점

영국은 독일의 잠수함 보유에 대해 베르사유조약 위반임을 강력하게 항의하였다.
O | X

영국과 독일의 잠수함 보유 비율을 35 : 100으로 유지한다는 조건하에 영국은 승인하였다.
답 X

**048**
예상논점

히틀러(Hitler)는 1938년 오스트리아를 병합하였고 영국은 이를 승인하였다.
O | X

영국의 유화정책의 사례이다.
답 O

**049**
18. 외무영사직

독일 - 오스트리아 관세동맹(1931.3.14.)에서 양국은 관세 행정을 각각 독자적으로 운영하되 관세율과 관세 관계 법령들을 통일하고 모든 관세 장벽을 철폐하기로 하였다.
O | X

독일이 오스트리아 경제를 지배하고자 체결한 것이다.
답 O

**050**
18. 외무영사직

1933년 10월 히틀러는 독일을 군사강국으로 재건하기 위해 국제연맹을 탈퇴하였다. 탈퇴선언 이후 국민투표를 통해 95%의 지지를 확보하였다.
O | X

독일은 일본에 이어 두 번째로 국제연맹을 탈퇴하였다.
답 O

**051**

18. 외무영사직

베르사유회의에서 자르 지방은 15년 동안 국제연맹 이사회가 관할하고 이후 국민투표에 부쳐 그 귀속을 결정하도록 하였다. 1935년 1월 13일 국민투표가 실시되어 90%의 주민이 독일로의 귀속을 희망하였다. 국제연맹이사회는 3월 1일, 자르의 독일 귀속을 결정하였다. O | X

자르 지역이 독일로 귀속되었다. 답 O

## 제6절 뮌헨협정

**052**

예상논점

영국, 프랑스, 독일, 이탈리아 4국은 뮌헨협정을 체결하여 독일에게 쥬데텐을 할양해 주었다. O | X

뮌헨회담은 대독일 유화정책의 상징이다. 답 O

**053**

예상논점

독일의 체코병합(1939.3) 이후 영국의 체임벌린 내각은 독일에 대한 유화정책을 보다 적극적으로 전개하여 독일의 위협을 약화시키고자 하였다. O | X

체코병합 이후 영국의 정책은 유화정책에서 봉쇄정책으로 전환되었다. 답 X

**054**

예상논점

뮌헨회담에서 영국은 세력균형을 위해 독일의 적절한 부상을 용인함으로써 유화정책을 구사하였다. O | X

영국이 대독일 유화정책을 구사한 이유는 많다. 유럽의 세력균형 유지가 1차적 이유였다. 그 밖에도 당시 대공황으로 영국이 독일을 적극적으로 봉쇄할 능력이나 의사가 약했다. 또한 대공황 극복을 위해서는 독일 시장이 긴요하다고 판단한 측면도 있었다. 답 O

**055**

예상논점

1930년대 이탈리아의 대독일 정책은 기본적으로 봉쇄정책에 입각하고 있었다. O | X

이탈리아는 유화정책 기조를 유지하고 있었다. 이탈리아는 자국의 이디오피아 병합에 대한 독일의 승인을 추구하였다. 답 X

**056**

예상논점

뮌헨회담에서 히틀러의 요구대로 체코 내의 폴란드, 헝가리 소수민족 문제를 해결하여 관련국가에게 할양을 약속하였고, 이에 대해 독일과 소련이 보장하기로 하였다. O | X

독일과 이탈리아가 뮌헨회담의 보장국이었다. 답 X

**057**
예상논점

소련은 뮌헨회담 이후 영국 및 프랑스가 독일로 하여금 볼세비즘 확산을 저지하는 방파제 역할을 하게하고 결국 독일로 하여금 소련을 침공하게 할지도 모른다는 의구심을 갖고 있었다.

O | X

이러한 소련의 판단은 오판이었다. 제2차 세계대전에서 영국, 프랑스, 소련은 동맹을 맺고 독일에 공동 대응하였다.

답 ○

**058**
예상논점

독일은 소련의 중립을 확보하는 경우 영국이나 프랑스가 폴란드에 대한 군사지원을 단념할 것으로 판단하였다.

O | X

독일의 오판이었다. 히틀러(Hitler)의 현상타파의지를 간파한 영국은 독일에 대해 적극적인 봉쇄 노선을 추진하고 있었다. 따라서 소련의 중립이 확보된다고 해도 독일을 저지하기 위해 개입할 의사가 있었다.

답 ○

**059**
예상논점

독소불가침조약에 의하면 양국은 상호 적대적인 행위를 하지 않으며 양국 중 1국이 제3국과 전쟁을 하는 경우 타국은 그 제3국을 어떠한 형태로든 지원하지 않는다.

O | X

불가침조약은 상호불가침과 동맹국의 제3국 침략에 대해서는 우호적 중립을 약속하는 조약이다.

답 ○

**060**
예상논점

독소불가침조약에서 핀란드와 라트비아는 소련의, 리투아니아 및 에스토니아는 독일의 세력권으로 합의하였다.

O | X

에스토니아도 소련의 세력권으로 합의하였다.

답 X

**061**
예상논점

저비스(R. Jervis)에 의하면 독소불가침조약 체결에는 독일과 소련의 '오판'이 중대한 역할을 하였다.

O | X

소련은 자국이 고립되어 있다고 오판하였고, 독일은 소련을 중립화시키는 경우 영국이 참전하지 않을 것이라고 오판하였다.

답 ○

# 제5장 제2차 세계대전과 얄타체제

## 제1절 제2차 세계대전

**001**
07. 외무영사직

제2차 세계대전의 발발원인에는 베르사유에서 이루어진 영토처리에 따라 패전국에게 가해진 가혹한 배상문제와 이에 대한 불만이 있었다. O | X

이러한 독일 민족의 불만이 히틀러(Hitler)와 같은 극우파가 자랄 수 있는 토양이 되었다고 평가된다. 답 O

**002**
07. 외무영사직

제2차 세계대전은 당시의 불안한 유럽 정치경제상황과 맞물려 급속하게 전개된 극우 이념과 극단적인 민족주의 운동이 원인이 되었다. O | X

1930년대 경제공황은 영국의 대독일 유화정책의 하나의 요인이 되었다. 그리고 이러한 유화정책이 독일의 현상타파 의도를 적절하게 견제하지 못하는 원인 되었고 결국 제2차 세계대전까지 이어지게 되었다. 답 O

**003**
예상논점

국제연맹의 집단안보체제에 미국이 참여하지 않은 것은 집단안보체제가 작동하지 못한 중요한 요인 중 하나였다. O | X

미국은 당시 사실상 패권국이었으므로 미국의 불참은 국제연맹의 작동을 어렵게 하였다. 답 O

**004**
예상논점

1930년대 경제공황이 발생하자 영국을 비롯한 주요국들은 대공황이 확대되는 것을 막기 위해 자유무역정책을 구사하였다. O | X

주요국들은 보호무역정책을 구사하였고, 이것이 대공황을 더욱 심화시켰다. 당시 국가들은 경쟁적 평가절하정책이나 경쟁적 관세인상정책과 같은 보호정책을 시행하였다. 답 X

**005**
예상논점

킨들버거(C. kindleberger)에 의하면 경제대공황은 패권을 행사할 수 있는 능력이 있는 영국이 지도력을 방기한 것이 주요 원인이었다. O | X

영국은 패권을 행사할 의사가 있었으나 능력이 없었다. 미국은 패권을 행사할 수 있는 능력은 있었으나 의사가 없었다. 답 X

**006**
예상논점

제2차 세계대전 전개과정에서 독일과 일본, 이탈리아는 삼국동맹(1940.9.)을 형성하여 미국을 견제하고자 하였으나 오히려 미국의 참전을 앞당기는 결과를 가져왔다.

O | X

미국은 일본이 동아시아에서 더욱 부상하여 자국의 세력권을 침해할지도 모른다는 우려를 갖고 참전하게 되었다.

답 O

## 제2절  제2차 세계대전 이후 국제질서

**007**
12. 외무영사직

포츠담(Potsdam)회의(1945.7.)에서 독일에 조속히 중앙정부를 설치해 연합국과 함께 군비해제와 비무장화 등을 추진할 것을 합의하였다.

O | X

당분간 독일에는 중앙정부를 두지 않고 독일을 단일 단위로서 다루며, 분할을 궁극의 방침으로 하지 않는다고 하였다.

답 X

**008**
12. 외무영사직

포츠담(Potsdam)회의(1945.7.)에서 5개국 외상으로 구성되는 이사회를 설치해 독일의 동맹국들이었던 핀란드, 루마니아, 이탈리아, 불가리아, 헝가리와의 평화조약 체결문제를 담당하도록 하였다.

O | X

포츠담(Potsdam)회담에서는 독일 문제를 다룬 포츠담협정과 일본 문제를 다룬 포츠담선언이 각각 채택되었다.

답 O

**009**
12. 외무영사직

포츠담(Potsdam)회의(1945.7.)에서 독일을 미·영·소·불 4개국이 점령한다는 원칙에 최초로 합의하였다.

O | X

독일의 분할점령은 얄타회담에서 최초로 합의되었다.

답 X

**010**
12. 외무영사직

포츠담(Potsdam)회의(1945.7.)에서 유럽 자문이사회의 설립, 국제기구의 창설, 오스트리아 독립 등 주요한 사항에 합의하였다.

O | X

모스크바회담(1943.10.)의 합의사항들이다. 모스크바회담 이후 발표된 모스크바선언은 일반적 안전보장에 관한 선언, 이탈리아에 관한 선언, 오스트리아에 관한 선언, 독일에 관한 선언 등이 포함되어 있다. 오스트리아에 관한 선언에서 독일의 오스트리아 강제병합은 무효임이 선언되었다.

답 X

**011**
22. 외무영사직

1945년 미국의 원폭투하 이후, 스탈린은 포츠담회담을 근거로 일본에 대해 선전포고를 하였다.

O | X

스탈린의 대일전 참전은 1945년 2월 얄타회담에서 최종 결정되었다.

답 X

**012**

10. 외무영사직

제2차 세계대전 중 이루어진 얄타회담은 1945년 2월 소련의 얄타에서 미·영·소 3국 수뇌가 가진 회담으로서 독일을 미·영·소 3개국이 점령한다는 원칙에 합의하였다.

O | X

독일은 미·영·프·소 4개국이 분할 점령하기로 합의하였다. 그 밖에도 소련이 대일본전에 참여하면 일본이 점령했던 사할린 남부와 쿠릴열도를 소련이 차지하기로 하는 한편, 한반도는 미·영·소·중 4국이 신탁통치를 하기로 하였다.

답 X

**013**

예상논점

미국, 영국, 소련은 모스크바선언(1943.10.)을 통해 국제연합의 창설을 선언하였다.

O | X

모스크바선언을 제2차 세계대전 중인 1943년 10월 19일 ~ 30일, 전후(戰後) 처리에 관한 의견조정을 위하여 모스크바에서 개최한 미국·영국·소련 3국의 외무장관회담(모스크바회담)에서 발표한 선언을 의미한다. 일반적 안전보장에 관한 4국선언, 이탈리아에 관한 선언, 오스트리아에 관한 선언, 독일의 잔학행위 및 히틀러파(派)의 책임에 관한 선언 등이 포함되어 있다. 최초의 '4국선언'에는 미국·영국·소련의 3국 외무장관 외에 중국대사도 참가하여 서명하였다. 국제연합 창설, 유럽자문위원회 설치, 이탈리아 파시즘 제거, 독일의 오스트리아 병합 무효, 히틀러(Hitler) 일당에 대한 처벌 등을 선언하였다.

답 O

**014**

예상논점

미국, 영국, 소련 정상은 테헤란회담(1943.11)에서 노르망디상륙작전에 합의하였다.

O | X

테헤란회담은 미국의 루스벨트, 영국의 처칠, 소련의 스탈린 간 개최된 회담이다. 3국의 협력과 전쟁수행의 의지를 표명하고 이란의 독립과 주권·영토의 보전을 약속하였다. 이 회담에서 가장 중요한 의제는 독일에 대한 작전이었고, 스탈린이 주장하는 북프랑스 상륙작전과 처칠이 주장하는 지중해작전 중에서 하나를 선택하는 것이었는데, 결국 1944년 5월 북프랑스 상륙작전을 감행하기로 결정하고 작전수행을 위한 총사령관으로 아이젠하워의 임명을 결정하였다. 회담 초에 스탈린은 독일 패배 후의 대일(對日) 참전의사를 밝혔으며, 유고슬라비아의 티토에 대한 원조문제도 합의하였다.

답 O

**015**

예상논점

미국과 영국은 대서양헌장(1941.8)에서 항구적이며 전반적인 안전보장제도를 확립하기로 하여 UN 창설에 합의하였다.

O | X

제2차 세계대전 후의 세계 국민복지와 평화 등에 관한 양국 정책의 공통원칙을 정한 것이다. 영토 팽창 거부, 주민의 정치체제 선택권 존중, 노동조건 개선, 나치독일 파괴, 공해 자유항행, 침략위협국의 무장 해제, 항구적이며 전반적인 안전보장제도의 확립 등에 합의하였다.

답 O

**016**

예상논점

덤바튼오우크스회의(1944)에서는 UN 창설의 최대 걸림돌로 평가되었던 거부권 문제를 타결지었다.

O | X

거부권 문제는 얄타회담에서 타결되었다.

답 X

**017**
18. 외무영사직

1945년 포츠담선언은 카이로선언의 이행을 촉구하였고 2차대전 후 일본의 영토 범위를 명시하였다. O | X

일본에 대한 선언이다. 일본의 무조건 항복을 요구하였다. 답 O

**018**
18. 외무영사직

1945년 포츠담선언에서 한국의 독립 문제가 최초로 거론되었다. O | X

카이로선언(1943)의 내용이다. 답 X

**019**
18. 외무영사직

1945년 포츠담선언은 일본의 무조건적인 항복을 요구하였다. O | X

일본은 무조건적인 항복 요구를 받아들이지 않았다. 답 O

**020**
18. 외무영사직

1945년 포츠담선언은 미국, 영국, 중국 3국에 의해 발표되었다. O | X

소련이 대일전에 참전하기 전이므로 소련은 포함되지 않는다. 답 O

외교사

제7편

해커스공무원 패권 국제정치학 단원별 핵심지문 OX

## 제1절 냉전체제 형성(1940년대)

**001**
16. 외무영사직

냉전 형성기에 미국은 마샬계획, 봉쇄정책, 베를린봉쇄, 애치슨선언 등의 정책을 주도
하였다.                                                                          O | X

마샬계획은 유럽부흥을 위한 미국의 대규모 원조계획을 말한다. 봉쇄정책은 트루먼 독트
린(1947.3)으로 상징되는 정책으로서 소련의 팽창을 저지하는 정책이다. 베를린봉쇄는
소련이 주도한 외교정책이다. 미국, 영국, 프랑스가 자국이 통치하는 독일지역을 하나의
경제권으로 통합하자 소련이 이에 항의하여 동베를린과 서베를린 사이의 통과를 방해한
사건이다. 미국과 소련 간 합의로 약 1년 후 봉쇄는 해제되었다. 애치슨선언은 미국의 극
동방위선을 선언한 것으로서 한국은 극동방위선에서 제외되었다. 일부 수정주의자들에 의
해 한국전쟁을 미국이 유도하였다는 근거로 사용되기도 한다.                            답 X

**002**
13. 외무영사직

모겐소 계획(Morgenthau Plan)은 1944년 미국이 제2차 퀘벡 회담에 제출한 안으로서
2차 세계대전 이후 독일의 모든 공업시설을 해체하여 독일을 농업국가로 만든다는 내
용을 담고 있다.                                                                    O | X

모겐소 계획(Morgenthau Plan)은 미국의 전후 독일에 대한 구상을 의미한다. 당시 재
무장관 헨리 모겐소(Henry Morgenthau)가 작성한 것이다. 1945년 최종 채택된 모겐
소 계획(Morgenthau Plan)은 독일 내 나치세력 제거, 비무장화, 철강공업과 화학공업
의 해체, 통제경제, 제한된 경제 부흥 등의 내용을 담고 있다. 1947년 3월 이후 냉전이
본격화되면서 모겐소 계획(Morgenthau Plan)은 실현되지 못하였다.                      답 O

**003**
11. 외무영사직

냉전의 기원에 대한 전통주의와 수정주의 논쟁은 냉전 시작의 책임 소재와 관련이
있으며, 전통주의는 소련의 팽창주의적 외교정책에서, 수정주의는 미국의 팽창주의 외
교정책에서 1차적 원인을 찾았다.                                                    O | X

냉전의 기원에 대한 책임에 있어서 전통주의나 현실주의는 소련의 책임을, 수정주의는 미
국의 책임을 강조한다. 현실주의는 냉전이 불가피했다고 보나, 수정주의는 냉전의 회피가
능성을 긍정한다.                                                                  답 O

**004**

11. 외무영사직

냉전의 기원을 논의함에 있어서 미국의 대일 원자탄 투하는 소련에 대한 미국의 군사적 우위를 과시하려는 의도를 포함하고 있었고, 이것이 미·소 간 불신을 증폭시키는 한 원인이 되었다. O | X

미국의 대일 원자탄 투하가 반드시 필요한 전략이었는지에 대해서는 논란이 있다. 냉전 시발의 미국 책임론 입장에서는 반드시 필요한 전략은 아니었고, 전후 소련을 견제하려는 의도였다고 본다. 답 O

**005**

11. 외무영사직

미국의 외교관으로서 대소 봉쇄정책을 주장하면서 포린 어페어즈(Foreign Affairs)지에 'X'라는 익명으로 기고했던 사람은 마샬(George Marshall)이었고, 이에 따라 유럽에서의 미국의 대소 봉쇄정책을 마샬플랜(Marshall Plan)으로 명명하였다. O | X

미국의 봉쇄정책은 케넌(George Kennan)에 의해 제안되고, 트루먼 대통령에 의해 대소련 공식정책으로 채택되었다. 익명의 기고자는 케넌(George Kennan)이다. 마샬플랜(Marshall Plan)은 제2차 세계대전 이후 유럽의 부흥과 재건을 돕기 위해 미국이 준비한 정책을 의미한다. 유럽부흥계획(ERP)이라고도 한다. 답 X

**006**

예상논점

냉전의 기원과 관련하여 전통주의는 냉전의 책임이 소련에 있으나 공산주의 이념과는 무관하다고 본다. O | X

전통주의는 공산주의 이념의 공격성, 스탈린(Stalin)의 비타협적 태도 등도 냉전의 요인으로 본다. 답 X

**007**

예상논점

냉전의 기원과 관련하여 후기수정주의를 주장한 개디스(Gaddis)는 미국의 지도자들이 '제국의 건설'을 위해 노력하였다는 점은 인정하면서 제국의 건설이 미국의 자본주의 체제의 속성때문이었다고 주장하였다. O | X

자본주의 속성때문이 아니라 '외부로부터의 초청'에 의해 이루어졌다고 보았다. 답 X

**008**

예상논점

포츠담협정(1945.7.)은 독일의 비군사화, 중앙정부 수립, 배상금 징수, 독일과 폴란드의 국경 확정(오데르강·나이제강) 등을 규정하였다. O | X

당분간 독일에 중앙정부를 수립하지 않기로 하였다. 포츠담회담에서 합의된 내용이다. 회담에는 영국의 처칠(뒤에 애틀리와 교체), 미국의 트루먼, 소련의 스탈린이 참석하였으며, 일본에 대한 포츠담선언에는 중국의 장제스도 참석하였다. 답 X

**009**

예상논점

모스크바회담(1947.3.)은 독일의 지위를 집중 논의하였으며 프랑스는 약한 연방정부, 소련은 강력한 중앙집권정부, 영국과 미국은 강력한 연방정부를 선호함으로써 합의되지 못하였다. O | X

1947년 3월에는 트루먼 독트린이 발표되는 등 미국과 소련의 관계가 악화되던 시기였다. 답 O

**010**

예상논점

마샬플랜(1947.6.)은 계획에 참가할 수 있는 대상을 유럽 전체로 설정하였으나 참가국들이 수용해야 할 일정한 조건을 단서로 붙임으로써 소련과 동유럽국가들을 실질적으로 배제하였다. O | X

마샬플랜은 미국의 소련 봉쇄를 위한 연성균형전략의 일환이었다. 답 O

**011**

예상논점

영국, 프랑스, 베네룩스 3국은 런던조약(1948.3.17.)을 체결하여 방어동맹을 결성하기로 하였으며, 이후 NATO로 확대되었다. O | X

영국, 프랑스, 베네룩스는 브뤼셀조약을 통해 방어동맹을 형성하였다. 답 X

**012**

예상논점

미국 상원은 '반덴버그결의안'(1948.6.)을 채택하여 미국이 전시에 미주대륙 밖에서 동맹을 체결하는 것을 허용함으로써 NATO 형성을 위한 법적 기반을 제공해 주었다. O | X

반덴버그결의안은 평시에 미국의 동맹을 체결을 허용한 것이다. 답 X

**013**

22. 외무영사직

처칠은 1946년 3월 5일 철의 장막(Iron Curtain) 연설(1946년 3월 5일)을 통해 냉전질서가 형성될 것을 예상하였다. O | X

철의 장막(Iron Curtain)은 1945년의 제2차 세계 대전 이후 1991년에 냉전이 종식될 때까지 유럽을 상징적·사상적·물리적으로 나누던 경계를 부르던 서방 세계의 용어이다. 해당 부분은 다음과 같다.
<From Stettin in the Baltic to Trieste in the Adriatic an "iron curtain" has descended across the Continent. Behind that line lie all the capitals of the ancient states of Central and Eastern Europe. Warsaw, Berlin, Prague, Vienna, Budapest, Belgrade, Bucharest and Sofia; all these famous cities and the populations around them lie in what I must call the Soviet sphere, and all are subject, in one form or another, not only to Soviet influence but to a very high and in some cases increasing measure of control from Moscow.> 답 O

**014**

23. 외무영사직

트루먼 독트린은 영국과 프랑스에서 발생한 공산 게릴라와의 내전이 계기가 되었다. O | X

그리스와 터키의 공산 게릴라 활동으로부터 민주주의를 수호하기 위한 개입을 천명한 것이다. 답 X

**015**
예상논점

미국은 애치슨선언(1950.1.12.)을 발표하여 태평양에서의 미국의 방위선을 알류산열도 – 일본 – 오키나와 – 한국 – 필리핀을 연결하는 선으로 정함으로써 북한 측의 오판을 야기하였다는 비판을 받기도 한다. O | X

한국을 제외함으로써 북한의 오판을 유도하였다는 비판도 있다. 답 X

**016**
예상논점

중소우호동맹조약(1950.2.14.)은 1960년대 중국의 문화혁명이 발발하면서 중국과 소련의 관계를 보다 견고하게 유지시켜주는 틀로서 기능하게 되었다. O | X

중소관계 악화로 중소우호동맹조약은 유명무실화되었다. 답 X

**017**
11. 외무영사직

한국전쟁의 발발 이후 미국은 서유럽에서의 군사력 증강의 일환으로 서독의 재무장을 추진하였고 이에 대한 대응으로 소련을 중심으로 한 공산권의 바르샤바조약기구가 탄생하게 되었다. O | X

1950년대는 미국과 소련의 냉전적 갈등이 고조되는 시기였다. 이 시기를 '경양극체제'라고도 한다. 군사적으로 미국의 NATO와 소련의 WTO(바르샤바조약기구)로 양분되었다. 답 O

**018**
예상논점

윈홀드윈전략은 아이젠하워 대통령에 의해 채택된 미국의 적극적 대소련 정책이다. 1952년 미국 대선 과정에서 덜레스는 민주당 정부의 봉쇄정책은 수동적이며 소극적인 정책으로 오히려 미국에 손실을 입힐 뿐이라고 비판했다. 덜레스는 그 대안으로서 냉전의 주도권을 소련으로부터 가져오는 한편, 소련 진영의 약점을 찾아내어 적극적으로 심리전 등을 동원하여 무력을 제외한 모든 수단의 반격을 가할 것을 주장했다. O | X

롤백정책(roll – back policy)에 대한 설명이다. 선거에서 승리한 아이젠하워 대통령과 국무장관으로 취임한 덜레스는 롤백정책(roll – back policy)과 같은 공세적인 대소련 정책을 구체화하여 뉴룩(New Look) 정책을 천명하였다. 당시 미국은 동남아 조약기구 (SEATO) 등을 결성하는 한편, 서독의 NATO 참가 등 적극적인 대공산권 전략을 폈다. 답 X

**019**
예상논점

미국의 윈윈(win – win)전략은 아시아와 유럽 2지역에서 동시에 전쟁이 일어날 경우 이를 동시에 제압할 수 있는 규모의 전력을 항구적으로 유지한다는 것이다. O | X

윈윈(win – win)전략은 아시아와 중동 2지역에서 동시에 전쟁이 일어날 경우의 전략이다. 답 X

**020**
예상논점

미국의 스윙전략(swing strategy)은 아시아와 중동 2지역에서 동시에 도발이 일어날 경우 한 곳의 전장에서 승리하는 동안 나머지 한 곳에서는 보다 적은 병력을 파견해 적의 발을 묶은 뒤 나중에 이를 물리친다는 것으로, 클린턴 정부에서 검토되었지만 기각되었다. O | X

윈홀드윈(win – hold – win)전략에 대한 설명이다. 답 X

**021**
예상논점

미국의 윈홀드윈(win – hold – win)전략은 유럽이 소련에 의해 공격을 받을 경우 아시아에서 활동하고 있는 항공모함, 해병대, 폭격기 등을 유럽으로 돌린다는 미국 카터 행정부의 기본적 군사방침이다. O | X

스윙전략(swing strategy)에 대한 설명이다. 답 X

**022**
예상논점

1956년 7월 이집트의 낫세르 대통령이 해상교통의 요충지인 수에즈 운하의 국유화를 발표하자 이에 항의하여 영국과 프랑스가 군사개입함으로써 수에즈 위기가 발발하였다. O | X

이집트의 미국과 영국의 지원하에 아스완하이 댐을 건설하고 있었으나, 이스라엘과의 관계 악화로 이집트가 소련에 접근하자 미국과 영국은 댐 건설에 대한 재정 지원을 중단하였다. 이것이 낫세르 대통령이 수에즈 운하의 국유화를 선언하게 된 배경이었다. 답 O

**023**
예상논점

수에즈 위기 발발시 미국의 아이젠하워 정권은 동맹국으로서 영국과 프랑스의 군사행동에 대해 적극적인 지지를 표명하였다. O | X

미국은 아랍국가들이 공산주의 진영에 접근할 것을 우려하여 영국과 프랑스의 철군을 요구하였다. 미국과 소련의 철군 압력으로 결국 영국과 프랑스는 철수하였다. 소련은 아랍국가들을 공산 진영으로 끌어들이기 위해 영국과 프랑스의 철수를 요구하였다. 답 X

**024**
예상논점

트루먼 독트린은 1956년의 수에즈 전쟁에서 영국과 프랑스가 물러난 다음 공산주의 침략에 대비하기 위해 중동 지역에 미군의 주둔 권한을 대통령에게 줄 것, 중동지역에 대한 경제원조로서 이후 2년 사이에 4억 달러를 지출할 것 등의 내용을 담고 있다. O | X

아이젠하워 독트린(1957)에 대한 설명이다. 답 X

**025**
예상논점

1950년 2월 중국과 소련은 중소우호동맹상호원조조약을 체결하여 중국은 소련으로부터 안전보장과 함께 경제원조를 얻을 수 있었다. O | X

중소동맹은 1960년대에 와서 균열된다. 답 O

**026**
예상논점

1956년 2월 소련의 흐루시초프(Khrushchyov)가 스탈린(Stalin)을 비난하는 연설을 하고 중국이 이에 대해 반박하면서 중소 간 대립이 표면화되었다. O | X

스탈린(Stalin)의 격하연설에 대해 중국이 비판하였다. 소련은 중국을 교조주의로, 중국은 소련을 수정주의로 상호 비판하였다. 1968년 소련이 체코를 침공하자 중국은 소련을 '사회제국주의'라고 비난하였으며, 1969년 3월 우수리강 인근 지역에서 양국의 국경 경비부대 간 무력충돌이 발생하기도 하였다. 답 O

**027**
예상논점

1958년 8월 중국이 대만에 대해 포격을 가하자 미국의 개입을 우려한 소련은 중국의 핵무기 개발을 원조하기 시작하였다. O | X

중국이 대만을 포격하자 소련은 국지전 발발 가능성의 위험성을 우려하였으며, 이 사건을 계기로 중국에 대한 핵개발 원조를 중단하여 중소 양국 간 분쟁을 고조시켰다. 답 X

## 제3절 연양극체제(1960년대)

**028**
예상논점

1962년 쿠바 미사일위기는 미국과 소련이 보다 본격적으로 세력권경쟁을 시작하는 계기가 되었으며, 이후 미국과 중국이 화해를 시도하면서 동북아체제는 다극체제로 전환되었다. O | X

쿠바 미사일위기는 동서 데탕트의 시발점으로 평가된다. 답 X

**029**
예상논점

쿠바 미사일위기(1962.10)에 앞서서 미국은 1961년 미국 특수부대에 의한 쿠바 침공에 실패하자 카스트로 정권의 전복활동과 카스트로 암살공작에 나섰다. O | X

미국은 1961년 4월 중앙정보국(CIA)에 의해 망명 쿠바인 부대의 쿠바 침공에 실패하자 카스트로 정권의 전복활동과 카스트로 암살공작에 나섰다. 답 X

**030**
예상논점

쿠바 미사일위기(1962.10) 당시 소련의 브레즈네프(Brezhnev)는 쿠바의 방위를 위해서 중거리 핵미사일을 반입한다는 결단을 내리고 카스트로(Castro)의 동의를 얻었다. O | X

쿠바 미사일위기는 흐루시초프(Khrushchyov) 서기장 당시 발생한 사건이다. 답 X

**031**
예상논점

쿠바 미사일위기(1962.10) 당시 케네디(Kennedy)는 강경한 무관용 원칙하에 소련에 일방적인 양보를 요구하였다. ○ | X

케네디(Kennedy)가 일방적인 양보를 요구하고 있었던 것은 아니었다. 그는 터키의 미국 중거리 미사일의 철거, 흐루시초프(Khrushchyov)가 요구한 쿠바 불가침선언에 동의했다. 답 X

**032**
예상논점

피그만 침공사건(1961.4) 성공으로 쿠바의 공산정권이 위기에 직면하자 쿠바는 소련에 대해 미사일 지원을 요청하면서 쿠바 미사일위기가 시작되었다. ○ | X

피그만 침공작전은 실패하였다. 답 X

**033**
예상논점

케네디(Kennedy) 대통령과 브레즈네프(Brezhnev) 소련 공산당 서기장은 미국의 쿠바 불침략과 소련의 쿠바 미사일 철거를 상호 합의함으로써 쿠바 미사일위기는 일단락되었다. ○ | X

당시 소련 공산당 서기장은 흐루시초프(Khrushchyov)였다. 답 X

**034**
예상논점

쿠바 미사일위기 이후 미국, 소련, 영국은 부분적 핵실험금지조약(PTBT, 모스크바조약)을 체결하여 대기권, 수중, 우주공간에서의 핵실험 금지에 합의하였다. ○ | X

부분적 핵실험금지조약(TBT)은 1963년에 체결되었다. 지하핵실험이 금지되지 않아 실효성은 낮은 것으로 평가되었다. 답 ○

**035**
예상논점

미국은 통킹만 사건(1964.8.2)을 계기로 최초로 베트남에 군사개입을 시작하였다. ○ | X

통킹만 사건은 미국의 군사개입이 본격화된 계기였으나 최초로 개입을 시작한 것은 아니다. 답 X

**036**
예상논점

베트남 전쟁 전개 과정에서 발생한 '구정공세(1968)'를 계기로 미국은 베트남전에 본격 개입하였으나 여론의 악화로 결국 미군 철수를 결정하게 되었다. ○ | X

구정공세(1968)를 계기로 철수 여론이 급등하였다. 답 X

**037**
예상논점

닉슨 대통령은 '닉슨 독트린(1969)'을 발표하여 베트남전에서 철수할 가능성을 내비쳤다. ○ | X

닉슨 대통령은 베트남 전 철수를 약속하고 대통령에 당선된 이후 이를 실행할 의도로 닉슨 독트린을 발표하였다. 답 ○

**038**
예상논점

소련은 폴란드에 대한 군사개입을 정당화하기 위해 '브레즈네프 독트린'을 발표하였으나 이로 인해 중국과 소련의 갈등이 고조되었다. O | X

브레즈네프 독트린은 체코에 대한 군사개입을 정당화하기 위한 것이었다. 답 X

**039**
예상논점

닉슨 독트린은 '아시아 방위의 아시아화'를 기치로 하여 미군 철수를 본격화하는 한편, 동아시아 핵전쟁에 대한 개입을 우려하여 핵공격에 대한 확장억지를 공식 철회하였다. O | X

핵공격에 대한 확장억지는 계속해서 제공하기로 하였다. 답 X

**040**
예상논점

닉슨 독트린에 따라 주한미군도 실제로 철수하였으나, 1980년대 레이건 집권 이후 주한미군 철수전략은 폐기되었다. O | X

레이건 대통령은 닉슨 독트린을 폐기하고 동맹강화전략으로 전환하였다. 답 O

**041**
17. 외무영사직

1969년 7월 25일 닉슨 대통령이 괌에서 열린 기자회견에서 미국이 베트남 전쟁에서의 철수 여부를 검토하고 있음을 밝혔다. O | X

닉슨 독트린에 대한 내용이다. 답 O

**042**
17. 외무영사직

1969년 7월 25일 닉슨 대통령이 괌에서 열린 기자회견에서 미국이 소련과의 정상회담을 조속히 추진하겠다고 밝혔다. O | X

닉슨 독트린은 미국이 베트남전에서 퇴각하기로 결정하면서 제시한 것이다. 소련과의 정상회담 관련 내용은 없다. 닉슨 독트린에는 그 밖에도 경제원조중심 지원, 상호원조기구 형성 기대 등이 담겨 있다. 답 X

**043**
17. 외무영사직

1969년 7월 25일 닉슨 대통령이 괌에서 열린 기자회견에서 핵보유국으로부터 안보 위협을 당하는 경우를 제외하면, 아시아 국가들이 안보 문제를 스스로 해결하길 기대한다고 밝혔다. O | X

아시아 방위의 아시아화, 베트남전의 베트남화를 선언한 것이다. 답 O

**044**
17. 외무영사직

1969년 7월 25일 닉슨 대통령이 괌에서 열린 기자회견에서 미국은 베트남 전쟁과 같은 전쟁을 피하는 것이 목적이라고 밝혔다. O | X

닉슨 독트린은 베트남전에서 미국의 철수를 염두에 둔 선언이었다. 답 O

**045**

예상논점

비동맹 중립주의는 미·소와 직접 동맹관계를 맺지 않는 국가들이 중심이 되어 냉전기의 동맹을 대체하는 국제협력을 지향했던 정치운동이다. O | X

제2차 세계대전 후에 새롭게 독립한 아시아·아프리카지역 국가들로서는 미국에 대한 군사적 의존이 계속된다면 독립의 가치가 낮아지고, 그렇다고 소련에 의존하여 동유럽지역과 같이 소련의 위성국이 되는 것도 받아들이기 어려웠다. 이러한 신흥독립국들이 비동맹 중립운동의 주축이 되었다. 답 O

**046**

예상논점

1961년 유고의 티토, 인도의 네루, 이집트의 낫세르 등의 호소에 의해 제1회 비동맹 중립주의회의가 개최되었고, 그 후 원칙적으로 매년 정상회담이 개최되었다. O | X

원칙적으로 3년에 한 번씩 정상회담이 개최되었다. 답 X

**047**

예상논점

비동맹 중립주의회의의 목적은 미국과 소련의 위협에 대항하기 위한 군사적 협력의 구축에 있었다. O | X

회의의 목적은 군사적인 것보다는 국제적 긴장 완화, 민족해방투쟁의 진전, 식민지주의의 타파 등에 있었다. 답 X

**048**

예상논점

비동맹 중립주의에서는 세계무대에서 신흥독립국이 안고 있는 공통의 과제에 관해 신흥국의 입장과 이익을 주장하는 장(場)으로서의 역할이 중시되었다. O | X

비동맹 중립주의 운동의 일환으로 신국제경제질서 수립을 추진하기도 하였다. 이는 기존 선진국들이 형성해 온 질서를 개혁하려는 시도를 의미한다. 답 O

## 제4절 동서데탕트(1970년대)

**049**

11. 외무영사직

미국과 중국은 1972년 '상하이 공동 코뮤니케'를 통해 양국은 아시아·태평양 지역에서의 지배권을 갖지 않으며, 제3국의 지배권 확립에도 반대한다고 합의했다. O | X

제3국은 소련을 의미한다. 미국과 중국은 1972년의 공동성명에 이어 1979년 공식 수교하였다. 답 O

**050**

11. 외무영사직

미국은 1970년대 아시아지역에서 소련의 군사·외교적 팽창을 저지하고, 베트남 전쟁으로부터 탈출전략을 마련하고자 중국과의 관계에 있어 새로운 돌파구를 모색했다. O | X

미국은 베트남전 패배로 힘이 약화된 상황에서 아시아에서의 소련과 중국을 동시에 방어하는 데 부담을 느껴 당시 소련과 관계가 악화되어 있었던 중국과 화해를 모색한 것이다. 한편으론 중국의 핵확산방지조약(NPT) 가입을 유도할 목적도 있었다. 답 O

**051**

11. 외무영사직

중국은 1970년대 말 농업, 공업, 과학기술, 국방 등 '4개 현대화'와 경제발전을 위해 미국과 일본 그리고 서유럽으로부터 자본과 기술을 도입해야 한다는 인식하에 미국과의 관계 개선에 적극적으로 나서게 되었다. O | X

1979년 미국과 중국은 공식 수교하였다. 중국은 덩샤오핑의 집권 이후 개혁개방정책을 본격화시키고자 하는 의도가 강하게 작용하였다. 답 O

---

**052**

11. 외무영사직

미국은 1979년 중국과의 국교정상화를 이루면서 대만과의 국교를 단절하고 대만에서 병력과 군사시설을 철수한다는 '대만관계법'을 통과시켰다. O | X

대만관계법은 유사시 미군을 대만에 파견할 것과 대만에 대한 군사원조 또는 무기판매를 규정한 미국의 국내법이다. 대만관계법은 미국의 대만에 대한 이중정책을 보여주는 것으로서 중국의 반발을 초래하고 있다. 답 X

---

**053**

예상논점

소련과 미국은 1972년 SALT I을 통해 ABM 보유를 제한하는 한편, 공격용 전략 무기 보유의 상한선을 설정하였으나, 1979년 소련의 아프가니스탄 공격을 계기로 카터 대통령은 동 조약들의 폐기를 선언하였다. O | X

SALT I은 이행되었다. 카터 대통령은 SALT II에 대한 비준 동의 절차를 철회하였다. 답 X

---

**054**

예상논점

미국과 중국은 1972년 공식 수교하면서 반패권조항, 미국의 대만관계의 단절 등에 합의하였다. O | X

미국과 중국의 공식 수교일은 1979년 1월 1일이다. 답 X

---

**055**

예상논점

동서진영은 1975년 헬싱키의정서를 통해 유럽안보협력기구(OSCE)를 창설하기로 함으로써 유럽의 다자안보에 합의하였다. O | X

유럽안보협력기구(CSCE) 창설에 합의하였다. 유럽안보협력기구(OSCE)는 1995년 출범하였다. 답 X

---

**056**

17. 외무영사직

1970년대 미국과 소련은 핵전쟁방지합의(Agreement on the Prevention of Nuclear War)를 체결했다. O | X

핵전쟁 방지에 관한 협정(Agreement on the Prevention of Nuclear War)은 소련과 미국 간에 1973년 6월 22일 서명되고 발효한 협정이다. 동 협정은 양 당사국이 관계 악화를 방지하고 군사적 대결을 피하며 양국 간 또는 일국과 기타 다른 국가 간 핵전쟁의 발발을 배제시키는 방향으로 행동하도록 하고 있다. 각 당사국은 타방에 대해, 타방의 동맹국에 대해, 또는 국제평화 및 안전을 위태롭게 할 수도 있는 상황에서 다른 국가들에 대해 무력의 위협 또는 사용을 하지 않을 것을 서약한다. 핵전쟁 위험이 있는 상황이 발생할 경우 양 당사국은 즉각 상호 협의하고 동 위험을 제거하기 위해 모든 노력을 다하도록 되어 있다. 답 O

**057**
19. 외무영사직

욤키푸르전쟁(1973)은 4차 중동전쟁을 말한다. 1973년 이집트의 선제공격으로 전쟁이 시작되었으나 미국의 지원을 얻은 이스라엘이 승리하였다. O | X

라마단전쟁이라고도 한다. 동 전쟁 이후 미국과 이스라엘 관계가 강화되었다. 답 O

**058**
19. 외무영사직

캠프데이비드협정(1978.9.17)은 카터 대통령의 중재로 이집트와 이스라엘 간 체결된 협정이다. 4차례에 걸친 중동전쟁을 종식한 역사적 협정이었다. 카터 대통령은 '이스라엘이 시나이반도를 돌려주는 대신 미국은 이스라엘에 최첨단 조기경보시스템을 제공한다'는 중재안을 제시하여 협상 타결을 중재하였다. 1978년 9월 17일 역사적인 캠프데이비드협정이 체결되고 이듬해 3월 이집트 - 이스라엘 평화협정이 정식 발효됐다. O | X

카터의 주요 업적 중의 하나라고 볼 수 있다. 답 O

## 제5절 신냉전(1980년대)

**059**
19. 외무영사직

이란 - 이라크 전쟁은 1980년 9월에 발발하였다. 직접적인 원인은 국경협정을 이란이 파기한 것이었으나, 종교적 갈등, 소수민족 문제 등이 원인이 되었다. 1988년 정전협정을 체결하였다. O | X

이란 - 이라크 전쟁은 이란 혁명으로 이란 내정이 혼란스러운 상황에서 이라크의 선제공격으로 발발한 전쟁이다. 답 O

**060**
예상논점

1980년대 레이건 행정부는 닉슨 행정부의 해외주둔미군 감축 전략을 승계하는 한편, 대소련 봉쇄전략을 보다 본격적으로 전개하였다. O | X

레이건 행정부는 닉슨 독트린을 폐기하였다. 답 X

**061**
예상논점

호메이니는 대규모의 왕정타도운동을 주도하여 1979년 2월 11일 이란혁명을 완수하고 정교분리 원칙에 입각한 정치체제를 구축하였다. O | X

이슬람 성직자인 호메이니가 추구한 것은 이슬람 교리에 철저한 신정체제를 구축하는 것이었고, 이란혁명 성공 이후 정교일치원칙에 입각한 국가체제를 건설하였다. 답 X

**062**
예상논점

이란의 팔레비 국왕은 미국의 케네디 정권의 압력하에 '백색혁명'이라는 근대화를 단행하여 이란의 정치적·사회적 서구화를 도모하였다. O | X

이 시기에 이란과 미국은 상당히 가까운 관계를 유지하였다. 답 O

**063**
예상논점

1973년 제4차 중동전쟁 이후 발생한 석유위기에 의해 원유가격이 급등하면서 국민들의 계층분화가 심화된 것이 이란혁명의 경제적 배경이 되었다.   O | X

이란혁명은 호메이니에 의해 주도되었다.   답 O

**064**
20. 외무영사직

1979년 이란혁명은 호메이니가 프랑스에서 망명 생활을 마치고 귀국한 후, 팔레비 왕조를 축출하면서 시작되었다.   O | X

호메이니는 1979년 1월 16일 국왕이 혁명으로 퇴위하자, 2주 후인 1979년 2월 1일 15년의 망명 생활을 청산하고 이란으로 돌아왔다. 이란혁명의 시작이 호메이니의 귀국보다 앞선다.   답 X

**065**
20. 외무영사직

1979년 이란혁명으로 독재 왕정 붕괴 후 국민투표로 선출된 권력이 등장하여 여성의 권익이 향상되었다.   O | X

혁명 이후 이란은 정교일치체제를 구축했다. 즉, 이슬람의 예언자 무함마드의 후계자인 이맘을 대신하여 현세의 성직자가 통치하는 것이다.   답 X

**066**
20. 외무영사직

1979년 이란혁명으로 집권한 호메이니의 사망 이후 라프산자니가 이슬람 최고 지도자로 등극하였다.   O | X

1989년 호메이니가 사망한 이후 아야톨라 알리 하메네이가 최고 지도자로 등극하였다.   답 X

**067**
20. 외무영사직

1979년 이란혁명 이후 이란은 시아파(Shi'a) 중심의 이슬람 원리주의에 입각하여 서방과 대립하였다.   O | X

이란은 시아파(Shi'a) 이슬람 국가이다.   답 O

## 제6절   냉전체제의 붕괴

**068**
11. 외무영사직

구 유고슬라비아 해체 과정에서 슬로베니아, 보스니아 - 헤르체고비나, 슬로바키아, 크로아티아가 형성되었다.   O | X

슬로바키아는 체코슬로바키아가 분열되면서 생겨난 국가로서 구 유고연방 해체와는 무관하다.   답 X

**069**

예상논점

고르바초프(Gorbachev)의 신사고 외교는 자본주의와 사회주의의 양극적 투쟁과정으로 인식하던 세계관을 버리고 다극적·상호의존적 세계관을 채택하였으며, 협력안보로의 전환을 추구한 것이다. O | X

공동안보 또는 상호안보를 추구하였다. 답 X

**070**

예상논점

1991년 7월 미국 부시 대통령과 소련의 고르바초프 대통령은 START I을 체결하여 양국이 보유한 장거리 핵무기를 단계적으로 감축하기로 하였다. O | X

START I은 1994년 발효하여 2009년 종료되었다. 답 ○

**071**

예상논점

미국 부시 대통령과 고르바초프 소련 공산당 서기장은 INF조약(1987.12.)을 체결하여 중거리 미사일을 향후 3년에 걸쳐 단계적으로 모두 폐기하고, 미사일발사기와 각종 지원장비 및 구조도 파괴하기로 하였다. O | X

당시 미국 대통령은 레이건이었다. 답 X

**072**

예상논점

미국 부시 대통령과 고르바초프는 1989년 12월 몰타정상회담을 개최하고 제2차 세계대전 이후의 냉전체제를 종식하고 평화를 지향하는 새로운 세계질서를 수립한다는 「몰타선언」을 발표하였다. O | X

몰타선언 이후 국제체제를 몰타체제 또는 탈냉전체제라고 한다. 답 ○

**073**

예상논점

걸프전쟁(1990.8.2.)에 있어서 UN은 미국을 중심으로 하는 다국적군 파견을 결의하면서 이라크를 침략자로 규정하고 이라크군의 즉각적인 쿠웨이트 철수를 요청하였다. O | X

걸프전쟁에 탈냉전 이후 최초의 다국적군이 파견되었다. 다국적군은 안전보장이사회의 결의에 기초하여 파견되나 UN군은 아니므로 파견국이 직접 통제한다. 답 ○

**074**

예상논점

1969년 빌리 브란트(Willy Brandt) 독일 총리는 할슈타인원칙에 기초한 동방정책을 적극적으로 전개함으로써 독일 통일의 전기를 마련하였다. O | X

할슈타인원칙을 폐기하였다. 할슈타인원칙은 1955년 9월 서독과 소련 간 정식국교 수립 이래의 서독 외교정책의 기본원칙이다. 서독만이 자유선거에 의한 정부를 가진 유일한 독일의 합법국가이므로 서독은 동독을 승인하는 나라와는 외교관계를 단절(대독전승국인 소련만은 이 원칙에서 예외)하겠다는 것이다. 당시 외무장관 할슈타인(W. Hallstein)이 작성했다. 서독의 기독교민주동맹(CDU)이 취하던 반공외교정책의 축으로서, 이 원칙은 유고슬라비아·쿠바 등에 적용되었지만, 루마니아와의 국교 재개(1967), 유고슬라비아와의 외교관계 재개(1968), 그리고 브란트 정권 수립에 의한 동서독 수뇌회담의 실현(1970) 등으로, 이 원칙은 사실상 폐기되었다. 답 X

**075**

예상논점

독일 통일 과정에서 얄타협정의 당사국인 미국, 소련, 프랑스, 영국은 '2+4'회담을 개최하고자 하였으나 흡수통합을 우려한 동독의 반대로 개최되지 못하였다. O | X

동 회담이 개최되고 서독에 의한 흡수통일이 승인되었다. 답 X

**076**

19. 외무영사직

독일의 콘라트 아데나워 총리는 독일 – 프랑스 우호조약에 서명하였고, 이후 양국은 공동 역사교과서 편찬과 청소년 교류를 추진하였다. O | X

독일 – 프랑스 우호조약은 1963년 1월 22일에 체결되었으며 엘리제협정이라고도 한다. 답 ○

**077**

19. 외무영사직

독일 아데나워 정부는 동독을 승인한 국가와 외교 관계를 체결하지 않는다는 할슈타인원칙을 채택하였다. O | X

할슈타인원칙은 서독의 대독 강경정책을 상징한다. 동독을 인정하지 않고 동독을 승인한 국가와 서독은 단교하거나 수교하지 않겠다는 방침을 의미한다. 답 ○

**078**

19. 외무영사직

독일 빌리 브란트 총리는 동방정책을 실시해 동구권과의 관계 개선을 시도하였다. O | X

빌리 브란트(Willy Brandt) 총리는 1969년 할슈타인원칙을 폐기하고 동방정책(Ostpolitik)을 추진하였다. 답 ○

**079**

19. 외무영사직

독일 콜 정부는 동방정책을 폐기한다고 천명한 후 동독과의 통일을 이루었다. O | X

콜 정부의 정책은 기본적으로 동방정책을 계승하고 발전시키는 것이었다. 독일 통일은 동방정책이 상당 부분 기여한 것으로 평가된다. 답 X

**080**

예상논점

세르비아의 자치주였던 코소보가 독립을 선언하자 유고연방을 주도하고 있었던 세르비아가 이에 대해 잔혹한 인종청소를 전개하였고, 이에 대해 UN은 NATO에 대해 무력사용을 허가하였으며, NATO이 개입으로 세르비아가 항복함으로써 코소보 사태는 종식되었다. O | X

코소보 공습에 있어서는 UN의 무력사용이 허가되지 않았다. 답 X

**081**

예상논점

소련은 1991년 12월 31일 공식 해체되었으며 구소련 구성국들은 독립국가연합(CIS)을 형성하였으나 반소 친서방 성향의 우크라이나나 조지아(그루지야)는 가입하지 않았다. O | X

우크라이나와 조지아 모두 가입하였으나 조지아는 2008년, 우크라이나는 2014년 탈퇴하였다. 답 X

## 제1절 아편전쟁

**001**
예상논점

아편전쟁 이후 중국과 영국은 난징조약(1842.8.)을 체결하여 청의 특허상제도 폐지, 구룡반도 할양, 배상금 지불 등에 합의하였으나, 중국의 반대로 아편무역의 공인은 규정하지 않았다. O | X

난징조약에서는 홍콩을 할양하였다. 구룡반도는 베이징조약(1860)에서 할양되었다.

답 X

**002**
예상논점

아편전쟁은 아편무역으로 무역적자를 본 중국이 아편금수정책을 편 것이 발단이 되었다. O | X

아편금수정책은 은의 유출로 인한 농민들의 피해가 커짐에 따른 중국 당국의 조치였다.

답 O

**003**
예상논점

영국은 난징조약에서 포교권을 확보하는 데 주력하였다. O | X

영국은 통상권을 확보하는 데 주력하였다.

답 X

**004**
예상논점

난징조약을 통해 영국은 개항장에 영사를 설치하고 청이 특허상제도를 시행하도록 하여 영국의 경제적 이익을 확보하고자 하였다. O | X

난징조약을 통해 자유무역을 방해하는 특허상제도를 폐지하였다.

답 X

**005**
예상논점

난징조약은 중국 최초의 조약으로서 중국의 개국을 실현하였다. O | X

난징조약을 통해 중화질서의 붕괴와 중국의 근대체제의 편입이 실현되었다.

답 O

**006**
21. 외무영사직

1842년 「난징조약」에 따라 청나라는 승전국 영국에 홍콩을 영구 할양하였다. O | X

난징조약에서 청은 영국에게 홍콩을 할양하였고, 1997년 반환되었다.

답 O

**007**

21. 외무영사직

「난징조약」으로 청나라는 양쯔강 이남의 다섯 항구인 상하이, 닝보, 푸저우, 샤먼, 광저우를 개항하였다.　　　　　　　　　　　　　　　　　　　O | X

영국은 시장확보와 원료확보라는 차원에서 청에게 접근하여 상하이 등의 개항장을 확보한 것이다.　　　　　　　　　　　　　　　　　　　　　　　　　　답 ○

**008**

21. 외무영사직

영국 상인들은 「난징조약」에 명시된 개항장을 통해 면 산업의 생산과잉 문제를 해소하고 이익을 극대화할 수 있었다.　　　　　　　　　　　　　　　　O | X

영국 상인들은 난징조약으로 확보한 개항장을 통해 무역이 확대되긴 하였으나, 영국 내부의 생산과잉문제를 해결하기에는 역부족이었고 이에 따라 영국은 1850년대 후반 중국에 대한 재침략을 결정하고 톈진조약을 통해 추가로 개항장을 확보하였다.　　　답 X

**009**

21. 외무영사직

「난징조약」 이후 취약해진 청나라는 미국, 프랑스와도 각각 불평등 조약을 체결하였다.　　　　　　　　　　　　　　　　　　　　　　　　　　　　　O | X

난징조약 이후 청은 1844년 미국과는 왕샤조약을, 프랑스와는 황푸조약을 체결하였다.　　　　　　　　　　　　　　　　　　　　　　　　　　　　　　답 ○

## 제2절 개국체제

**010**

예상논점

중국과 미국은 황푸조약(1844.10.21)을 체결하여 개국에 합의하는 한편, 난징조약에 없었던 치외법권을 명문화하였다.　　　　　　　　　　　　　　　O | X

중국과 미국은 황푸조약이 아닌 왕샤조약을 체결하였다.　　　　　　　답 X

**011**

예상논점

태평천국의 난을 계기로 영국과 프랑스는 중국에 공동 군사 개입하여 1858년 톈진조약을 체결하고 외국사절의 베이징 상주권과 수시 왕래권 등을 규정하였다.　　O | X

애로우호 사건을 배경으로 한다.　　　　　　　　　　　　　　　　　답 X

**012**

예상논점

베이징조약(1860)은 중국의 해외 노동자 이주 합법화, 톈진의 추가 개방, 포교권 인정, 외국사절의 베이징 상주권 인정과 즉각 실시 등을 규정하였다.　　　　O | X

베이징조약은 톈진조약 비준서 교환문제가 발단이 되어 체결된 조약이다.　답 ○

제7장 중국외교사　**337**

**013**

예상논점

텐진조약(1858)에서 아편무역이 공인되었다. O | X

난징조약에서는 묵시적으로 아편무역이 인정되었으며, 공시적이고 명시적인 승인은 텐진조약을 통해 이루어졌다. 답 ○

**014**

예상논점

중국과 러시아는 아무르조약(1858)을 체결하여 국경선을 획정하였다. O | X

중국과 러시아는 아이훈조약을 체결하였다. 답 X

---

## 제3절 청일전쟁

**015**

15. 외무영사직

시모노세키조약(下關條約, 1895)에서 청과 일은 요동반도와 대만 할양, 조선의 완전무결한 독립자주국 승인, 일본에 최혜국대우 인정과 중경, 소주 등 4개항 새로 개항, 청일 양국 또는 일국이 조선 파병 시 반드시 문서로 사전 통지 등에 합의하였다. O | X

청과 일이 조선 파병시 문서로서 사전통지하는 것은 1885년 청과 일이 체결한 텐진조약의 내용이다. 답 X

**016**

10. 외무영사직

청일전쟁(1894~95)의 종식을 위한 시모노세키조약에서 타이완과 랴오둥반도 및 펑후열도의 할양, 만주에 있어서 청(중국)의 주권과 기회균등원칙의 준수, 최혜국대우를 받는 통상조약 체결 등을 규정하였다. O | X

주권과 기회균등원칙에 대한 규정은 없다. 시모노세키조약은 하관(下關)조약 또는 마관(馬關)조약이라고도 한다. 동학농민운동을 평정하기 위해 조선에 원병한 청·일 두 나라는 전쟁을 일으켜 그 전선이 만주까지 확대되었으며, 청국이 연패를 거듭하자 미국의 중재로 1895년 2월 1일부터 휴전, 강화를 위한 협상에 들어갔다. 청국의 이홍장과 일본의 이토 히로부미(伊藤博文)가 체결한 조약의 주요 내용은 다음과 같다. ① 청국은 조선국이 완전한 자주독립국임을 인정할 것, ② 청국은 타이완과 랴오둥 반도 및 펑후열도를 일본에 할양할 것, ③ 청국은 일본에 배상금 2억 냥을 지불할 것, ④ 청국의 사스·충칭·쑤저우·항저우의 개항 및 일본에 대한 최혜국 대우의 인정, ⑤ 일본 선박의 양쯔강 및 그 부속 하천의 자유통항 용인, ⑥ 일본인의 거주·영업·무역의 자유를 승인할 것 등이다. 답 X

**017**

예상논점

동학혁명이 발생하자 청과 일은 제물포조약(1885)에 따라 조선에 공동 출병하고 이후 청일전쟁을 전개하였다. O | X

1885년 체결된 텐진조약이다. 갑신정변 사후처리과정에서 청과 일이 체결하였다. 답 X

**018**

예상논점

청일전쟁은 임오군란(1882), 갑신정변(1884)을 거치면서 조선에서 영향력이 약화된 중국이 일본을 결정적으로 약화시키기 위한 목적으로 개전한 전쟁이었다. O | X

임오군란과 갑신정변을 거치면서 일본의 영향력이 약화되었다. 청일전쟁은 이러한 상황을 역전시키기 위한 도발이었다.

답 X

**019**

예상논점

청일전쟁 이후 체결된 시모노세키조약(1895)에서 청은 조선의 독립을 확인하고 조공전례를 폐지하며 랴오둥반도, 타이완, 펑후열도를 일본에 할양하는 한편, 일본은 중국에 있어서의 문호개방원칙을 준수하기로 하였다. O | X

문호개방선언은 1899년에 있었으므로 시모노세키조약에서 동 원칙은 규정되지 않았다.

답 X

**020**

예상논점

시모노세키조약(1895)을 통해 일본은 유럽 열강과 같이 최혜국대우를 받는 새로운 통상조약을 체결하기로 합의하였다. O | X

최혜국대우에 대한 규정이 있다.

답 O

**021**

예상논점

청일전쟁 이후 청과 러시아는 동맹조약을 체결하였으며, 열강의 청 내에서의 조차지 획득 경쟁이 격화되어 독일은 광저우, 프랑스는 자오저우만, 러시아는 뤼순, 영국은 웨이하이웨이를 조차지로 확보하였다. O | X

독일은 자오저우만을, 프랑스는 광저우를 세력권으로 하였다.

답 X

**022**

23. 외무영사직

청나라는 청일전쟁에서 패배하여 일본에 타이완 및 펑후제도를 할양하였다. O | X

시모노세키조약(1895.4)의 내용이다.

답 O

**023**

23. 외무영사직

청나라와 일본은 동학농민운동을 계기로 각각 조선에 군대를 파병하면서 청일전쟁이 발발하였다. O | X

동학농민운동을 계기로 1885년 체결된 톈진조약에 기초하여 청일 양국군이 조선에 파병되어 충돌한 것이 청일전쟁이다.

답 O

**024**

23. 외무영사직

시모노세키조약에는 청나라는 조선의 독립을 인정하고, 조공전례(朝貢典禮)를 폐지한다는 내용이 기술되어 있다. O | X

일본은 동 조약을 통해 조선에서 청의 영향력을 완전히 배제하고 조선을 독점하고자 하였다.

답 O

## 제4절 삼국간섭

**025**
예상논점

청일전쟁 이후 러시아, 프랑스, 영국은 삼국간섭(1895)을 시도하여 일본이 획득한 랴오둥반도를 청에 환부하도록 하였으며, 무력간섭을 우려한 일본이 이에 굴복하였다.

O | X

삼국간섭은 러시아, 프랑스, 독일이 시도하였다.

답 X

**026**
예상논점

삼국간섭(1895)으로 친선관계가 강화된 프랑스와 러시아는 군사동맹조약을 체결하여 삼국동맹(1882)에 공동대응하기로 하였다.

O | X

러불동맹은 1892년에 체결되었다.

답 X

**027**
예상논점

삼국간섭을 주도한 러시아는 시베리아횡단철도를 준공하여 동북아에 진출하고자 하였으나 일본이 요동반도를 할양받는 경우 장애물로 될 것으로 생각하였다.

O | X

러시아는 1887년 베를린회담에서의 대불가리아 형성에 실패한 이후 극동 진출에 주력하고 있었다.

답 O

**028**
예상논점

독일은 러시아와 공조체제를 형성함으로써 러시아와 프랑스의 동맹 형성을 저지할 수 있을 것이라고 판단하고 삼국간섭에 참여하였다.

O | X

러불동맹(1892)이 삼국간섭(1895)보다 앞선다.

답 X

**029**
예상논점

영국은 장차 일본과 동맹을 맺을 것을 고려하여 일본에 우호적인 입장이었으나 무력지원은 하지 않았다.

O | X

영국은 전쟁을 하면서까지 일본의 입장을 지지할 의사는 없었다.

답 O

## 제8장 일본외교사

### 제1절 개국

m e m o

**001**
예상논점

중국과 수교(1844)한 미국은 일본을 자국의 원료공급지 및 상품 판매지로 확보하는 한편, 자국민을 보호하기 위해 1854년 일본과 개국조약인 「가나가와조약」을 체결하였다.

O | X

제국주의 목적은 아니다. 자국민 보호 및 중국으로 가는 중간 기착지 확보 차원에서 개국을 요구하였다.

답 X

**002**
예상논점

미일화친조약 체결(1854) 이후 미국은 페리 제독을 일본에 보내서 미일수호통상조약(1858)을 체결하였으며, 동 조약은 가나가와, 나가사키, 니가타, 효고를 개항하고 관세를 부과하되 자유롭게 상품을 거래할 수 있도록 하였다.

O | X

미국은 해리스를 보냈다. 페리 제독은 가나가와조약 체결을 주도한 인물이다.

답 X

**003**
예상논점

개국 전 일본은 네덜란드와 무역관계를 형성하고 있었으며 네덜란드는 전쟁과 영토할양을 강요받은 중국의 전철을 밟지 않기 위해서는 일본이 개국해야 한다고 권고하였다.

O | X

개국 전 정보의 차이가 중국과 일본의 개국에서 상당한 역할을 하였다. 중국은 국제정세에 대한 별다른 정보를 가지지 못하였다.

답 ○

**004**
예상논점

미국은 해리스 총영사를 파견하여 미일화친조약을 체결하였다.

O | X

미일화친조약은 페리 제독이 체결하였다.

답 X

**005**
22. 외무영사직

일본은 1879년 4월 4일 류큐를 병합하였다.

O | X

류큐국은 동중국해의 남동쪽, 지금의 일본 오키나와현 일대에 위치한 독립 왕국이다. 여러 차례 일본 제국의 침략을 받아 1879년에 강제로 병합되어 멸망하였고, 오늘날 오키나와현으로 바뀌었다. 류큐국은 중국과 일본 양쪽에 모두 조공을 바치면서 독립을 유지하고 있었으나, 일본은 1879년 3월 27일에 경찰과 군인을 동원해 무력으로서 '류큐번을 폐지하고 오키나와현을 설치한다'는 폐번치현 명령을 일방적으로 전달하고, 4월 4일에 일본 영토로 편입시켜 오키나와현을 설치하였다.

답 ○

## 제2절 영일동맹

**006**
예상논점

의화단 사건 이후 러시아군이 만주에 진주하자 일본은 '만한교환론'에 기초한 협상을 제시하였으나, 러시아가 이를 거절함으로써 일본은 러시아와의 전쟁을 도모하게 되었다.

O | X

만한교환론은 일본 측의 협상 논리이다. 만주는 러시아가, 조선은 일본이 지배하자는 주장이다.

답 O

**007**
예상논점

영국은 기존의 고립정책을 폐기하고 유럽에서 프랑스와 협상을 성립시킨 이후 아시아에서 인도방어에 대한 부담을 완화하기 위해 일본과 동맹을 체결하였다.

O | X

영불협상이 영일동맹보다 나중에 체결되었다. 영불협상은 1904년, 영일동맹은 1902년에 체결되었다.

답 X

**008**
예상논점

제1차 영일동맹에서 영국은 중국에 대한 이익보호를 인정받는 대신 일본의 중국 및 조선에서의 특수이익을 제3국에 대하여 보호하기 위해 필요한 조치를 강구할 수 있다고 규정하였다.

O | X

영국과 일본이 세력권 분할에 합의한 것이다.

답 O

**009**
예상논점

영일동맹의 적용범위는 당초 극동에 한정되었으나, 제2차 영일동맹을 통해 인도에까지 확대되었다.

O | X

영국은 제1차 영일동맹에서도 인도에까지 범위를 확대하기를 원했으나 일본의 반대로 제2차 영일동맹에서 확대가 이루어졌다.

답 O

**010**
예상논점

영일동맹은 1922년 워싱턴회담에서 최종적으로 해체가 결정되었다.

O | X

워싱턴회담에서 태평양의 현상유지를 목적으로 하는 4개국 조약이 체결되었으며, 동 조약에서 영일동맹조약의 폐기를 규정하였다.

답 O

**011**
예상논점

일본은 영일동맹을 통해 영국의 군사적 지원을 확보한 이후 러시아에 대해 개전함으로써 러일전쟁이 발발하였다. O | X

영일동맹은 영국의 일본에 대한 군사적 지원을 약속하지 않았다. 답 X

**012**
예상논점

러일전쟁 당시 미국은 일본이 지속적으로 문호개방선언에 반대함으로써 일본에 대해 부정적 입장이었으나 장차 필리핀에 대한 미국 지배권을 일본으로부터 인정받기 위해 러일전쟁에서는 중립을 선언하였다. O | X

당시 일본은 문호개방정책을 지지하고 있었다. 답 X

**013**
예상논점

영국의 중개로 체결된 포츠머스강화조약에서 러시아는 일본이 조선에서 정치, 군사, 경제적 우월권이 있음을 승인하고 조선의 지도, 감독에 필요한 조치를 취할 수 있음을 승인하였다. O | X

미국의 루스벨트 대통령이 중개하였다. 답 X

**014**
예상논점

포츠머스강화조약은 문호개방원칙을 명문화하였으며, 러시아 정부는 미국의 승인하에 랴오둥 반도 조차권, 창춘 - 뤼순 간 철도 및 그 지선을 일본에 양도하기로 하였다. O | X

중국의 승인하에 양도하기로 하였다. 답 X

**015**
예상논점

러일전쟁은 러불동맹을 성립시킴으로써 제1차 세계대전으로 가는 세력관계의 형성을 촉진하게 되었다. O | X

러불동맹은 러일전쟁보다 앞선 1892년에 체결되었다. 답 X

**016**
예상논점

러일전쟁은 프랑스와 러시아의 동맹에 영국이 접근하여 독일을 포위하는 형세를 취하게 되었고 일본은 만주진출을 본격적으로 추진하여 러시아를 발칸반도로 축출하는 계기가 되었다. O | X

러일전쟁은 제1차 세계대전으로 가는 세력 재편을 촉구한 측면이 있다. 답 ○

**017**
예상논점

러일전쟁 이후 미국과 일본은 태프트 - 가쓰라 합의각서(1905.7.27.)를 통해 일본이 조선을 영유하는 조건으로 필리핀에 대한 미국 지배권을 승인하였다. O | X

태프트 - 가쓰라 합의는 일본의 조선 지배를 미국이 승인한 조약이다. 답 ○

**018**

예상논점

러일전쟁 이후 프랑스 - 일본협상(1907.6.)에서 프랑스는 일본이 러일전쟁에서 획득한 조선 및 만주에서의 특수권익을 승인하는 대신 일본은 프랑스가 인도차이나에서 획득한 영토권을 존중하기로 하였다. O | X

러일전쟁 이후 일본은 프랑스 및 러시아와 협상체제를 성립시켜 조선 지배를 확립하고자 하였다. 답 O

**019**

예상논점

러일전쟁 이후 미국과 일본은 루트 - 다까히라협정(1908.11.)을 통해 태평양에서의 현상 유지와 중국에서 상공업상의 기회균등, 중국의 독립 등에 합의하였다. O | X

미국과 일본이 상호 세력권 존중, 문호개방원칙 승인 등에 합의한 것이다. 답 O

## 제4절 만주사변

**020**

예상논점

일본은 1931년 만주사변을 촉발함으로써 1923년 체결된 9개국 조약을 정면으로 위반하였고, 이후 미국은 중국에 대한 봉쇄정책을 본격화하게 되었다. O | X

당시 미국의 정책은 유화정책에 가깝다. 미국은 동아시아에서의 군사력의 열세와 경제공황 극복 문제 등을 고려하여 유화정책을 편 것이다. 답 X

**021**

예상논점

일본은 류타오 사건과 시안 사건을 도발함으로써 중국 침략을 본격화하였다. O | X

시안 사건은 중일전쟁의 배경으로서 일본이 도발한 것은 아니다. 답 X

**022**

예상논점

만주사변 이후 국제연맹은 리튼위원회를 파견하여 사실관계를 조사하였으며, 일본에 대한 경제재재를 결정하였으나 일본은 국제연맹을 탈퇴하였다. O | X

일본에 대한 경제제재를 실시한 것은 아니다. 답 X

**023**

예상논점

만주사변 이후 미국은 '스팀슨 독트린'을 발표하여 일본의 조치는 '이시이 - 랜싱협정'에 위반됨을 확인하고 만주국을 국가로 승인할 수 없다고 밝혔다. O | X

일본의 조치가 부전조약에 위반됨을 선언한 것이다. 답 X

## 제5절 중일전쟁

**024**
07. 외무영사직

1930년 일본군과 만주 '마적단' 간의 사소한 분쟁을 빌미로 일본은 1932년 만주지역에 괴뢰국가인 만주국을 건설했고, 그해 곧바로 중국과 전면전에 돌입했다. O | X

중국과의 전면전은 중일전쟁을 의미한다. 중일전쟁은 1937년에 발발하였다. 답 X

**025**
예상논점

노구교 사건을 발단으로 중일전쟁(1937)이 발발하자 미국은 영국과의 공동군사개입을 결정하고 중국군에 대한 지원을 본격화하였다. O | X

미국은 유화정책을 지속하였다. 답 X

**026**
예상논점

중일전쟁 전 서안 사건(1936)이 발발하여 제1차 국공합작이 성립되었다. O | X

제2차 국공합작이 성립되었고, 이후 중일 간 전면전(중일전쟁)이 전개되었다. 답 X

**027**
예상논점

일시적으로 중지되었던 북경전투는 랑방 사건(1937.7.25)으로 일본이 최후통첩을 발하게 됨으로써 재개되고 중일 간 전면전쟁이 개시되었다. O | X

랑방 사건은 랑방역 부근의 전신선 고장을 수리하기 위해 파견된 일본군이 중국군과 충돌한 사건이다. 일시적으로 중지되었던 북경전투는 랑방 사건으로 일본이 최후통첩을 발하게 됨으로써 재개되고 중일 간 전면전쟁이 개시되었다. 답 O

**028**
예상논점

중일전쟁에서 승리해 나가던 일본은 '동아 신질서 구상'을 발표하였다. O | X

일본이 중국 전역에 대한 점령을 노골적으로 드러낸 것이 '동아의 신질서' 구상, 즉 제2차 근위성명이다. 동아 신질서는 일본을 중심축으로 하여 일본, 만주국, 중국 3국이 하나의 경제적, 정치적 통합체를 구성하자는 것으로서 항일전선을 붕괴시키고, 일본이 중국을 배타적으로 지배하려는 구상이었다. 동아 신질서 구상은 동아시아 전체를 일본의 세력범위로 하는 '대동아공영권'으로 확장되었다. 답 O

**029**
예상논점

노구교 사건(1937) 이후 소련과 중국은 교섭을 통해 불가침조약을 체결하였다. O | X

1937년 노구교 사건은 양자관계를 급진전시키는 계기가 되었고 마침내 불가침조약이 체결되었다. 주요 내용은 상호침략을 하지 않을 것과, 체약국의 일방이 제3국으로부터 침략을 받는 경우 다른 쪽은 직접, 간접을 불문하고 그 분쟁의 전 기간을 통하여 침략국에 원조하지 않고 침략국을 유리하게 하는 어떠한 행동도 취하지 않는다는 것이다. 불가침조약 체결 이후 소련은 중국의 공군을 강화시키기 위한 군사원조와 소련이 공급하는 물자를 구입하는데 필요한 재정을 지원해 주었다. 답 O

## 제6절 태평양전쟁

**030**
07. 외무영사직

태평양전쟁의 배경에는 일본이 메이지 시대(1868~1912)에 급속한 산업화를 이룩하면서 제국주의적 성향을 키워 나간 사정이 존재한다. O | X

태평양전쟁은 결국 일본이 개국과 이후 근대화를 통해 경제력과 군사력을 강화한 것이 근본적인 원인이라고 볼 수 있다. 답 ○

**031**
07. 외무영사직

1923년 관동대지진과 1920년대 말의 대공황은 일본 내에서 우익극단주의가 더욱 확산됨으로써 태평양전쟁이 발발하는 계기가 되었다. O | X

관동대지진이나 대공황이 태평양전쟁의 직접적인 요인은 아니다. 그러나, 이러한 사정으로 일본의 중국 침략이 본격화되었고, 이것이 미국의 문호개방정책과 충돌하면서 결국 태평양전쟁 발발로 이어졌다고 볼 수 있다. 답 ○

**032**
예상논점

1941년 일본은 소련과 불가침조약을 체결한 이후 남방정책을 전개하였으며, 미국은 일본의 남방정책이 중국에 대한 침탈을 완화시킬 것으로 판단하여 일본이 미국의 동아시아 세력권을 침해하지 않는 한 남방정책에 반대하지 않겠다는 정책 기조를 유지하였다. O | X

일본의 남방정책에 대해 미국은 강력하게 반대하였다. 미국의 동아시아 세력권을 침해할 수 있었기 때문이다. 답 X

**033**
예상논점

미국, 영국, 소련, 중국 수뇌는 카이로회담(1943.11)을 개최하고 일본이 1914년 제1차 세계대전 이후 태평양에서 탈취·점령한 모든 도서를 박탈할 것과 일본이 폭력과 탐욕으로 약취한 기타 모든 영토로부터 구축하기로 합의하였다. O | X

소련은 카이로회담에 참석하지 않았다. 답 X

**034**
예상논점

일본, 독일, 이탈리아 3국은 삼국동맹(1940.9.27)을 체결하여 미국의 참전을 견제하고자 하였다. O | X

일본은 중국 문제 해결을 위해 독일 및 이탈리아와 동맹을 체결하고자 하였다. 주저하던 독일은 미국이 참전할 움직임이 일자 일본으로 하여금 미국을 견제하기 위해 동맹 체결에 동의하였다. 일본은 독일과 이탈리아가 유럽의 신질서를 주도하는 것을 인정하고, 독일과 이탈리아는 일본의 대동아 신질서 구성의 주도를 인정했다. 3국 중 1국이 현재 유럽전쟁이나 중일전쟁에 가담하고 있지 않은 국가로부터 공격을 받는 경우 모든 수단을 동원해서 원조한다. 일본은 삼국동맹 조약으로 미국을 견제할 수 있다고 생각했으나 오히려 미국을 자극하게 되었다. 답 ○

**035**

예상논점

일본과 소련은 일소중립조약(1941.4.13)을 체결하여 양국 중 1국이 제3국과 전쟁을 하는 경우 타국은 중립을 지키기로 하였다.　　　O | X

삼국동맹, 일소불가침조약은 일본이 강경책을 채택하는 하나의 배경이 되었다.　　답 O

**036**

예상논점

얄타회담에서 소련의 대일전 참전 대가로 1904년 일본에 소련이 양여한 권리, 즉 남부 사할린과 그 인접도시를 되찾고 다롄을 국제화하며, 이 지역에서 소련의 우월한 이익을 보호하기로 하였다.　　　O | X

그밖에도 국제연합의 창설, 독일의 분할점령, 폴란드 국경획정 등이 결정되었다. 뤼순항은 소련에 조차하고 동청철도와 남만철도는 장차 설립될 소련과 중국의 합작회사가 관리하기로 하는 한편, 쿠릴열도를 소련에 할양하기로 하였다.　　답 O

**037**

예상논점

태평양전쟁의 원인에 대한 정통주의 시각에 따르면 일본군부의 비이성적 사고, 독단주의 등이 가장 큰 원인이었다.　　　O | X

정통주의 시각은 일본의 책임을 주장한다.　　답 O

**038**

예상논점

태평양전쟁의 원인에 대한 수정주의 시각에서는 일본의 이기적 보호무역정책 등 경제적 요인이 전쟁의 원인이었다고 주장한다.　　　O | X

수정주의 시각에서는 정치, 경제 여부와 상관없이 대공황 이후 미국의 이기적 보호무역정책, 일본에 대한 지나친 압박, 일관성과 현실성이 부족했던 대일본정책 등이 전쟁의 원인이었다고 주장한다.　　답 X

**039**

예상논점

중일전쟁을 지속하기 위한 전략물자를 미국이 통제하자, 일본은 연합국의 아시아 식민지에 대한 남방정책을 실시하였다.　　　O | X

남방정책은 미국의 아시아 세력권을 침해할 수 있었으므로 미국과 일본의 갈등이 본격화되는 계기가 되었다.　　답 O

**040**

예상논점

태평양전쟁의 원인에 대한 미국의 대 일본 정책에 일관성과 현실성이 부족했다.　　　O | X

1937년 중일전쟁 이전의 미국의 정책은 고립주의 노선이었으나 1938년부터는 대일 금수조치를 취하는 등 개입하여 일관성이 부족했고, 중국의 독립보전이라는 미국의 핵심이익이 없는 지역에서의 도덕적 외교를 행하면서 현실성 역시 부족했다. 이는 "미중 간 무역을 통한 연간 이익은 대일전쟁 비용 1주일분보다도 적다"는 말에서 잘 알 수 있다.　　답 O

**041**
예상논점

얄타회담(1945.2)에서 미국, 영국, 소련, 중국 정상은 독일을 미국, 영국, 프랑스, 소련 4개국이 분할통치하기로 하였다.  O | X

중국은 참가하지 않았다.  답 X

**042**
예상논점

얄타회담(1945.2)에서 안전보장이사회 표결에 있어서 거부권 문제를 안보리 모든 의결 사항에 확대하기로 합의하였다.  O | X

거부권 문제는 '비절차사항'에만 국한하여 적용하기로 합의하였다.  답 X

**043**
예상논점

얄타회담(1945.2)에서 독일과 폴란드의 국경을 '커즌 선'으로 결정하였다.  O | X

독일과 폴란드의 국경은 합의되지 못했으며, 소련과 폴란드의 국경을 '커즌 선'으로 하기로 결정하였다.  답 X

**044**
예상논점

얄타회담(1945.2)에서 소련은 독일 패망 후 2~3개월 내에 대일전에 참전하고, 그 대가로 1904년에 일본에 양여한 권리를 복구하며, 뤼순 항을 소련에 조차하고, 동청철도와 남만철도는 장차 설립될 소련·중국 합작회사가 관리하기로 하였다.  O | X

얄타회담에 합의에 기초하여 소련은 1945년 8월 8일 대일전에 참전하였다.  답 O

## 제1절 개국

**001**

19. 외무영사직

제너럴셔먼호 사건(1866)은 평양 군민(軍民)들이 미국 상선(商船) 제너럴셔먼호(General Sherman號)를 응징하여 불에 태워버린 사건이다. 이 배는 대동강을 거슬러 올라가 평양에서 통상을 요구하다가 거절당하자 행패를 부렸는데, 이에 박규수의 지휘하에 관민들의 저항으로 배는 소각되고, 선원들은 처형되었다. 이 사건은 신미양요의 원인이 되었다. O | X

제너럴셔먼호 사건은 조선의 쇄국정책을 보다 강화하는 계기가 되기도 하였다. 답 O

**002**

12. 외무영사직

조선의 개국조약은 조일수호조규 – 조영수호조약 – 조불수호조약 – 조미수호조약 순으로 체결되었다. O | X

조일수호조규(1876) – 조미수호조약(1882.4.6.) – 조영수호조약(1882.4.21.) – 조불수호조약(1886.6.4.)이 정확한 체결 순서이다. 답 X

**003**

예상논점

황준헌이 쓴 조선책략은 조선이 일본의 위협에 대응하기 위해서는 중국, 러시아, 미국과 연합을 형성해야 한다고 권고하였다. O | X

조선책략은 러시아의 위협에 대응하기 위해서는 중국, 일본, 미국과 협력을 권고하였다. 답 X

**004**

예상논점

조선책략에 따르면 청은 조선에게 있어서 일본 이외에 가장 가까운 나라이고, 과거로부터 통교한 유일한 국가이며, 청과 조선은 어느 한쪽이 땅을 잃으면 서로 온전하게 유지하지 못하는 보거상의(輔車相依)의 형세이기 때문에 서로 결합해야 한다. O | X

일본과의 결합을 위한 논거이다. 답 X

**005**

예상논점

조선과 미국의 수교에 있어서 고종은 위정척사파의 입장을 받아들여 미국과의 조약체결에 소극적 태도를 보였다. O | X

고종은 개화파의 입장을 수용하여 미국과의 조약체결에 적극적인 태도를 보였다. 답 X

**006**
예상논점

조선과 미국의 수교에 있어서 미국은 정치적, 경제적 이익을 최우선적으로 고려하였다.
O | X

미국은 선박구조나 중간 기착지로서 조선이 필요하다고 보았다.
답 X

**007**
예상논점

조선과 미국의 수교에 있어서 청은 미국 등 서양 세력이 침투하여 청의 영향력을 약화시킬 것을 우려하여 개방의 위험성을 강조하였다.
O | X

청은 일본을 견제하기 위해 조선에게 미국과 수교를 권고하였다.
답 X

## 제2절  임오군란 및 갑신정변

**008**
예상논점

임오군란 이전 조선정부는 중국의 지원을 받아 군제개혁과 군비증강을 도모하였다. 별기군을 신설하였고 5영을 폐지하는 대신 무위영과 장어영의 2영을 설치하였다.
O | X

별기군 설치와 2영 설치는 일본의 지원으로 추진한 개혁정책들이다.
답 X

**009**
예상논점

임오군란 과정에서 권력을 잡은 대원군은 군졸의 요청에 따라 군제를 다시 개혁하여 양영과 별기군을 폐지하고 훈련도감 등 5영을 재설치하였다.
O | X

그 밖에 통리기무아문도 폐지하고 삼군부를 다시 설치하여 군국기무에 관한 사항을 관장하게 하였다. 군량 지급에 대한 약속을 성실히 이행함으로써 반란은 진정국면으로 접어들었다.
답 O

**010**
예상논점

임오군란은 일본과 청의 공동 개입으로 진압되었다.
O | X

청의 단독 개입으로 진압됨에 따라 조선에서 청의 영향력이 강화되었다.
답 X

**011**
예상논점

임오군란 이후 조선과 일본은 텐진조약을 체결하여 조선의 일본에 대한 사죄와 배상금 지불, 일본 공사관 보호를 위한 일본군의 주둔 등에 합의하였다.
O | X

제물포조약의 내용이다.
답 O

**012**
예상논점

임오군란 이후 청은 중조상민수륙무역장정을 체결하여 일본의 상권이 조선에서 확장되는 것을 견제하는 한편, 조선이 청의 종속국임을 명시하였다.　O I X

조선은 기존의 국경무역방식에 정부의 개입이 심하여 밀무역이 성행한 것에 대응하고자 하였고, 청은 일본의 상권이 조선에서 확장되는 것에 대해 일본 세력을 견제하고 통상의 이익을 얻기 위해 중조상민수륙무역장정을 체결하였다. 전문에서 조선은 중국의 속방이라는 것을 명시하고 동 조약이 속방 조선의 이익을 도모하고 보호하기 위한 것이므로 다른 나라가 무역장정상의 이득을 균점할 수 없다고 밝혔다. 개항장에서 청의 치외법권을 인정했다. 양국 상선의 상호 자유 출입을 규정하였다.　답 ○

**013**
예상논점

임오군란 이후 조선 국내정치는 청이 파견한 고문과 친청세력에 의해 지배되고 있었으며, 병권과 재정권을 박탈당한 개화파는 정치개혁을 위해 외국으로부터 차관이나 정치적 지원을 추구하고 있었다.　O I X

이러한 상황에서 갑신정변이 발발한 것이다.　답 ○

**014**
예상논점

임오군란 이후 일본은 조선에 대한 적극적인 개입정책으로 전환하여 청에 대립하기 위해서는 개화파 세력을 강화시킬 필요가 있다고 판단하였다.　O I X

임오군란 이후 일본은 조선에 대한 불간섭정책으로 전환하였다.　답 X

**015**
예상논점

갑신정변이 청의 무력간섭으로 진압됨에 따라 조선에서 청의 영향력이 강화되었다.　O I X

임오군란과 갑신정변은 일본의 조선에서의 상대적 영향력을 현저히 약화시켰으며, 이는 이후 청일전쟁을 도발하게 된 배경이었다.　답 ○

**016**
예상논점

갑신정변 이후 조선과 일본은 한성조약(1884.11.24)을 체결하여 조선의 사과 및 보상금 지불 등에 합의하였다.　O I X

한성조약은 조선과 일본 간의 갑신정변 사후처리 조약이다. 조선은 국서로서 일본에 사죄하기로 하여 조선의 책임을 간접적으로 인정하였다. 또한 일본인 사망자에 대해 보상하고, 손실된 일본공사관 건축비로 2만 원을 지불하고, 반일 폭도들을 처벌하기로 하였다.　답 ○

**017**
예상논점

갑신정변 이후 청과 일본은 텐진조약(1885.4.18)을 체결하여 양국 군대의 철수, 군사고문 파견 금지, 조선에서 변란이 발생하여 출병하는 경우 문서로써 알리고 사태 수습 후 철군 등에 합의하였다.　O I X

텐진조약은 청일교전으로 발생한 문제를 다룬 조약으로 청일의 조선문제 해결방향을 제시하고 있다. 첫째, 3개월 이내에 양국 군대는 조선에서 철수한다. 둘째, 앞으로 양국은 조선군대 훈련을 위한 군사고문을 파견하지 않는다. 셋째, 장차 조선에서 중대한 사건이나 변란이 발생하여 양국 또는 일국이 조선에 출병할 경우에는 서로 문서로써 알리고 사태가 수습되면 곧 철군한다.　답 ○

## 제3절 거문도 사건

**018**
예상논점

거문도 사건(1885)은 아프가니스탄에서 경쟁을 벌이고 있었던 영국과 러시아가 조선의 거문도를 동시에 군사점령함으로써 발발한 사건이었다.　　　　　O | X

영국이 거문도를 단독 점령한 사건이다.　　　　　답 X

**019**
예상논점

갑신정변 이후 묄렌도르프는 러시아에 조선의 보호를 요청하였는데 이를 '한아밀약사건'이라고 한다.　　　　　O | X

한아밀약사건을 계기로 영국이 조선에서 러시아에 비해 세력이 약화된 것을 우려하여 거문도 사건을 일으킨 것이다.　　　　　답 O

**020**
예상논점

거문도 사건에 있어서 청은 영국을 통해 러시아의 남하정책을 저지하고자 하였다.　　　　　O | X

청의 당시 대외정책 핵심 이슈는 러시아의 남하정책을 저지하는 것이었다. 영국을 동아시에 개입시켜 러시아를 견제하도록 하고자 하였다.　　　　　답 O

**021**
예상논점

미국은 영국의 거문도 점령에 대해 우호적인 입장을 취하였다.　　　　　O | X

미국은 영국이 거문도를 영구히 소유 또는 차용할 의사가 없으므로 안심해도 좋을 것이며, 영국은 자위상 부득불 점거한 것으로서 우호관계를 해치는 행동이 아니라고 하였다.　　　　　답 O

**022**
예상논점

거문도 사건은 영국과 러시아가 아프가니스탄 문제에서 타협을 봄에 따라 해결되었다.　　　　　O | X

거문도 사건은 전 세계적 차원의 영국과 러시아의 대립이 한반도에 투영된 사건이었다. 당시는 양국이 아프가니스탄에서 대립하고 있었기 때문에, 이것이 해결되면서 자연스럽게 한반도에서의 문제도 해결된 것이다.　　　　　답 O

**023**

예상논점

청일전쟁 이후 일본과 러시아는 베버 – 고무라협정(1896)을 체결하여 러시아는 조선에 있어서 일본의 상업과 공업이 크게 발달한 사실과 일본 거류민이 많다는 사실을 인정하고, 조선과 일본 양국 간 상업 및 공업상의 관계가 발전되는 것을 방해하지 않기로 합의하였다.　　　　O | X

로젠 – 니시협정(1898)의 내용이다.　　　　답 X

**024**

예상논점

러시아와 일본은 로젠 – 니시협정을 체결하여 일본과 러시아가 각각 동수의 군대를 조선에 배치하기로 합의하여 세력균형을 달성하였다.　　　　O | X

베버 – 고무라협정에 대한 내용이다. 베버 – 고무라협정은 세력균형이라기보다는 러시아가 조선에서 우위에 있음을 일본이 인정한 조약으로 볼 수 있다.　　　　답 X

**025**

예상논점

명성황후 시해 사건을 통해 일본은 삼국간섭 이후 러시아에 빼앗긴 조선에 대한 영향력을 일시에 회복할 수 있었다.　　　　O | X

명성황후 시해 사건(을미사변) 이후 조선에 대한 일본의 영향력은 더욱 약화되었다.　　　　답 X

**026**

예상논점

아관파천 이후 러시아는 조선의 차관 요구에 대해 적극적으로 회답하여 차관을 제공해주었다.　　　　O | X

러시아는 차관 제공을 거절하였다.　　　　답 X

**027**

예상논점

일본과 러시아는 로바노프 – 야마가따협정(1896.6)을 체결하여 병력을 조선에 추가 파견하는 경우 양국 군대의 충돌을 방지하기 위해 양국 군대 간 완충지대를 마련하고 각 군대의 용병지역을 획정하기로 하였다.　　　　O | X

베버 – 고무라협정과 같은 맥락에서 체결된 조약이다. 기본적으로 러시아의 한반도에서의 우위를 일본이 인정한 것이다.　　　　답 ○

**028**

22. 외무영사직

미국은 가쓰라 – 태프트 비밀각서를 통하여 조선에 대한 일본의 권한을 인정하였다.　　　　O | X

1905년 7월 체결된 조약으로서 일본은 미국의 필리핀 지배를, 미국은 일본의 조선 지배를 상호 승인하였다.　　　　답 ○

**029**

23. 외무영사직

3국 간섭 이후 일본은 러시아와의 전쟁을 위해 미국과 동맹 조약을 체결하였다.

O I X

일본은 러시아와의 전쟁을 위해 1902년 영국과 영일동맹을 형성하였다. 답 X

## 제1절 총론

**001**

11. 외무영사직

트루먼(Truman) 독트린에서 미국은 무장한(armed) 소수나 외부의 압력에 의한 압제에 저항하고 있는 자유시민(free people)을 적극 지원할 것이라고 하였다. O | X

트루먼(Truman) 독트린(1947.3.)은 보통 대소련 봉쇄정책 선언으로 이해된다. 답 O

**002**

11. 외무영사직

레이건(Reagon) 독트린에서 미국은 소련 공산주의 위협에 대처하기 위하여 봉쇄(containment)정책을 구사할 것이라고 하였다. O | X

레이건(Reagon) 대통령이 대소 봉쇄정책을 구상한 것으로 볼 수 있으나, 이를 '레이건(Reagon) 독트린'이라고 하지는 않는다. 트루먼(Truman) 대통령의 봉쇄정책이 소련의 위협에 대응하기 위한 소극적 전략이었다면, 레이건(Reagon) 대통령의 봉쇄정책은 소련을 궁극적으로 붕괴시키기 위한 적극적 봉쇄정책이었다고 평가할 수 있다. 답 X

**003**

11. 외무영사직

닉슨(Nixon) 독트린에서 미국은 아시아 제국(諸國)과의 조약을 지키겠지만, 핵에 의한 위협의 경우를 제외하고 내란이나 침략의 위협에는 아시아 각국이 스스로 대처하여야 할 것이라고 하였다. O | X

닉슨(Nixon) 독트린(1969)은 미국의 베트남전쟁에서 사실상 패배함에 따라 베트남으로부터 철수를 하면서 '아시아 방위의 아시아화'를 촉구한 선언이다. 답 O

**004**

예상논점

미국 외교에 있어서 고립주의는 비동맹정책과 불개입정책을 의미한다. O | X

고립주의는 국제문제에 간섭하지 않으면서 내치에 주력하는 기조를 의미한다. 먼로주의는 대표적인 고립주의에 해당된다. 답 O

**005**

예상논점

미국의 고립주의는 유럽뿐만 아니라 동아시아에서도 적극적으로 적용되었다. O | X

유럽에 대해서는 오랫동안 고립을 유지하였으나, 동아시아에는 특히 1898년 미국-스페인전쟁 이후 적극적으로 개입하였다. 답 X

**006**
예상논점

1920년대 미국 후버 대통령은 '선린정책(Good Neighbor Policy)'을 천명하고 간섭 대신 라틴아메리카국가들과 우호관계를 강화하는 데 주력하였다.　　　　O | X

거장정책(Big Stick)으로 표현되는 강경기조를 변경한 것이다.　　　　답 O

**007**
예상논점

미국은 1920, 30년대 국제주의 노선을 표방하고 실천하였다.　　　　O | X

고립주의의 시기이다. 킨들버거(Kindleberger)는 미국의 패권에 대한 의사가 없었던 시기로 규정한다.　　　　답 X

**008**
예상논점

냉전기 미국의 봉쇄정책은 국제주의 노선을 따른 것이다.　　　　O | X

국제주의는 미국이 국제문제에 적극 개입하고, 미국적 가치를 대외적으로 수호하고자 하는 정책 노선을 의미한다. 제2차 세계대전 이후 현재까지 미국의 기조는 국제주의 또는 개입주의이다.　　　　답 O

## 제2절 먼로 독트린

**009**
11. 외무영사직

먼로(Monroe) 독트린에서 미국은 중남미국가에 대한 유럽국가의 개입을 미국에 대한 직접적인 위협으로 간주할 것이라고 하였다.　　　　O | X

먼로(Monroe) 독트린(1823)은 미국의 유럽에 대한 불간섭을 천명함과 동시에 유럽국가들의 미주대륙에 대한 불간섭과 비식민을 요구한 것이다.　　　　답 O

**010**
예상논점

먼로 독트린(1823)은 미국의 조지 워싱턴(George Washington), 토마스 제퍼슨(Thomas Jefferson)이 표방하였던 고립정책을 선언한 것으로서 아담스(Adams) 대통령이 제시하였던 동맹정책과 배치되는 선언이었다.　　　　O | X

아담스(Adams) 대통령도 고립주의정책을 승계하였다.　　　　답 X

**011**
예상논점

먼로 독트린은 영국, 프랑스, 러시아 등 유럽국가들이 라틴아메리카에 대해 간섭하지 않을 것을 선언하는 한편, 미국 역시 유럽문제에 개입하거나 동맹을 맺지 않을 것임을 선언한 것이었다.　　　　O | X

영국의 간섭에 반대한 것은 아니다. 영국과의 공동 개입을 추구한 것으로 해석되기도 한다.　　　　답 X

**012**

예상논점

먼로는 유럽의 정치조직은 미국의 정치조직과 본질적으로 차이가 있기 때문에 유럽의 정치체제를 미 대륙에 적용하려는 어떤 시도도 미합중국의 평화와 안전을 위협하는 것으로 간주한다고 선언하였다.  O | X

먼로 독트린의 기본 내용은 비동맹, 비식민, 불간섭으로 정리할 수 있다.  답 ○

**013**

예상논점

먼로주의는 '격리의 원칙'이라고도 한다. 이는 미국이 유럽제국 문제에 관한 유럽전쟁에 참가한 일이 없으며 참가하는 것은 미국에게 적절한 정책이 아니라고 하는 것이다.  O | X

먼로주의는 유럽 문제에 대한 불간섭을 선언한 것이다. 그리고, 유럽국가들의 라틴아메리카에 대한 간섭을 반대한 것이다.  답 ○

**014**

예상논점

먼로 독트린은 비식민화의 원칙을 천명하였다. 미국은 미래의 새로운 식민지화를 반대하나 유럽제국이 현재 갖고 있는 식민지나 속국에 대해서는 적용되지 않는다고 하였다.  O | X

기존의 세력권은 존중한다는 점에 유의해야 한다.  답 ○

## 제3절 미국-스페인 전쟁

**015**

예상논점

미서전쟁 전 쿠바에 대한 미국의 기본적인 정책은 쿠바의 독립전쟁을 반대하면서도 동시에 쿠바에 자치권 허용을 촉구하는 이중정책이었다.  O | X

즉, 미국은 스페인의 지배는 반대하면서도 미국과 지정학적으로 가까운 거리에서 전쟁이 발발하는 것은 반대하는 입장이었다.  답 ○

**016**

예상논점

루시태니아호 폭파 사건 이후 미국은 쿠바 문제 해결을 위해 스페인과의 전쟁을 결정하였다.  O | X

메인호 폭파 사건에 대한 내용이다. 쿠바에 정박 중이던 미국 전함이 폭파된 사건으로서 스페인이 개입했다는 단서는 없었으나 쿠바 문제의 조속한 해결에 대한 국민적 공감대가 형성되어 미국은 무력개입으로 정책을 전환하게 되었다. 루시태니아호는 제1차 세계대전 당시 독일의 무제한잠수함작전에 의해 피해를 입은 선박이다. 추후 미국이 제1차 세계대전에 참전하는 계기가 되었다.  답 X

**017**

예상논점

미서전쟁 이후 미국의 루스벨트 대통령은 미국 함대의 안전과 중간 기착지를 확보하기 위해 하와이를 공식 병합하였다.  O | X

하와이를 공식 병합한 당시 대통령은 맥킨리 대통령이다.  답 X

**018**
예상논점

미서전쟁 이후 강화조약으로 미국은 필리핀 전체와 푸에르토리코를 획득하고 쿠바를 독립시켰다. O | X

전쟁은 미국 측의 승리로 돌아갔다. 미국은 산티아고와 푸에르토리코를 점령했다. 한편, 듀이 제독의 아시아함대는 마닐라로 이동하여 스페인 함대를 궤멸시켰다. 맥킨리 대통령은 미국 함대의 안전과 중간 기착지를 얻기 위해 하와이를 공식 합병했다. 답 ○

**019**
예상논점

미서전쟁 이후 미국은 사회적 다원주의에 기초하여 적극적인 제국주의 정책을 전개하였다. O | X

미서전쟁 이후 미국에서는 제국주의 찬반론이 강력하게 대립하였다. 제국주의 반대론자들은 평화적인 무역증대의 중요성, 국내적 팽창에 머무를 것, 국내문제 해결에 주력할 것 등을 논리적 기초로 제시하였다. 반면, 맥킨리 등 제국주의 찬성론자들은 인종적 우월감에서 오는 '백인의 의무'(White Man's Burden)와 '사회적 다원주의'(Social Darwinism)를 강조하며 풍부한 중국 시장을 겨냥한 미국의 통상이익과 전략적 기지 확보를 위한 군사적 고려를 강조했다. 필리핀 반군의 미군 공격 사건으로 제국주의 옹호론의 입지가 탄탄해졌고 미국의 제국주의에 대한 의회의 인준이 완료되었다. 답 ○

## 제4절 문호개방선언

**020**
예상논점

미국은 스페인과의 전쟁(1898)에서 승리한 이후 동아시아에 대한 개입을 본격화하는 과정에서 문호개방선언을 제시하였으며, 문호개방선언은 중국에 개입한 유럽 열강들의 기존 세력권을 부인함으로써 강력한 반대에 부딪히게 되었다. O | X

열강은 대체로 문호개방선언을 지지하였다. 미국이 기존 세력권을 인정하였기 때문이다. 답 X

**021**
예상논점

제1차 문호개방선언과 달리 제2차 문호개방선언은 중국의 영토보전, 행정보전을 호소하였다. O | X

영토보전은 제1차 문호개방선언에도 있는 내용이다. 의화단 사건 이후라는 상황에서 제2차 문호개방선언에 행정보전이 추가된 것이다. 답 X

**022**
예상논점

제1차 문호개방선언과 달리 제2차 문호개방선언은 상공업상의 기회균등을 보장하는 영토적 범위를 중국 전역으로 확대하였다. O | X

제1차 문호개방선언과 제2차 문호개방선언의 차이는 적용 범위를 확대했다는 점과 행정보전이 추가되었다는 점이다. 답 ○

**023**
예상논점

문호개방선언은 미국의 일방적 정책선언으로서 국제법적 효력을 갖는 것은 아니었다.

O | X

문호개방선언은 미국의 대중국정책 기조이자 대동아시아정책선언에 해당한다.    답 O

**024**
예상논점

문호개방선언에 대해 주요국들은 대체로 이를 승인하였으나 영국은 자국의 경제적 이익이 침해될 것을 우려하여 적극적으로 반대를 표시하였다.

🔍 X

영국도 적극적으로 지지하였다. 영국은 제조업에 있어서 비교우위를 점하였으므로 중국 전역에서 상업활동을 하는 것이 유리한 상황이었다. 세력권이 설정되어 영국이 배제되는 것은 바람직한 상황이 아니었다.    답 X

## 제5절  윌슨시대

**025**
예상논점

제1차 세계대전 발발 이후 미국의 여론은 중립이 지배적이었으나 윌슨은 중립을 선언하는 대신 곧바로 참전하였다.

O | X

미국은 초기 중립을 선포하였으며 1917년에 참전하였다.    답 X

**026**
예상논점

고어 - 맥레모어 결의안은 미국이 중립을 그만두고 독일에 대항하여 참전할 것을 결의한 것이다.

O | X

고어 - 맥레모어 결의안은 루시태니아호 사건 이후 참전 여론이 비등하자 참전을 막기 위해 제시한 결의안이다. 윌슨의 반대로 무산되었다. 윌슨은 미국인들이 전쟁당사국의 선박을 통해 여행하는 것을 금지하는 것은 국가적 치욕이며 국제법상의 정당한 권리를 파기하는 것이라고 주장하였다.    답 X

**027**
예상논점

1917년 1월 31일 독일은 독일의 잠수함들이 사전 경고 없이 영국 근해에서 발견되는 중립국과 적국의 모든 선박들을 격침시킬 것이라고 발표하였다. 이를 무제한잠수함작전이라고 한다.

O | X

제1차 세계대전 당시 영국은 금수품과 해상봉쇄를 통해 독일을 압박하는 한편, 영국의 상선들을 무장시키고 군함을 상선으로 가장해 잠수함을 유인해 공격하는 전략을 전개했다. 이에 대해 독일은 잠수함작전을 강화하고 상선으로 가장한 군함의 공격을 피하기 위해 영국 주위를 전쟁지역으로 선포하고 침입하는 모든 적국 및 중립국 선박을 공격하겠다는 입장을 선언했다.    답 O

**028**

예상논점

미국은 무제한잠수함작전에 반발하는 한편 미국적 이미지와 이상으로 전 세계를 재창조하고자 하는 윌슨의 열망 때문에 참전을 결정하게 되었다. 윌슨은 의회에 전쟁 선포를 요구했고 상하 양원에서 압도적인 지지로 승인되었다. O | X

이후 미국은 1917년 5월 선택복무법을 제정하여 병력을 동원하였으며, 1918년 11월 휴전될 때까지 200만 명의 병사를 파견하였다. 미군과 강력한 군수물자의 투입으로 제1차 세계대전을 승리로 이끌었다. 답 O

**029**

예상논점

파리강화회의에서 패전국들의 식민지에 대해 위임통치가 결정됨으로서 윌슨이 강조한 민족자결주의가 무시되었다. O | X

윌슨의 민족자결주의는 승전국에 대해서는 적용되지 않았다. 답 O

## 제6절 1920년대 및 워싱턴체제

**030**

11. 외무영사직

로카르노체제는 제1차 세계대전 이후 미국을 중심으로 동아시아 및 태평양문제를 해결하기 위해 이루어졌던 모든 조약체제를 이르는 명칭으로, 주로 해군의 군축문제를 다루고 있다. O | X

워싱턴체제에 대한 설명이다. 로카르노체제는 1925년 유럽의 주요국들이 국경의 현상유지와 분쟁의 평화적 해결에 합의한 체제이다. 프랑스와 독일의 갈등을 일시적으로 봉합함으로써 1920년대 후반 유럽질서를 안정화시킨 것으로 평가된다. 답 X

**031**

예상논점

미국은 1922년 워싱턴회담을 개최하여 일본·미국·유럽 열강들의 중국에서의 세력권 확대를 법적으로 보장하고자 하였다. O | X

9개국 조약에서는 문호개방선언을 명문화하여 강대국들의 중국에서의 세력권 확대를 저지하였다. 답 X

**032**

예상논점

미국은 일본이 제1차 세계대전 참전시 제시한 21개조 요구사항이 미국의 문호개방선언과 일치한다고 보고 '이시이 – 랜싱협정'을 체결하여 이를 법적으로 보장하였다. O | X

21개조 요구사항은 미국의 문호개방선언과 배치되었으나 일본군의 참전이 필요한 전시상황에서 일시적으로 이시이 – 랜싱협정을 통해 용인하였다. 그러나 워싱턴회담에서 체결된 9개국 조약을 통해 이시이 – 랜싱협정을 폐기하였다. 답 X

**033**
예상논점

워싱턴회담에서는 미국, 영국, 일본, 프랑스, 이탈리아의 주력함 보유 비율을 5 : 5 : 3 : 1.67 : 1.67로 유지하기로 하였다.　　O | X

일본의 해군력을 미국의 60%로 제한함으로써 동아시아 지역체제를 미국중심 체제로 형성하고자 하였다.　　답 ○

**034**
예상논점

워싱턴회담에서 미국, 영국, 일본, 이탈리아는 태평양문제에 관한 4개국 조약을 체결하여 당사국들이 태평양에서의 타 당사국의 세력권을 존중하기로 하였다.　　O | X

4개국에는 이탈리아가 아닌 프랑스가 포함된다.　　답 X

**035**
예상논점

워싱턴회담에서 체결된 9개국 조약을 통해 영일동맹을 공식 해체하였다.　　O | X

4개국 조약을 통해 영일동맹을 폐기하였다.　　답 X

**036**
예상논점

프랑스의 제안으로 체결한 부전조약(켈로그 – 브리앙조약)은 미국 상원의 반대로 발효되지 못하였다.　　O | X

부전조약(켈로그 – 브리앙조약)은 상원에서 비준하여 정식 발효되었다.　　답 X

## 제7절　1930년대

**037**
예상논점

만주사변(1931)에 대해 미국은 스팀슨 독트린을 천명하여 만주국에 대한 불승인을 선언하였다.　　O | X

스팀슨 독트린은 부전조약에 위배되는 조치를 승인하지 않을 것이라는 미국의 정책선언을 의미한다.　　답 ○

**038**
예상논점

1933년 11월 17일 미국과 소련은 협정을 체결하여 상호 승인하였다.　　O | X

협정의 주요 내용은 양국 외교관계 정상화, 미국 내에서 소련의 선동 중단, 소련에서 미국인들의 종교의 자유와 법적 권리의 보장, 향후 협상을 통한 부채 해결, 대소차관협상 등이다.　　답 ○

**039**
예상논점

1933년 집권한 루즈벨트는 초기에는 상호협정안을 통해 관세 인하 등의 자유무역정책을 시행하였으나, 1934년에는 보호무역주의정책을 시행하였다.　　　　　　　O | X

프랭클린 루즈벨트 대통령은 초기에는 뉴딜정책(New Deal Policy)을 실시하면서 보호주의정책을 사용했으나, 국무장관 헐의 조언에 따라 관세를 낮추고 대외무역을 증대시키기 시작하였다. 1934년의 상호무역협정안은 대통령에게 일방적 관세인하권을 부여하는 한편, 최혜국대우원칙을 규정하였다.　　　　　　　　　　　　　　　　　　답 ○

**040**
예상논점

미국은 1930년대 중립법을 채택하여 유럽전쟁에의 개입을 회피하고 미국의 행동의 자유를 확보하고자 하였다.　　　　　　　　　　　　　　　　　　　　　　　O | X

전쟁혐오증, 유럽전쟁에의 개입 회피, 미국의 행동자유 확보를 위해 1935년부터 1937년 사이 중립법이 통과되었다. 대통령이 전쟁의 존재를 공식적으로 선언한 이후, 모든 교전국가에 대한 미국의 무기금수를 요구한 내용이었다. 교전국에 대한 신용대출도 금지되었고, 스페인 내란에서도 중립을 지켰다. 미국 시민이 교전국 선박으로 여행하는 것도 금지시켰다.　　　　　　　　　　　　　　　　　　　　　　　　　　　　답 ○

**041**
예상논점

1937년 중일전쟁이 발발하자 루즈벨트는 중립법에 기초하여 중국과 무역을 지속하는 한편, 중국에 대한 지원조치를 취하지 않았다.　　　　　　　　　　　　O | X

중립법을 유지하는 차원에서 중국에 대한 적극적 지원조치를 취하지 않은 것이다.　답 ○

**042**
예상논점

프랭클린 루즈벨트는 먼로주의를 폐기하고 '선린정책'으로 기조를 변경하여 경제적 침투, 차관, 조약, 독재자 지원 등 비군사적 방법으로 개입하였다.　　　　　　O | X

라틴아메리카에 대한 정책이다.　　　　　　　　　　　　　　　　　　　　　답 ○

## 제8절 1940년대

**043**
예상논점

제2차 세계대전 발발과 태평양전쟁 발발 사이에 제2차 세계대전에 대한 미국의 공식적인 입장은 중립을 유지하는 것이었다.　　　　　　　　　　　　　　　O | X

그럼에도 불구하고 루즈벨트는 추축국의 침략주의와 유럽 대륙을 제패하려는 히틀러의 야망이 미국의 안보에 심각한 위협이 된다는 판단하에 다양한 경로를 통해 연합국을 지원하였다. 중립정책이 취한 이유는 무엇보다 여론과 의회가 고립주의를 주장하여 미국이 도발받지 않은 전쟁에 참전하기를 꺼려하였기 때문이었다.　　　　　　　　　답 ○

**044**
예상논점

미국은 1941년 「미국방위추진법(무기대여법)」을 제정하여 어떤 나라의 방위가 미국의 방위에 긴요하다고 판단되는 경우 그 나라에 군수품을 판매할 수 있는 권한을 의회에게 부여하였다. O | X

이러한 권한을 대통령에게 부여하였다. 답 X

---

**045**
예상논점

1941년 11월 독일잠수함 U - 보트가 미국의 구축함 류벤제임스호를 격침하자 미국은 중립법을 폐기하였다. O | X

루즈벨트는 참전을 원했으나 대부분의 국민들은 미국이 전쟁에 개입하기를 원하지 않았으므로 루즈벨트는 개전사유가 발생하기를 기다리고 있었다. 1941년 12월 태평양전쟁이 발발하자 히틀러는 미국이 병력을 태평양지역에 집중시킬 것이라 판단하고 대미 선전포고를 선언하였다. 히틀러의 대미 선전포고는 참전의 구실을 찾던 루즈벨트를 도와준 결과가 되었다. 답 O

---

**046**
예상논점

루즈벨트, 처칠, 장제스가 발표한 카이로선언(1943.12.1.)에서는 한국의 독립을 최초로 확인하였다. O | X

1943년 12월 1일 발표된 카이로선언은 일본이 탈취 및 점령한 태평양상의 모든 도서를 박탈하고, 만주, 타이완, 펑후열도 등 일본이 중국으로부터 탈취한 영토를 중국에 반환하며 한국은 '정당한 절차를 거쳐서(in due course)' 독립하게 될 것이라고 밝혔다. 이를 위해 3국은 일본이 무조건 항복할 때까지 전쟁을 계속하기로 하였다. 답 O

---

**047**
예상논점

미국의 전후 독일에 대한 구상을 구체화한 것이 '모겐소 플랜'이다. 모겐소 플랜은 독일의 공업의 엄격한 제한, 대규모 배상 등에 초점을 맞추고 있었으며, 구체적으로는 독일 내 나치세력의 제거, 비무장화, 철강공업과 화학공업의 해체, 통제경제, 제한된 경제 부흥 등을 담고 있었다. 트루먼 취임 이후 보류되었다. O | X

미국의 전후 독일에 대한 구상은 이른바 '건설적 정책'과 '교정적 정책'이 대립하고 있었다. 건설적 정책은 독일의 부흥과 유럽경제와의 통합에 초점을, 교정적 정책은 독일공업의 엄격한 제한, 대규모 배상 등에 초점을 맞추고 있었다. 모겐소 플랜은 교정적 정책에 기초한 것이다. 답 O

---

**048**
예상논점

얄타회담에서 소련과 폴란드의 국경은 소련의 주장대로 커즌 선으로 획정되었으나, 독일과 폴란드 국경은 합의되지 못하였다. 소련은 폴란드를 점령한 이후 일방적으로 나이저강을 국경으로 획정하였다. O | X

1945년 들어서 연합국의 승리가 가까움에 따라 미국, 영국, 소련 3국은 1945년 2월 4일부터 11일까지 회담을 가지고 추축국과의 전쟁 및 전후 국제문제 해결에 관한 주요 결정을 내렸다. 이를 '얄타체제'라 한다. 독일과 폴란드 국경은 포츠담회담에서 오데르 - 나이세선으로 정하여 독일 영토에 대한 폴란드의 잠식을 허용하였다. 답 O

# 해커스공무원
## 패권
# 국제정치학
**단원별 핵심지문 OX**

**개정 3판 1쇄 발행 2023년 11월 6일**

| | |
|---|---|
| 지은이 | 이상구 편저 |
| 펴낸곳 | 해커스패스 |
| 펴낸이 | 해커스공무원 출판팀 |

| | |
|---|---|
| 주소 | 서울특별시 강남구 강남대로 428 해커스공무원 |
| 고객센터 | 1588-4055 |
| 교재 관련 문의 | gosi@hackerspass.com |
| | 해커스공무원 사이트(gosi.Hackers.com) 교재 Q&A 게시판 |
| | 카카오톡 플러스 친구 [해커스공무원 노량진캠퍼스] |
| 학원 강의 및 동영상강의 | gosi.Hackers.com |

| | |
|---|---|
| ISBN | 979-11-6999-607-5 (13360) |
| Serial Number | 03-01-01 |

**공무원 교육 1위,**
해커스공무원 gosi.Hackers.com

**해커스공무원**

· **해커스공무원 학원 및 인강**(교재 내 인강 할인쿠폰 수록)
· 해커스 스타강사의 **공무원 국제정치학 무료 동영상강의**
· 정확한 성적 분석으로 약점 극복이 가능한 **합격예측 모의고사**(교재 내 응시권 및 해설강의 수강권 수록)

한경비즈니스 선정 2020 한국소비자만족지수 교육(공무원) 부문 1위